ŒUVRES COMPLÈTES

DE

CHATEAUBRIAND

VI

Lagny. — Typographie de Vialat et Cie.

ŒUVRES COMPLÈTES

DE

CHATEAUBRIAND

AUGMENTÉES

D'UN ESSAI SUR LA VIE ET LES OUVRAGES DE L'AUTEUR

— LES MARTYRS. — VOYAGE EN AMÉRIQUE. —

PARIS

P.-H. KRABBE, LIBRAIRE-ÉDITEUR

12, RUE DE SAVOIE

M DCCC LI

LES MARTYRS.

REMARQUES SUR LES MARTYRS.

SUR LE PREMIER LIVRE.

PREMIÈRE REMARQUE. Page 10. — Muse céleste.

    O Musa, tu che di caduchi allori
    Non circondi la fronte in Elicona, etc.   (*Gierus. liber.*, canto I, strof. II.)

IIe. Page 11. — L'Éternel, qui voyait les vertus des chrétiens s'affaiblir dans la prospérité, permit aux démons de susciter une persécution nouvelle.

    Eusèbe a donné la même raison de la persécution sous Dioclétien. On peut remarquer, au reste, que cette exposition, fort courte et fort simple, contient absolument tout le sujet.

IIIe. Page 11. — Démodocus était le dernier descendant d'une de ces familles Homérides.

    J'ai adopté la tradition qui convenait le mieux à mon sujet : on sait d'ailleurs que les Homérides étaient des rhapsodes qui récitaient en public des morceaux de l'*Iliade* et de l'*Odyssée*. Le nom de Démodocus est emprunté de l'*Odyssée*. Démodocus était un poëte aveugle qui chantait aux festins d'Alcinoüs : on croit qu'Homère s'est peint sous la figure de ce favori des Muses. Par la fiction de cette famille d'Homère, j'ai pu faire remonter les mœurs jusqu'aux siècles héroïques sans trop choquer la vraisemblance. Il est assez simple qu'un vieux prêtre d'Homère, dernier descendant de ce poëte, poëte lui-même, et l'esprit tout rempli de l'*Iliade* et de l'*Odyssée*, ait gardé, pour ainsi dire, les mœurs de sa famille. On voit dans les montagnes d'Écosse des clans ou tribus qui, depuis des siècles, conservent la langue, le vêtement et les usages de leurs pères. Sans le secours de cette fiction, peut-être assez heureuse en elle-même, j'aurais perdu le charme et les grands traits de la mythologie d'Homère. On m'aurait alors reproché, très-justement, d'avoir opposé les mœurs chrétiennes dans toute leur jeunesse et toute leur beauté, aux mœurs païennes dans leur décadence. On voit donc ici une preuve frappante de ma bonne foi, et de la conscience que je mets toujours dans mon travail. Certainement les petits dieux d'Ovide et les usages de la Grèce idolâtre au quatrième siècle n'auraient pu se soutenir un seul moment auprès de la grandeur du christianisme naissant et du tableau des vertus évangéliques. Il ne faut pas d'ailleurs oublier que Cymodocée, représentant les beaux-arts de la Grèce, doit sortir de cette famille Homéride, et qu'elle va devenir chrétienne pour remettre à la Muse sainte la lyre d'Homère.

IVe. Page 11. — Du mont Talée, chéri de Mercure.

    Montagne de Crète où Mercure était honoré. Peut-être avait-elle pris son nom de Talus, compagnon des travaux de Rhadamanthe, et dont les poëtes ont fait un géant d'airain, qui combattit les Argonautes, et fut tué par les enchantements de Médée. (Voyez PLATON et APOLLONIUS.)

v°. Page 11. — Il avait suivi son épouse à Gortynes, ville bâtie par le fils de Rhadamanthe, au bord du Léthé, non loin du platane qui couvrit les amours d'Europe et de Jupiter.

Gortynes, une des cent villes de la Crète. Rhadamanthe est devenu, par l'enchantement des poëtes, un des juges des enfers. Le Léthé, petite rivière de Crète, ainsi nommée parce que ce fut sur ses bords qu'Hermione oublia Cadmus. Les Grecs, ayant remarqué le long du Léthé une espèce de platane toujours vert, publièrent que Jupiter avait fait naître ce platane pour cacher ses amours avec Europe. (Voyez les mythologues, les géographes et les voyageurs, entre autres TOURNEFORT.)

vi°. Page 11. — Les antres des Dactyles.

Les Dactyles idéens étaient, selon les uns, des prêtres de Cybèle, et, selon les autres, une espèce d'hommes religieux, premiers habitants de la Crète. Ils demeuraient dans les cavernes du mont Ida. (Voyez SOPHOCLE, STRABON, DIODORE DE SICILE, ETC.)

vii°. Page 11. — Épicharis alla visiter ses troupeaux sur le mont Ida. Saisie tout à coup des douleurs maternelles, elle mit au jour Cymodocée.

Σιμοείσιον· ὅν ποτε μήτηρ,
Ἴδηθεν κατιοῦσα, παρ' ὄχθησιν Σιμόεντος
Γείνατ', ἐπεί ῥα τοκεῦσιν ἅμ' ἕσπετο μῆλα ἰδέσθαι. (*Iliad.*, liv. IV. v. 474.)

viii°. Page 11. — Dans le bois sacré où les trois vieillards de Platon s'étaient assis pour discourir sur les lois.

Allusion à la belle scène qui commence le dialogue sur les lois. « Clinias : En avançant, nous trouverons dans les bois consacrés à Jupiter des cyprès d'une hauteur et d'une beauté admirables, et des prairies où nous pourrons nous asseoir et nous délasser. » (*Lois de Platon*, liv. 1er, trad. de M. Grou.)

ix°. Page 11. — De regarder avec un sourire mêlé de larmes cet astre charmant, etc.

Sourire mêlé de larmes. Andromaque regarde ainsi Astyanax :

Δακρυόεν γελάσασα.   (*Iliad.*, liv. VI, v. 484.)

C'est encore Homère qui compare Astyanax à un bel astre :

...Ἀλίγκιον ἀστέρι καλῷ.   (*Iliad.*, liv. VI, v. 401.)

x°. Page 11. — Or, dans ce temps-là, les habitants de la Messénie faisaient élever un temple à Homère.

Presque toutes les villes qui se disputaient la gloire d'avoir donné naissance à Homère lui élevèrent des temples. Ptolémée Philopator lui en bâtit un magnifique ; Chio célébrait des jeux en l'honneur du plus grand des poëtes ; Argos invoquait Apollon et Homère, etc.

xi°. Page 11. — Poussé par un vent favorable, son vaisseau découvre bientôt le promontoire du Ténare, et suivant les côtes d'Œtylos, de Thalames et de Leuctres, il vient jeter l'ancre à l'ombre du bois Chœrius.

Le Ténare, aujourd'hui le cap Matapan, dernier promontoire de la Laconie. On y voyait un temple de Neptune et un soupirail qui conduisait aux enfers. Œtylos, Thalames, Leuctres, etc., villes situées le long des côtes de la Laconie, au revers du mont Taygète, dans le golfe de Messénie. (Voyez PAUSANIAS, *in Messen.*) Ces villes n'ont rien de remarquable. D'Anville veut trouver Œtylos dans Betylo : peut-être Thalames est-il Calamate, quoiqu'il soit plus probable que la Calamate moderne est la Calamé des anciens. Il ne faut pas confondre la Leuctres du golfe de Messénie avec la Leuctres de l'Arcadie, et surtout avec la Leuctres célèbre par la victoire d'Épaminondas.

xii°. Page 11. — On y voyait le poëte représenté sous la figure d'un grand fleuve où d'autres fleuves venaient remplir leurs urnes.

Cet ingénieux emblème fut trouvé par l'antiquité, et c'est ce qui a fait dire à Longin, en parlant des imitations de Platon : « Il a puisé dans Homère comme dans une vive source dont il a détourné une infinité de ruisseaux. » (*Traité du sublime*, chap. XI, trad. de Boileau.) Que je serais heureux si j'avais puisé à mon tour quelques gouttes d'eau dans cette vive source !

xiii°. Page 11. — Le temple dominait la ville d'Épaminondas.

C'est Messène. Elle fut bâtie par le général thébain après qu'il eut battu les Spartiates et rappelé les Messéniens dans leur patrie. Pellegrin ne parle point de Messène. L'abbé Fourmont la visita vers l'an 1754, et compta trente-huit tours encore debout.

Je voyais ces ruines à ma gauche en traversant la Messénie pour me rendre à Tripolizza, au pied du Ménale, dans le vallon de Tégée. M. de Pouqueville, venant de Navarin (l'ancienne Pylos), et faisant à peu près la même route que moi, dut laisser ces mêmes ruines à sa droite. (Voyez PAUSANIAS, *in Messen.*; *Voyage du jeune Anacharsis*; PELLEGRIN, *Voyage au royaume de Morée*; POUQUEVILLE, *Voyage en Morée*.)

xiv°. Page 12. — L'oracle avait ordonné de creuser les fondements de l'édifice au même lieu qu'Aristomène avait choisi pour enterrer l'urne d'airain à laquelle le sort de sa patrie était attaché.

Tout le monde connaît les fameuses guerres des Spartiates et des Messéniens. Ceux-ci, au moment d'être subjugués, eurent recours à la religion.

« On gardait, dit Pausanias, un monument auquel était attaché le salut des Messéniens. « Si les Messéniens perdaient ce monument sacré, ils seraient entièrement détruits ; si, au con« traire, ils le conservaient, ils se relèveraient un jour de leur ruine..... Aristomène enleva « pendant la nuit ce monument, et l'enterra dans l'endroit le plus désert du mont Ithome. »

Ce monument était une urne de bronze qui renfermait des lames de plomb sur lesquelles était gravé tout ce qui avait rapport au culte des grandes déesses. Épaminondas retrouva cette urne, rappela les Messéniens fugitifs, et bâtit Messène.

xv°. Page 12. — Les flots de l'Amphise, du Pamysus et du Balyra, où l'aveugle Thamyris laissa tomber sa lyre.

Le Pamysus passait pour le plus grand fleuve du Péloponèse. J'ai échoué dans son embouchure avec une barque qui ne tirait que quelques pouces d'eau. L'Amphise, selon Pausanias, se jette dans le Balyra. Le poëte Thamyris ayant osé défier les Muses dans l'art des chants, fut vaincu. Les Muses le privèrent de la vue, et il jeta de dépit, ou laissa tomber (selon d'autres auteurs), sa lyre dans le Balyra. Platon veut que l'âme de Thamyris soit passée dans le corps du rossignol. (Voyez aussi HOMÈRE, dans l'*Iliade.*)

xvi°. Page 12. — Le laurier-rose et l'arbuste aimé de Junon.

C'est le gattilier ou l'agnus-castus. A Samos, cet arbrisseau était consacré, et l'on prétendait que Junon était née sous son ombrage. J'ai nommé surtout ces deux arbrisseaux, parce que je les ai trouvés à chaque pas dans la Grèce.

xvii°. Page 12. — Andanies témoin des pleurs de Mérope, Tricca qui vit naître Esculape, Générie qui conserve le tombeau de Machaon, Phères, où le prudent Ulysse reçut d'Iphitus l'arc fatal aux amants de Pénélope, et Stényclare retentissant des chants de Tyrtée.

« Chresphonte, dit Pausanias, épousa Mérope... Les anciens rois de Messénie faisaient leur résidence à Andanies. » La belle tragédie de Voltaire a fait connaître Mérope à tous les lecteurs.

« Selon les Messéniens, dit encore Pausanias, Esculape était né à Tricca, village de Messénie. » Il y a d'autres traditions sur Esculape : j'ai suivi celle qui convenait à mon sujet.

« On voit à Générie, dit toujours Pausanias, le tombeau de Machaon. »

Phères, où le prudent Ulysse reçut d'Iphitus l'arc fatal.

Voici le passage d'Homère :

« Cet arc était un don d'Iphitus, fils d'Euryte, semblable aux immortels. Iphite était venu dans la Messénie ; il rencontra Ulysse dans la maison du généreux Orsiloque. » (*Odyssee*, liv. xxi.)

D'après cela j'ai cru pouvoir placer la circonstance du don de l'arc à Phères, puisque Orsiloque demeurait à Phères, d'après le témoignage de Pausanias et d'Homère lui-même.

Et Stényclare retentissant des chants de Tyrtée.

J'ai lu Stényclare, au lieu de Stényclère, pour l'oreille. On sait que dans les guerres de Messénie les Lacédémoniens demandèrent un général aux Athéniens, et que ceux-ci leur envoyèrent Tyrtée, maître d'école laid et boiteux. Les ennemis se rencontrèrent dans la plaine de Stényclare, à un endroit appelé le monument du Sanglier. Tyrtée était présent à l'action, et encourageait les Lacédémoniens par des espèces d'élégies guerrières que toute l'antiquité a louées comme sublimes. Il nous reste quelques fragments des poésies de Tyrtée, dans la collection des petits poëtes grecs. (*Poet. Græc. min.*, pag. 334.)

xviii°. Page 12. — Ce beau pays, jadis soumis au sceptre de l'antique Nélée, présentait une corbeille de verdure de plus de huit cents stades de tour.

Nélée, chassé d'Iolchos, ville de Thessalie, se retira chez Apharéus, son cousin germain, qui régnait en Messénie. Celui-ci lui donna Pylos et toute la côte maritime. Apharéus eut deux fils, Lyncée et Idas, qui firent la guerre aux Dioscures, et qui périrent dans cette guerre. La Messénie passa, par leur mort, sous la domination de Nestor, fils de Nélée. Quant à l'étendue de la Messénie, j'ai suivi le calcul de l'abbé Barthélemy, qui s'appuie de l'autorité de Strabon, liv. VIII.

XIXe. Page 12. — *Cet horizon, unique sur la terre, rappelait le triple souvenir de la vie guerrière, etc.*

Toute cette description de la Messénie est de la dernière exactitude. Elle est faite sur les lieux mêmes, et je n'ai rien retranché, rien ajouté au tableau. Un critique, qui m'a traité d'ailleurs avec politesse, trouve cette phrase singulière : « Dessinent dans les vallons comme des ruisseaux de fleurs ; » mais l'expression paraîtra, je crois, très-juste à tous ceux qui auront visité les lieux. Je n'ai pu rendre autrement ce que je voyais ; presque tous les fleuves, ou plutôt les ruisseaux de la Grèce, sont à sec pendant l'été. Leurs lits se remplissent alors de lauriers-roses, de gattiliers, de genêts odorants. Ces arbustes, plantés dans le fond du ravin, ne montrent que leurs têtes au-dessus du sol ; et, comme ils suivent les sinuosités du torrent desséché où ils croissent, leurs cimes fleuries, qui serpentent ainsi au milieu d'une terre brûlée, dessinent réellement à l'œil des ruisseaux de fleurs. Le passage suivant de mon *Itinéraire* servira de commentaire à ma description de la Messénie.

« Il faisait encore nuit quand nous quittâmes Modon, autrefois Méthone, en Messénie. (Le « vaisseau qui m'avait pris à Trieste m'avait débarqué à Modon.) Je croyais encore errer dans « les déserts de l'Amérique : même solitude, même silence. Nous traversâmes des bois d'oli-« viers, en nous dirigeant au midi. Au lever de l'aurore, nous nous trouvâmes sur les som-« mets aplatis de quelques montagnes arides, où nous marchâmes pendant deux heures. Ces « sommets, labourés par des torrents, avaient l'air de guérets abandonnés. Le jonc marin et « une espèce de bruyère épineuse et fleurie y croissaient par touffes ou par bouquets. De gros « caïeux de lis de montagnes, déchaussés par les pluies, paraissaient çà et là à la surface « de la terre. Nous découvrîmes la mer au travers d'un bois d'oliviers clair-semés. Nous « descendîmes dans un vallon où l'on voyait quelques champs de doura, d'orge et de coton. « Nous traversâmes le lit desséché d'un torrent où croissaient le laurier-rose et l'agnus-« castus, joli arbrisseau à feuilles longues, pâles et menues, et dont la fleur lilas un peu « cotonneuse s'allonge en forme de quenouille. Junon était née sous cet arbrisseau, célèbre « à Samos. Je cite ces deux arbustes, parce qu'on les retrouve dans toute la Grèce, qu'ils « décorent presque seuls ces solitudes, jadis si riantes et si parées, aujourd'hui si nues et si « tristes. A propos de torrents desséchés, je dois dire que je n'ai vu, dans la patrie de l'Ilis-« sus, de l'Alphée et de l'Érymanthe, que trois fleuves dont l'urne ne fût pas tarie : le Pa-« mysus, le Céphise et l'Eurotas. Il faut qu'on me pardonne encore l'espèce d'indifférence et « presque d'impiété avec laquelle j'écrirai souvent les noms les plus célèbres ou les plus har-« monieux. On se familiarise malgré soi, en Grèce, avec Thémistocle, Épaminondas, So-« phocle, Platon, Thucydide ; et il faut une grande religion pour ne pas franchir le Cithé-« ron, le Ménale ou le Lycée, comme on passe des monts vulgaires.

« Au sortir des vallons dont je viens de parler, nous commençâmes à gravir de nouvelles « montagnes. Mon guide me répéta plusieurs fois des noms inconnus ; mais, à en juger par « leur position, ces montagnes devaient faire une partie de la chaîne du mont Thémathia. « Nous ne tardâmes à entrer dans un bois charmant de vieux oliviers, de lauriers-roses, « d'esquines, d'agnus-castus et de cornouillers. Ce bois était dominé par des sommets ro-« cailleux. Parvenus à cette dernière cime, nous découvrîmes le beau golfe de Messénie, « bordé de toutes parts de hautes montagnes, entre lesquelles le mont Ithome se distinguait « par son isolement, et le Taygète par ses deux flèches aiguës. Je saluai aussitôt ces monts « fameux par tout ce que je savais de beaux vers à leur louange.

« Un peu au-dessous du sommet du Thémathia, en descendant vers Coron, nous aper-« çûmes une misérable ferme grecque dont les habitants s'enfuirent à notre approche. A « mesure que nous descendions, nous découvrions de plus en plus le port de Co-« ron, où l'on voyait quelques bâtiments à l'ancre : la flotte du capitan-pacha était mouil-« lée de l'autre côté du golfe, vers Calamate. En arrivant à la plaine qui est au pied des « montagnes, qui s'étend jusqu'à la mer, nous aperçûmes un village au centre duquel « était une espèce de château-fort : le tout était environné d'un cimetière turc, couvert de « cyprès de tous les âges. Mon guide, en me montrant ces arbres, me les nommait *paryssa*. « Le Messénien d'autrefois m'aurait conté l'histoire du jeune homme dont le Messénien d'au-« jourd'hui n'a retenu que la moitié du nom. Mais ce nom, tout défiguré qu'il est, pro-« noncé sur les lieux, à la vue d'un cyprès et des sommets du Taygète, me fit un plaisir « que les poëtes comprendront. Je me disais pourtant, en regardant ces tombeaux turcs :

« Que sont venus faire ici les barbares conquérants du Péloponèse? Ils sont venus y mourir
« comme les Messéniens. Au reste, ces tombeaux étaient fort agréables : le laurier-rose
« croissait au pied des cyprès, qui ressemblaient à de grands obélisques; des milliers de
« tourterelles voltigeaient parmi ces ombrages; l'herbe flottait autour de la petite colonne
« funèbre, surmontée du turban; une fontaine, bâtie par un pieux shérif, et qui sortait de
« son tombeau, répandait son eau dans le chemin pour le voyageur. On se serait volontiers
« arrêté dans le cimetière où ce laurier de la Grèce, dominé par le cyprès de l'Orient, sem-
« blait rappeler la mémoire de deux peuples dont la poussière reposait dans ce lieu.

« Nous mîmes une heure pour arriver de ce cimetière à Coron. Nous marchâmes à tra-
« vers un bois continu d'oliviers, planté de froment à demi moissonné. Le terrain, qui de
« loin paraît une plaine unie, est coupé par des ravines inégales et profondes. M. Vial, alors
« consul de France à Coron, me reçut avec cette hospitalité par laquelle les consuls du Le-
« vant sont si remarquables. Il voulut bien me loger chez lui. Il renvoya mon janissaire de
« Modon, et me donna un de ses propres janissaires, pour traverser avec moi la Morée et
« me conduire à Athènes. Ma marche fut ainsi réglée. Je ne pouvais me rendre à Sparte par
« Calamate, que l'on prendra si l'on veut pour Calathion, Cardamyle ou Thalames, sur la
« côte de la Laconie, presque en face de Coron : le capitan-pacha était en guerre avec les
« Maniottes ; ainsi la route par Calamate m'était fermée : il fut donc arrêté que je prendrais
« un long détour; que je passerais le défilé des Portes, l'un des Hermæum de la Messénie;
« que je me rendrais à Tripolizza, afin d'obtenir du pacha de Morée le firman nécessaire
« pour passer l'isthme; que je reviendrais de Tripolizza à Sparte, et que de Sparte je pren-
« drais par la montagne le chemin d'Argos, de Mycènes et de Corinthe.

« . . . .
« La maison du consul dominait le golfe de Coron ; je voyais de ma fenêtre la mer de
« Messénie, peinte du plus bel azur; devant moi, de l'autre côté de cette mer, s'élevait la
« haute chaîne du Taygète, couverte de neige, et justement comparée aux Alpes par Stra-
« bon, mais aux Alpes sous un plus beau ciel. A ma droite s'étendait la pleine mer ; et à ma
« gauche, au fond du golfe, je découvrais le mont Ithome, isolé comme le Vésuve, et tron-
« qué comme lui à son sommet. Je ne pouvais m'arracher à ce spectacle. Quelles pensées ne
« m'inspirait point la vue de ces côtes silencieuses et désertes de la Grèce, où l'on n'entend
« que l'éternel sifflement du mistral et le gémissement des flots! Quelques coups de canon
« que le capitan-pacha faisait tirer de loin à loin contre les rochers des Maniottes, inter-
« rompaient seuls ces tristes bruits par un bruit plus triste encore. On ne voyait sur toute
« l'étendue de la mer que la flotte de ce chef des Barbares; elle me rappelait les pirates
« américains, qui plantaient leur drapeau sanglant sur une terre inconnue, et prenaient pos-
« session d'un pays enchanté au nom de la servitude et de la mort; ou plutôt je croyais voir
« les vaisseaux d'Alaric s'éloigner de la Grèce en cendres, emportant la dépouille des temples,
« les trophées d'Olympie, et les statues brisées de la Liberté et des Arts.

« Je quittai Coron le 14 août, à deux heures du matin, pour continuer mon voyage, etc., etc. »

XX°. Page 12. — *Comme un jeune olivier qu'un jardinier élève avec soin.*

Οἷον δὲ τρέφει ἔρνος ἀνὴρ ἐριθηλὲς ἐλαίης
Κώρῳ ἐν οἰοπόλῳ, ὅθ' ἅλις ἀναβέβρυχεν ὕδωρ,
Καλὸν, τηλεθάον· τὸ δέ τε πνοιαὶ δονέουσιν
Παντοίων ἀνέμων, καί τε βρύει ἄνθεϊ λευκῷ.   (*Iliad.*, liv. XVII, v. 53.)

Je n'ai pas tout imité dans cette belle comparaison. Pythagore avait une telle admiration
pour ces vers, qu'il les avait mis en musique, et qu'il les chantait en s'accompagnant de sa lyre.

XXI°. Page 12. — *Hiéroclès avait demandé Cymodocée pour épouse.*

Voilà la première pierre de l'édifice. Le motif du refus de Démodocus et du dégoût de Cymodocée est justifié par le caractère et la personne d'Hiéroclès.

XXII°. Page 13. — *Ils disaient les maux qui sont le partage des enfants de la terre.*

Tout ce qui suit fait allusion à divers passages de l'*Iliade* et de l'*Odyssée*. C'est Ulysse
qui regrette de mourir avant d'avoir revu la fumée qui s'élève de ses foyers ; ce sont les frères
d'Andromaque qui furent tués par Achille lorsqu'ils gardaient les troupeaux, etc.

XXIII°. Page 13. — *Lorsque, adossée contre une colonne, elle tournait ses
fuseaux à la lueur d'une flamme éclatante.*

Ἡ δ' ἧσται ἐπ' ἐσχάρῃ ἐν πυρὸς αὐγῇ,
Ἠλάκατα στρωφῶσ' ἁλιπόρφυρα, θαῦμα ἰδέσθαι,
Κίονι κεκλιμένη· δμωαὶ δέ οἱ εἴατ' ὄπισθεν.   (*Odyss.*, liv. VI, v. 305.)

xxiv°. Page 13. — Cette modération, sœur de la vérité, sans laquelle tout est mensonge.

En supprimant ici les deux virgules, on a fait une phrase ridicule, par laquelle je dirois que tout est mensonge sans la vérité. Voilà la bonne foi de la critique.

xxv°. Page 13. — Un jour elle était allée au loin cueillir le dictame avec son père.

Le dictame, renommé en Crète, croît aussi sur plusieurs montagnes de la Grèce, où je l'ai remarqué.

xxvi°. Page 13. — Ils avaient suivi une biche blessée par un archer d'Œchalie.

Non illa feris incognita capris.
Gramina, cum tergo volucres hæsere sagittæ. (*Æneid.*, xii. 414.)

xxvii°. Page 13. — Le bruit se répandit aussitôt que Nestor et la plus jeune de ses filles, la belle Polycaste, étaient apparus à des chasseurs dans les bois de l'Ira.

Polycaste conduisit Télémaque au bain, lorsqu'il vint demander à Nestor des nouvelles de son père. (*Odyss.*, liv. iii.)

Il y avait en Messénie une ville, une montagne et une rivière du nom d'Ira. Le siège d'Ira, par les Lacédémoniens, dura onze ans, et finit par la captivité et la dispersion des Messéniens. (Pausanias.)

xxviii°. Page 13. — La fête de Diane-Limnatide approchait... Cette pompe, cause funeste des guerres antiques de Lacédémone et de Messène...

« Diane-Limnatide avait un temple sur les frontières de la Messénie et de la Laconie. De « jeunes filles de Sparte étant venues à la fête de la déesse, furent violées par les Messé- « niens. » (Pausanias.) De là les guerres de Messénie.

xxix°. Page 14. — La statue de Diane, placée sur un autel.

C'est la Diane antique du Muséum.

xxx°. Page 14. — Cymodocée, à la tête de ses compagnes, égales en nombre aux nymphes Océanies, entonna l'hymne à la Vierge Blanche.

Les nymphes Océanies étaient au nombre de soixante, et formaient le cortége de Diane. Diane partageait avec Minerve le surnom de Vierge Blanche, à cause de sa virginité.

xxxi°. Page 14. — Diane, souveraine des forêts, etc.

Phœbe, sylvarumque potens Diana,
. . . .
. . . . date quæ precamur
Tempore sacro,
Quo sibyllini monuere versus
Virgines lectas, puerosque castos
Dis, quibus septem placuere colles,
Dicere carmen.
. . . .
Di probos mores docili juventæ,
Di senectuti placidæ quietem,
Romulæ genti date remque prolemque,
Et decus omne. (Hor., *Carm. Sec.*)

Les lecteurs qui compareront mon hymne à celui d'Horace verront bien que je diffère de mon modèle sur une foule de points.

xxxii°. Page 14. — Un cerf blanc fut immolé à la reine du silence.

On offrait à Diane des fruits, des bœufs, des béliers, des cerfs blancs. J'ai cru pouvoir hasarder l'expression de reine du silence, d'après une expression d'Horace.

xxxiii°. Page 14. — C'était une de ces nuits dont les ombres transparentes...

Je n'ai rien imité dans cette description, hors le dernier trait, qui est d'Homère : Assis dans la vallée, le berger, etc.

xxxiv°. Page 15. — Ces retraites enchantées, où les anciens avaient placé le berceau de Lycurgue et celui de Jupiter.

On sait que Jupiter fut élevé en Crète, sur le mont Ida; mais une autre tradition voulait qu'il eût été nourri sur le mont Ithome. (Voyez Pausanias, *in Messen.*) J'ai suivi cette tradition.

xxxv°. Page 15. — De Cybèle descendue dans les bois d'Œchalie.

Œchalie, en Messénie, était consacrée par les mystères des grandes déesses.

xxxvi°. Page 15. — Les hauteurs de Thuria.

A six stades de la mer, vous trouverez Phères; ensuite, quatre-vingts stades plus haut, dans les terres, est la ville de Thuria. Homère la nomme Anthée. (PAUSANIAS, *in Messen.*, cap. xxi.) « Æpeia nunc Thuria vocatur, » dit STRABON : « vox celsam significat, quod nomen inde habet, quod in sublimi colle est sita. » (Lib. viii.)

xxxvii°. Page 15. — Le labyrinthe, dont la danse des jeunes Crétoises imitait encore les détours.

On croit que la danse crétoise, connue sous le nom d'Ariadne, était une imitation des circuits du labyrinthe. Homère la place sur le bouclier d'Achille.

xxxviii°. Page 15. — Une source d'eau vive, environnée de hauts peupliers.

Ἀμφὶ δ' ἄρ' αἰγείρων ὑδατοτρεφέων ἦν ἄλσος,
Πάντοσε κυκλοτερές, κατὰ δὲ ψυχρὸν ῥέεν ὕδωρ
Ὑψόθεν ἐκ πέτρης· βωμὸς δ' ἐφύπερθε τέτυκτο
Νυμφάων, ὅθι πάντες ἐπιρρέζεσκον ὁδῖται. (*Odyss.*, liv. xvii, v. 208.)

xxxix°. Page 15. — Tel un successeur d'Apelles a représenté le sommeil d'Endymion.

Il était bien juste que je rendisse ce faible hommage à l'admirable tableau d'Atala au tombeau. Malheureusement je n'ai pas l'art de M. Girodet, et tandis qu'il embellit mes peintures, j'ai bien peur de gâter les siennes. Au reste, ce tableau du sommeil d'Eudore n'est pas tout à fait semblable au tableau du sommeil d'Endymion, par M. Girodet. J'ai pris quelques détails du bas-relief qu'on voit au Capitole, et qui représente le même sujet.

xl°. Page 16. — Et jamais ma mère, déjà tombée sous vos coups, ne fut orgueilleuse de ma naissance!

Allusion à l'aventure de Niobé.

xli°. Page 16. — Comment! dit Cymodocée... est-ce que tu n'es pas le chasseur Endymion?

Cette rencontre d'Eudore et de Cymodocée a paru généralement faire plaisir. Ceux qui l'ont critiquée ont trouvé que Cymodocée parlait trop pour une jeune Grecque, et ils ont prétendu que cela péchait contre la vérité des mœurs. J'ai une réponse bien simple à faire ; c'est Homère qui est le coupable. Nausicaa parle bien plus longuement à Ulysse que Cymodocée à Eudore. Les discours de Nausicaa sont même si longs, qu'ils occuperaient trop de place ici, et je suis obligé de renvoyer le lecteur à l'original. (Voyez l'*Odyssée*, liv. vi.) Ces longs bavardages, si j'ose proférer ce blasphème, ces répétitions, ces circonlocutions hors du sujet, sont un des caractères du style homérique. Je devais les imiter, surtout au moment de la rencontre de mes deux principaux personnages, pour faire contraster la prolixité païenne avec le laconisme du langage chrétien. Quant à l'anachronisme de mœurs, je me suis expliqué dans la remarque iii°. Si j'avais besoin de quelque autre autorité après celle d'Homère, je la trouverais dans les tragiques grecs. Iphigénie, dans l'*Iphigénie en Aulide*, confie ses douleurs au chœur, composé des femmes de Chalcis, qu'elle n'a jamais vues ; elle veut avoir l'éloquence d'Orphée, pour toucher Agamemnon ; elle s'adresse aux forêts de la Phrygie, aux montagnes d'Ida ; elle parle des eaux limpides, des prés fleuris où croissent la rose et l'hyacinthe ; elle entasse cent autres lieux communs de poésie étrangers au sujet. Electre, dans *les Choéphores* d'Eschyle, reconnaît promptement Oreste ; mais quels interminables discours ne tient-elle point à son frère, étranger, inconnu d'elle, dans Sophocle et Euripide! Nos grands poëtes ont si peu songé à cette prétendue invraisemblance de mœurs, qu'en imitant les anciens ils ont toujours fait parler très-longuement les jeunes princesses. J'ai tort de réfuter sérieusement ce qu'on n'a pu donner pour une critique sérieuse.

xlii°. Page 16. — Je suis fille d'Homère aux chants immortels.

Cela n'est pas plus extraordinaire que d'entendre Nausicaa conter sa généalogie et l'histoire de son père et de sa mère à Ulysse, qu'elle a trouvé tout nu dans un buisson. Quand on veut chicaner un auteur, il faut au moins savoir de quoi l'on parle.

xliii°. Page 17. — La Nuit sacrée, épouse de l'Érèbe; et mère des Hespérides et de l'Amour.

Lorsqu'il y a plusieurs traditions sur un sujet, je prends la moins connue ou la plus agréable, pour rajeunir les tableaux mythologiques : c'est pousser loin l'impartialité. Ainsi, l'Amour qu'on fait fils de Vénus, est ici enfant de la Nuit ; allégorie presque aussi agréable et beaucoup plus ignorée que la première.

XLIV°. Page. 17. — Je ne vois que des astres qui racontent la gloire du Très-Haut.

« Cœli enarrant gloriam Dei. » (*Psalm.* XVIII, v. 1.)

XLV°. Page 18. — Ils me vendirent à un port de Crète éloigné de Gortynes, etc... Lébène... Théodosie... Milet.

Lébène était le port, ou, comme on parle dans le Levant, l'échelle de Gortynes. Il était éloigné de cette ville de quatre-vingt-dix stades, selon Strabon : « Distat ab Africo mari et « Lebene navali suo ad stadia XC. » (STRAB., lib. X.)

Théodosie était une ville de la Chersonèse Taurique, abondante en blé, qui se vendait dans tout le Levant. « Post montana ista urbs sequitur Theodosia, campo prædita fertili, « portu vel centum navibus recipiendis apto..... Tota regio frumenti ferax est. » (STRAB., lib. VII, pag. 309.)

XLVI°. Page 18. — Les cruelles Ilithyes.

Déesses, filles de Junon. Elles présidaient aux accouchements. Euryméduse les appelle cruelles, parce qu'Epicharis mourut en donnant le jour à Cymodocée. Diane est invoquée dans Horace sous le nom d'Ilithye :

Rite maturos aperire partus
Lenis Ilithya, tuere matres.   (HOR., *Carm. Sec.*)

XLVII°. Page 18. — Je te balançais sur mes genoux ; tu ne voulais prendre de nourriture que de ma main.

Phœnix dit à peu près la même chose à Achille, et avec encore plus de naïveté :

Οὔτ' ἐς δαῖτ' ἰέναι, οὔτ' ἐν μεγάροισι πάσασθαι,
Πρίν γ' ὅτε δή σ' ἐπ' ἐμοῖσιν ἐγὼ γούνασσι καθίσσας,
Ὄψου τ' ἄσαιμι προταμὼν καὶ οἶνον ἐπισχών.
Πολλάκι μοι κατέδευσας ἐπὶ στήθεσσι χιτῶνα
Οἴνου, ἀποβλύζων ἐν νηπιέῃ ἀλεγεινῇ.   (*Iliad.*, liv. IX, v. 487.)

XLVIII°. Page 18. — Il part comme un aigle.

Ὣ ἄρα φωνήσασ' ἀπέβη γλαυκῶπις Ἀθήνη,
Φήνῃ εἰδομένη.   (*Odyss.*, liv. III, v. 371.)

XLIX°. Page 18. — Elle détourna la tête, dans la crainte de voir le dieu et de mourir.

On croyait que la manifestation subite de la divinité donnait la mort. (Voyez une note de madame DACIER sur un passage du XVI° liv. de l'*Odyssée*.)

L°. Page 18. — Et passant les fontaines d'Arsinoé et de Clepsydra.

« On y voit (sur le mont Ithome) une fontaine nommée Arsinoé : elle reçoit l'eau d'une autre fontaine appelée Clepsydra. » (PAUSANIAS, *in Messen.*, cap. XXXI.)

LI°. Page 18. — Ce père malheureux était assis à terre, près du foyer ; la tête couverte d'un pan de sa robe, il arrosait les cendres de ses pleurs.

Tout le monde sait que les suppliants et les malheureux s'asseyaient au foyer parmi les cendres. (Voyez l'*Odyssée*, liv. XVI ; et PLUTARQUE, dans la *Vie de Thémistocle*.)

LII°. Page 18. — Tels sont les cris dont retentit le nid des oiseaux lorsque la mère apporte la nourriture à ses petits.

On a critiqué cette comparaison : on a dit que la douleur ou la joie morale ne pouvait jamais être comparée au mouvement de la douleur ou des besoins physiques. S'il en était ainsi, il faudrait renoncer à toute comparaison, et même à toute poésie ; car les comparaisons et la poésie consistent surtout à transporter, pour ainsi dire, le physique dans le moral, et le moral dans le physique. C'est ce qui est reconnu par tous les critiques dignes de porter ce nom.

Au reste, cette comparaison se trouve dans Homère, et presque dans les mêmes circonstances où elle est placée ici. (*Odyss.*, liv. XVI.)

LIII°. Page 19. — On aurait vu ton père racontant sa douleur au soleil.

Usage antique qu'on retrouve dans les tragiques grecs. Jocaste, dans *les Phéniciennes*, ouvre la scène par un monologue où elle apostrophe l'astre du jour. De là le beau vers de Virgile, et l'un des plus beaux vers de son illustre traducteur :

Solem quis dicere falsum
Audeat?
Qui pourrait, ô Soleil, t'accuser d'imposture?

LIV°. Page 19. — La destinée d'un vieillard qui meurt sans enfants, est digne de pitié, etc.

Imitation de Solon. Ce grand législateur était poëte. Il nous reste de lui quelques fragments d'une espèce d'élégie politique. (*In min. Poet. Græc.*)

LV°. Page 19. — Ah! je ne sentirais pas un chagrin plus mortel quand on cesserait de m'appeler le père de Cymodocée!

Formule touchante empruntée des Grecs. Ulysse s'en sert dans l'*Iliade* en parlant de Télémaque.

LVI°. Page 19. — Et nous avons craint les soupçons qui s'élèvent trop souvent dans le cœur des enfants de la terre.

Δύςζηλοι γάρ τ' εἰμὲν ἐπὶ χθονὶ φῦλ' ἀνθρώπων.   (*Odyss.*, liv. VII, v. 307.)

LVII°. Page 19. — Euryméduse, repartit Démodocus, quelles paroles sont échappées à tes lèvres! Jusqu'à présent tu n'avais pas paru manquer de sagesse, etc.

Οὐ μὲν νήπιος ἦσθα, Βοηθοίδη Ἐτεωνεῦ,
Τὸ πρὶν· ἀτὰρ μὲν νῦν γε, παῖς ὥς, νήπια βάζεις.   (*Odyss.*, liv. IV, v. 31.)

LVIII°. Page 19. — La colère, comme la faim, est mère des mauvais conseils.

Et malesuada fames.   (VIRG., VI, 276.)

LIX°. Page 20. — Qui pourrait égaler les Grâces, surtout la plus jeune, la divine Pasithée!

Les noms ordinaires des Grâces sont Aglaé, Thalie et Euphrosine. Homère nomme la plus jeune Pasithée, et il a été suivi par Stace.

LX°. Page 20. — Orphée, Linus, Homère, ou le vieillard d'Ascrée.

Poëtes connus de tout le monde. Hésiode est le vieillard d'Ascrée.

Ascræumque cano romana per oppida carmen.   (VIRG., *Georg.* II, 176.)

LXI°. Page 20. — Philopœmen, et Polybe aimé de Calliope, fille de Saturne et d'Astrée.

Philopœmen, le dernier des Grecs, et Polybe l'historien, étaient de Mégalopolis en Arcadie. Calliope, prise ici pour l'Histoire, était fille de Saturne et d'Astrée, c'est-à-dire du Temps et de la Justice. Voici le commencement de la généalogie du principal personnage qui doit représenter les héros de la Grèce. Le nom d'Eudore est tiré d'Homère. Eudore était un des compagnons d'Achille.

LXII°. Page 20. — Dicé, Irène et Eunomie.

Noms des Heures, d'après Hésiode, qui n'en compte que trois. Elles étaient filles de Jupiter et de Thémis.

LXIII°. Page 20. — Un esclave, tenant une aiguière d'or et un bassin d'argent, verse une eau pure sur les mains du prêtre d'Homère.

Χέρνιβα δ' ἀμφίπολος προχόῳ ἐπέχευε φέρουσα.
Καλῇ, χρυσείῃ, ὑπὲρ ἀργυρέοιο λέβητος.   (*Odyss.*, liv., VII, v. 172.

LXIV°. Page 20. — Ce fut en vain qu'elle pria la Nuit de lui verser la douceur de ses ombres.

Il y avait dans les éditions précédentes l'*ambroisie* de ses ombres, expression grecque que j'avais essayé de faire passer dans notre langue; mais, outre qu'on ne peut pas dire *verser* de l'ambroisie, j'ai trouvé ce tour un peu recherché.

LXV°. Page 20. — Il emboîte l'essieu dans des roues bruyantes, etc.

> Ἤδη δ' ἀμφ' ὀχέεσσι θοῶς βάλε καμπύλα κύκλα,
> Χάλκεα, ὀκτάκνημα, σιδηρέῳ ἄξονι ἀμφίς.
> Τῶν ἤτοι χρυσέη ἴτυς ἄφθιτος, αὐτὰρ ὕπερθεν
> Χάλκε' ἐπίσσωτρα προςαρηρότα, θαῦμα ἰδέσθαι·
> Πλῆμναι δ' ἀργύρου εἰσὶ περίδρομοι ἀμφοτέρωθεν·
> Δίφρος δὲ χρυσέοισι καὶ ἀργυρέοισιν ἱμᾶσιν
> Ἐντέταται· δοιαὶ δὲ περίδρομοι ἄντυγές εἰσιν·
> Τοῦ δ' ἐξ ἀργύρεος ῥυμὸς πέλεν· αὐτὰρ ἐπ' ἄκρῳ
> Δῆσε χρύσειον καλὸν ζυγόν, ἐν δὲ λέπαδνα
> Κάλ' ἔβαλε, χρύσει'· ὑπὸ δὲ ζυγὸν ἤγαγεν Ἥρη
> Ἵππους ὠκύποδας, μεμαυῖ' ἔριδος καὶ ἀϋτῆς.   (*Iliad.*, liv. v, v. 722.)

LXVI°. Page 20. — C'était une coupe de bronze à double fond, etc.

Toute cette histoire de la coupe est faite d'après l'*Iliade* et la *Vie d'Homère* attribuée à Hérodote. Le bouclier d'Ajax était l'ouvrage de Tychus, armurier de la ville d'Hylé. Homère eut pour hôte Créophyle de Samos, et l'on sait que Lycurgue apporta le premier dans la Grèce les poëmes d'Homère qu'il avait trouvés chez les descendants de Créophyle. (Voyez la *Vie d'Homère*, traduct. de M. Larcher.)

LXVII°. Page 20. — Les Grâces décentes.

> Gratiæ decentes.   (Hor., lib. I, od. IV.)

LXVIII°. Page 21. — Le voile blanc des Muses qui brillait comme le soleil, et qui était placé sous tous les autres dans une cassette odorante.

> Τῶν ἕν' ἀειραμένη Ἑκάβη φέρε δῶρον Ἀθήνῃ,
> Ὃς κάλλιστος ἔην ποικίλμασιν ἠδὲ μέγιστος,
> Ἀστὴρ δ' ὣς ἀπέλαμπεν· ἔκειτο δὲ νείατος ἄλλων.   (*Iliad.*, liv. vi, v. 293.)

LXIX°. Page 21. — Il portait sur sa tête une couronne de papyrus.

C'était la couronne des poëtes.

LXX°. Page 21. — Les dieux voulurent naître parmi les Égyptiens, parce qu'ils sont les plus reconnaissants des hommes.

C'est Platon qui le dit. Les Égyptiens avaient une loi contre l'ingratitude. Cette loi s'est perdue.

SUR LE DEUXIÈME LIVRE.

Ce second livre des *Martyrs* n'a éprouvé aucune critique ; il a été loué généralement par tous les censeurs. J'ai pourtant vu des personnes de goût qui préféraient le premier pour les souvenirs de l'antiquité. Il est certain que le premier livre m'a coûté plus de peine, et je l'ai revu plus souvent et plus longtemps.

PREMIÈRE REMARQUE. Page 21. — A l'heure où le magistrat fatigué quitte avec joie son tribunal pour aller prendre son repas.

> Ἦμος δ' ἐπὶ δόρπον ἀνὴρ ἀγορῆθεν ἀνέστη,
> Κρίνων νείκεα πολλὰ δικαζομένων αἰζηῶν.   (*Odyss.*, liv. xii, v. 439.)

II°. Page 22. — Vint se reposer à Phigalée, célèbre par le dévouement des Oresthasiens.

Phigalée, ville de l'Arcadie, bâtie sur un rocher, et traversée par un ruisseau nommé Lymax, qui tombait dans la Néda. Les Phigaliens, ayant été chassés de leur pays par les Lacédémoniens, consultèrent l'oracle de Delphes. L'oracle répondit : « Que les Phigaliens prennent « avec eux cent jeunes gens de la ville d'Oresthasium : ces cent jeunes gens périront dans le « combat contre les Spartiates, mais les Phigaliens rentreront dans leur ville. » Les cent Oresthasiens se dévouèrent. (Pausanias, *in Arcad.*, cap. xxxix.)

IIIe. Page 22. — Le prince de la jeunesse, l'aîné des fils d'Ancée, etc.

Pour les détails de ce sacrifice homérique, voyez le IIIe livre de l'*Odyssée*, vers la fin. Le dos de la victime était servi comme le morceau le plus honorable. Ulysse le donne à Démodocus, livre VIII de l'*Odyssée*, pour le récompenser de ses chants.

IVe. Page 22. — Les dons de Cérès, que Triptolème fit connaître au pieux Arcas, remplacent le gland dont se nourrissaient jadis les Pélasges, premiers habitants de l'Arcadie.

Pélasgus régna le premier en Arcadie, et donna son nom à son peuple. Pélasgus eut pour fils Lycaon, qui fut changé en loup. Lycaon laissa une fille, Callisto, qui fut mère d'Arcas. Arcas, instruit par Triptolème, apprit à ses sujets à semer du blé, et à s'en nourrir au lieu de gland. (PAUSANIAS, *in Arcad.*, cap. I, II, III et IV.)

V^e. Page 22. — On sépare la langue de la victime.

C'était la dernière cérémonie du sacrifice.

VIe. Page 22. — Il n'est pas permis d'entrer dans les temples des dieux avec du fer.

Et même dans certains temples avec de l'or, selon Plutarque. Belle leçon! (*Moral. præcep. Administ. public.*)

VIIe. Page 22. — Aussitôt que l'aurore eut éclairé de ses premiers rayons l'autel de Jupiter qui couronne le mont Lycée, etc.; jusqu'à l'alinéa.

Les premières éditions portaient : *le temple de Jupiter*. Je m'étais trompé. Le mont Lycée était la plus haute montagne d'Arcadie ; on l'appelait le Mont-Sacré, parce que Jupiter, selon les Arcadiens, y avait été nourri. Ce dieu avait un autel sur le sommet de la montagne, et de cet autel on découvrait presque tout le Péloponèse. Les hommes ne pouvaient entrer dans l'enceinte consacrée à Jupiter. Les corps n'y donnaient aucune ombre, quoique frappés des rayons du soleil, etc. (PAUSANIAS, *in Arcad.*, cap. XXXVIII ; et *Voyage du jeune Anacharsis*. Voyez *Arcadie*.)

VIIIe. Page 22. — Il prend sa course vers le temple d'Eurynome, caché dans un bois de cyprès.

Ce temple était à douze stades au-dessous de Phigalée, un peu au-dessus du confluent du Lymax et de la Néda. Eurynome était une fille de l'Océan. La statue de cette divinité était attachée dans le temple avec une chaîne d'or, et ce temple ne s'ouvrait qu'une fois l'année. (PAUSANIAS, lib. VIII, *in Arcad.*, cap. XLI.)

IXe. Page 22. — Il franchit le mont Élaïus ; il dépasse la grotte où Pan retrouva Cérès, etc.

Élaïus était à trente stades à droite de Phigalée : la grotte de Cérès, surnommée la Noire, était dans cette montagne. Cérès pleurant l'enlèvement de Proserpine, prit une robe noire et se cacha pour pleurer dans la grotte du mont Élaïus. Les fruits et les moissons périssaient, les hommes mouraient de faim, les dieux ne savaient ce qu'était devenue la déesse. Pan, en chassant sur les montagnes d'Arcadie, retrouva enfin Cérès. Il en avertit Jupiter. Jupiter envoya les Parques à Cérès, et ces divinités inexorables fléchirent, par leurs prières, le courroux de Cérès : elle rendit les moissons aux hommes. (PAUSANIAS, lib. VIII, *in Arcad.*, cap. XLII.)

X^e. Page 22. — Les voyageurs traversent l'Alphée au-dessous du confluent du Gorthynius, et descendent jusqu'aux eaux limpides du Ladon.

Il n'est point de lecteur qui n'ait entendu parler de l'Alphée et du Ladon : de l'Alphée, à cause de ses amours avec Aréthuse, et de son passage à Olympie ; et du Ladon, à cause de la beauté de ses eaux.

J'ai traversé, au mois d'août 1806, une des sources de l'Alphée, entre Léontari, Tripolizza et Misitra : cette source était tarie.

Le Gorthynius, dit Pausanias, est de tous les fleuves celui dont les eaux sont les plus fraîches. (Liv. VIII, chap. XXVIII.)

Démodocus venant de Phigalée, et descendant l'Alphée, devait rencontrer d'abord le Gorthynius, et puis le Ladon.

XIe. Page 22. — Là se présente une tombe antique, que les nymphes des montagnes avaient environnée d'ormeaux.

Ἠδ' ἐπὶ σῆμ' ἔχεεν· περὶ δὲ πτελέας ἐφύτευσαν
Νύμφαι ὀρεστιάδες. (*Iliad.*, liv. VI, v. 419.)

XIIᵉ. Page 22. — C'était celle de cet Arcadien pauvre et vertueux, d'Aglaüs de Psophis.

« On nous montra un petit champ et une petite chaumière : c'est là que vivait, il y a
« quelques siècles, un citoyen pauvre et vertueux; il se nommait Aglaüs. Sans crainte, sans
« désirs, ignoré des hommes, ignorant ce qui se passait parmi eux, il cultivait paisiblement
« son petit domaine, dont il n'avait jamais passé les limites. Il était parvenu à une extrême
« vieillesse, lorsque des ambassadeurs du puissant roi de Lydie, Gygès ou Crésus, furent
« chargés de demander à l'oracle de Delphes s'il existait sur la terre entière un mortel plus
« heureux que ce prince. La Pythie répondit : Aglaüs de Psophis. » (*Voyage d'Anacharsis*, Arcadie.) On voit que je n'ai point suivi ce récit. J'ai disposé à mon gré de la tombe de Psophis : c'était celle d'un homme heureux et sage; elle m'a paru bien placée à l'entrée de l'héritage de Lasthénès.

XIIIᵉ. Page 23. — La robe dont cet homme était vêtu ne différait de celle des philosophes grecs que parce qu'elle était d'une étoffe blanche assez commune.

Il est inutile d'étaler ici une vaine érudition, et de citer les Pères et les écrivains de l'Histoire ecclésiastique, Eusèbe, Socrate, Zonare, etc. : une autorité aussi fidèle qu'agréable nous suffira pour les mœurs des chrétiens; c'est celle de Fleury :

« Les chrétiens rejetaient les habits de couleur trop éclatante; mais saint Clément d'Alexan-
« drie recommandait le blanc comme symbole de pureté. . . . . Tout
« l'extérieur des chrétiens était sévère et négligé, au moins simple et sérieux. Quelques-uns
« quittaient l'habit ordinaire pour prendre celui des philosophes, comme Tertullien et saint
« Héraclas, disciples d'Origène. »   (FLEURY, *Mœurs des Chrétiens*.)

XIVᵉ. Page 23. — Mercure ne vint pas plus heureusement à la rencontre de Priam.

(Voyez l'*Iliade*, liv. XXIV.)

XVᵉ. Page 23. — Ce palais appartient à Hiéroclès.

Ceci n'est point une phrase jetée au hasard. J'ai tâché, autant que je l'ai pu, de ne faire entrer dans ma composition rien d'inutile. Ce palais deviendra le théâtre d'une des scènes de l'action.

XVIᵉ. Page 23. — En arrivant au milieu des moissonneurs, l'inconnu s'écria : « Le Seigneur soit avec vous ! »

« Et ecce, ipse veniebat de Bethleem, dixitque messoribus : Dominus vobiscum. Qui res-
« ponderunt ei : Benedicat tibi Dominus. » (RUTH., cap. II, v. 4.)

XVIIᵉ. Page 24. — Des glaneuses les suivaient en cueillant les nombreux épis, etc.

« Præcepit autem Booz pueris suis, dicens : Et de vestris quoque manipulis projicite de
« industria, et remanere permittite, ut absque rubore colligat. » (RUTH., cap. II, v. 15, 16.)

XVIIIᵉ. Page 24. — Qui triompha de Carrausius.

On verra, dans le récit et dans les notes du récit, quel était ce Carrausius.

XIXᵉ. Page 24. — Méléagre était moins beau que toi lorsqu'il charma les yeux d'Atalante !

Homère a, sur Méléagre, une tradition différente de celle des autres poëtes. Je ne fais ici d'allusion qu'à la dernière. Méléagre était un jeune héros qui donna la hure du sanglier de Calydon à Atalante, fille de Jasius, roi d'Arcadie. Sa mère Althée le fit mourir en jetant au feu le tison auquel sa vie était attachée. Il ne faut pas confondre cette Atalante avec celle qui fut vaincue par Hippomène. Stace a donné un fils à Atalante, qui suivit les sept chefs au siège de Thèbes. (*Thébaïde*, liv. IV.)

XXᵉ. Page 24. — Heureux ton père, heureuse ta mère, mais plus heureuse encore celle qui doit partager ta couche !

Τρισμάκαρες μὲν σοίγε πατὴρ καὶ πότνια μήτηρ,
Τρισμάκαρες δὲ κασίγνητοι...
Κεῖνος δ' αὖ πέρι κῆρι μακάρτατος ἔξοχον ἄλλων,
Ὅς κέ σ' ἐέδνοισι βρίσας οἶκόνδ' ἀγάγηται.   (*Odyss.*, liv. VI, v. 154-158.)

XXIᵉ. Page 24. — J'accepterai le présent que vous m'offrez, s'il n'a pas servi à vos sacrifices.

Tout ce qui avait servi aux sacrifices des païens était en abomination aux chrétiens.

xxiiᵉ. Page 24. — Je ne me souviens pas d'avoir vu la peinture d'une scène pareille, si ce n'est sur le bouclier d'Achille.

(*Iliade*, liv. xvii.)

xxiiiᵉ. Page 25. — Ces moissonneurs ne sont plus mes esclaves.

Cette religion, contre laquelle on a tant déclamé, a pourtant aboli l'esclavage. Tous les chrétiens primitifs n'affranchirent cependant pas sur-le-champ leurs esclaves ; mais Lasthénès suivait de plus près cet esprit évangélique qui a brisé les fers d'une grande partie du genre humain.

xxivᵉ. Page 25. — La vérité... mère de la vertu.

On la fait aussi la mère de la justice.

xxvᵉ. Page 25. — Voyageur, les chrétiens.

Sur ce mot de voyageur opposé à celui d'étranger, qu'il me soit permis de rapporter un passage du *Génie du Christianisme* :

« L'hôte inconnu est un étranger chez Homère, et un voyageur dans la *Bible*. Quelles dif-
« férentes vues de l'humanité ! Le Grec ne porte qu'une idée politique et locale où l'Hébreu
« attache un sentiment moral et universel.

xxviᵉ. Page 26. — Que Dieu lui rende sept fois la paix !

Tour hébraïque. Les Grecs et les Romains disaient *terque quaterque*. On en a vu un exemple dans la note xxᵉ :

$$\text{Τρισμάκαρες.}$$

xxviiᵉ. Page 26. — Non sur les ailes d'or d'Euripide, mais sur les ailes célestes de Platon.

Plutarque, dans ses *Morales*, parle de ces ailes ; mais je crois qu'il faut lire les ailes d'or de Pindare.

xxviiiᵉ. Page 26. — Dieu m'en a donné la direction ; Dieu me l'ôtera peut-être : que son saint nom soit béni !

« Dominus dedit, Dominus abstulit..... Sit nomen Domini benedictum ! » (Job, cap. i, v. 21.)

xxixᵉ. Page 26. — Le soleil descendit sur les sommets du Pholoë, etc.

Par l'endroit où la scène est placée, Lasthénès avait le mont Pholoë à l'occident, un peu vers le nord ; Olympie, à l'occident vrai ; le Telphusse et le Lycée étaient derrière les spectateurs, vers l'orient, et se coloraient des feux opposés du soleil. Toutes ces descriptions sont exactes ; ce ne sont point des noms mis au hasard, sans égard aux positions géographiques. Au reste, le mont Pholoë est une haute montagne d'Arcadie, où Hercule reçut l'hospitalité chez le centaure Pholus, qui donna son nom à la montagne. Telphusse est une montagne, ou plutôt une longue chaîne de terre haute et rocailleuse, où était placée une ville du même nom. (Voyez Pausanias, lib. vii, *in Arcad.* cap. xxv.) J'ai déjà parlé ailleurs du Lycée, de l'Alphée et du Ladon.

xxxᵉ. Page 26. — On entendit le son d'une cloche.

Ce ne fut que dans le moyen âge que l'on commença à se servir des cloches dans les églises ; mais on se servait dans l'antiquité, et surtout en Grèce et à Athènes, de cloches ou de sonnettes pour une foule d'usages domestiques. J'ai donc cru pouvoir appeler les chrétiens grecs à la prière par le son d'une cloche. L'esprit, accoutumé à allier le son des cloches au souvenir du culte chrétien, se prête sans peine à cet anachronisme, si c'en est un.

xxxiᵉ. Page 27. — Me préservent les dieux de mépriser les prières !

Tout le monde connaît la belle allégorie des prières, mise par Homère dans la bouche d'Achille. Démodocus détourne le sens des paroles de Lasthénès au profit de la mythologie. Até, le mal ou l'injustice, était sœur des Lites ou des Prières.

xxxiiᵉ. Page 27. — Seigneur, daignez visiter cette demeure.

Nous sommes aujourd'hui si étrangers aux choses religieuses, que cette prière aura paru toute nouvelle à la plupart des lecteurs : elle est cependant dans tous les livres d'église, à quelques légers changements près. J'ai déjà dit, dans le *Génie du Christianisme*, qu'il n'y avait point d'Heures à l'usage du peuple qui ne renfermât des choses sublimes ; choses que l'habitude dans les uns et l'impiété dans les autres nous empêchent de sentir.

xxxiiiᵉ. Page 27. — Le serviteur lava les pieds de Démodocus.

« La première action de l'hospitalité était de laver les pieds aux hôtes..... Si l'hôte était
« dans la pleine communion de l'Église, on priait avec lui, et on lui déférait tous les hon-

« neurs de la maison : de faire la prière, d'avoir la première place à table, d'instruire la
« famille..... Les chrétiens exerçaient l'hospitalité même envers les infidèles. » (FLEURY,
Mœurs des Chrétiens.)

xxxiv°. Page 27. — Des mesures de pierre en forme d'autel, ornées de têtes de lion.

J'ai vu de pareilles mesures à Rome, dans le Musée Clémentin.

xxxv°. Page 27. — Lasthénès leur ordonne de dresser, dans la salle des agapes, une table, etc.

Les agapes étaient les repas primitifs des chrétiens. Il y en avait de deux sortes : les uns, faits en commun à l'église par tous les fidèles ; les autres, dans les demeures particulières.

xxxvi°. Page 27. — Nourriture destinée à la famille.

« S'ils mangeaient de la chair (les chrétiens)... c'était plutôt du poisson ou de la volaille
« que de la grosse viande... Plusieurs donc ne vivaient que de laitage, de fruits ou de lé-
« gumes. » (FLEURY, *Mœurs des Chrétiens*.)

xxxvii°. Page 28. — On vit bientôt entrer un homme d'un visage vénérable, portant, sous un manteau blanc, un habit de pasteur.

« Comme j'étais dans ma maison, et qu'après avoir prié je me fus assis sur mon lit, je
« vis entrer un homme d'un visage vénérable, en habit de pasteur, vêtu d'un manteau
« blanc, portant une panetière sur ses épaules, et tenant un bâton à la main. » (HER., liv. II.)

xxxviii°. Page 28. — C'était Cyrille, évêque de Lacédémone.

Ce n'est point ici l'un des saints connus sous le nom de Cyrille. J'ai cherché inutilement un évêque de Lacédémone de cette époque ; je n'ai trouvé qu'un évêque d'Athènes. Au reste, j'ai peint Cyrille d'après plusieurs grands évêques de ce temps-là ; et, dans toute son histoire, dans les cicatrices de son martyre, dans la force qu'on fut obligé d'employer pour l'élever à l'épiscopat, tout est vrai, hors son nom.

On se prosternait devant les évêques, et on leur donnait les noms sacrés que la famille de Lasthénès donne à Cyrille.

xxxix°. Page 28. — Il m'a promis de me raconter son histoire.

De là le récit. La promesse qu'Eudore a faite à Cyrille est censée avoir précédé le commencement de l'action. L'empressement de Cyrille à connaître l'histoire d'Eudore est pleinement justifié, et par le caractère de l'évêque, et par celui du pénitent, et par les mœurs des chrétiens.

xl°. Page 29. — Eudore lut pendant une partie du repas, etc.

« Les chrétiens faisaient lire l'Écriture sainte, et chantaient des cantiques spirituels et des
« airs graves, au lieu des chansons profanes et des bouffonneries dont les païens accompa-
« gnaient leurs festins : car ils ne condamnaient ni la musique ni la joie, pourvu qu'elle fût
« sainte. » (FLEURY, *Mœurs des Chrétiens*.)

xli°. Page 29. — Cymodocée tremblait.

Premier fil d'une trame qui va s'étendre par degrés.

xlii°. Page 29. — Le repas fini, on alla s'asseoir à la porte du verger, sur un banc de pierre.

Cette coutume antique se retrouve dans la *Bible* et dans Homère. Nestor s'assied à sa porte sur une pierre polie, et les juges d'Israël vont s'asseoir devant les portes de la ville. On aperçoit quelques traces de ces mœurs jusque chez nos aïeux, du temps de saint Louis, c'est-à-dire dans le siècle de la religion, de l'héroïsme et de la simplicité.

xliii°. Page 29. — L'Alphée roulait au bas du verger, sous une ombre champêtre, des flots que les palmes de Pise allaient bientôt couronner.

L'Alphée, qui coulait d'abord en Arcadie, parmi des vergers, passait en Élide au milieu des triomphateurs. Tout le reste de la description est appuyé par le témoignage de Pausanias, d'Aristote et de Théophraste, pour les animaux et les arbres de l'Arcadie, et par ce que j'ai vu de mes propres yeux. On sait que Mercure fit une lyre de l'écaille d'une grande tortue qu'il trouva sur le mont Chélydoré. Quant à la manière dont les chèvres cueillent la gomme du ciste, Tournefort raconte la même chose des troupeaux de la Crète. (*Voyage au Levant*.)

xliv°. Page 29. — La Puissance... dont les pas font tressaillir les montagnes comme l'agneau timide, ou le bélier bondissant. Il admirait cette sagesse, qui s'élève comme un cèdre sur le Liban, comme un plane aux bords des eaux.

« Montes, exultastis sicut arietes, et colles sicut agni ovium. (*Psalm.* CXIII, v. 6.)

« Quasi cedrus exaltata sum in Libano.
« Quasi platanus exaltata sum juxta aquam in plateis. »

XLVe. Page 29. — Il laissa un chantre divin auprès de Clytemnestre.

(*Odyss.*, liv. IV.)

XLVIe. Page 30. — Elle commença par l'éloge des Muses.

Pour tout le chant de Cymodocée, je ne puis que renvoyer le lecteur aux *Métamorphoses d'Ovide*, à l'*Iliade*, à l'*Odyssée*, et à la vie d'Homère par divers auteurs. J'ai admis le combat de lyre entre Homère et Hésiode, quoiqu'il soit prouvé que ces deux poëtes n'ont pas vécu dans le même temps. Il ne s'agit pas ici de vérités historiques.

XLVIIe. Page 31. — Les Parques même, vêtues de blanc.

Démodocus arrange tout cela un peu à sa façon. C'est Platon, à la fin du Xe livre de sa *République*, qui fait cette histoire des Parques : elle n'est pas tout à fait telle qu'on la voit ici. Comment les ennemis des *Martyrs* n'ont-ils pas vu cette erreur? Quel beau sujet pour eux de triomphe et de pédanterie!

XLVIIIe. Page 31. — La colombe qui portait dans les forêts de la Crète l'ambroisie à Jupiter.

Jupiter enfant fut nourri sur le mont Ida par une colombe qui lui apportait l'ambroisie.

XLIXe. Page 31. — Chantez-nous ces fragments des livres saints que nos frères les Apollinaires, etc.

Anachronisme. Les Apollinaires vivaient sous Julien, et ce fut pendant la persécution suscitée par cet empereur qu'ils mirent en vers une partie des livres saints.

L^e. Page 32. — Il chanta la naissance du chaos.

Pour le chant d'Eudore, voyez toute la *Bible*.

XLIe. Page 33. — Ils crurent que les Muses et les Sirènes, etc.

Les Syrènes, filles du fleuve Achéloüs et de Calliope, défièrent les Muses à un combat de chant. Elles furent vaincues : les Muses les dépouillèrent de leurs ailes et s'en firent des couronnes. On plaça en divers lieux la scène de ce combat.

LIIe. Page 33. — Mais à peine avait-il fermé les yeux qu'il eut un songe.

Ce songe est le premier présage du dénoûment. Je prie encore une fois les amis de l'art de faire attention à la composition des *Martyrs* : il y a peut-être dans cet ouvrage un travail caché qui n'est pas tout à fait indigne d'être connu.

SUR LE TROISIÈME LIVRE.

Voici le livre le plus critiqué des *Martyrs*. J'ose dire pourtant que si j'ai jamais écrit dans ma vie quelques pages dignes de l'attention du public, elles se trouvent dans ce même livre. Si l'on songe combien les deux premiers sont différents du troisième, et combien le quatrième diffère lui-même des trois premiers, peut-être jugera-t-on que j'aurais mérité d'être traité avec moins d'indécence. La difficulté du sujet qui varie sans cesse n'a point été appréciée. Le tableau complet de l'empire romain, une grande action, des scènes dans un monde surnaturel, voilà le fardeau qu'il m'a fallu porter, sans que le lecteur s'aperçût de la longueur et des dangers du chemin.

Au reste, on a vu comment j'ai remplacé les discours des Puissances divines dans ce troisième livre. Les notes suivantes prouveront que les chicanes qu'on m'a faites étaient peu fondées en savoir et en raison.

PREMIÈRE REMARQUE. Page 34. — Les dernières paroles de Cyrille montèrent au trône de l'Eternel. Le Tout-Puissant agréa le sacrifice.

Première transition de l'ouvrage. On a trouvé qu'elle liait naturellement la fin du second livre au commencement du troisième, et pourtant elle amène une scène nouvelle et produit un livre tout entier.

IIe. Page 34. — ... flotte cette immense Cité de Dieu, dont la langue d'un mortel ne saurait raconter les merveilles.

« Raptus est in paradisum ; et audivit arcana verba, quæ non licet homini loqui. » (*Epist. I^a ad Corinth.* cap. XII, v. 4.)

« Gloriosa dicta sunt de te, civitas Dei. » (*Ps.* LXXXVI, v. 3.)

III°. Page 34. — L'Éternel en posa lui-même les douze fondements, et l'environna de cette muraille de jaspe que le disciple bien-aimé vit mesurer par l'ange avec une toise d'or.

Il est assez singulier qu'on ait pu croire, ou plutôt qu'on ait feint de croire que j'étais l'inventeur de toutes les *pierreries* que l'on voit dans le troisième livre.

Un auteur ne peut employer que les matériaux fournis par son sujet. S'il avait à parler de l'Elysée des anciens, il ne pourrait y mettre que le Léthé, des bois de myrtes, une porte d'ivoire et une porte de corne; s'il décrit un ciel chrétien, il est encore plus strictement obligé de suivre les traditions de l'Ecriture. Alors il ne rencontre que des images empruntées de l'or, du verre, des diamants, et de toutes les pierres précieuses : tout ce qu'on doit exiger de lui, c'est qu'il *fasse un choix*. Que l'on ouvre donc *les Prophètes*, *l'Apocalypse*, *les Pères*, et l'on verra ce que j'ai écarté, et les écueils sans nombre que j'ai évités. Jamais je n'ai fait un travail plus pénible et plus ingrat. Au reste, le Tasse et Milton ont rempli comme moi leur ciel de perles et de diamants. Ce sont, si j'ose m'exprimer ainsi, des *richesses* inévitables pour quiconque est obligé de peindre un ciel chrétien. Je vais rassembler ici sous un seul point de vue les autorités, et le lecteur jugera de bonne foi de la loyauté et des connaissances de mes ennemis.

« Et habebat (civitas Dei) murum magnum et altum, habentem portas duodecim.....

« Et murus civitatis habens fundamenta duodecim..... Et qui loquebatur mecum habebat « mensuram arundineam auream ut metiretur civitatem.

« Et erat structura muri ejus ex lapide jaspide : ipsa vero civitas aurum mundum, simile a vitro mundo.

« Et fundamenta muri civitatis omni lapide pretioso ornata. Fundamentum primum, jaspis; « secundum, sapphirus; tertium, calcedonius; quartum, smaragdus.

« Quintum, sardonyx; sextum, sardius; septimum, chrysolithus; octavum, beryllus; no-« num, topazius; decimum, chrysoprasus; undecimum, hyacinthus; duodecimum, amethystus.

« Et duodecim portæ : duodecim margaritæ sunt per singulas... et platea civitatis aurum « mundum, tanquam vitrum perlucidum. » (*Apocal.*, cap. XXI, v. 12, 14, 15, 18-21.)

« Et similitudo super capita animalium, firmamenti, quasi aspectus crystalli....

« Et super firmamentum..... quasi aspectus lapidis sapphiri similituno throni. » (EZECH., cap. I, v. 22, 26.)

Voyons maintenant les poëtes :

Weighs his spread wings (Satan), at leisure to behold.
Far off th' empyreal heav'n, extended wide
In circuit, indetermin'd square or round
With opal tow'rs, and battlements adorn'd
Of living saphir, once his native seat;
And fast by hanging in a golden chain
This pendent world, in bigness as a star.
Of smallest magnitude close by the moon.
(MILTON, *Parad. lost.*, book II 1046.)

Now in loose garlands thick thrown off, the bright
Pavement, that like a sea of jasper shone,
Impurpled with celestial roses smil'd.   (Book III, 362.)

Far distant he descries
Ascending by degrees magnificent
Up to the wall of heav'n a structure high;
At top whereof, but far more rich appear'd
The work as of a kingly palace gate,
With frontispiece of diamond and gold
Embellish'd, thick with sparkling orient gems
The portal shone, inimitable on earth
By model, or by shading pencil drawn.   (Book III, 501.)

Nous verrons le Tasse, dans une note plus bas, donner à Michel une armure de diamant. Que deviennent donc les bonnes plaisanteries sur la richesse de mon ciel, et la pauvreté que prêche mon Dieu? N'ai-je pas été beaucoup plus avare de magnificences que l'Ecriture et les poëtes qui ont décrit avant moi le séjour des justes? Il est probable, après tout, que ce n'est pas de moi dont on voulait rire ici : cela supposerait dans les critiques une trop profonde ignorance. Je les tiens pour habiles; l'impiété leur restera.

IVe. Page 34. — Revêtue de la gloire du Très-Haut, l'invisible Jérusalem est parée comme une épouse pour son époux.

« Veni, et ostendam tibi sponsatam uxorem Agni.
« Ostendit mihi civitatem sanctam Jerusalem, descendentem de cœlo a Deo. » (*Apocal.*, cap. XXI, v. 9, 10.)

Ve. Page 34. — Cette architecture est vivante.

Milton dit aussi *living saphir*.

La Cité de Dieu est l'épouse mystique : elle descend du ciel, etc. Toutes ces pierres précieuses sont prises, et doivent être prises dans un sens allégorique. « Ces diverses beautés, dit « Sacy, représentent les dons divers que Dieu a mis dans ses élus, et les divers degrés de la « gloire des saints. Plusieurs interprètes appliquent les propriétés de chacune de ces pierres « aux vertus de chaque apôtre. » (*Apocal.*, cap. XXI.)

VIe. Page 34. — Un fleuve découle du trône du Tout-Puissant.

On lisait dans les premières éditions *quatre fleuves*. J'avais voulu rappeler le paradis terrestre. Je suis revenu à une image plus fidèle à la lettre de l'Ecriture.

« Et ostendit mihi fluvium aquæ vitæ, splendidum tanquam crystallum, procedentem de « sede Dei et Agni. » (*Apocal.*, cap. XXII, v. 1.)

VIIe. Page 34. — Et font croître, avec la vigne immortelle, le lis semblable à l'épouse, et les fleurs qui parfument la couche de l'époux.

« Je suis la vraie vigne. » (*Évang.*)
« Botrus Cypri dilectus meus mihi, in vineis Engaddi. » (*Cant.*, cap. I, v. 14.)
« Sicut lilium inter spinas, sic amica mea inter filias. » (*Cant.*, cap. II, v. 2.)
« Lectulus noster floridus. » (*Cant.*, cap. I, v. 16.)

VIIIe. Page 34. — L'arbre de vie s'élève sur la colline de l'encens.

« In medio plateæ ejus, et ex utraque parte fluminis lignum vitæ afferens fructus. » (*Apocal.*, cap. XXII, v. 2.)

La colline de l'encens.

« Ad montem myrrhæ, et ad collem thuris. » (*Cant.*, cap. IV. v. 6.)

J'espère qu'on ne me reprochera plus des descriptions où il n'y a pas un mot sans une autorité : et pourtant il m'a fallu trouver, dans ces passages si courts de l'Ecriture, le germe de ma composition et les couleurs de mes tableaux. C'est ce qu'une critique éclairée aurait remarqué, sans s'arrêter à me chicaner sur un fonds *qui n'est pas à moi*.

J'ai été bien mal attaqué : ce n'était pas comme cela que m'ont combattu les censeurs du *Génie du Christianisme*. Au moins étaient-ce des littérateurs éclairés, qui savaient distinguer l'œuvre de la matière de l'œuvre.

IXe. Page 35. — Les deux grands ancêtres du genre humain.

Ceci est de moi, et on l'a trouvé bon.

Xe. Page 35. — La lumière qui éclaire ces retraites fortunées.

Ce passage sur la lumière du ciel a été généralement approuvé. J'avais deux comparaisons à craindre : l'une, avec les vers de Virgile sur les astres des Champs-Elysées ; l'autre, avec le beau morceau de *Télémaque* sur la lumière qui nourrit les ombres heureuses. Il fallait ne point ressembler à ces deux modèles, et trouver quelque chose de nouveau dans un sujet épuisé. Au reste, je ne m'écarte point des autorités sacrées : on va le voir.

XIe. Page 35. — Aucun astre ne paraît sur l'horizon resplendissant.

« Et civitas non eget sole, neque luna, ut luceant in ea ; nam claritas Dei illuminavit « eam. » (*Apocal.*, cap. XXI. v. 23.)

XIIe. Page 35. — C'est dans les parvis de la cité sainte.

Ici commence le morceau sur les fonctions des anges et le bonheur des élus, que plusieurs critiques regardent comme ce que j'ai écrit de moins faible jusqu'ici.

Quant aux fonctions des anges, je n'ai plus rien à ajouter à l'explication que j'ai donnée de cette admirable doctrine. Observons seulement que sur l'office des anges auprès des plantes, des moissons, des arbres, on a l'opinion formelle d'Origène. (*Cont. Cels.*, lib. VIII, pag. 398-9.) Quant au bonheur des élus, mon imagination était plus à l'aise, et j'ai pu, sans blesser la religion, me livrer davantage à mes propres idées ; encore va-t-on voir que je me tiens dans les justes bornes des autorités.

XIIIe. Page 35. — Nés du souffle de Dieu, à différentes époques.

Plusieurs Pères ont cru que les anges n'ont pas tous été créés à la fois, et j'ai suivi cette opinion : elle est conforme à la puissance de Dieu, toujours en action. Selon saint Jean Damascène, il y a plusieurs sentiments sur le temps de la création des anges. (*De Fide*, lib. II, cap. III.) Saint Grégoire de Nice croit que les anges se sont multipliés ou ont été multipliés par Dieu. (*De Hominis opificio*, pag. 90, 91, t. I.)

XIVe. Page 35. — Le souverain bien des élus.

Je me suis demandé quel serait le suprême bonheur, s'il était en notre puissance. Il m'a semblé qu'il se trouverait dans la vertu, l'héroïsme, le génie, l'amitié noble et l'amour chaste, tout cela uni et prolongé sans fin. Je puis me tromper, mais mon erreur est pardonnable. Au reste, saint Augustin appuiera ce que je dis ici sur l'amitié, et sur l'éternité du bonheur.

« In æterna felicitate, quidquid amabitur, aderit; nec desiderabitur, quod non aderit :
« omne quod ibi erit, bonum erit ; et summus Deus summum bonum erit : atque ad fruen-
« dum amantibus præsto erit ; et quod est omnino beatissimum, ita semper fore, certum
« erit. » (*Trinit.*, cap. VII.)

XVe. Page 36. — Tantôt les prédestinés, pour mieux glorifier le Roi des rois, parcourent son merveilleux ouvrage.

Toute l'Écriture dit que les justes contempleront les ouvrages de Dieu, et l'abbé Poulle, suivant comme moi cette idée, s'écrie :

« Ils ne seront plus cachés pour nous, ces êtres innombrables qui échappent à nos con-
« naissances par leur éloignement ou par leur petitesse ; les différentes parties qui composent
« le vaste ensemble de l'univers, leur structure, leurs rapports, leur harmonie : ils ne seront
« plus des énigmes pour nous, ces jeux surprenants, ces secrets profonds de la nature, ces
« ressorts admirables que la Providence emploie pour la conservation et la propagation de
« tous les êtres. (*Sermon sur le Ciel.*)

Milton, qui a peint les demeures divines au moment de la création du monde, n'a pu représenter le bonheur des saints. Voici le tableau du ciel dans *la Jérusalem* ; on peut comparer et juger :

Gli occhi frattanto alla battaglia rea
Dan Is seguo gragio il Re del ciel volgea.

Sedea colà dond' egli e buono e giusto
Dà legge al tutto, e 'l tutto orna e produce ;
Sovra i bassi confin del mondo angusto
Ove senso o ragion non si conduce :
E dell' eternità nel trono augusto
Risplendea con tre lumi in una luce.
Ha sotto i piedi il Fato e la Natura,
Ministri umili ; e 'l moto, echi 'l misura ;

E 'l loco ; e quella che, qual fumo o polvo,
La gloria di quaggiuso e l'oro e i regni,
Come piace lassu, disperde e volve,
Nè, Diva, cura i nostri umani sdegni.
Quivi ei cosi nel suo splendor s' involve,
Che v' abbaglian la vista anco i più degni ;
D' intorno ha innumerabili immortali,
Disegualmente in lor letizia eguali.

Al gran concento de' beati carmi
Lieta risuona la celeste reggia.
Chiama egli a se Michele, il qual nell' armi
Di lucido diamante arde e lampeggia :
E dice lui : non vedi or come s' armi.
Contra la mia fedel diletta greggia
L'empia schiera d'Averno, e insin dal fondo
Delle sue morti a turbar sorga il mondo ?

Va ; dille tu, che lasci omai le cure
Della guerra ai guerrier cui ciò conviene :
Nè il regno de' viventi, nè le pure
Piagge del ciel conturbi ed avvelene :
Torni alle notti d' Acheronte oscuro,
Suo degno albergo, alle sue giuste pene ;
Quivi se stessa, e l' anime d'Abisso
Cruci. Cosi comando, ecosi ho fisso. (*Gerus. lib.*, canto IX, stanz. 55.)

Si j'avais écrit quelque chose d'aussi sec, si j'avais fait parler Dieu si froidement, si longuement, si peu noblement pour si peu de chose, comme j'aurais été traité! Qu'on lise encore le *Paradis* du Dante. J'ose dire qu'on a prononcé sur le troisième livre des *Martyrs* sans la moindre connaissance de cause et sans la moindre justice. Mais qu'importe? le parti était pris; et s'il eût été nécessaire, on m'aurait mis au-dessous de Chapelain et du père Lemoine.

XVIe. Page 37. — Asaph, qui soupira les douleurs de David.

Asaph était le chef des musiciens qui devaient chanter devant l'arche des psaumes de David; il a composé lui-même plusieurs cantiques, et l'Ecriture lui donne le nom de prophète. (Voyez dom CALMET.)

XVIIe. Page 37. — Et les fils de Coré.

On ne sait si les fils de Coré descendaient de ce Coré qui périt dans sa rébellion contre Moïse, ou s'ils étaient les enfants de quelque Lévite du même nom. Quoi qu'il en soit, on les trouve nommés à la tête de plusieurs psaumes, comme devant les chanter dans le tabernacle. Les divers instruments que je soumets à Asaph et aux fils de Coré semblent indiqués par quelques mots hébreux à la tête des psaumes.

XVIIIe. Page 37. — ... les fêtes de l'ancienne et de la nouvelle loi sont célébrées tour à tour.

Saint Hilaire dit positivement que les anges célèbrent dans le ciel différentes solennités. (*In Ps.*, pag. 281.) Théodoret assure que les anges remplissent des fonctions dans les saints mystères (*de Hæres.*, lib. v. num. 7). Milton a suivi comme moi cette opinion.

XIXe. Page 37. — Marie est assise sur un trône de candeur.

Cette description est fondée sur une histoire et sur une doctrine dont tout le monde connaît les autorités.

XXe. Page 37. — Des tabernacles de Marie on passe au sanctuaire du Sauveur des hommes.

Ici se trouvaient les cent degrés de rubis qui ont fait faire des plaisanteries d'un si bon goût à des esprits délicats. On a vu, dans la note IIIe, que Milton a placé aussi un grand escalier de diamants à la porte du ciel : c'est de là que Satan jette un premier regard sur la création nouvelle. On convient que c'est un des beaux morceaux de son poëme. Ainsi les *Prières boiteuses doivent être aussi bien fatiguées*, quand elles entrent dans le *Paradis* de Milton. Il est triste de voir la critique descendre si bas. Au reste, j'ai coupé court à ces ignobles bouffonneries, en retranchant deux lignes qui ne faisaient pas beauté.

XXIe. Page 37. — Il est assis à une table mystique : vingt-quatre vieillards, etc.

Personne n'ignore que cette table et ces vieillards se trouvent dans l'*Apocalypse*. Veut-on avoir une idée juste du choix que j'ai fait des matériaux? qu'on lise le même passage dans saint Jean. On y verra des cheveux de laine blanche, une mer de verre très-clair, des animaux étrangers, etc. Une critique impartiale m'eût loué de ce que j'ai omis, en observant que je n'ai pas employé un seul trait qui ne soit approuvé par le goût. Franchement, je suis humilié d'avoir si souvent et si pleinement raison.

XXIIe. Page 37. — Près de lui est son char vivant.

« Totum corpus oculis plenum in circuitu ipsarum (rotarum) quatuor... spiritus vitæ erat
« in rotis. (*Ezech.*, cap. I, v. 18, 20.) Species autem rotarum erat quasi visio lapidis chry-
« solithi. » (Cap. X.)

Milton a décrit le char du Messie d'après cette autorité.

XXIIIe. Page 38. — Les élus tombent comme morts devant sa face.

« Cecidi ad pedes ejus tanquam mortuus. Et posuit dexteram suam super me, dicens : Noli
« timere : ego sum primus et novissimus. » (*Apocal.*, cap. I, v. 17.)

XXIVe. Page 38. — Là sont cachées les sources des vérités incompréhensibles.

Je ne pouvais me dispenser de dire un mot de ces hautes vérités métaphysiques qui distinguent les dogmes chrétiens des mystères ridicules du paganisme, et qui donnent à notre ciel cet air de grandeur et de raison si convenable à la dignité de l'homme. Cela a été senti par tous les poëtes qui m'ont précédé; c'est pourquoi ils ont omis, très-mal à propos, l'espace, la durée, etc., aux pieds de Dieu. Je ne sais si j'ai mieux réussi.

XXVe. Page 38. — Le Père tient un compas à la main, etc.

Je suis ici les idées des peintres et des poëtes. On a beaucoup loué Milton d'avoir imaginé le compas d'or avec lequel Dieu trace la création dans le néant. Il me semble que l'idée primitive appartient à Raphaël. Milton l'aura prise au Vatican. On sait qu'il voyagea en Italie, et qu'il pensa se faire une querelle sérieuse à Rome, en disputant sur la religion.

xxvi°. Page 38. — A la voix de son vénérable martyr, le Christ s'inclina devant l'arbitre des humains.

Ici commencent, dans les éditions précédentes, les discours des Puissances : c'est au lecteur à juger si j'ai fait un changement heureux. J'ai été obligé de conserver la substance de ces discours, puisque ces discours sont l'axe sur lequel tourne toute ma machine; ils n'auraient jamais dû être examinés que sous ce rapport; mais il semble qu'on n'entende plus rien à la composition d'un ouvrage.

xxvii°. Page 39. — Le moment est arrivé où les peuples soumis aux lois du Messie, etc.

Exposition du sujet, cause de la persécution.

xxviii°. Page 39. — Les justes connaissent ensuite l'holocauste demandé et les conditions qui le rendent agréable au Très-Haut.

Choix du héros, et motif de ce choix.

xxix°. Page 39. — En lui la religion va triompher du sang des héros païens et des sages de l'idolâtrie; en lui seront honorés par un martyre oublié de l'histoire ces pauvres infortunés du monde.

Ceci est ajouté, d'après la critique très-fondée d'un homme de talent, qui trouvait, avec raison, que je n'avais pas assez insisté sur cette idée. Par là mon personnage d'invention acquiert toute l'importance nécessaire à mon sujet.

xxx°. Page 39. — Ame de tous les projets des fidèles, soutien du prince qui renversera les autels des faux dieux, etc.

Voilà tout le rôle d'Eudore tracé, et la victoire de Constantin formellement annoncée.

xxxi°. Page 39. — Il faut encore que ce chrétien appelé ait scandalisé l'Église.

Préparation aux erreurs du héros.

xxxii°. Page 39. — L'ange du Seigneur l'a conduit par la main, etc., etc.

Voilà le récit : la religion d'Eudore, ses voyages, Velléda, Paul ermite, etc. : voilà cent fois plus de motifs qu'il n'en faut pour autoriser le héros à raconter son histoire; et voilà surtout ce qui lie essentiellement le récit à l'action.

xxxiii°. Page 40. — Cette victime sera dérobée au troupeau innocent des vierges, etc., etc.

Voilà pourquoi Cymodocée est païenne, pourquoi elle est fille d'Homère et prêtresse des Muses, etc. On doit remarquer ici un changement considérable. Cymodocée n'est point demandée par un décret irrévocable, et elle n'aura ni le mérite, ni l'éclat de la première victime. Ainsi, je pourrai montrer la fille d'Homère un peu faible, selon la nature, sans blesser les convenances de la religion, etc.

Je demande si un juge équitable et un homme sans passion peuvent trouver quelque chose de raisonnable à dire contre un morceau que fait naître et justifie tout l'ouvrage? Une phrase nouvelle introduite ici sur les anges : « Il leur confie l'exercice de sa miséricorde, » prépare le lecteur au rôle que les messagers de Dieu joueront dans la suite.

xxxiv°. Page 40. — Les palmes des confesseurs reverdissent dans leurs mains.

Ce mouvement du ciel a semblé plaire à des hommes de goût; ils ont trouvé qu'il ranimait bien le tableau en finissant.

xxxv°. Page 40. — Entre Félicité et Perpétue.

Fameuses martyres, qui furent exposées, dans l'amphithéâtre de Carthage, aux attaques d'une génisse furieuse. Perpétue n'est point ici placée au hasard; elle reparaîtra au dénoûment, dans le vingt-quatrième livre.

xxxvi°. Page 40. — Les chérubins roulent leurs ailes impétueuses.

« Et sonitus alarum cherubim audiebatur usque ad atrium exterius. » (Ezech., cap. x.)

xxxvii°. Page 41. — Qui présentent à sa bénédiction deux robes nouvellement blanchies.

Allusion à la catastrophe.

xxxviii°. Page 41. — Gloire à Dieu, dans les hauteurs du ciel! etc.

« Gloria in excelsis Deo! et in terra pax hominibus bonæ voluntatis... Agnus Dei, qui tollis peccata mundi. » S'il est facile de donner un tour ridicule aux choses les plus graves, on voit qu'il est plus aisé encore de laisser aux choses nobles en elles-mêmes leur noblesse. Plusieurs personnes auront lu peut-être ce chant religieux, sans se douter qu'elles lisaient le *Gloria in excelsis*, tant il est vrai que l'expression fait tout! Il y a dans le reste de l'hymne quelques imitations des Psaumes, surtout du LXXII°, mais tellement appropriées à mon sujet, et mêlées à mes propres idées, que je puis les réclamer comme à moi. Le cantique est tourné de manière qu'il s'applique à la persécution prochaine et aux destinées du martyr. « O miracle « de candeur et de modestie! vous permettez à des victimes sorties du néant de vous imiter, « de se dévouer..... Heureux celui à qui les iniquités sont pardonnées, et qui trouve la gloire « dans la pénitence! etc. » Ainsi le sujet n'est jamais oublié.

SUR LE QUATRIÈME LIVRE.

Le récit qui commence dans ce livre n'a presque point éprouvé de critiques. Je crois avoir prouvé que jamais récit, dans aucune épopée, ne se rattacha plus intimement à l'action.

PREMIÈRE REMARQUE. Page 42. — Eudore et Cymodocée... ignoraient qu'en ce moment les saints et les anges avaient les regards attachés sur eux.

Seconde transition de l'ouvrage : elle ramène la scène sur la terre.

II°. Page 42. — Ainsi les pasteurs de Chanaan.

« Tetendit ibi (Abram) tabernaculum suum, ab occidente habens Bethel..... » (*Genèse*, XII, 8.)

III°. Page 42. — Aussitôt que le gazouillement des hirondelles, etc., etc.

    Hæc pater Æoliis properat dum Lemnius oris,
    Evandrum ex humili tecto lux suscitat alma,
    Et matutini volucrum sub culmine cantus.
    Consurgit senior, tunicaque inducitur artus....
    Necnon et gemini custodes limine ab alto
    Præcedunt, gressumque canes comitantur herilem.   (*Æneid.*, VIII, 454.)

Ce passage est imité ou plutôt traduit d'Homère. Je crois qu'on doit être détrompé à présent sur mes prétendues imitations *directes*. On peut voir comme je m'écarte encore ici de l'original.

    Οὐκ οἶος, ἅμα τῷγε δύω κύνες ἀργοὶ ἕποντο.   (*Odyss.*, II, II.)

IV°. Page 42. — Tel l'Arcadien Évandre conduisit Anchise...

    Nam memini Hesionæ visentem regna sororis
    Laomedontiaden Priamum, Salamina petentem,
    Protinus Arcadiæ gelidos invisere fines...
        Cunctis altior ibat
    Anchises. Mihi mens juvenali ardebat amore
    Compellare virum, et dextræ conjungere dextram :
    Accessi, et cupidus Phenei sub mœnia duxi.   (*Æneid.*, VIII, 157-163.)

V°. Page 42. — Ou tel le même Évandre, exilé aux bords du Tibre, reçut l'illustre fils de son ancien hôte.

    Cum muros, arcemque procul acrara domorum
    Tecta vident, quæ nunc Romana potentia cœlo
    Æquavit : tum res inopes Evandrus habebat...   (*Æneid.*, VIII, 98.)
        Ut te, fortissime Teucrum,
    Accipio agnoscoque libens! ut verba parentis,
    Et vocem Anchisæ magni vultumque recordor !   (*Æneid.*, VIII, 154.)

VI°. Page 42. — Il attache à ses pieds des brodequins gaulois formés de la peau d'une chèvre sauvage ; il cache son cilice sous la tunique d'un chasseur ; il jette sur ses épaules et ramène sur sa poitrine la dépouille d'une biche blanche.

C'est encore ici Évandre et Télémaque, mais tout est différent dans la peinture.

    Et Tyrrhena pedum circumdat vincula plantis ;
    Tum lateri atque humeris TagϾum subligat ensem,
    Demissa ab læva pantheræ terga retorquens.   (*Æneid.*, VIII, 458.)

REMARQUES

Ὤρνυτ' ἄρ' ἐξ εὐνῆφιν Ὀδυσσῆος φίλος υἱός,
Εἵματα ἐσσάμενος· περὶ δὲ ξίφος ὀξὺ θέτ' ὤμῳ·
Ποσσὶ δ' ὑπὸ λιπαροῖσιν ἐδήσατο καλὰ πέδιλα. (*Odyss.*, II, 2.)

VIIe. Page 43. — Il suspend à sa main droite une de ces couronnes de grains de corail dont les vierges martyres ornaient leurs cheveux en allant à la mort.

La plupart des Grecs portent encore aujourd'hui un chapelet à la main. Il était assez difficile d'exprimer un chapelet dans le style noble; je ne sais si j'ai réussi. L'origine des chapelets, comme on voit, 'est touchante : c'était, ainsi que je le dis dans le texte, une espèce de couronne que les chrétiennes portèrent en allant au martyre. On en fit dans la suite un ornement pour les images de la Vierge, ou un *ex-voto* sur lequel on prononça des prières. De là le nom que le chapelet porte encore en italien, *corona* : le latin le rend par *beatæ Virginis corona*. Au reste, l'usage des chapelets est bien postérieur au quatrième siècle; mais il m'était très-permis d'en placer ici l'origine.

VIIIe. Page 43. — Comme un soldat chrétien de la légion thébaine.

La légion thébaine, qui était toute composée de chrétiens, fut mise à mort par Maximin, près d'Agaune, dans les Alpes. Il en sera question ailleurs.

IXe. Page 43. — Eudore, dit-il, vous êtes l'objet de la curiosité de la Grèce chrétienne.

On voit toutes les précautions que je prends pour motiver et amener le récit, déjà pleinement motivé dans le ciel.

X^e. Page 43. — Sage vieillard, dont l'habit annonce un pasteur des hommes.

Je n'ose avouer ma faiblesse pour Démodocus. Si l'on a comparé sa douleur à celle de Priam, sa joie est-elle tout à fait dénuée de cette simplicité antique qui a tant de charmes dans Homère? et ce qu'il dit ici, par exemple, passerait-il dans la bouche de Nestor pour un bavardage insipide?

XIe. Page 43. — Contemple avec un charme secret son gouvernail.

Les anciens, dont les vaisseaux n'étaient guère que de grandes barques, restaient dans le port pendant l'hiver, et emportaient dans leurs maisons le gouvernail et les rames de leurs galères.

Ὅπλα δ' ἐπάρμενα πάντα τεῷ ἐνικάτθεο οἴκῳ,
Εὐκόσμως στολίσας νηὸς πτερὰ ποντοπόροιο·
Πηδάλιον δ' εὐεργὲς ὑπὲρ καπνοῦ κρεμάσασθαι. (Hes., *Opera et dies*, v. 625.)

Invitat genialis hiems, curasque resolvit :
Ceu, pressæ cum jam portum tetigere carinæ,
Puppibus et læti nautæ imposuere coronas. (*Georg.*, I, v. 302.)

XIIe. Page 43. — De ces vieux arbres que les peuples de l'Arcadie regardaient comme leurs aïeux.

Les Arcadiens prétendaient qu'ils étaient enfants de la terre, ou nés des chênes de leur pays.

XIIIe. Page 43. — C'était là qu'Alcimédon coupait autrefois le bois de hêtre, etc.

Pocula ponam
Fagina, cœlatum divini opus Alcimedontis;
Lenta quibus torno facili superaddita vitis,
Diffusos hedera vestit pallente corymbos. (Virg., *Bucol.*, III, 36.)

XIVe. Page 43. — C'était là qu'on montrait aussi la fontaine Aréthuse, et le laurier qui retenait Daphné sous son écorce.

Tout le monde connaît l'histoire d'Aréthuse et d'Alphée, et les beaux vers de la *Henriade* : Belle Aréthuse, ainsi, etc.

L'histoire de Daphné n'est pas moins connue; mais cette histoire, dont on place la scène sur les bords du Pénée, est racontée autrement par Pausanias, et placée en Arcadie. (Voyez Pausanias, VIII, 20; et Barthelemy, *Voyage d'Anacharsis*, chap. LII.)

XVe. Page 44. — Une longue nacelle, formée du seul tronc d'un pin.

Ces espèces de pirogues sont encore en usage sur les côtes de la Grèce; on les appelle d'un nom qui exprime leur espèce, *monoxylon*.

**XVIe. Page 44. — Arcadiens! qu'est devenu le temps où les Atrides étaient obligés de vous prêter des vaisseaux pour aller à Troie, et où vous preniez la rame d'Ulysse pour le van de la blonde Cérès.

Homère, en faisant le dénombrement de l'armée des Grecs, dit qu'Agamemnon avait fourni des vaisseaux aux Arcadiens pour les transporter à Troie, parce que ce peuple ignorait l'art de la navigation. (*Iliade*, II.) Ulysse, de retour dans sa patrie, raconte à Pénélope que ses travaux ne sont point encore finis; que, l'aviron à la main, il doit parcourir la terre jusqu'à ce qu'il arrive chez un peuple auquel la mer soit inconnue. Ce peuple, en voyant la rame qu'Ulysse portera sur son épaule, doit s'écrier : *Voilà le van de Cérès!* Ulysse terminera ses courses dans cet endroit, plantera son aviron en terre, et fera un sacrifice à Neptune. (*Odyss.*, XXIII.)

Cette histoire du van de Cérès a exercé tous les commentateurs. Quel lieu de la terre Homère a-t-il voulu indiquer par cette circonstance? j'ai osé le fixer en Arcadie, et voici pourquoi :

Homère a déjà dit, comme on l'a vu, que les Arcadiens étaient si étrangers à la marine, qu'Agamemnon fut obligé de leur prêter des vaisseaux. On lit ensuite dans Pausanias ce passage remarquable : « Sur la cime du mont Borée (en Arcadie), on aperçoit quelques restes « d'un vieux temple qu'Ulysse bâtit à Minerve et à Neptune, lorsqu'il fut enfin revenu de « Troie. » (PAUSANIAS, VIII, 44.) Que l'on rapproche ce passage de ceux de l'*Iliade* et de l'*Odyssée* cités plus haut, et l'on trouvera peut-être ma conjecture assez probable; du moins elle pourra servir à expliquer un point d'antiquité très-curieux, jusqu'à ce qu'on ait rencontré plus juste.

XVIIe. Page 44. — Je descends, par ma mère, de cette pieuse femme de Mégare qui enterra les os de Phocion sous son foyer.

« Ses ennemis (de Phocion) firent ordonner par le peuple que le corps de Phocion serait « exilé et porté hors du territoire de l'Attique, et qu'aucun des Athéniens ne donnerait du « feu pour honorer d'un bûcher ses funérailles : c'est pourquoi aucun de ses amis n'osa seu- « lement toucher à son corps. Mais un certain Cnopion, accoutumé à gagner sa vie à ces sortes « de fonctions funèbres, prit le corps pour quelques pièces d'argent qu'on lui donna, le porta « au delà des terres d'Eleusine; et, ayant pris du feu sur celles de Mégare, il lui dressa un « bûcher et le brûla. Une dame de Mégare, qui assista par hasard à ses funérailles, avec « ses servantes, lui éleva dans le même endroit un tombeau vide, sur lequel elle fit les effu- « sions accoutumées; et mettant dans sa robe les os qu'elle recueillit avec grand soin, elle « les porta la nuit dans sa maison, et les enterra sous son foyer, en lui adressant ces paroles : « *Mon cher foyer, je te confie et je mets en dépôt dans ton sein ces précieux restes d'un « homme de bien : conserve-les fidèlement, pour les rendre un jour au tombeau de ses « ancêtres, quand les Athéniens seront devenus plus sages..* » (PLUT., *Vie de Phocion*.)

XVIIIe. Page 44. — Notre patrie expirante, pour ne point démentir son ingratitude, fit boire le poison au dernier de ses grands hommes. Le jeune Polybe, au milieu d'une pompe attendrissante, transporta de Messène à Mégalopolis la dépouille de Philopœmen.

« Quand l'exécuteur descendit dans le caveau, Philopœmen était couché sur son manteau, « sans dormir, et tout occupé de sa douleur et de sa tristesse. Dès qu'il vit de la lumière, « et cet homme près de lui, tenant sa lampe d'une main et la coupe de poison de l'autre, il « se releva avec peine, à cause de sa grande faiblesse, se mit en son séant, et, prenant la « coupe, il demanda à l'exécuteur s'il n'avait rien entendu dire de ses cavaliers, et surtout de « Lycortas. L'exécuteur lui dit qu'il avait ouï dire qu'ils s'étaient presque tous sauvés. Phi- « lopœmen le remercia d'un signe de tête; et le regardant avec douleur : *Tu me donnes là « une bonne nouvelle*, lui dit-il; *nous ne sommes donc pas malheureux en tout.* Et sans « dire une seule parole de plus, sans jeter le moindre soupir, il but le poison et se recoucha « sur son manteau.....»

Les Arcadiens vengèrent la mort de Philopœmen, et transportèrent les cendres de ce grand homme à Mégalopolis.

« Après qu'on eut brûlé le corps de Philopœmen, qu'on eut ramassé ses cendres et qu'on « les eut mises dans une urne, on se mit en marche pour Mégalopolis. Cette marche ne se fit « point tumultueusement, ni pêle-mêle, mais avec une belle ordonnance, et en mêlant à ce con- « voi funèbre une sorte de pompe triomphale. On voyait d'abord les gens de pied, la tête « ceinte de couronnes, et tous fondant en larmes. Après cette infanterie suivaient les enne- « mis chargés de chaînes. Le fils du général, le jeune Polybe, marchait ensuite, portant « dans ses mains l'urne qui renfermait les cendres, mais qui était si couverte de bandelettes « et de couronnes, qu'elle ne paraissait presque point. Autour de Polybe marchaient les plus « nobles et les plus considérables des Achéens. L'urne était suivie de toute la cavalerie, ma- « gnifiquement armée et montée superbement, qui fermait la marche, sans donner ni de

« grandes marques d'abattement pour un si grand deuil, ni de grands signes de joie pour une
« telle victoire. Tous les peuples des villes et des villages des environs venaient au-devant de
« ce convoi, comme autrefois ils venaient au-devant de lui-même pour le recevoir et lui faire
« honneur, quand il revenait de ses expéditions couvert de gloire; et après avoir salué et
« touché respectueusement son urne, ils la suivaient et l'accompagnaient. » (PLUTARQUE, *Vie
de Philopœmen*.)

XIXe. Page 44. — Elle ressemble à cette statue de Thémistocle, dont les Athéniens de nos jours ont coupé la tête pour la remplacer par la tête d'un esclave.

Pausanias parle de quelques statues des grands hommes d'Athènes, qu'on avait mutilées de son temps, pour mettre sur leurs bustes la tête d'un affranchi, d'un athlète. C'est d'après cela que j'ai imaginé ma comparaison.

XXe. Page 44. — Le chef des Achéens ne reposa pas tranquille au fond de sa tombe.

« Plusieurs années après, dans les temps les plus calamiteux de la Grèce, lorsque Corinthe
« fut brûlée et détruite par le proconsul Mummius, un calomniateur romain fit tous ses
« efforts pour les faire abattre (les statues de Philopœmen), et le poursuivit lui-même crimi-
« nellement, comme s'il eût été en vie, l'accusant d'avoir été l'ennemi des Romains, et de
« s'être montré toujours malintentionné pour eux dans toutes leurs affaires. La chose fut por-
« tée au conseil devant Mummius. Le calomniateur étala tous les chefs d'accusation, et expli-
« qua tous ses moyens; mais après que Polybe lui eut répondu pour le réfuter, ni Mummius,
« ni ses lieutenants ne voulurent point ordonner ni souffrir que l'on détruisît les monuments
« de la gloire de ce grand homme, quoiqu'il eût opposé une digue aux prospérités de Flami-
« nius et d'Acilius. » (PLUTARQUE, *Vie de Philopœmen*.)

XXIe. Page 45. — Ils exigèrent qu'à l'avenir le fils aîné de ma famille fût envoyé à Rome.

Voilà le fondement de tout le récit, et ce qui fait naître toutes les aventures d'Eudore.

XXIIe. Page 45. — Tantôt dans un autre héritage que nous possédons au pied du Taygète, le long du golfe de Messénie.

Dans cette circonstance, en apparence frivole, on voit le soin que j'ai mis à garder la vrai-semblance. Par là, la rencontre de Cymodocée et d'Eudore est justifiée : Eudore revenait de visiter ses champs de la Messénie lorsqu'il trouva la fille d'Homère. On verra plus bas qu'Eudore, en s'éloignant des côtes de la Grèce, contemplait de loin les arbres de l'héritage paternel; ce qu'il n'aurait pu faire encore s'il n'eût possédé des biens au bord de la mer.

XXIIIe. Page 45. — La religion tenant mon âme à l'ombre de ses ailes, l'empêchait, comme une fleur délicate, de s'épanouir trop tôt; et, prolongeant l'ignorance de mes jeunes années, elle semblait ajouter de l'innocence à l'innocence même.

Un critique, d'ailleurs plein d'indulgence et de politesse, a cité cette phrase comme répréhensible. J'avoue que je n'ai jamais été plus étonné. J'ai consulté de bons juges, et des juges très-sévères : ils m'ont tous unanimement conseillé de laisser ce passage tel qu'il est.

XXIVe. Page 45. — Au port de Phères.

J'ai déjà parlé de Phères, à propos de l'arc d'Ulysse. Ce fut aussi à Phères que Télémaque reçut l'hospitalité chez Dioclès, lorsque le fils d'Ulysse alla demander des nouvelles de son père à Ménélas. (*Odyss.*, III.)

XXVe. Page 45. — L'île de Théganuse.

A la pointe de la Messénie, l'une des îles OEnussæ, qui forment aujourd'hui les groupes de *Sapienza* et de *Cabrera*, depuis Modon jusqu'à la pointe du golfe de Coron. J'ai touché à *Sapienza*. (Voyez D'ANVILLE.)

XXVIe. Page 45. — Vers l'embouchure du Simoïs, à l'abri du tombeau d'Achille.

La vue de ce tombeau m'a guéri de la fièvre, comme je l'ai raconté dans un extrait de mon voyage inséré au *Mercure*. On peut consulter sur ce tombeau le Voyage de M. Lechevalier. Voici de bien beaux vers; aussi sont-ils du maître :

Ἀμφ' αὐτοῖσι δ' ἔπειτα μέγαν καὶ ἀμύμονα τύμβον
Χεύαμεν Ἀργείων ἱερὸς στρατὸς αἰχμητάων

Ἀκτῇ ἐπὶ προὐχούσῃ, ἐπὶ πλατεῖ Ἑλλησπόντῳ·
Ὥς κεν τηλεφανὴς ἐκ ποντόφιν ἀνδράσιν εἴη
Τοῖς οἳ νῦν γεγάασι, καὶ οἳ μετόπισθεν ἔσονται. (*Odiss.*, liv. xxiv, v. 80.)

Il faut convenir que les pyramides des rois égyptiens sont bien peu de chose, comparées à la gloire de cette tombe de gazon chantée par Homère, et autour de laquelle courut Alexandre.

xxxviie. Page 45. — Mais le constant zéphyr.

Zéphyr est pris ici, comme dans l'antiquité, pour le vent d'ouest. Ce vent règne au printemps sur la Méditerranée.

xxviiie. Page 45. — Nous fûmes jetés tantôt sur les côtes de l'Éolide.

L'Éolide, aujourd'hui toute la côte qui s'étend depuis Smyrne jusqu'à Adramiti. J'ai traversé par terre ce beau pays, en me rendant de Smyrne à Constantinople. Le second volume du Voyage de M. de Choiseul, qui vient de paraître, ne laisse plus rien à désirer pour la description de ces lieux à jamais célèbres.

xxixe. Page 46. — Cette montagne... avait dû servir de statue à Alexandre; cette autre montagne est l'Olympe, etc.; jusqu'à l'alinéa.

On sait qu'un sculpteur proposa de faire du mont Athos une statue d'Alexandre. — Olympe, Tempé, Délos, Naxos, trop connus pour en parler. — Cécrops, Égyptien, premier législateur d'Athènes. — Platon donnait quelquefois des leçons à ses disciples sur le cap Sunium. — Démosthènes, pour s'accoutumer à parler devant le peuple, haranguait les vagues de la mer. — Phryné, se baignant un jour sur le rivage près d'Éleusis, les Athéniens la prirent pour Vénus.

xxxe. Page 46. — Devant nous était Égine, etc.

On peut lire la lettre de Sulpitius à Cicéron (lib. iv, épist. v, *ad familiares*), dont ce passage est une imitation.

xxxie. Page 46. — Babylone m'enseignait Corinthe.

Le même critique qui a blâmé la phrase rapportée sous la note xxiiie trouve celle-ci répréhensible. On m'a encore conseillé de ne la point changer. En effet, la hardiesse du tour est sauvée par ce qui précède : *Je m'étais assis avec le prophète, etc.* Je n'ai point cherché à imiter Bossuet ; je crois qu'on ne doit imiter ni ce grand écrivain, ni aucun auteur moderne. Il n'y a que les anciens qui soient modèles ; eux seuls doivent être constamment l'objet de nos études et de nos efforts. Au reste, il y avait une faute de mémoire ou d'impression dans la manière dont on avait cité ma phrase ; on lisait : *Corinthe m'enseignait Babylone*, ce qui est très-différent.

xxxiie. Page 47. — Nous vîmes tout à coup sortir une théorie.

Grâce au *Voyage d'Anacharsis*, tout le monde sait aujourd'hui qu'une théorie veut dire une progression ou une pompe religieuse.

xxxiiie. Page 47. — De nouvelles émotions m'attendaient à Brindes, etc. ; jusqu'au second alinéa, page 47.

Brindes, autrefois Brundusium, célèbre par la mort de Virgile. Horace y fit un voyage, ce qui n'est pas ce qu'il a fait de mieux. — La voie Appienne, chemin qui conduisait de Rome à la pointe de l'Italie ; on en voit encore des restes entre Naples et Rome. — Apulie, aujourd'hui la Pouille. — Auxur, aujourd'hui Terracine. — Le Forum et le Capitole sont bien connus. — Le quartier des Carènes :

　　　　　　　　Passimque armenta videbant
　　Romanoque Foro, et lautis mugire Carinis.　　(*Æneid.*, liv. viii, v. 360.)

— Le théâtre de Germanicus, près du Tibre ; on en voit encore les ruines. — Le Môle Adrien, aujourd'hui le château Saint-Ange. — Le cirque de Néron, à la droite du Forum, lorsqu'on vient du Capitole. — Le Panthéon d'Agrippa ; il existe encore : c'est le monument le plus élégant de Rome ancienne et de Rome moderne. Je l'admirais beaucoup plus avant d'avoir vu les ruines d'Athènes.

xxxive. Page 47. — Les grands bœufs du Clytumne traînaient au Forum l'antique chariot du Volsque.

On dit que ce Volsque avait sans doute acheté ces bœufs du Clytumne à la foire. Je le veux bien, et cela est très-possible.

xxxve. Page 48. — J'ai vu la carte de la ville éternelle, tracée sur des rochers de marbre au Capitole.

Elle y est encore. Après avoir vu la ville entière, on sera peut-être bien aise d'en voir les ruines. On en trouvera la peinture dans ma lettre à M. de Fontanes. (Voyez cette lettre.)

xxxvi⁰. Page 48. — Le rhéteur Eumènes.

Un des savants hommes de cette époque. Il était d'Autun, quoiqu'il fût Grec d'origine. Il rétablit les écoles des Gaules. Il nous reste de lui un panégyrique prononcé devant Constantin. (Voyez *Panégyr. veter*.) Dans les premières éditions, je faisais étudier Eumènes sous un disciple de Quintilien, ce qui ne se pouvait pas dans l'ordre des temps. J'ai mis : « Sous le fils d'un disciple, » ce qui rentre dans la vraie chronologie.

xxxvii⁰. Page 48. — Augustin, Jérôme et le prince Constantin.

J'ai déjà prévenu le lecteur, dans la préface, de l'anachronisme touchant saint Augustin et saint Jérôme. Au reste, tous les caractères qui sont peints ici, saint Jérôme, saint Augustin, Constantin, Dioclétien et Galérius, sont conformes à la vérité historique.

xxxviii⁰. Page 49. — Heureux s'il ne se laisse pas emporter à ces éclats de colère.

Allusion au meurtre de sa femme et de son fils.

xxxix⁰. Page 49. — Cette conformité de position, encore plus que celle de l'âge, décida du penchant du jeune prince en ma faveur.

Commencement de l'amitié d'Eudore et de Constantin, qui doit avoir une influence si grande sur l'action de l'ouvrage et sur les destinées de mon héros.

xl⁰. Page 50. — Armentarius.

Gardeur de troupeaux.

xli⁰. Page 50. — Une fureur aveugle contre les chrétiens.

Toute la page qui suit est une préparation de l'action. *Cause de la haine de Galérius contre les chrétiens, projet d'usurper l'empire*, etc. On voit donc que le récit tient évidemment à l'action.

xlii⁰. Page 51. — Dorothée, premier officier de son palais, etc.

Ce personnage est historique; il était chrétien, et il subit le martyre avec plusieurs autres officiers du palais.

xliii⁰. Page 51. — Ceux-ci s'occupent sérieusement d'une ville à bâtir, etc.; jusqu'à l'alinéa.

Toutes les folies rassemblées ici ne sont point prêtées gratuitement aux fauxsages. Ce fut Plotin, d'ailleurs très-honnête homme, qui voulut faire bâtir une ville par l'empereur Gallien; ce fut Porphyre qui chercha les secrets de la nature dans les mystères de l'Egypte. Les sectes qui voyaient tout dans la pensée ou dans la matière étaient les platoniciens et les épicuriens; ceux qui prêchaient la république dans le sein de la monarchie allèrent jusqu'à attaquer Trajan, qui fut obligé de les chasser de Rome; ceux qui, à l'imitation des fidèles, voulaient enseigner la morale au peuple, se signalèrent surtout pendant le règne de Julien. « Tout était « plein de philosophes, dit Fleury (*Mœurs des Chrétiens*), qui faisaient aussi profession de « pratiquer la vertu et de l'enseigner. Il y en eut même plusieurs dans ces premiers siècles « de l'Eglise qui, peut-être à l'imitation des chrétiens, coururent le monde, prétendant ré- « former le genre humain. » Tout est donc ici historique. Hélas! les folies humaines sont plus d'une fois répétées, et souvent on croit lire l'histoire de ses propres maux dans l'histoire des hommes qui nous ont précédés.

xliv⁰. Page 52. — Une offense que je reçus d'Hiéroclès.

Commencement de l'inimitié entre Eudore et Hiéroclès.

xlv⁰. Page 53. — Marcellin, évêque de Rome.

Marcellin était pape à cette époque; je ne lui donne pas ce titre dans le texte, parce que les papes ne le portaient pas encore exclusivement. Marcellin occupa le trône pontifical pendant un peu plus de huit années. Les donatistes l'accusèrent d'avoir sacrifié aux idoles pendant la persécution. Saint Augustin l'a justifié dans son ouvrage contre Pétilien. Les actes du concile de Sinuesse sont apocryphes.

xlvi⁰. Page 53. — Au tombeau de saint Pierre et de saint Paul.

C'est-à-dire au Vatican, près de la basilique de Saint-Pierre.

xlvii⁰. Page 53. — Là se rencontraient et Paphnuce de la haute Thébaïde, etc., etc.

Tous ces noms portent leur commentaire avec eux. Tous ces grands hommes, dont l'Eglise a mis plusieurs au rang des saints, vivaient à cette époque, et parurent au concile de Nicée.

On peut remarquer en outre que ce qui manque dans le récit d'Eudore à la peinture de l'état du christianisme sur la terre se trouve ici. Eudore ne parle pas des Eglises de la Perse et des Indes, où il n'a pas voyagé. Les Ibériens dont il est question dans ce passage ne sont pas les Espagnols : c'étaient des peuples placés entre le Pont-Euxin et la mer Caspienne. La position de l'Eglise, par rapport aux hérésies, est aussi indiquée dans ce tableau.

XLVIII°. Page 53. — Et bénissait la ville et le monde.

Je place ici l'origine d'une cérémonie touchante encore pratiquée de nos jours : *Urbi et orbi*.

XLIX°. Page 53. — Je redemandais secrètement les platanes de Fronton, le portique de Pompée, ou celui de Livie, etc.

Il y avait à Rome des jardins publics connus sous le nom de Fronton; voyez JUVÉNAL. — Le portique de Pompée et celui de Livie sont célèbres dans l'*Art d'aimer* d'Ovide.

L°. Page 54. — La porte sainte est fermée devant moi.

Tout le monde a remarqué cette scène d'où l'action entière va sortir.

LI°. Page 54. — A l'amphithéâtre de Vespasien.

Aujourd'hui le Colisée : voyez la peinture de ses ruines dans la lettre à M. de Fontanes, citée plus haut (note XXXV°).

LII°. Page 55. — Il faut que ce peuple, même au milieu de toutes ses misères, ait la main dans toutes les grandeurs.

Encore une phrase désapprouvée par le critique qui a désapprouvé les deux autres (notes XXIII° et XXXI°). Quant à celle-ci, qui, par une grande fatalité, n'était point encore exactement citée dans le journal, je ne sais qu'en dire. J'ai vu les opinions partagées. Il me semble pourtant que les autorités prépondérantes sont en sa faveur. Dans tous les cas, si elle est douteuse, elle est la seule de cette espèce dans les *Martyrs*.

LIII°. Page 55. — Les bêtes féroces... se mirent à rugir.

Présage qui m'a semblé propre à réveiller la crainte et la curiosité des lecteurs. Eudore s'en souviendra au XXIV° livre.

SUR LE CINQUIÈME LIVRE.

PREMIÈRE REMARQUE. Page 56. — Nous fréquentions surtout à Naples le palais d'Aglaé, etc.; jusqu'à la fin du quatrième alinéa.

L'histoire d'Aglaé et de saint Boniface, martyrs, est peut-être la plus agréable de toutes les histoires de nos saints. J'en donne dans le texte un précis trop exact pour qu'il soit nécessaire d'y ajouter quelque chose dans la note ; il suffira de savoir que tout ce que dit Aglaé sur les cendres des martyrs, et tout ce que lui répond Boniface, est conforme à la vérité historique. On verra, dans le XVI° livre, quelle fut la fin d'Aglaé, de saint Sébastien, de saint Pacôme, de saint Boniface, de saint Génès. Celui-ci a fourni à l'abbé Nadal le sujet d'une tragédie. (Voyez FLEURY, *Hist. ecclés.*; tom. II, in-4°, *Acta SS. Mart. Vies des Pères du désert*, tom. 1er.)

Une partie essentielle de mon plan est d'offrir le tableau complet du christianisme à l'époque de la persécution de Dioclétien. J'ai eu soin de rappeler les noms de presque tous les martyrs et saints du quatrième siècle, et de les lier plus ou moins au sujet par un mot ou par un souvenir. Ces misères échappent à la plupart des lecteurs, mais elles coûtent à l'écrivain; et, en dernier résultat, elles font pourtant qu'un ouvrage est plein et nourri de faits, ou qu'il est *dépourvu de sens et de lecture*. D'ailleurs, il est peut-être assez piquant de voir agir ces grands personnages dont nous conta l'histoire dans notre enfance, et qui, de persécuteurs des chrétiens qu'ils étaient, sont devenus souvent des saints illustres.

II°. Page 56. — Chaque matin, aussitôt que l'aurore, etc.

Cette description de Naples a été faite sur les lieux, ainsi que celle de Rome. J'ai des preuves que les peuples de ce beau pays, si sensibles au charme de leur climat et aux grands souvenirs de leur patrie, ont reconnu la fidélité de mon tableau.

III°. Page 57. — Parthénope fut bâtie sur le tombeau d'une sirène.

Parthénope est Naples, comme chacun sait.

Tenet nunc Parthenope! Elle fut fondée par des Grecs. Voilà pourquoi Eudore dira plus bas que les danses des Napolitaines lui rappelaient les mœurs de la Grèce.

IV°. Page 57. — Des roses de Pæstum dans des vases de Nola.

Les roses, selon Virgile fleurissaient deux fois à Pæstum. On connaît les beaux temples qui marquent encore l'emplacement de cette petite colonie grecque. Les vases antiques, appelés vases de Nola, sont dans les cabinets de tous les curieux. Nola était une ville près de Naples. Auguste y mourut.

V°. Page 58. — Se retirant vers le tombeau de la nourrice d'Énée.

Tu quoque littoribus nostris, ænela nutrix,
Æternam moriens famam, Caieta, dedisti. (*Æneid.*, liv. VII, v. I.)

Gaëte est à l'ouest, par rapport à Naples, et le soleil, en descendant sur l'horizon, passe derrière le Pausilippe. On sait que le Pausilippe est une longue et haute colline, sous laquelle on a percé le chemin qui mène à Pouzzol. C'est à l'entrée de ce chemin souterrain que se trouve le tombeau de Virgile.

Pline fut englouti par les laves du Vésuve, sur le rivage de Pompéia. (Voyez PLINE LE JEUNE, *Epist.*) La Solfatare est une espèce de plaine ou de foyer de volcan, creusé au centre d'une montagne. Quand on y marche, la terre retentit sous vos pas; le sol y est brûlant à une certaine profondeur, l'argent s'y couvre de soufre, etc. Tous les voyageurs en parlent.

Le lac Averne, le Styx, l'Achéron, lieux ainsi nommés aux environs de la mer et de Baïes, et admirablement décrits dans le VI° livre de l'*Enéide*. Tous ces lieux existaient aussi en Égypte et en Grèce.

VI°. Page 58. — Nous retrouvions les ruines de la maison de Cicéron, etc.; jusqu'à l'alinéa.

Cicéron avait une maison de campagne près de Baïes; on en montre encore les ruines. Pour le naufrage d'Agrippine, pour sa mort, pour le fameux *ventrem feri*, voyez TACITE (*Ann.* XIV, 5, 6, 7.) Quant à Caprée, tout le monde connaît le séjour qu'y fit Tibère, et la vie infâme qu'il y mena.

VII°. Page 58. — Aux trois sœurs de l'Amour, filles de la Puissance et de la Beauté.

Les Grâces, sœurs de l'Amour, et filles de Vénus et de Jupiter. Eudore parle ici comme il le faisait dans le cours de ses erreurs.

VIII°. Page 58. — Le front couronné d'ache toujours verte, et de roses qui durent si peu, etc.; jusqu'à la fin du troisième alinéa.

On reconnaîtra ici facilement Horace, Virgile, Tibulle, Ovide. Le lecteur a vu l'antiquité grecque dans les premiers livres, voici l'antiquité latine. On ne m'accusera pas de choisir ce qu'il y a de moins beau parmi les anciens, pour faire mieux valoir les beautés du christianisme.

IX°. Page 59. — Notre bonheur eût été d'être aimés aussi bien que d'aimer.

Cette pensée est de saint Augustin : elle est délicate et tendre, mais elle n'est pas sans affectation et sans recherche, et je l'ai trop louée dans le *Génie du Christianisme*. Au reste, tout ce morceau est dans le ton de la morale chrétienne, prompte à nous détromper des illusions de la vie. Ce qu'il y a de remarquable, c'est que ce ton ne forme point un contraste violent avec ce qui précède, et que, si l'on n'en était averti, on ne s'apercevrait point qu'on est passé des poètes élégiaques aux Pères de l'Église.

X°. Page 59. — Un jour, errant aux environs de Baïes, nous nous trouvâmes auprès de Literne.

Literne, aujourd'hui Patria. Voyez encore ma lettre à M. de Fontanes, citée dans les notes du livre précédent.

XI°. Page 60. — Quand vous voyez l'Africain rendre une épouse à son époux.

Personne n'ignore cette histoire.

XII°. Page 60. — Quand Cicéron vous peint ce grand homme.

Il nous reste un fragment de Cicéron, connu sous le titre de *Songe de Scipion*. Cicéron suppose que Scipion l'Émilien eut un songe, pendant lequel Scipion l'Africain l'enleva au ciel, et lui fit voir le bonheur destiné aux hommes de bien. (Voyez l'*Itin.*, tom. II, pag. 233 et 234, édition de 1830.)

XIII°. Page 61. — Ma mère qui est chrétienne.

C'est sainte Monique.

XIV⁰. **Page 61.** — Un homme vêtu de la robe des philosophes d'Épictète.

Les premiers solitaires chrétiens étaient de véritables philosophes. Quelques anachorètes n'avaient pour toute règle que le Manuel d'Épictète.

XV⁰. **Page 61.** — J'étais assis dans ce monument.

Les tombeaux des anciens, et surtout ceux des Romains, étaient des espèces de tours. Plusieurs solitaires en Egypte habitaient des tombeaux.

XVI⁰. **Page 61.** — Je suis le solitaire chrétien du Vésuve.

On a remarqué dans cette histoire le morceau des Litanies; il offre au moins le mérite de la difficulté vaincue. On sait qu'il y a, de nos jours, un ermite établi sur le mont Vésuve : c'est une sentinelle avancée qui expose perpétuellement sa vie pour surveiller les éruptions du volcan. Je fais ainsi remonter le dévouement religieux jusqu'à Thraséas.

XVII⁰. **Page 61.** — Des pirates descendirent sur le rivage.

Fait historique.

XVIII⁰. **Page 62.** — Un édifice d'un caractère grave.

C'est une chose singulière que les plus anciennes églises, bâties avant la naissance de l'architecture gothique, ont un caractère de gravité et de grandeur que les monuments païens du même âge n'ont pas. J'ai fait souvent cette remarque à Rome, à Constantinople, à Jérusalem, où l'on voit des églises du siècle de Constantin, siècle qui au reste n'était pas celui du goût.

XIX⁰. **Page 63.** — Sa voix avait une harmonie...

Un critique, dans un extrait malheureusement trop court, et dont tout le monde a remarqué le ton excellent et les manières distinguées, a bien voulu m'appliquer ce passage. Je ne me flatte point de mériter un pareil éloge : je n'avais en vue, en écrivant ceci, que de peindre l'éloquence, le style et la personne même de Fénelon. En effet, on peut remarquer que cela s'applique de tous points à l'auteur du *Télémaque*.

XX⁰. **Page 64.** — Que Jérôme se préparait à visiter les Gaules, etc.

Saint Jérôme voyagea dans tous les pays et se fixa ensuite dans la Judée, à Bethléem, où nous le retrouverons.

XXI⁰. **Page 64.** — Je ne sais... si nous nous reverrons jamais.

L'auteur a vu des personnes s'attendrir à la lecture de cette lettre. Le flattait-on? Etait-ce une de ces politesses convenues par lesquelles on trompe un auteur? Il ne sait.

XXII⁰. **Page 64.** — Comme Eudore allait continuer son récit, etc.

Le récit étant très-long, je l'ai interrompu plusieurs fois pour délasser le lecteur; j'ai même osé le couper entièrement vers le milieu, par le livre de l'Enfer. Cette innovation dans l'art, la seule que je me sois permise, était apparemment nécessaire et très-naturelle, car personne ne l'a remarquée.

XXIII⁰. **Page 64.** — Des glands de phagus, etc.

Le phagus était une espèce de chêne ou de hêtre d'Arcadie : il portait le gland dont on prétend que les premiers hommes se nourrissaient. (Voyez THÉOPHRASTE.)

XXIV⁰. **Page 65.** — Lorsqu'un fils d'Apollon.

C'était Ulysse qui pleurait en entendant le Démodocus d'Homère chanter les exploits des Grecs aux festins d'Alcinoüs. (*Odyss.* VIII.)

XXV⁰. **Page 65.** — Maximien avait été obligé.

Faits historiques. Toutes les fois que j'ai pu rappeler au lecteur l'amour naissant de Cymodocée pour Eudore, l'ambition de Galérius, la haine de César pour Constantin et pour les fidèles, enfin le nom et les projets d'Hiéroclès, je me suis empressé de le faire; le sujet n'est jamais tout à fait hors de vue.

L'empereur Valérien, dont on parle ici, fut pris par les Parthes et écorché vif, les uns disent après sa mort.

XXVI⁰. **Page 65.** — J'entre hardiment dans la caverne.

Je comptais peu sur le succès de ce morceau, et cependant il a réussi. D'après l'histoire, il est très-probable que Prisca et Valérie étaient chrétiennes. Il faut remarquer que les catacombes dont je donne la description sont celles qui prirent dans la suite le nom de Saint-Sébastien, parce que ce martyr y fut enterré; et Sébastien est ici présent au sacrifice. Le charmant tombeau de Cécilia Métella est en effet où je le place. Tout cela est exact et fait d'après la vue des lieux. M. Delille avait peint les catacombes désertes; il ne me restait qu'à repré-

REMARQUES

senter les catacombes habitées, pour ne pas engager une lutte trop inégale avec un grand poëte et de beaux vers.

XXVII°. Page 67. — C'est ce Grec sorti d'une race rebelle.

La rivalité d'Hiéroclès et d'Eudore, l'amitié d'Eudore et de Constantin, la haine de Galérius contre les chrétiens se développant, la faiblesse de Dioclétien s'accroît : le récit tient de toutes parts à l'action.

XXVIII°. Page 68. — Cependant telle est la force de l'habitude, et peut-être le charme attaché à des lieux célèbres.

J'ai éprouvé ce sentiment très-vif en quittant Rome. De tous les lieux de la terre que j'ai visités, c'est le seul où je voulusse retourner, et où je serais heureux de vivre.

XXIX°. Page 68. — La voie Cassia, qui me conduisait vers l'Étrurie, etc., etc.

Les détails de ce voyage sont vrais. Il n'y a, je crois, aucun voyageur qui ne reconnaisse Radigofamini à ces mots, *planté de roches aiguës*, à ce torrent qui se replie vingt-quatre fois sur lui-même, et déchire son lit en s'écoulant. Les monticules tapissés de bruyères sont la Toscane, etc.

XXX°. Page 68. — Sa fuite est si lente, que l'on ne saurait dire de quel côté coulent les flots.

« Flumen est Arar... incredibili lenitate, ita ut oculis, in utram partem fluat, judicari non « possit. » (CÆS., *de Bell. Gall.*)

> Ubi Rhodanus ingens amne præropido fluit,
> Araraque dubitans quo suos cursus agat
> Tacitus, quietus alluit ripas vanis. (SEN., *in Apocolocyntosi*.)

> Fulmineis Rhodanus qua se fugat incitus undis,
> Quaque pigro dubitat flumine mitis Arar;
> Lugdunum jacet, etc. (JUL. CÆS. SCALIGER.)

XXXI°. Page 69. — Dont la cité est la plus belle et la plus grande des trois Gaules.

Trèves. Les choses sont bien changées.

SUR LE SIXIÈME LIVRE.

PREMIÈRE REMARQUE. Page 69. — La France est une contrée sauvage.

La France d'autrefois, ou le pays des Francs, n'était point la France d'aujourd'hui : ce que nous nommons France à présent est proprement la Gaule des anciens. J'ai cité pour autorité, dans la préface, la *Carte de Peutinger*, et saint Jérôme dans *la Vie de saint Hilarion*. La Table-carte de Peutinger est une espèce de livre de poste des anciens, composé vraisemblablement dans le IV° siècle. Retrouvé par un ami de Peutinger, jurisconsulte d'Augsbourg, il fut publié à Venise, en 1591. Ce sont de longues bandes de papier sur lesquelles on a tracé les chemins de l'empire romain, avec les noms des pays, des villes, des mansions ou relais de poste ; le tout sans division, sans méridien, sans longitude et sans latitude. Le mot *Francia* se trouve écrit de l'autre côté du Rhin, à l'endroit que je désigne.

Voici les paroles de saint Jérôme : « Entre les Saxons et les Germains, on trouve une nation « peu nombreuse, mais très-brave. Les historiens appellent le pays qu'habite cette nation « Germanie ; mais on lui donne aujourd'hui le nom de France. » (*In Vit. S. Hilar.*)

« La nation des Celtes, dit Libanius, habite au-dessus du Rhin, le long de l'Océan. Ces « Barbares se nomment Francs, parce qu'ils supportent bien les fatigues de la guerre. » (*In Basil.*)

II°. Page 69. — Les peuples qui habitent ce désert sont les plus féroces des Barbares..

« Les Francs, dit Nazaire, surpassent tous les peuples barbares en férocité. » Selon l'auteur anonyme d'un panégyrique prononcé devant Constantin, « il n'était pas aisé de vaincre les « Francs, peuple qui se nourrissait de la chair des bêtes féroces. »

III°. Page 69. — Ils regardent la paix comme la servitude la plus dure dont on puisse leur imposer le joug.

« La paix est pour les Francs une horrible calamité. » (LIBAN. *Orat. ad Constantin.*)

ivᵉ. Page 69. — Les vents, la neige, les frimas, font leurs délices ; ils bravent la mer, etc.

« Les Francs sont, au milieu de la mer et des tempêtes, aussi tranquilles que s'ils étaient « sur la terre : ils préfèrent les glaces du nord à la douceur des plus agréables climats. » (Liban., *loc. cit.*) Cette phrase qu'on lit dans le texte : *On dirait qu'ils ont vu le fond de l'Océan à découvert, etc.*, est appuyée sur un passage de Sidoine Apollinaire. (Lib. viii, *Epist. ad Namm.*)

vᵉ. Page 69. — Ce fut sous le règne de Gordien le Pieux qu'elle se montra pour la première fois.

Depuis l'an 244 jusqu'à l'an 247. Voyez Flav. Vopisc. cap. vii.

viᵉ. Page 69. — Les deux Décius périrent dans une expédition contre elle.

Voyez la préface, et *Chron. Paschal.*

viiᵉ. Page 69. — Probus... en prit le titre glorieux de Francique.

Vid. Flav. Vopisc. cap. xii, *in Vit. Prob.*

viiiᵉ. Page 69. — Elle a paru à la fois si noble et si redoutable, etc.

Fait très-curieux, rapporté dans un ouvrage de l'empereur Constantin Porphyrogénète. Il dit que Constantin le Grand fut l'auteur de la loi qui permettait aux empereurs romains de s'allier au sang des Francs. (*De Admin. imp.*)

ixᵉ. Page 70. — Enfin ces terribles Francs venaient de s'emparer de l'île de Batavie.

Fait historique. Voyez *Panég. prononcé devant Max. Herc. et Const. Chl.*, chap. iv.

xᵉ. Page 70. — Nous entrâmes sur le sol marécageux des Bataves.

« Terra non est..... Aquis subjacentibus innatat et suspensa late vacillat. » (Eum. *Paneg. Const. Cæs.*)

xiᵉ. Page 70. — Les trompettes... venaient à sonner l'air de Diane.

La *Diane* est restée à nos armées. On sonnait de la trompe à tous les changements de garde, le jour et la nuit.

xiiᵉ. Page 70. — Le centurion qui se promenait... en balançant son cep de vigne.

La marque du grade de centurion était un bâton de sarment de vigne qui lui servait à ranger ou à frapper les soldats. Le centurion commanda d'abord cent hommes, quand la légion était de trois mille hommes ; il n'eut plus sous ses ordres que cinquante hommes, quand la légion fut portée à quatre mille hommes ; il y avait deux compagnies chacune de soixante hommes dans chaque manipule. Le premier centurion de l'armée siégeait au conseil de guerre, et ne recevait d'ordre que du général ou des tribuns.

xiiiᵉ. Page 70. — La sentinelle... tenait un doigt levé dans l'attitude du silence.

Montfaucon, dans les *Antiquités romaines*, explique ainsi la pose de quelques soldats.

xivᵉ. Page 70. — Le victimaire qui puisait l'eau du sacrifice.

Le victimaire préparait les couteaux, l'eau, les gâteaux du sacrifice ; il était à demi nu et portait une couronne de laurier. Il y avait, dans chaque camp romain, un autel auprès du tribunal de gazon où siégeait le général. Les tentes étaient de peau : de là l'expression *sub pellibus habitare*. Elles étaient disposées parallèlement, formant des rues régulières, et se croisant à angle droit. Les camps romains étaient de forme carrée ; les Grecs, et surtout les Lacédémoniens, faisaient les leurs de forme ronde.

xvᵉ. Page 71. — ... redisaient autrefois les vers d'Euripide.

Après la défaite et la mort de Nicias, devant Syracuse, plusieurs Athéniens, devenus esclaves, obtinrent la liberté pour prix des vers d'Euripide, qu'ils répétaient à leurs maîtres : la réputation de ce grand tragique commençait à percer en Sicile.

xviᵉ. Page 71. — La légion de Fer, et la Foudroyante.

La légion romaine fut successivement de trois, quatre, cinq et six mille hommes, y compris les différentes espèces de soldats armés, comme je le marque ici : les hastati, les princes et les triarii ; les vexillaires n'étaient que les porte-étendards. L'ordre de ces soldats dans la ligne ne fut pas toujours le même : la légion se divisait en deux cohortes, chaque cohorte en trois manipules, et chaque manipule en deux centuries. Outre le numéro de son rang, la légion portait encore un nom tiré de ses divinités, de son pays ou de ses exploits. (Polyb., lib. vi ; Vegi, lib. ii.)

XVIIᵉ. Page 71. — Les signes militaires des cohortes... étaient parfumés.

Les aigles distinguaient la légion ; les signes particuliers marquaient les cohortes ; on les ornait de verdure le jour du combat et quelquefois on les parfumait : c'est ce qui a fourni à Pline une belle déclamation : « Aquilæ certe ac signa, pulverulenta illa, et custodibus horrida, « inunguntur festis diebus : utinamque dicere possemus, quis primus instituisset ! Ita est, « nimirum hac mercede corruptæ terrarum orbem devicere aquilæ. Ista patrocinia quærimus « vitiis, ut per hoc jus sumantur sub casside unguenta.» (PLIN., *Hist. Nat.*, lib. XIII, cap. IV, 3.)

XVIIIᵉ. Page 71. — Les hastati.

Voyez, pour ces soldats, la note XVIᵉ.

XIXᵉ. Page 71. — ... étaient remplis par des machines de guerre.

La catapulte, la baliste, la grue, les béliers, les tours roulantes ; et sur les vaisseaux, les corbeaux, les becs d'airain, les ongles de fer. On ne se servait guère, dans les batailles, que des catapultes et des balistes ; les autres machines étaient pour les siéges.

XXᵉ. Page 71. — A l'aile gauche de ces légions, la cavalerie des alliés déployait son rideau mobile.

L'ordre, le nombre, l'armure de la cavalerie, varièrent chez les Romains selon les temps. Tantôt jointe à la légion, tantôt formant un corps à part, la cavalerie, vers la fin de la république, prit le nom général d'*ala* ou d'aile, parce qu'elle servait sur les flancs. La plus nombreuse cavalerie des Romains était celle des alliés, et elle différait nécessairement d'armes offensives et défensives, selon le peuple à qui elle appartenait : c'est ce qu'on a exprimé ici avec le plus d'exactitude possible.

XXIᵉ. Page 71. — Sur des coursiers tachetés comme des tigres, et prompts comme des aigles, etc.

Selon Strabon, les chevaux des Celtibères (les Espagnols) égalaient la vitesse des chevaux des Parthes : ils étaient généralement d'un poil gris ou tigré. (Strab., lib. III.) Diodore vante également la cavalerie des Espagnols. (Lib. V.) Au rapport de ces deux auteurs, les Celtibères étaient presque tous vêtus d'un sayon ou d'un manteau de laine noire. (*Id., ib.*) Ils portaient un casque ou une espèce de chapeau tissu de nerf, et surmonté de trois aigrettes, d'après Strabon. (*Loc. cit.*) Diodore veut que ces aigrettes fussent teintes en pourpre. (*Loc. cit.*) Strabon donne aux Celtibères de courts javelots. L'épée ibérienne était fameuse par sa trempe ; il n'y avait, d'après le témoignage de Strabon, ni casque, ni bouclier qui fût à l'épreuve du tranchant d'une pareille épée.

XXIIᵉ. Page 71. — Des Germains d'une taille gigantesque.

Jules César et Tacite ne parlent point du bonnet et de la massue que je donne ici aux cavaliers germains. (CÆS., *de Bell. Gall.*, lib. VI ; TACIT., *de Mor. Germ.*) Je ne puis retrouver l'autorité originale où j'ai pris ces détails ; mais dans l'*Histoire de France avant Clovis*, par MÉZERAY, on trouvera, page 37 (1692, in-12), la circonstance de la massue. Mézeray donne à cette massue le nom de *cateies*.

XXIIIᵉ. Page 72. — Auprès d'eux, quelques cavaliers numides.

Une foule de pierres gravées, et les monnaies anciennes de l'Afrique, soit puniques, soit romaines, représentent ainsi le cavalier numide.

XXIVᵉ. Page 72. — Sous leurs selles ornées d'ivoire.

Il ne faut pas entendre ce mot de *selles* comme nous l'entendons aujourd'hui. La selle proprement dite était inconnue aux Romains, au IVᵉ siècle : ils n'avaient qu'un petit siége retenu sur le dos du cheval par un poitrail et par une croupière. Ces selles n'avaient point d'étriers. Quoiqu'il soit question de mors ou de frein dans Virgile, il est douteux que la bride fût en usage dans la cavalerie romaine. Quant aux gants ou gantelets, ils remontent à la plus haute antiquité : Homère en donne à Laërte, dans l'*Odyssée* ; les Perses en portaient comme nous pour la propreté.

XXVᵉ. Page 72. — L'instinct de la guerre est si naturel chez ces derniers (les Gaulois), etc.

Ces Gaulois ressemblaient beaucoup aux Français d'aujourd'hui.

XXVIᵉ. Page 72. — Tous ces Barbares avaient la tête élevée, les couleurs vives.

Consultez CÉSAR, lib. I, IV et VI ; DIODORE, lib. V, STRABON, lib. IV et VII.

XXVIIᵉ. Page 72. — Les yeux bleus, le regard farouche et menaçant.

« Luminum torvitate terribiles, » dit Ammien Marcellin. (Voyez aussi DIODORE, *loc. cit.*)

xxviiie. Page 72. — Ils portaient de larges braies, et leur tunique était chamarrée.

La Gaule Narbonnaise s'appela d'abord *Braccata*, du nom de ce vêtement gaulois. « Les « Gaulois, dit Diodore, portent des habits très-singuliers : ce sont des tuniques peintes de « toutes sortes de couleurs ; ils mettent dessus la tunique un sayon rayé et divisé par « bandes. » (DIODORE, lib. V. Voyez aussi STRABON, lib. III.) Le nom de saye ou sayon vient de *sagum*, un sac. Le *sarrau* de nos paysans est le véritable *sagum* des Gaulois.

xxixe. Page 72. — L'épée du Gaulois ne le quitte jamais, etc.

L'épée était l'arme distinctive des Gaulois, comme la francisque, ou la hache à deux tranchants, était l'arme particulière du Franc. Les Gaulois portaient l'épée sur la cuisse droite, suspendue par une chaîne de fer, ou pressée par un ceinturon. (Voyez DIOD., lib. V; STRAB., lib. IV.) On jurait sur son épée; on la plantait au milieu du *mallus* ou du conseil; on ne pouvait pas prendre en gage l'épée d'un guerrier; enfin c'était la coutume chez les Gaulois et chez les Germains, de brûler les armes du mort sur son bûcher funèbre. (Voyez CÉSAR, lib. VI; TACITE, *de Mor. Germ.*, et *Leg. Longob.*, lib. II.) Selon César, on brûlait aussi aux funérailles les personnes que le mort avait chéries, *quos dilectos esse constabat*, et quelquefois son épouse.

xxxe. Page 72. — Une légion chrétienne.

Voilà les chrétiens ramenés sur la scène. Il paraît pour cette fois qu'on ne les y a pas trouvés déplacés. Ils sont commandés pour ainsi dire par un Français. Nous avons des droits à la gloire de saint Victor martyr. Il était de Marseille ; et après avoir été battu de verges, suspendu à une croix pour la religion de Jésus-Christ, il fut broyé sous la roue d'un moulin, *ainsi qu'un pur froment*, disent les actes de son martyre.

xxxie. Page 72. — Nous Crétois... nous prenions nos rangs au son de la lyre.

Ceci n'est point un tour poétique, c'est la pure vérité : les Crétois réglaient la marche de leurs guerriers au son d'une lyre.

xxxiie. Page 73. — Parés de la dépouille des ours, etc.

Ce n'était pas l'habillement des Francs, mais c'était leur parure. Tous les Barbares de la Germanie, et même avant eux les Gaulois, se couvraient de peaux de bêtes, ainsi que le racontent CÉSAR, *de Bell. Gall.*, lib. VI; TACITE, *de Mor. Germ.*, 6, 7, etc. L'uroch dont il est ici question, et que les auteurs latins appellent *urus*, était une espèce de bœuf sauvage; on en parlera ailleurs.

xxxiiie. Page 73. — Une tunique courte et serrée, etc.; jusqu'à l'alinéa.

Tout ce paragraphe est tiré de Sidoine Apollinaire dans son *Panégyrique de Majorien*; c'est le plus ancien document que nous ayons touchant les costumes de nos pères : je l'ai traduit presque littéralement dans le texte. Pelloutier demande où Mézeray a pris que les Francs avaient les yeux verts; il cite un mot grec qui veut dire bleu, et que Mézeray, dit-il, a mal interprété. Pelloutier se trompe; Mézeray n'a traduit ici ni Strabon ni Diodore, qui n'ont pu parler des Francs, ni Agathias, ni Anne Comnène ; il avait sans doute eu vue le passage de Sidoine dont je me suis servi. J'ai donc pu dire poétiquement, *des yeux couleur d'une mer orageuse*, autorisé d'un côté par les vers de Sidoine, qui donnent aux Francs des yeux verdâtres, et de l'autre par le témoignage de toute l'antiquité, qui parle du regard terrible des Barbares. Remarquons que les perruques à la Louis XIV, dont on ramenait les cheveux en devant sur les épaules, ressemblaient parfaitement à la chevelure des Francs. Je parlerai plus bas du javelot appelé *angon :* ce mot est d'ailleurs dans le *Dictionnaire de l'Académie*. Anne Comnène nous a laissé la description d'un Franc ou Français, assez curieuse pour être rapportée; on y voit la physionomie d'un Barbare à travers l'imagination d'une Grecque. « La « présence de Boëmond éblouissait autant les yeux que sa réputation étonnait l'esprit. Sa « taille était si avantageuse, qu'il surpassait d'une coudée les plus grands. Il était menu par le « ventre et par les côtés, et gros par le dos et par l'estomac ; il avait les bras forts et ro- « bustes. Il n'était ni maigre ni gras, mais dans une juste température, et telle que Polyclète « l'exprimait ordinairement dans ses ouvrages, qui étaient une imitation fidèle de la perfection « de la nature. Il avait les mains grandes et pleines, les pieds fermes et solides. Il était un « peu courbé, non par aucun défaut de l'épine du dos, mais par une accoutumance de jeu- « nesse, qui était une marque de modestie. Il était blanc par tout le corps ; mais il avait sur « le visage un juste tempérament et un agréable mélange de blanc et de rouge. Il avait des « cheveux blonds qui lui couvraient les oreilles, sans lui battre sur les épaules à la façon des « Barbares. Je ne sais si sa barbe était rousse ou d'une autre couleur, parce qu'il était rasé « fort près. Ses yeux étaient bleus et paraissaient pleins de colère et de fierté. Son nez était « fort ouvert, car, comme il avait l'estomac large, il fallait que son poumon attirât une grande

« quantité d'air pour en modérer la chaleur. Sa bonne mine avait quelque chose de doux et
« de charmant ; mais la grandeur de sa taille et la fierté de ses regards avaient quelque chose
« de farouche et de terrible. Son ris n'exprimait pas moins la terreur que la colère des autres
« en exprime. » (Ann. Comn., liv. xiii, chap. vi, trad. du présid. Cousin.)

XXXIVe. Page 73. — Ces Barbares... s'étaient formés en coin.

« Acies per cuneos componitur. » (Tacit., *de Mor. Germ.*, vi.)

XXXVe. Page 73. — A la pointe de ce triangle étaient placés des braves qui, etc.

« Et aliis Germanorum populis usurpatum rara et privata cujusque audentia, apud Cattos
« in consensum vertit, ut primum adoleverint, crinem barbamque summittere, nec, nisi
« hoste cæso, exuere votivum obligatumque virtute oris habitum...... Fortissimus quisque fer-
« reum insuper annulum (ignominiosum id genti) velut vinculum gestat, donec se cæde hostis
« absolvat. » (Tacit., *de Mor. Germ.*, xxxi.)

XXXVIe. Page 73. — Chaque chef, dans ce vaste corps, était environné des guerriers de sa famille.

« Quodque præcipuum fortitudinis incitamentum est, non casus, nec fortuita conglobatio
« turmam aut cuneum facit, sed familiæ et propinquitates : et in proximo pignora, unde fe-
« minarum ululatus audiri, unde vagitus infantium. » (Tacit., *de Mor. Germ.*, vii.)

XXXVIIe. Page 73. — Chaque tribu se ralliait sous un symbole.

« Effigiesque et signa quædam detracta lucis in prælium ferunt. » (Tacit., *de Mor. Germ.*, vii.) Je place ici l'origine des armes de la monarchie.

XXXVIIIe. Page 73. — Le vieux roi des Sicambres.

Il y aura ici anachronisme, si l'on veut, ou l'on dira que c'est un Pharamond, un Mérovée, un Clodion, ancêtre des princes de ce nom que nous voyons dans l'histoire. On sait d'ailleurs qu'il y a eu plusieurs Pharamond, et peut-être ce nom n'était-il que celui de la dignité (Montfaucon, *Antiq.*) Je ne puis m'empêcher de remarquer la justice et la bonne foi de la critique. On a tout approuvé dans ce livre, jusqu'aux achronismes, qu'on n'a point relevés, et l'on m'a chicané sur le nom de Velléda, qui n'est point la Velléda de Tacite.

XXXIXe. Page 73. — A leurs casques en forme de gueules ouvertes ombragées, etc.

« Tous les cavaliers cimbres avaient des casques en forme de gueules ouvertes et de mufles
« de toutes sortes de bêtes étranges et épouvantables ; et les rehaussant par des panaches
« faits comme des ailes et d'une hauteur prodigieuse, ils paraissaient encore plus grands. Ils
« étaient armés de cuirasses de fer très-brillantes, et couverts de boucliers tout blancs. »
(Plutarque, *in Vit. Mar.*) J'attribue aux Francs ce que Plutarque raconte des Cimbres ; mais les Cimbres avaient habité les bords de l'Océan septentrional, comme les Francs ; et tous les Barbares qui envahirent l'empire romain avaient, les Huns exceptés, une foule de coutumes semblables.

XLe. Page 73. — Il était... retranché avec des bateaux de cuir et des chariots attelés de grands bœufs.

Tacite parle des légers bateaux à deux proues d'une nation germanique qui habitait les bords de l'Océan. Sidoine Apollinaire, dans le *Panegyrique d'Avitus*, dit que les bâtiments des Saxons étaient recouverts de peaux. Quant aux chariots, une autorité suffira : Sidoine raconte que Majorien ayant vaincu les Francs, on trouva dans des chariots tous les préparatifs d'une noce : le repas, les ornements et des vases couronnés de fleurs. On s'empara de ces chariots et de la nouvelle épouse : c'était vraisemblablement une reine des Francs, à en juger par cette magnificence.

Que les camps étaient retranchés avec des chariots, on va le voir : « Omnemque aciem suam
« (Germanorum) circum rhedis et carris circumdederunt... eo mulieres imposuerunt. » (Cæs.)

XLIe. Page 73. — Trois sorcières en lambeaux faisaient sortir de jeunes poulains d'un bois sacré.

Il y a ici une réunion de plusieurs choses. Selon Tacite, les Germains accordaient l'esprit de divination aux femmes ; les Gaulois, comme nous le verrons par la suite, avaient leurs druidesses : ces druidesses se changèrent ensuite en fées (*fatidicæ*), en sorcières, etc. : de là les sorcières de Macbeth. Quant aux augures tirés de la course des chevaux, Tacite est mon garant : « Proprium gentis, equorum quoque præsagia ac monitus experiri. Publice aluntur
« iisdem nemoribus ac lucis, candidi, et nullo mortali opere contacti, quos pressos sacro
« curru sacerdos ac rex vel princeps civitatis comitantur, hinnitusque ac fremitus observant. »

(Tacit., *de Mor. Germ.*, x.) Pour le dieu Tuiston, c'est encore Tacite. « Celebrant carmi-
« nibus antiquis Tuistonem deum. » (*Id.*, II.)

XLIIe. Page 74. — Quand nous aurons vaincu mille guerriers francs.

Mille Francos, mille Sarmatas semel occidimus ;
Mille, mille, mille, mille, mille Persas quærimus.
(Flav., Vopisc., *in Vit. Aurel.* 7.)

XLIIIe. Page 74. — Les Grecs répètent en chœur le Pœan.

Le Pœan, chez les Grecs, était à proprement parler un chant ou un hymne quelconque. Il est pris ici pour le chant du combat ; on le trouve comme tel dans la *Retraite des Dix Mille* et ailleurs.

XLIVe. Page 74. — L'hymne des Druides.

C'est le chant des bardes. Tout ce qu'on a dit sur les bardes de notre temps est un roman qu'une phrase de Strabon, copiée par Ammien Marcellin, et deux ou trois phrases de Diodore, ont produit. « Bardi qui de laudationibus rebusque poeticis student. (Strab., lib. IV.)

XLVe. Page 74. — Ils serrent leurs boucliers contre leur bouche.

« Nec tam voces illæ quam virtutis concentus videntur. Adfectatur præcipue asperitas soni,
« et fractum murmur, objectis ad os scutis, quo plenior et gravior vox repercussu intu-
« mescat. » (Tacit., *de Mor. Germ.*, III.)

XLVIe. Page 74. — Ils entonnent le bardit.

« Sunt illis hæc quoque carmina, quorum relatu quem *barditum* vocant, accendunt animo,
« futuræque pugnæ fortunam ipso cantu augurantur. Terrent enim trepidantve, prout so-
« nuit acies. » (Tacit., *de Mor. Germ.*, III.)

Saxo Grammaticus, l'historien de la Suède ; Olaüs Wormius dans sa *Litteratura runica*, nous ont conservé plusieurs fragments de ces chants des peuples du Nord, dont Charlemagne avait fait faire un recueil. J'ai imité ici le chant de Lodbrog, en y ajoutant un refrain et quelques détails sur les armes, appropriés à mon sujet :

Pugnavimus ensibus... etc., etc.
Virgo deploravit matutinam, lanienam,
Multa præda dabatur feris.
. . . .
. . . .
Quid est viro forti morte certius, etc.
. . . .
Vitæ elapsæ sunt horæ ;
Ridens moriar. . . . .

Il y a bien loin de ces vers à ceux d'Homère et de Virgile, rappelés dans les *Martyrs*.

XLVIIe. Page 74. — Victoire à l'empereur !

Le cri du soldat romain, en commençant la bataille, s'appelait *barritus* ; il était soumis à de certaines règles, et il y avait des maîtres pour l'enseigner, comme parmi nous des maîtres d'armes.

XLVIIIe. Page 75. — Le roi chevelu.

Grégoire de Tours parle à tout moment de la chevelure des rois de la première race. Saint-Foix ayant rassemblé les autorités, je les donne ici sous son nom.

« Les Francs, dit l'auteur des *Gestes de nos Rois*, élurent un roi chevelu, Pharamond,
« fils de Marcomir. » — « Les Francs, dit Grégoire de Tours, ayant passé le Rhin, s'éta-
« blirent d'abord dans la Tongrie, où ils créèrent par cantons et par cités des rois chevelus.
« Il raconte dans un autre endroit que le jeune Clovis, fils de Chilpéric, ayant été poignardé
« et jeté dans la Marne par l'ordre de Frédégonde sa belle-mère, son corps s'arrêta dans les
« filets d'un pêcheur qui ne put pas douter, à sa longue chevelure, que ce ne fût le fils du
« roi. Agathias, historien contemporain, rapporte que Clodomir, fils de Clovis, ayant été tué
« dans une bataille contre les Bourguignons, ils reconnurent ce prince parmi les morts à sa
« longue chevelure ; car c'est un usage constant parmi les rois des Francs, ajoute-t-il, de
« laisser croître leurs cheveux dès l'enfance, et de ne jamais les couper... Il n'est pas permis
« à leurs sujets de porter la chevelure longue et flottante ; c'est une prérogative attribuée à
« la famille royale. »

XLIXe. Page 75. — Elle était de la race de Rinfax.

Consultez les Edda, l'Introduction à l'histoire du Danemarck, et Saxo Grammaticus, sur la mythologie des Scandinaves.

REMARQUES

L°. Page 75. — Sur un char d'écorce sans essieu.

C'est le traîneau.

LI°. Page 75. — Le souffle épais des chevaux.

Ceci est ajouté depuis les deux premières éditions, et explique mieux l'effet singulier dont je parle, et qu'on a pu observer sur un champ de bataille.

LII°. Page 76. — Ses douze pairs..... Une enseigne guerrière surnommée l'Oriflamme.

Institution française, mœurs et coutumes de nos aïeux, dont on aimera peut-être à trouver ici l'origine.

Dulces reminiscitur Argos.

LIII°. Page 76. — Le fruit merveilleux... de l'épouse de Clodion et d'un monstre marin.

« Clodion demeurant pendant l'été sur le rivage de la mer, sa femme voulut se baigner. « Un monstre sortit de l'eau sous la forme d'un Minotaure, et conçut de l'amour pour la « reine... Elle devint grosse, et elle accoucha d'un fils. Ce fils, nommé Mérovée, donna son « nom à la première race de nos rois. » (*Epit. Hist. franc.*, cap. IX, *in* D. Bouq.)

LIV°. Page 76. — A la quenouille d'une reine des Barbares.

Quand on ouvrit à Saint-Denis le tombeau de Jeanne de Bourbon, épouse de Charles V, on y trouva un reste de couronne, un anneau d'or, des débris de bracelets ou chaînons, un fuseau ou quenouille de bois doré à demi pourri, des souliers de forme très-pointue, en partie consumés, brodés en or et en argent.

LV°. Page 76. — Comme les Gaulois suspendent des reliques aux rameaux du plus beau rejeton d'un bois sacré.

Les anciens non-seulement suspendaient des offrandes aux arbres, mais ils y attachaient des colliers, comme fit Xerxès, qui mit un collier d'or à un beau platane. Florus raconte qu'Arioviste le Gaulois promit à Mars un collier fait de la dépouille des Romains. Pelloutier observe très-ingénieusement que Mars était le même que le Jupiter gaulois, dont le simulacre était un grand chêne, selon Maxime de Tyr. (PELLOUTIER, liv. IV, chap. II, pag. 243; et liv. III, chap. IV, pag. 22.)

LVI°. Page 76. — D'Hercule le Gaulois.

Les premières éditions portent *Mars*; j'ai mis *Hercule*, comme plus caractéristique du culte des Gaulois. (Voyez LUCAIN, *in Hercul. gallic.*)

LVII°. Page 76. — Jeune brave, tu mérites d'emporter, etc.

Teutatès était un dieu des Gaulois. Les blessures étaient une marque de gloire. Quant à la dernière partie de la phrase, il paraîtrait par les Edda, par un passage de Procope sur les Goths, par le témoignage de Solin, que les Barbares du Nord se tuaient ou se faisaient tuer lorsqu'ils étaient arrivés à la vieillesse; mais on n'a pas là-dessus d'assez bonnes autorités. Il est certain que César, Tacite, Strabon, Diodore, gardent le silence à ce sujet : ainsi, je suis plutôt une tradition qu'un fait historique.

LVIII°. Page 76. — Je ne crains qu'une chose, etc.

C'est la réponse des députés gaulois à Alexandre. (ARRIEN, lib. I, cap. I.)

LIX°. Page 76. — La terre que je te céderai.

C'est la réponse de Marius aux Cimbres. (PLUT., *in Vit. Mar.*)

LX°. Page 77. — ..... qui, par ses deux fers recourbés...

« Ils se servent principalement de haches qui coupent des deux côtés, et de javelots qui, « n'étant ni fort grands, ni aussi trop petits, mais médiocres, sont propres et à jeter de loin « dans le besoin, et à combattre de près. Ils sont tout garnis de lames de fer, de sorte qu'on « n'en voit pas le bois. Au-dessous de la pointe, il y a des crochets fort aigus et recourbés « en bas en forme d'hameçon. Quand le Français est dans une bataille, il jette ce javelot... Si « le javelot ne perce que le bouclier, il y demeure attaché, et traîne à terre par le bout d'en « bas. Il est impossible à celui qui en est frappé de l'arracher, à cause des crochets qui le « retiennent; il ne peut non plus le couper, à cause des lames qui le couvrent. Quand le « Français voit cela, il met le pied sur le bout du javelot, et pèse de toute sa force sur le « bouclier, tellement que le bras de celui qui le soutient venant à se lasser, il découvre la « tête et l'estomac; ainsi il est aisé aux Français de le tuer, en lui fendant la tête avec sa hache, « où le perçant d'un autre javelot. » (AGATH., lib. II, cap. III, traduction du prés. Cousin.)

LXI°. Page 77. — ..... était le dernier descendant de ce Vercingétorix, etc.

Vercingétorix était d'Auvergne et fils de Celtillus. Il fit révolter toutes les Gaules contre César, et le força d'abandonner le siége de Clermont. Après avoir défendu longtemps Alise, il se remit enfin entre les bras du vainqueur. César ne nous dit pas s'il fut généreux envers le héros gaulois.

LXII°. Page 77. — L'élèvent sur un bouclier.

« Sitôt qu'ils (les rois ou ducs des Français) étaient élus, ils les élevaient sur un pavois ou « large bouclier et le portaient sur leurs épaules, les faisant doucement sauter pour les « montrer au peuple. » (MÉZERAY, *av. Clovis*, pag. 55.)

LXIII°. Page 77. — Une croix entourée de ces mots...

Cet anachronisme, qui n'est que de quelques années, est là pour rappeler la fameuse inscription du Labarum.

LXIV°. Page 77. — Ils ont conté qu'ils voyaient... une colonne de feu... et un cavalier vêtu de blanc.

On retrouve ce miracle dans les *Machabées*, dans les *Actes des Martyrs*, dans les historiens de cette époque, et jusque dans ceux des *Croisades*. L'original de ce miracle est dans les *Machabées*.

LXV°. Page 78. — Là un soldat chrétien meurt isolé, etc.

Ceci est fondé sur un fait connu de l'auteur.

LXVI°. Page 78. — Conservaient dans la mort un air si farouche, etc.

C'est Sidoine Apollinaire qui le dit dans le *Panégyrique de Majorien*.

LXVII°. Page 78. — ..... s'étaient attachés ensemble par une chaîne de fer.

Circonstance empruntée de la bataille des Cimbres contre Marius. Plutarque raconte que tous les soldats de la première ligne de ces Barbares étaient attachés ensemble par une corde, afin qu'ils ne pussent rompre leurs rangs.

LXVIII°. Page 78. — Les Barbares jetaient des cris.

« Tous ceux qui étaient échappés de la défaite des Ambrons s'étant mêlés avec eux, ils « jetaient toute la nuit des cris affreux qui ne ressemblent point à des clameurs et à des gé-« missements d'hommes, mais qui étaient comme des hurlements et des mugissements de « bêtes féroces, mêlés de menaces et de lamentations, et qui, poussés en même temps par « cette quantité innombrable de Barbares, faisaient retentir les montagnes des environs et de « tout le canal du fleuve. Toute la plaine mugissait de ce bruit épouvantable ; le cœur des « Romains était saisi de crainte, et Marius lui-même frappé d'étonnement. » (PLUTARQUE, *in Vit. Mar.*)

LXIX°. Page 79. — Les Francs, pendant la nuit, avaient coupé les têtes des cadavres romains.

On voit un exemple remarquable de cette coutume des Barbares dans la description du camp de Varus, par Tacite. Salvien (*de Gubernatione Dei*), Idace (dans sa *Chronique in Biblioth. Patr.*, vol. VII, pag. 1233), Isidore de Séville, Victor (*de Persecutione africana*), etc., font tous des descriptions horribles de la cruauté des peuples qui renversèrent l'empire romain. Ils allèrent jusqu'à égorger des prisonniers autour d'une ville assiégée, afin de répandre la peste dans la ville par la corruption des cadavres. (VICTOR, *loc. cit.*)

LXX°. Page 79. — Un énorme bûcher, composé de selles de chevaux.

Ceci rappelle vaguement la résolution d'Attila après la perte de la bataille de Châlons. (JORNANDÈS, *de Reb. Goth.*)

LXXI°. Page 79. — Les femmes des Barbares, vêtues de robes noires.

« Stabat pro littore diversa acies, densa armis virisque, intercursantibus feminis in mo-« dum furiarum, quæ veste ferali, crinibus dejectis, faces præferebant. Druidæque circum, « preces diras sublatis ad cœlum manibus fundentes, novitate aspectus, perculere milites. » (TACIT., *Ann.*, XIV, 30.) Les femmes venant contre eux avec des épées et des haches, grinçant les dents de rage et de douleur, et jetant des cris horribles, frappent également sur ceux qui fuient et sur ceux qui poursuivent ; sur les premiers, comme traîtres, et sur les autres comme ennemis ; se jettent dans la mêlée, saisissent avec les mains nues les épées des Romains, leur arrachent leurs boucliers, reçoivent mille blessures, se voient mettre en pièces sans se rebuter, et témoignent jusqu'à la mort un courage véritablement invincible. (PLUTARQUE, *in Vit. Mar.*) Là, on vit les choses du monde les plus tragiques et les plus épouvantables. Les femmes, vêtues de robes noires, étaient sur des chariots, et tuant les fuyards ;

les unes leurs maris, les autres leurs frères, celles-là leurs pères, celles-ci leurs fils ; et prenant leurs petits enfants, elles les étouffaient de leurs propres mains, et les jetaient sous les roues des chariots et sous les pieds des chevaux, et se tuaient ensuite elles-mêmes ; on dit qu'il y en eut une qui se pendit au bout de son timon, après avoir attaché par le cou à ses deux talons deux de ses enfants, l'un deçà, l'autre delà. Les hommes, faute d'arbres pour se pendre, se mettaient au cou un nœud coulant qu'ils attachaient aux cornes ou aux jambes des bœufs, et piquant ces bêtes pour les faire marcher, ils périssaient misérablement ou étranglés ou foulés aux pieds. (PLUTARQUE, *in Vit. Mar.*)

LXXIIe. Page 80. — **Mérovée s'était fait une nacelle d'un large bouclier d'osier.**

Les boucliers des Barbares servaient quelquefois à cet usage ; on en voit un exemple remarquable dans Grégoire de Tours. Attale, Gaulois d'une naissance illustre, se trouvant esclave chez un Barbare, dans le pays de Trèves, se sauva de chez son maître en traversant la Moselle sur un bouclier. (GREG. TURON, lib. III.)

LXXIIIe. Page 81. — **Dans une espèce de souterrain où les Barbares ont coutume de cacher leur blé.**

« Solent et subterraneos specus aperire, eosque multo insuper fimo onerant, suffugium
« hiemi et receptaculum frugibus. » (TACIT., *de Mor. Germ.*, XVI.)

Le lecteur peut se rendre compte maintenant du plaisir que peut lui avoir fait ce combat des Francs et des Romains. Ceux qui parcourent en quelques heures un ouvrage en apparence de pure imagination, ne se doutent pas du temps et de la peine qu'il a coûté à l'auteur, quand il est fait comme il doit l'être, c'est-à-dire en conscience. Virgile employa un grand nombre d'années à rassembler les matériaux de l'*Énéide*, et il trouvait encore qu'il n'avait pas assez lu. (Voyez MACROBE.) Aujourd'hui on écrit lorsqu'on sait à peine sa langue et qu'on ignore presque tout. Je me serais bien gardé de montrer le fond de mon travail, si je n'y avais été forcé par la dérision de la critique. Dans ce combat des Francs, où l'on n'a vu qu'une description brillante, on saura maintenant qu'il n'y a pas un seul mot qu'on ne puisse retenir comme un fait historique.

SUR LE SEPTIÈME LIVRE.

PREMIÈRE REMARQUE. Page 81. — **Le roi d'Ithaque fut réduit à sentir un mouvement de joie en se couchant sur un lit de feuilles séchées.**

Τὴν μὲν ἰδὼν γήθησε πολύτλας δῖος Ὀδυσσεύς·
Ἐν δ' ἄρα μέσσῃ λέκτο, χύσιν δ' ἐπεχεύατο φύλλων. (*Odyss.*, liv. v, 486.)

IIe. Page 81. — **Il était accompagné d'une femme vêtue d'une robe,** etc.

« Nec alius feminis quam viris habitus, nisi quod feminæ sæpius lineis amictibus velantur,
« eosque purpura variant, partemque vestitus superioris in manicas non extendunt, nudæ
« brachia ac lacertos, sed et proxima pars pectoris patet. » (TACIT., *de Mor. Germ.*, XVII.)

IIIe. Page 82. — **Je ne sais quelle habitude étrangère,** etc.

Est-il nécessaire d'avertir que cette habitude étrangère avait été produite par la religion chrétienne ?

IVe. Page 82. — **Remerciez Clothilde.**

Encore un nom historique emprunté, ou un anachronisme d'accord avec les anachronismes précédents.

V^e. Page 82. — **Dans une hutte qu'entourait... un cercle de jeunes arbres.**

« Colunt discreti ac diversi, ut fons, ut campus, ut nemus placuit..... Suam quisque do-
« mum spatio circumdat. » (TACIT., *de Mor. Germ.*, XVI. Voyez aussi HERODIEN, liv. VII.)
Dans quelques cantons de la Normandie, les paysans bâtissent encore leurs maisons isolées au milieu d'un champ qu'environne une haie vive plantée d'arbres.

VIe. Page 82. — **Une boisson grossière faite de froment.**

C'est la bière : Strabon, Ammien Marcellin, Dion Cassius, Jornandès, Athénée sont unanimes sur ce point. Au rapport de Pline, la bière était appelée *cervisia* par les Gaulois. Les femmes se frottaient le visage avec la levure de cette boisson. (PLINE, liv. XXII.)

VII°. Page 82. — L'odeur des graisses mêlées de cendres de frêne, dont ils frottent leurs cheveux.

C'était pour leur donner une couleur rousse. On peut voir là-dessus Diodore de Sicile, liv. v; Ammien Marcellin, liv. xvii; saint Jérôme, *Vit. Hilar.*, etc.

VIII°. Page 82. — Le peu d'air de la hutte, etc.

« Je suis, dit Sidoine, au milieu des peuples chevelus, forcé d'entendre le langage bar-
« bare des Germains, et obligé d'applaudir aux chants d'un Bourguignon ivre, qui se frotte
« les cheveux avec du beurre... Dix fois le matin, je suis obligé de sentir l'ail et l'ognon,
« et cette odeur empestée ne fait que croître avec le jour. » (Sid. Apoll., *Cam.* 12, *ad Cat.*)
Voilà nos pères.

IX°. Page 83. — Une corne de bœuf pour puiser de l'eau.

C'est la corne de l'uroch; on y reviendra.

X°. Page 83. — Voilà, me dit l'esclave... Le camp de Varus.

L'emplacement de ce camp porte encore le nom de bois de Teuteberg. Voici l'admirable morceau de Tacite, dont mon texte est la traduction abrégée : « Prima Vari castra lato am-
« bitu et dimensis principiis, trium legionum manus ostentabant; dein semiruto vallo, humili
« fossa, accisæ jam reliquiæ consedisse intelligebantur. Medio campi albentia ossa, ut fuge-
« rant, ut restiterant, disjecta vel aggerata. Adjacebant fragmina telorum, equorumque
« artus, simul truncis arborum antefixa ora; lucis propinquis barbaræ aræ, apud quas tri-
« bunos, ac primorum ordinum centuriones mactaverant : et cladis ejus superstites pugnam
« aut vincula elapsi, referebant, hic cecidisse legatos, illic raptas aquilas; primum ubi vul-
« nus Varo adactum; ubi infelici dextra et suo ictu mortem invenerit : quo tribunali concio-
« natus Arminius; quot patibula captivis, quæ scrobes; utque signis et aquilis per superbiam
« illuserit. » (*Ann.*, i, 61.)

XI°. Page 84. — On n'osa même plus porter leurs images aux funérailles.

« Et Junia sexagesimo quarto post Philippensem aciem anno supremum diem explevit,
« Catone avunculo genita, C. Cassii uxor, M. Bruti Soror... Viginti clarissimarum familia-
« rum imagines antelatæ sunt, Manlii, Quinctii, aliaque ejusdem nobilitatis nomina : sed
« præfulgebant Cassius atque Brutus, eo ipso quod effigies eorum non visebantur. » (Tacit., *Ann.* iii, 76.)

XII°. Page 84. — La légion thébaine.

Tout ce qui suit dans le texte est tiré d'une lettre de saint Euchère, évêque de Lyon, à l'évêque Salvius. On trouve aussi cette lettre dans les *Actes des Martyrs.*

XIII°. Page 84. — Les corps de mes compagnons semblaient jeter une vive lumière.

L'autorité pour ce miracle se trouve dans le martyre de saint Taraque. (*Act. Mart.*)
Le Tasse a aussi imité ce passage dans l'épisode de Suénon.

XIV°. Page 84. — Vers Denis, premier évêque de Lutèce.

Je place, avec Fleury, Tillemont et Crevier, le martyre de saint Denis, premier évêque de Paris, sous Maximien, l'an 286 de notre ère.

XV°. Page 85. — Cette colline s'appelait le Mont de Mars.

On voit que j'ai choisi entre les deux sentiments qui font de Montmartre, ou le Mont de Mars, ou le Mont des Martyrs.

XVI°. Page 85. — Depuis ce temps je suis demeuré esclave ici.

Notre religion, féconde en miracles, offre plusieurs exemples de chrétiens qui se sont faits esclaves pour délivrer d'autres chrétiens, surtout quand ils craignaient que ceux-ci perdissent la foi dans le malheur. Il suffira de rappeler à la mémoire du lecteur saint Vincent de Paul, et saint Pierre Pascal, évêque de Jaën en Espagne. (Voyez *Génie du Christianisme.*)

XVII°. Page 85. — De les exposer aux flots sur un bouclier.

« On lit, dit Mézeray, en deux ou trois poëtes, dans le scoliaste *Eustathius*, et même
« dans les écrits de l'empereur Julien, que ceux qui habitaient proche du Rhin les expo-
« saient (les enfants) sur les ondes de ce fleuve, et ne tenaient pour légitimes que ceux qui
« n'allaient point au fond. Quelques auteurs modernes se sont récriés contre cette coutume,
« et ont maintenu que c'était une fable inventée par les poëtes; mais ils ne se fussent pas
« tant mis en peine de la réfuter, s'ils eussent pris garde qu'une épigramme grecque dit que
« le père mettait ses enfants sur un bouclier. » (*Av. Clov.*, pag. 34.)

XVIII°. Page 86. — Ma plus belle conquête est la jeune femme, etc.

Le christianisme, à cause de son esprit de douceur et d'humanité, s'est surtout répandu dans le monde par les femmes. Clothilde, femme de Clovis, amena ce chef des Français à la connaissance du vrai Dieu. (Voyez GREG. TUR.)

XIX°. Page 86. — Vous êtes né dans ce doux climat voisin, etc.

La Grèce était voisine de la Judée, comparativement au pays des Francs.

XX°. Page 87. — Ségovia.

Le nom de cette prophétesse germaine se trouve dans Tacite.

XXI°. Page 87. — D'un Romain esclave, etc.

On voit ici un grand exemple de la difficulté de contenter tous les esprits. Un critique plein de goût, que j'ai souvent cité dans ces notes, trouve cet épisode de Zacharie peu intéressant. La reine des Francs, à genoux sous un vieux chêne, ne lui présente qu'une copie affaiblie de la scène de Prisca et de Valérie. D'autres personnes, également faites pour bien juger, aiment beaucoup au contraire l'opposition du christianisme naissant au milieu des forêts, chez des Barbares, et du christianisme au berceau, dans les catacombes, chez un peuple civilisé.

XXII°. Page 87. — Déclare que la vertu n'est qu'un fantôme.

« Brutus s'arrêta dans un endroit creux, il s'assit sur une grande roche, n'ayant avec lui
« qu'un petit nombre de ses amis et de ses principaux officiers ; et là, regardant d'abord le
« ciel, qui était fort étoilé, il prononça deux vers grecs. Volumnius en a rapporté un qui dit :
« Grand Jupiter, que l'auteur de tous ces maux ne se dérobe point à votre vue ! Il dit que
« l'autre lui était échappé. Le sens de cet autre vers était : O vertu ! tu n'es qu'un vain nom ! »

XXIII°. Page 87. — Un nouvel Hérodote.

« Hérodote se rendit aux jeux olympiques. Voulant s'immortaliser, et faire sentir en même
« temps à ses concitoyens quel était l'homme qu'ils avaient forcé de s'expatrier, il lut dans
« cette assemblée, la plus illustre de la nation, la plus éclairée qui fût jamais, le commen-
« cement de son *Histoire*, ou peut-être les morceaux de cette même *Histoire* les plus
« propres à flatter l'orgueil d'un peuple qui avait tant de sujet de se croire supérieur aux
« autres. » (LARCHER, *Vie d'Hérodote*.)

XXIV°. Page 87. — Un peuple qui prétend descendre des Troyens.

Dans le second chapitre de l'*Epitome de l'Histoire des Francs*, on lit toute une fable racontée, dit l'auteur, par un certain poëte appelé Virgile. Priam, selon ce poëte inconnu, fut le premier roi des Francs ; Friga fut le successeur de Priam. Après la chute de Troie, les Francs se séparèrent en deux bandes ; l'une, commandée par le roi Francio, s'avança en Europe, et s'établit sur les bords du Rhin, etc. (*Epit. Hist. Franc.*, cap. II, *in* D. BOUQ. *Coll.*)

Les *Gestes des rois des Francs* racontent une fable à peu près semblable. (chap. I et II.) C'est sur ces vieilles chroniques qu'Annius de Viterbe a composé la généalogie des rois des Gaules et des rois des Francs. Dans ces deux livres supposés, il donne vingt-deux rois aux Gaulois avant la guerre de Troie : Dis ou Samothès, Sarron, fondateur des écoles druidiques ; Boardus, inventeur de la poésie et de la musique ; Celtès, Galatès, Belgicus, Lugdne, Allo- brox, Pâris, Remus. Sous ce dernier roi arriva la prise de Troie ; et Francus, fils d'Hector, s'échappa de la ruine de sa patrie, se réfugia dans les Gaules et épousa la fille de Remus.

XXV°. Page 88. — Que ce peuple, formé de diverses tribus des Germains...

Véritable origine des Français. J'ai expliqué le mot *Franc* d'après le génie de notre langue et non d'après l'étymologie que veut lui donner Libanius, et qui signifierait habile à se for- tifier. (*In Basilico*.)

XXVI°. Page 88. — Le pouvoir... se réunit.

Ceci n'est exprimé formellement par aucun auteur, mais se déduit de toute la suite de l'histoire. On voit dans Tacite (*de Mor. Germ.*) que l'on élisait des *chefs* dans les assem- blées générales, et l'on trouve dans le même auteur (*Ann.* et *Hist.*) des Germains conduits par un seul chef. On remarque la même chose dans les *Commentaires* de César. Enfin, sous Pharamond, Clodion, Mérovée et Clovis, les Francs paraissaient marcher sous les ordres d'un seul roi.

XXVII°. Page 88. — La tribu des Saliens.

Il y a des auteurs qui ne veulent faire des Saliens que des grands ou des seigneurs attachés au service des salles de nos rois. Il est vrai que le mot *sala* remonte très-haut dans la basse latinité. Dans un édit de Lothaire, roi des Lombards, on lit : *Si quis bovolam de sala occi- derit, componat* (sol. 20).

« Qui en la *sale* Baudouin Lagernie,
« Avoit de Foise envoyé une espic. »   (Du Cange, *Gloss.*, voce *Sala.*)

Mais il n'est plus naturel de considérer les Saliens comme une tribu des Francs, puisqu'on les trouve comme tels dans l'histoire. Les Francs appelés les Saliens, dit Ammien Marcellin, s'étaient cantonnés près de Toxandrie. Sidoine leur donne aussi ce nom. Au rapport de Libanius, Julien prit les Saliens au service de l'empire, et leur donna des terres. Au reste, on trouve des Saliens gaulois sur le territoire desquels les Phocéens fondèrent Marseille. Il y avait chez les Romains des prêtres de Mars et des prêtres d'Hercule appelés Saliens; comme si tout ce qui s'appelait Salien devait annoncer les armes et la victoire.

xxviii°. Page 88. — Elle doit cette renommée...

Je place ici l'origine de la fameuse loi salique. L'histoire la fait remonter jusqu'à Pharamond. Les meilleurs critiques font venir comme moi la loi salique de la tribu des Saliens. La loi salique, telle que nous l'avons, ne parle point de la succession à la couronne; elle embrasse toutes sortes de sujets. Du Cange distingue deux lois saliques : l'une plus ancienne, et du temps que les Français étaient encore idolâtres ; l'autre, plus nouvelle, et que l'on suppose rédigée par Clovis après sa conversion. (Voyez Pittion, Jérôme Bignon, du Cange et Daniel.)

xxix°. Page 88. — Les Francs s'assemblent.

Les premières éditions portaient : « Les Francs s'assemblent *deux fois* l'année *aux mois* « *de mars et de mai.* » J'avais voulu indiquer par là le changement survenu dans l'époque de l'assemblée générale des Francs, mais cela était inexact, et ne disait pas ce que je voulais dire : j'ai corrigé, comme on le voit ici. Le premier exemple d'une assemblée générale des Francs remonte à Clovis : ce roi y tua de sa main un soldat qui l'avait insulté l'année précédente. (Grégoire de Tours.)

Tacite dit que les Germains tenaient leurs assemblées à des jours fixes, au commencement de la nouvelle et de la pleine lune. (*De Mor. Germ.*) Nos états généraux, que l'on croit être nés des assemblées du Champ de Mars, me paraissent plutôt avoir une origine gauloise. (Voyez les *Commentaires de César.*)

xxx°. Page 88. — Ils viennent au rendez-vous tout armés.

C'est ce que disent tous les auteurs.

xxxi°. Page 88. — Le roi s'assied sous un chêne.

« Maintes fois ay veu que le bon sainct, après qu'il avoit ouy messe en esté, il se alloit es« battre au bois de Vicennes, et se seoit au pié d'un chesne, et nous faisoit seoir tous emprès
« lui : et tous ceulx qui avoient affaire à lui venoient à lui parler, sans ce qu'aucun huissier ne
« autre leur donnast empeschement. Et demandoit haultement de sa bouche, s'il y avoit nul
« qui eust partie. Et quand il y en avoit aucuns, il leur disoit : Ami, taisez-vous, et on vous
« délivrera l'un après l'autre... Aussi plusieurs fois ay veu que audit temps d'esté, le bon roy
« venoit au jardin de Paris, une cotte de camelot vestuë, ung surcot de tiretaine sans manches,
« et un mantel par-dessus de sandal noir : et faisoit estendre des tappiz pour nous seoir em« près lui, et là faisoit despescher son peuple diligemmment, comme vous ay devant dit du bois
« de Vicennes. » (Joinville, *Hist. du Roy saint Louis.*) L'usage de faire des présents au chef des peuples germaniques remonte jusqu'au temps de Tacite. « Mos est civitatibus ultro
« ac viritim conferre principus vel armentorum, vel frugum, quod pro honore acceptum,
« etiam necessitatibus subvenit. Gaudent præcipue finitimarum gentium donis, quæ non modo
« a singulis, sed publice mittuntur. » (Tacit., *de Mor. Germ.*, xv.)

xxxii°. Page 88. — Les propriétés sont annuelles.

« Arva per annos mutant. (Tacit., *de Mor. Germ.*, xxvi.) Neque quisquam agri modum
« certum, aut fines proprios habet : sed magistratus ac principes in annos singulos, gentibus
« cognationibusque hominum qui una coierunt, quantum et quo loco visum est, agri attri« buunt, atque anno post alio transire cogunt. » (Cæsar, *de Bell. Gall.*, lib. vi.)

xxxiii°. Page 88. — Le lait, le fromage, etc.

(Voyez Cæsar, *de Bell. Gall.*, lib. iv; Pline, lib. ii; Strabon, lib. vii. Tacite dit : *Lac concretum.*)

xxxiv°. Page 88. — Un bouclier... un cheval bridé.

« Munera non ad delicias muliebres quæsita, nec quibus nova nupta comatur, sed boves
« et frenatum equum, et scutum cum framea gladioque. » (Tacit., *de Mor. Germ.*, xviii.)

xxxv°. Page 88. — Il saute... au milieu... des épées nues.

« Nudi juvenes, quibus id ludicrum est, inter gladios se atque in festas frameas saltu ja« ciunt. » (Tacit., *de Mor. Germ.*, xxiv.)

XXXVI°. Page 88. — Une pyramide de gazon.

« Funerum nulla ambitio... sepulcrum cespes erigit. » (TACIT., de Mor. Germ., XXVII.)

XXXVII°. Page 88. — Chasser l'uroch et les ours.

César, Tacite et tous les auteurs parlent de la passion des Barbares pour la chasse. Quant à l'uroch ou bœuf sauvage, en voici la description : «Tertium est genus eorum qui Uri apel-
« lantur. Ii sunt magnitudine paulo infra elephantos; specie, et colore, et figura tauri. Magna
« vis est eorum et magna velocitas; neque homini neque feræ quam conspexerint parcunt.
« Hos studiose foveis captos interficiunt... Amplitudo cornuum, et figura, et species, multum
« a nostrorum boum cornibus differt. Hæc studiose conquisita ab labris argento circumclu-
« dunt atque in amplissimis epulis pro poculis utuntur. » (CÆSAR, de Bell. Gall., lib. VI.)

XXXVIII°. Page 89. — Nous eûmes le bonheur de ne rencontrer aucune de ces grandes migrations, etc.; jusqu'à l'alinéa.

Tout ce passage est nouveau. Je l'avais supprimé dans les épreuves de la première édition. Les personnes qui le connaissaient l'ont réclamé; j'ai cru devoir le rétablir.

XXXIX°. Page 89. — Mon livre, vous irez à Rome.

Parve, nec invideo, sine me, liber, ibis in Urbem.

Ovide mourut dans son exil à Tomes : on a prétendu avoir retrouvé son tombeau en 1508, près de Stain, en Autriche, avec ces vers :

Hic situs est vates quem divi Cæsaris ira
Augusti patria cedere jussit humo.
Sæpe miser voluit patriis occumbere terris;
Sed frustra! hunc illi fata dedere locum.

Ces vers sont modernes. Le poëte avait fait lui-même l'épitaphe que l'on connaît :

Hic ego qui jaceo tenerorum lusor amorum,
Ingenio perii Naso poeta meo, etc.

Je ne sais si le vers que j'ai choisi pour l'épitaphe d'un poëte mort exilé dans un désert n'est pas plus touchant.

XL°. Page 89. — Qui s'accusait d'être le Barbare.

Barbarus hic ego sum, quia non intelligor illis.

XLI°. Page 89. — Ces tribus avaient disparu.

Elles s'étaient embarquées. «Une petite tribu de Francs, sous Probus, dit Eumène, se si-
« gnala par son audace. Embarquée sur le Pont-Euxin, elle attaqua la Grèce et l'Asie, prit
« Syracuse, désola les côtes de l'Afrique, et rentra victorieuse dans l'Océan.» (EUMÈNE, Paneg. Const.)

XLII°. Page 89. — La Providence avait ordonné que je retrouverais la liberté au tombeau d'Ovide.

Ainsi ce livre est motivé, et il y a une raison péremptoire pour la description des mœurs et de la chasse des Francs. Cet incident, fort naturel d'ailleurs, et employé par plus d'un poëte, va faire changer la scène.

XLIII°. Page 90. — La hutte royale était déserte.

« Quemcumque mortalium arcere tecto nefas habetur. Pro fortuna quisque apparatis epu-
« lis excipit. Cum defecere, qui modo hospes fuerat, monstrator hospitii et comes proximam
« domum non humanitate adeunt : nec interest; pari humanitate accipiuntur. Notum ignotum-
« que, quantum ad jus hospitii, nemo discernit.» (TACIT., de Mor. Germ., XXI.)

XLIV°. Page 90. — Une île... consacrée à la déesse Hertha.

(Voyez TACITE, Mœurs des Germains, chap. XL.) Mon texte est la traduction abrégée de tout le morceau.

XLV°. Page 90. — Ils étaient rangés en demi-cercle, etc.; jusqu'à l'alinéa.

« Ils ne prennent point leur repas assis sur des chaises, mais ils se couchent par terre sur
« des couvertures de peaux de loups et de chiens, et ils sont servis par leurs enfants de l'un
« et de l'autre sexe qui sont encore dans la première jeunesse. A côté d'eux sont de grands
« feux garnis de chaudières et de broches, où ils font cuire de gros quartiers de viande. On
« a coutume d'en offrir les meilleurs morceaux à ceux qui se sont distingués par leur bra
« voure... Souvent leurs propos de table font naître des sujets de querelles, et le mépris qu'ils
« ont pour la vie est cause qu'ils ne font point une affaire de s'appeler en duel. » (DIOD., liv. V, traduction de Terrasson.) Toutes ces coutumes, attribuées aux Gaulois par Diodore, se re-

trouvaient chez les Germains. Quant à la circonstance de la table séparée que chaque convive avait devant soi, elle est prise dans Tacite, *de Mor. Germ.* Voici un passage curieux d'Athénée : « Celtæ, inquit (Posidonius), fœno substrato, cibos proponunt super ligneis mensis
« a terra parum extantibus. Panis, et is paucus, cibus est : caro multa elixa in aqua, vel
« super prunis aut in verutis assa. Mensæ quidem hæc pura et munda inferuntur, verum leo-
« num modo ambabus manibus artus integros tollunt, morsuque dilaniant; et si quid ægrius
« divellatur, exiguo id cultello præcidunt, qui vagina tectus et loco peculiari conditus in pro-
« pinquo est... Convivæ plures ad cœnam si conveniant, in orbem consident. In modio præs-
« tantissima sedes est, veluti cœtus principis ejus nimirum qui cæteros vel bellica dexteritate
« vel nobilitate generis antelt, vel divitiis. Assidet huic convivator : ac utrinque deinceps pro
« dignitate splendoris qua excellunt. Adstant a tergo cœnantibus, qui pendentes clypeos pro
« armis gestent, hastati vero ex adverso in orbem sedent ac utrique cibum cum dominis ca-
« piunt. Qui sunt a poculis, potum ferunt in vasis ollæ similibus, aut fictilibus, aut argenteis. »
(ATHEN., lib. IV, cap. XIII.) Il y aurait bien quelque chose à dire sur cette version du texte grec ; mais, après tout, elle est assez fidèle ; elle ne manque pas d'une certaine élégance, et elle a été revue par Casaubon, très-habile homme, quoi qu'on en dise. Le texte par lui-même n'ayant aucune beauté, j'ai préféré citer cette version de Daléchamp, accessible à plus de lecteurs.

XLVIe. Page 90. — Camulogènes.

Souvenir historique. (Voyez les *Commentaires de César.*) Tout le monde sait que Lutèce est Paris.

XLVIIe. Page 90. — Les quarante mille disciples des écoles d'Augustodunum.

Les écoles d'Autun étaient très-florissantes. Eumène les avait rétablies. Lors de la révolte de Sacrovir, il y avait quarante mille jeunes gens de la noblesse des Gaules rassemblés à Autun. (TACIT., *Ann.*, III, 43.) On sait que Marseille, du temps de Cicéron et d'Agricola, était appelée l'Athènes des Gaules. Sur Bordeaux, on peut consulter Ausone, qui nomme les professeurs célèbres de cette ville.

XLVIIIe. Page 90. — La révolte des Bagaudes.

Il y a plusieurs opinions sur les Bagaudes. J'ai adopté celle qui fait de ces Gaulois des paysans révoltés contre les Romains.

XLIXe. Page 91. — Les prêtres du banquet... ayant fait faire silence.

« Silentium per sacerdotes quibus tum et coercendi jus est, imperatur. » (TACIT., *de Mor. Germ.*, XI.)

L^e. Page 91. — Ces avides possesseurs de tant de palais, qui sont assez à plaindre, etc.

C'est le mot du Breton Caractacus, prisonnier à Rome. (Voyez ZONARE.)

LIe. Page 91. — Il sent en lui quelque chose qui le porte à brûler le Capitole.

C'est un roi des Barbares, je ne sais plus si c'est Alaric, Genseric ou un autre, qui a dit un mot à peu près semblable.

LIIe. Page 91. — L'assemblée applaudit à ce discours, en agitant les lances.

« Si displicuit sententia, fremitu aspernantur : sin placuit, frameas concutiunt. » (TACIT., *de Mor Germ.*, XI.)

LIIIe. Page 91. — Ignorez-vous que l'épée de fer d'un Gaulois...

Allusion à l'histoire de ce Gaulois qui mit son épée dans la balance où l'on pesait l'or qui devait racheter les Romains après la prise de leur ville par Brennus.

LIVe. Page 91. — Les Gaulois seuls ne furent point étonnés à la vue d'Alexandre.

Voyez la note LVIIIe du livre VI. Pour le reste de ce paragraphe, jusqu'à l'alinéa, on peut avoir recours à l'*Histoire romaine* de Rollin, tom. VII, pag. 330, où l'auteur a tracé toutes les conquêtes des Gaulois. On peut remarquer que j'ai sauvé l'invraisemblance du discours de Camulogènes, en faisant étudier ce Gaulois aux écoles d'Autun, de Marseille et de Bordeaux.

LVe. Page 91. — Nous défendons à nos enfants d'apprendre à lire.

Selon Procope, les Goths ne voulaient point qu'on instruisît leurs enfants dans les lettres ; car, disaient-ils, celui qui est accoutumé à trembler sous la verge d'un maître ne regardera jamais une épée sans frayeur. (*De Bello Goth.*, lib. I.)

LVIe. Page 92. — Je ne me donnerai pas la peine de recueillir l'œuf du serpent à la lune nouvelle.

« Angues innumeri æstate convoluti, salivis faucium corporumque pumis artifici complexu

« glomerantur, anguinum appellatur. Druidæ sibilis id dicunt in sublime jactari, sagoque
« oportere intercipi, ne tellurem attingat. Profugere raptorem equo : serpentes enim inse-
« qui, donec arceantur amnis alicujus interventu. Experimentum ejus esse, si contra aquas
« fluitet vel auro vinctum. Atque ut est magnorum solertia occultandis fraudibus sagax, certa
« luna capiendum censent... Ad victorias litium ac regum aditus, mire laudatur. » (PLIN.,
lib. XXIX, cap. III, 12.)

LVII°. Page 92. — Tu mens.

C'est le démenti des Barbares qui mène encore aujourd'hui deux hommes à se couper la
gorge. La vérité des mœurs dans tout ce livre, et surtout dans la scène qui le termine, m'a
toujours paru faire plaisir aux juges instruits et faits pour être écoutés.

LVIII°. Page 92. — Le lendemain, jour où la lune avait acquis toute sa splendeur, on décida dans le calme ce qu'on avait discuté dans l'ivresse.

« Coeunt, nisi quid fortuitum et subitum inciderit, certis diebus, cum aut inchoatur luna
« aut impletur. (TACIT., *de Mor. Germ.*, XI.) De reconciliandis invicem inimicis, et jungen-
« dis affinitatibus, et adsciscendis principibus, de pace denique ac bello, plerumque in con-
« viviis consultant... Gens non astuta nec callida, aperit adhuc secreta pectoris licentia joci.
« Ergo detecta et nuda omnium mens postera die retractatur : et salva utriusque temporis,
« ratio est. Deliberant, dum fingere nesciunt; constituunt, dum errare non possunt. » (TACIT.,
de Mor. Germ., XXII.)

SUR LE HUITIÈME LIVRE.

Ce livre, qui coupe le récit, qui sert à délasser le lecteur et à faire marcher l'action, offre en cela même, comme on l'a déjà dit, une innovation dans l'art qui n'a été remarquée de personne. S'il était difficile de représenter un ciel chrétien parce que tous les poëtes ont échoué dans cette peinture, il était difficile de décrire un enfer, parce que tous les poëtes ont réussi dans ce sujet. Il a donc fallu essayer de trouver quelque chose de nouveau après Homère, Virgile, Fénelon, le Dante, le Tasse et Milton. Je méritais l'indulgence de la critique; je l'ai en effet obtenue pour ce livre.

PREMIÈRE REMARQUE. Page 93. — Il admirait la peinture de l'état de l'Église, etc.; jusqu'au troisième alinéa.

Festinat ad eventum. L'objet du récit est rappelé, l'action marche; les nouvelles arrivées de Rome, le commencement de l'amour d'Eudore pour Cymodocée et de Cymodocée pour Eudore, promettent déjà des événements dans l'avenir. Ce sont là de très-petites choses, mais des choses qui tiennent à l'art et qui intéressent la critique. Si cela ne fait pas voir le génie, du moins cela montre le bon sens d'un auteur, et prouve que son ouvrage est le fruit d'un travail médité.

II°. Page 93. — Combien le fils de Lasthénès est grand par le cœur et par les armes! etc.

Quam forti pectore et armis!
Heu quibus ille
Jactatus fatis! quæ bella exhausta canebat! (*Æneid.*, lib. IV, v. II.)

III°. Page 93. — Quelle est cette religion dont parle Eudore?

Premier mouvement de Cymodocée vers la religion.

IV°. Page 94. — Comme un voisin généreux, sans se donner le temps de prendre sa ceinture.

Εἰ γάρ τοι καὶ χρῆμ' ἐγχώριον ἄλλο γένηται,
Γείτονες ἄζωστοι ἔκιον, ζώσαντο δὲ πηοί. (HESIOD., *Opera et Dies*, v. 342.)

V°. Page 94. — Allons dans les temples immoler des brebis à Cérès, etc.

Principio delubra adeunt, pacemque per aras
Exquirunt : mactant lectas de more bidentes
Legiferæ Cereri, Phœboque, patrique Lyæo;
Junoni ante omnes, cui vincla jugalia curæ.

> Ipsa, tenens dextra pateram, pulcherrima Dido,
> Candentis vaccæ media inter cornua fundit;
> Aut ante ora Deum pingues spatiatur ad aras.   (*Æneid.*, IV, 56.)

Ai-je un peu trouvé le moyen de rajeunir ces tableaux, et de détourner à mon profit ces richesses?

VI°. Page 94. — Cymodocée remplit son sein de larmes.

Sinum lacrymis implevit obortis.

VII°. Page 94. — Ainsi le ciel rapprochait deux cœurs... Satan allait profiter de l'amour du peuple prédestiné... tout marchait à l'accomplissement des décrets de l'Eternel. Le prince des ténèbres achevait dans ce moment même, etc.

Transition qui amène la scène de l'enfer.

VIII°. Page 94. — Tombe et berceau de la mort.

> This Wild abyss,
> The womb of Nature, and perhaps her grave.   (*Parad. lost*, II, 910.)

IX°. Page 94. — Quand l'univers aura été enlevé ainsi qu'une tente.

« Terra... auferetur quasi tabernaculum unius noctis. » (Is., XXIV, 20.)

X°. Page 94. — Entraîné par le poids de ses crimes, il descend.

Satan, dans Milton, retourne aux enfers sur un pont bâti par le Péché et la Mort. Je ne sais si j'ai fait mieux ou plus mal que le poète anglais.

XI°. Page 95. — L'enfer étonne encore son monarque.

Je n'ai pris cela à personne; mais le mouvement de remords et de pitié qui suit est une imitation détournée du mouvement de pitié qui saisit le Satan de Milton à la vue de l'homme.

XII°. Page 95. — Un fantôme s'élance sur le seuil des portes inexorables: c'est la Mort.

Si l'on n'approuve pas cette peinture de la Mort, du moins elle a pour elle la nouveauté. Le portrait de la Mort, dans Milton, est mêlé de sublime et d'horrible, et ne ressemble en rien à celui-ci.

> The other shape,
> If shape it might be call'd that shape had none
> Distinguishable in member, joint, or limb,
> Or substance might be call'd that shadow seem'd,
> For each seem'd either; black it stood as night,
> Fierce as ten furies, terrible as hell,
> And shook a dreadful dart; what seem'd his head
> The likeness of a kingly crown had on.   (*Parad. lost*, II, 666.)

XIII°. Page 95. — C'est le Crime qui ouvre les portes.

Dans le *Paradis perdu*, le Péché et la Mort veillent aux portes de l'enfer, qu'ils ont ouvertes; mais ces portes ne se referment plus.

XIV°. Page 95. — Des nuées arides.

Nubes arida.   (Virg.)

XV°. Page 95. — Qui pourrait peindre l'horreur.

Je ne me suis point appesanti sur les tourments trop bien et trop longuement décrits par le Dante. On n'a pas remarqué ce qui distingue essentiellement l'enfer du Dante de celui de Milton: l'enfer de Milton est un enfer avant la chute de l'homme, il ne s'y trouve encore que les anges rebelles; l'enfer du Dante engloutit la postérité malheureuse de l'homme tombé.

XVI°. Page 96. — Il rit des lamentations du pauvre.

Je suis, je crois, le premier auteur qui ait osé mettre le pauvre aux enfers. Avant la révolution, je n'aurais pas eu cette idée. Au reste, on a loué cette justice. Si Satan prêche ici une très-bonne morale, rien ne blesse la convenance et la réalité même des choses. Les démons connaissent le bien et font le mal; c'est ce qui les rend coupables. Ils applaudissent à la justice qui leur donne des victimes. D'après ce principe, admis par l'Eglise, on suppose dans les canonisations qu'un orateur plaide la cause de l'enfer, et montre pourquoi le saint, loin d'être récompensé, devrait être puni.

XVII°. Page 96. — Tu m'as préféré au Christ.

Même principe. Satan sait qu'il n'est pas le fils de Dieu, et pourtant il veut être son égal aux yeux de l'homme. L'homme une fois tombé, Satan rit de la crédulité de sa victime.

XVIIIe. Page 96. — La peine du feu.

Aucun poëte, avant moi, n'avait songé à mêler la peine du *dam* à la peine du sang, et les douleurs morales aux angoisses physiques. Les réprouvés, chez le Dante, sentent, il est vrai, quelque mal de cette espèce; mais l'idée de ces tourments est à peine indiquée. Quant aux grands coupables qui sortent du sépulcre, quelques personnes sont fâchées que j'aie employé ces traditions populaires. Je pense, au contraire, qu'il est permis d'en faire usage, à l'exemple d'Homère et de Virgile, et qu'elles sont en elles-mêmes fort poétiques, quand on les ennoblit par l'expression. On en voit un bel exemple dans le serment des Seize (*Henriade*). Pourquoi la poésie serait-elle plus scrupuleuse que la peinture? Et ne pouvais-je pas offrir un tableau qui a du moins le mérite de rappeler un chef-d'œuvre de Le Sueur?

XIXe. Page 96. — Au centre de l'abîme... s'élève... un noir château, etc.; jusqu'à l'alinéa.

Ceci ne ressemble point au Pandæmonium du *Paradis perdu*.

> Anon out of the earth a fabric huge
> Rose, like an exhalation, with the sound
> Of dulcet symphonies and voices sweet;
> Built like a temple, where pilasters round
> Were set, and doric pillars overlaid
> With golden architrave; nor did there want
> Cornice or freeze, with bossy sculptures graven;
> The roof was fretted gold.

Le Dante a une cité infernale un peu plus ressemblante à mon palais de Satan; mais à peine reconnait-on quelques traits de ma description.

> Omai figliuolo,
> S' appressa la città ch' ha nome Dite. . . .
> . . . . Già le sue meschite
> Là entro certo nella valle cerno
> Vermiglie come se di fuoco uscite. . .   (*Inf.*, cant. VIII.)

> . . . .
> L'occhio m' avea tutto tratto
> Ver l' alta torre alla cima rovente,
> Ove in un punto vidi dritte ratto
> Tre Furie infernal di sangue tinte. . . . .

Le Tasse n'a point décrit ce palais infernal. Les amateurs de l'antiquité verront comment j'ai dérobé au Tartare, pour les placer dans un enfer chrétien, l'ombre stérile des Songes, les Furies, les Parques et les neuf replis du Cocyte. Le Dante, comme on le voit, a mis les Furies sur le donjon de *la città dolente*.

XXe. Page 96. — L'Éternité des douleurs, etc.

C'est la fiction la plus hardie des *Martyrs*, et la seule de cette espèce que l'on rencontre dans tout l'ouvrage.

XXIe. Page 97. — Il ordonne aux quatre chefs, etc.

C'est ainsi que le Satan de Milton et celui du Tasse convoquent le sénat des enfers.

Chiama gli abitator, etc.

Vers magnifiques dont je parlerai au XVIIe livre.

XXIIe. Page 97. — Ils viennent tels que les adorent.

C'est l'Olympe dans l'enfer, et c'est ce qui fait que cet enfer ne ressemble à aucun de ceux des poëtes mes devanciers. L'idée d'ailleurs est peut-être assez heureuse, puisqu'il s'agit de la lutte des dieux du paganisme contre le véritable Dieu : enfin ce merveilleux est selon ma foi; tous les Pères ont cru que les dieux du paganisme étaient de véritables démons.

XXIIIe. Page 97. — Filles du ciel, etc.

Tout ceci est à moi, et le fond de cette doctrine est conforme aux dogmes chrétiens.

XXIVe. Page 97. — Non plus comme cet astre du matin, etc.

Le Tasse compare Satan au mont Athos, et Milton à un soleil éclipsé.

XXVe. Page 97. — Dieux des nations.

L'exposition du côté *heureux* de l'action, et la désignation des *bons* personnages, se sont faites dans le ciel; dans l'enfer on va voir l'exposition du côté *infortuné* de la même action, et la désignation des personnages *méchants*.

SUR LES MARTYRS.

xxvi°. Page 97. — Moi je l'aurai couronnée en exterminant les chrétiens.

Ce démon propose un des avis qui seront adoptés par Satan, c'est-à-dire la persécution sanglante; et Satan ne sait pas que Dieu a décrété cette persécution pour éprouver les chrétiens. L'enfer obéit à Dieu en croyant lui résister.

xxvii°. Page 98. — Alors le démon de la fausse sagesse.

Ce démon n'avait point été point avant moi. Il est vrai qu'il a été mieux connu de notre temps que par le passé, et qu'il n'avait jamais fait tant de mal aux hommes. On a paru trouver bien que le démon de la fausse sagesse fût le père de l'Athéisme. Il semble aussi qu'on ait applaudi à cette expression : *Née après les temps*, par opposition à la vraie sagesse, *née avant les temps*.

xxviii°, Page 99. — Déjà Hiéroclès...

Voilà, comme je l'ai dit, la désignation du personnage vicieux, et la peinture de la fausse philosophie, second moyen qui doit servir à perdre les chrétiens.

xxix°. Page 99. — A ce discours de l'esprit le plus profondément corrompu de l'abîme, les démons, etc.

La peinture du tumulte aux enfers est absolument nouvelle. Le suaire embrasé, la chape de plomb, les glaçons qui pendent aux yeux remplis de larmes des malheureux habitants de l'abîme, sont des supplices consacrés par le Dante.

xxx°. Page 99. — Le démon de la volupté.

Ce portrait est encore tout entier de l'imagination de l'auteur. Il y a dans la *Messiade* un démon repentant, Abadonis; mais c'est une tout autre conception. Au reste, le démon des voluptés sera en opposition avec l'ange des saintes amours.

xxxi°. Page 101. — Le chaos, unique et sombre voisin de l'enfer.

C'est Milton qui met le chaos aux portes de l'enfer, et c'est Virgile qui, embellissant Homère, fait pénétrer la lumière au séjour des mânes par un coup du trident de Neptune.

xxxii°. Page 101. — Ces oiseaux douteux...

Il était assez difficile de peindre noblement une chauve-souris.

xxxiii°. Page 101. — Sous le vestibule, etc.; jusqu'à la fin du livre.

Tout ce passage est nouveau, et ne rappelle aucune imitation. Les mots qui terminent le livre font voir l'action prête à commencer.

Il y a une chose peut-être digne d'être observée : on a pu voir, par les notes de ce livre, que les imitations y sont moins nombreuses que dans les livres mythologiques; la raison en est simple : il faut beaucoup imiter les anciens et fort peu les modernes, on peut suivre les premiers en aveugle, mais on ne doit marcher sur les pas des seconds qu'avec précaution.

SUR LE NEUVIÈME LIVRE.

PREMIÈRE REMARQUE. Page 101. — Si Hiéroclès avait pu voir...

Transition par laquelle on retourne de l'action au récit. Les *derniers moments de paix* de la famille chrétienne motivent la continuation du récit : on peut écouter ce récit, puisque le calme règne encore; mais on voit qu'à l'instant où le récit finira, les maux commenceront.

II°. Page 101. — Sont assis à la porte du verger.

Le lieu de la scène est changé. Les familles sont à présent rassemblées dans l'endroit où Eudore et Cymodocée ont chanté sur la lyre.

III°. Page 102. — Constance se trouvait alors à Lutèce.

Selon divers auteurs, le nom de Lutèce (Paris) vient du latin *lutum*, qui veut dire fange ou boue, ou de deux mots celtiques qui signifient la belle pierre, ou la pierre blanche. (DUPLESSIS, *Ann. de Paris*, pag. 2.)

IV°. Page 102. — Les Belges de la Sequana.

Sequana, la Seine.

Il y avait trois Gaules : la Gaule Celtique, la Gaule Aquitanique et la Gaule Belgique. Celle-ci s'étendait depuis la Seine et la Marne jusqu'au Rhin et à l'Océan (CÆS., lib. 1, pag. 2.)

v°. Page 102. — Le premier objet qui me frappa dans les marais des Parisii, ce fut une tour octogone, consacrée à huit dieux gaulois.

Les Parisii étaient les peuples qui environnaient Lutèce, et ils composaient un des soixante ou des soixante-quatre peuples des Gaules : *Optima gens flexis in gyrum Sequana frenis.* Ils se battirent contre Labienus, lieutenant de César. Le vieillard Camulogènes, qui les commandait, fut tué dans l'action ; et Lutèce, que les Parisii avaient mis en cendres de leurs propres mains, subit le joug des vainqueurs. (CÆSAR, *de Bell. Gall.*, lib. VII, cap. X; *Ess. sur Paris*, pag. 5.) On croit que cette tour octogone, consacrée à huit dieux gaulois, était celle du cimetière des Innocents. (Voyez FÉLIBIEN et SAINT-FOIX.) Ce fut Philippe le Bel qui fit murer le cimetière des Saints-Innocents. (GUILL. LE BRETON, dans sa *Philippid.*, *apud Dubreuil*, 830.)

VI°. Page 102. — Du côté du midi, à deux mille pas de Lutèce... on découvrait le temple d'Hésus.

Le temple d'Hésus, ou de Mercure, occupait l'emplacement des Carmélites du faubourg Saint-Jacques. (*Traité de la police*, par LA MARE, t. I, pag. 2.)

VII°. Page 102. — Plus près, dans une prairie... s'élevait un second temple dédié à Isis.

Ce temple d'Isis est aujourd'hui l'abbaye de Saint-Germain des Prés. Le collège des prêtres d'Isis était à Issy. (Voyez LA MARE, *loc. cit.*; et SAINT-FOIX, *Essais*, tom. I, pag. 2.)

VIII°. Page 102. — Et vers le nord, sur une colline.

C'est Montmartre. (Voyez la note XV° du livre VII.) Le temple de Teutatès est marqué par La Mare. (LA MARE, t. I, pag. 2.)

IX°. Page 102. — En approchant de la Sequana, j'aperçus, à travers un rideau de saules et de noyers, etc.

Tout cela est de Julien (*in Misopogon*). Il y a bien loin de ces saules au Louvre. Ce qu'on dit ici de la Seine existe précisément l'opposé de ce qui existe aujourd'hui. On trouve, dans Grégoire de Tours et dans les *Chroniques*, divers débordements de la Seine : ainsi il ne faut pas croire Julien trop implicitement.

X°. Page 102. — Deux ponts de bois, défendus par deux châteaux, etc.

Ces ponts étaient de bois du temps de l'empereur Julien (*in Misopogon*), et Duplessis montre très-bien qu'ils devaient être encore de bois avant cet empereur. (*Ann. de Paris*, pag. 5.) Quant aux châteaux où l'on paie le tribut à César, Saint-Foix les retrouve dans le petit et le grand Châtelet. La Mare et Félibien prétendent que ces châteaux furent bâtis par César. (*Traité de la police*, t. I; FÉLIBIEN, tom. I, pag. 2-13.) Du temps de Corrozet, on lisait encore, sur une des portes du grand Châtelet : *Tributum Cæsaris*. (CORROZET, *Antiquités de Paris*, édit. in-8°, pag. 1550, fol. 12, verso.) Abbon, dans son poëme sur le *Siège de Paris*, parle du grand et du petit Châtelet.

..... Horum (pontium) hinc inde tutrices
Cis urbem speculare phalas (turres), citra quoque flumen.
(Lib. I, *Bellorum Parisiacæ urbis*, v. 18, 19.)

On demande si ces tours étaient bâties au bout du Pont-au-Change et du Petit-Pont, où étaient le grand et le petit Châtelet, ou si elles étaient sur le pont que Charles le Chauve avait fait construire à l'extrémité occidentale de la ville. (Voyez *Annales de Paris*, pag. 171, 172.)

XI°. Page 102. — Et je ne vis dans l'intérieur du village, etc.

C'est toujours Julien qui est ici l'autorité.

XII°. Page 102. — Je n'y remarquai qu'un seul monument, etc.

Les Nautes étaient une compagnie de marchands établis par les Romains à Lutèce, *Nautæ parisiaci*. Ils présidaient au commerce de la Seine : ils avaient élevé un temple ou un autel à Jupiter, à l'extrémité orientale de l'île. On trouva des débris de ce monument en 1710, ou le 15 mars 1711, en fouillant dans le chœur de la cathédrale. (Voyez *Mémoires de l'Académie des inscriptions*, tom. III, pag. 243 et 296; FÉLIBIEN, *Histoire de Paris*, tom. I, pag. 14; PIGANIOL DE LA FORCE, *Description de Paris*, t. I, pag. 360.)

XIII°. Page 102. — Mais hors de l'île, de l'autre côté... de la Sequana, on voyait sur la colline Lucotitius un aqueduc romain, un cirque, un amphithéâtre, et le palais des Thermes habité par Constance.

La colline Lucotitius, *mons* ou *collis Lucotitius*. — C'est la montagne Sainte-Geneviève.

On trouve ce nom employé pour la première fois dans les *Actes des Saints de l'ordre de Saint-Benoît*, par Gislemar, écrivain du neuvième siècle.

Un aqueduc romain. — C'est l'aqueduc d'Arcueil, qui, selon les meilleurs critiques, fut bâti avant l'arrivée de Julien dans les Gaules. L'aqueduc moderne est peut-être élevé sur l'emplacement de l'ancien. (*Mémoire de l'Académie des inscriptions*, tom. XIV, pag. 268.)

Un cirque, un amphithéâtre. — On avait cru ce cirque bâti par Chilpéric Ier; mais il est prouvé qu'il ne fut que le restaurateur d'un ancien cirque romain. Outre ce cirque, il y avait au même lieu un amphithéâtre. Tous ces monuments occupaient la place de l'abbaye de Saint-Victor, ou l'espace qui s'étendait depuis les murs de l'Université jusqu'à la rue Villeneuve Saint-René. On appela longtemps ce terrain le Clos des Chênes. (*Annales de Paris*, pag. 67 et 68; VALES, *Not. Gall. Paris*, pag. 432, etc.).

Et le palais des Thermes. — L'opinion vulgaire est que le palais des Thermes, dont on voit encore les voûtes rue de la Harpe, fut bâti par Julien. C'est une erreur; Julien agrandit peut-être ce palais, mais il ne le bâtit pas. Les meilleurs critiques en font remonter la fondation au moins à Constantin le Grand, et je crois qu'il est plus naturel encore de l'attribuer à Constance son père, qui fit un bien plus long séjour dans les Gaules. (VALES, *de Basilic. reg.*, cap. V; TILL., *Hist. des Emp.*, tom. IV, pag. 426.)

XIVe. Page 102. — Je remarquai avec douleur, etc.

Constance mourut d'une maladie de langueur. On lui avait donné le surnom de Chlore, à cause de la pâleur de son visage.

XVe. Page 102. — Là brillaient Donatien et Rogatien.

L'auteur continue à faire passer sous les yeux du lecteur les évêques, les saints et les martyrs de cette époque, partout où se trouve Eudore, afin de compléter le tableau de l'Eglise. Donatien et Rogatien étaient de Nantes. Donatien fut l'apôtre de son frère; il le convertit à la foi. Ils eurent la tête tranchée ensemble, après avoir été longtemps tourmentés. On les retrouvera à Rome dans la prison d'Eudore. (*Actes des Martyrs*, tom. I, pag. 398.)

XVIe. Page 102. — Gervais et Protais.

On connaît l'admirable tableau du martyre de ces deux jeunes hommes, par Le Sueur. Procula fut évêque de Marseille, et Just le fut de Lyon. Quant à saint Ambroise, il était en effet fils d'un préfet des Gaules; mais il y a ici anachronisme, de même que pour saint Augustin, dont saint Ambroise fut le père spirituel.

XVIIe. Page 103. — Il me fit bientôt appeler dans les jardins, etc.

Ces jardins étaient ceux du palais des Thermes, et ils le furent dans la suite du palais de Chilpéric Ier. Ils occupaient le terrain des rues de la Harpe, Pierre-Sarrasin, Hautefeuille, du Jardinet, et descendaient jusqu'à l'église de Saint-Germain des Prés. Saint-Germain des Prés, comme je l'ai dit, était le temple d'Isis. (*Annales de Paris*, pag. 26.)

XVIIIe. Page 103. — Vous vous souvenez peut-être, etc.

Voici encore l'action dans le récit : elle fait même ici un pas considérable. Galérius est presque le maître; il épouse Valérie, et il est gendre de Dioclétien. On entrevoit l'abdication de celui-ci. Constantin est persécuté. Hiéroclès est devenu proconsul d'Achaïe, et c'est dans ce commandement funeste qu'il a connu Cymodocée. Le lecteur apprend des faits importants, et il n'a plus rien à savoir de nécessaire lorsque le récit finira. Si j'insiste là-dessus, on doit me le pardonner, parce que je réponds à une critique grave, et qui (du moins je le crois) est peu fondée. Jamais, encore une fois, récit épique ne fut plus lié à l'action que le récit d'Eudore ne l'est au fond des Martyrs. Au reste, ce que Constance rapporte de la victoire de Galérius sur les Parthes, de son mariage avec Valérie, du combat de Constantin contre un lion et contre les Sarmates, de la rivalité de Constantin et de Maxence, est conforme à l'histoire.

XIXe. Page 103. — Les Pictes avaient attaqué la muraille d'Agricola, etc.

Agricola, beau-père de Tacite, et dont ce grand historien nous a laissé la vie.

La muraille dont il est ici question est appelée plus justement la muraille de Sévère. Ce fut lui qui la fit élever sur les anciennes fortifications bâties par Agricola. Elle s'étendait du golfe de Glote, aujourd'hui la rivière de Clyde, au golfe de Bodotrie, maintenant la rivière de Forth. On en voit encore quelques ruines. Les Pictes étaient une nation de l'Ecosse ou de la Calédonie. On les appelait ainsi parce qu'ils se peignaient le corps, comme font encore les Sauvages de l'Amérique. Ce fut en allant combattre cette nation, qui s'était soulevée, que Constance mourut à York d'une maladie de langueur, et ce fut dans cette ville que les légions proclamèrent Constantin César.

XXe. Page 103. — D'une autre part, Carrausius...

Carrausius était un habile officier de marine qui servait sous Maximien dans les Gaules. Il se révolta, s'empara de la Grande-Bretagne, et garda sur le continent le port de Boulogne. Maximien, ne pouvant le punir, fut obligé de le reconnaître en lui laissant le titre d'Auguste. Constance Chlore l'attaqua, et fut plus heureux : il reprit sur lui Boulogne. Carrausius ayant été tué par Allectus (autre tyran qui lui succéda), Constance passe en Angleterre, défait Allectus, et fait rentrer l'île sous la domination des Romains. On voit en quoi je me suis écarté de la vérité historique. (EUM. *Paneg. Const.*)

XXI°. Page 103. — Le reste des anciennes factions de Caractacus et de la reine Boudicée.

Le reste de ces anciennes factions n'était autre chose que l'amour de la liberté, qui força plusieurs fois les Bretons de se révolter contre leurs maîtres. Sous l'empire de Claude, Caractacus, prince breton, défendit sa patrie contre Plautius, général des Romains. Il fut pris, conduit à Rome, parla noblement à l'empereur, et dit, à la vue des palais de Rome, ce mot que j'ai mis dans la bouche de Chlodério, liv. VII. (Voyez la note L° du même livre.)

La reine Boudicée défendit aussi courageusement les Bretons contre les Romains. Son nom n'est pas harmonieux, mais la gloire et Tacite l'ont ennobli. (Voyez *Vita Agric.*)

XXII°. Page 103. — Maître de la cavalerie.

Magister equitum; grande charge militaire chez les Romains.

XXIII°. Page 103. — Colonie que les Parisii des Gaules, etc.

Les Parisiens ne se doutent guère qu'ils ont fait des conquêtes en Angleterre. César nous apprend d'abord que les Belges, c'est-à-dire les Gaulois de la Gaule Belgique, s'emparèrent autrefois des côtes de la Grande-Bretagne, et qu'ils y conservèrent le nom des peuples dont ils étaient sortis. (*De Bello Gallic.*, lib. V, cap 42.) Les Parisii, qui étaient une des nations de la Gaule Belgique, s'établirent, selon Ptolémée, dans le pays des Bragantes, aujourd'hui l'Yorkshire. Ils fondèrent une colonie qui, selon le même Ptolémée, s'appelait *Petuaria* (*Geogr.*, lib. II, pag. 51.) Le savant Cambden fixe cette colonie de Parisiens sur la rivière de Hull, et près de l'embouchure du Humber. Il retrouve Petuaria dans le bourg de Beverley. (CAMBDEN, *Britann.*, pag. 576 et 577.)

XXIV°. Page 103. — Sur le Thamésis... Londinum.

Les anciens sont d'une grande exactitude dans leur description du climat de l'Angleterre, et l'on peut remarquer qu'il n'a pas varié depuis le temps de César et de Tacite. (CÆSAR, lib. VI, cap. XII; TAC. *in Vit. Agric.*) Et, quand on lit ce passage de Strabon, on croit être transporté à Londres. « Aer apud eos imbribus magis est quam nivibus obnoxius : ac sereno « etiam cœlo caligo quædam multum temporis obtinet; ita ut toto die non ultra tres aut qua- « tuor quæ sunt circa meridiem horas, conspici sol possit. » (*Geogr.*, lib IV, pag. 200.)

XXV°. Page 103. — Là s'élevait une vieille tour.

C'est une fiction par laquelle l'auteur, suivant son sujet, fait voir le triomphe de la croix, et l'Angleterre convertie au christianisme. Cette fiction a de plus l'avantage de rappeler l'antique abbaye où se rattache toute l'histoire des Anglais.

XXVI°. Page 104. — Il envoya à l'empereur mes lettres couronnées.

C'était l'usage après une victoire. Tacite raconte qu'Agricola, après ses conquêtes sur les Bretons, évita de joindre des feuilles de laurier à ses lettres, dans la crainte d'éveiller la jalousie de Domitien. (*In Agric.*)

XXVII°. Page 104. — Il sollicita et obtint pour moi la statue.

Cette phrase porte avec elle son explication. Lorsque le triomphe ne fut plus en usage, ou qu'il fut réservé pour les empereurs, on accorda aux généraux vainqueurs des statues et différents honneurs militaires.

XXVIII°. Page 104. — Me créa commandant des contrées armoricaines.

Les contrées armoricaines comprenaient la Normandie, la Bretagne, la Saintonge, le Poitou. Le centre de ces contrées était la Bretagne, dite par excellence l'Armorique. Lorsque les dieux des Romains et les ordonnances des empereurs eurent chassé des Gaules la religion des druides, elle se retira au fond des bois de la Bretagne, où elle exerça encore longtemps son empire. On croit que le grand collége des druides y fut établi. Ce qu'il y a de certain, c'est que la Bretagne est remplie de pierres druidiques. Pomponius Mela et Strabon placent sur les côtes de la Bretagne l'île de Sayne, consacrée au culte des dieux gaulois. Nous reviendrons sur ce sujet.

XXIX°. Page 104. — Nous nous retrouverons.

Nouveau regard sur l'action. Prédiction qui s'accomplit.

xxxe. Page 104. — Vous apercevez les plus beaux monuments.

Le pont du Gard, l'amphithéâtre de Nîmes, la Maison Carrée, et le Capitole de Toulouse, etc.

xxxie. Page 104. — Les huttes arrondies des Gaulois, leurs forteresses de solives et de pierres.

« Muris autem omnibus gallicis hæc fere forma est. Trabes directæ, perpetuæ in longitu-
« dinem, paribus intervallis, distantes inter se binos pedes, in solo collocantur. Hæc revin-
« ciuntur introrsus et multo aggere vestiuntur ; ea autem quæ diximus, intervalla, grandibus
« in fronte saxis effarciuntur, etc. » (*In Bell. Gall.*, lib. VII.) Aux pierres près, les paysans de la Normandie bâtissent encore ainsi leurs chaumières ; et, comme le remarque César, cela fait un effet assez agréable à la vue.

xxxiie. Page 104. — A la porte desquelles sont cloués des pieds de louves.

« Ils pendent au cou de leurs chevaux les têtes des soldats qu'ils ont tués à la guerre. Leurs
« serviteurs portent devant eux les dépouilles encore toutes couvertes du sang des ennemis...
« Ils attachent les trophées aux portes de leurs maisons, comme ils le font à l'égard des bêtes
« féroces qu'ils ont prises à la chasse. » (DIOD., liv. V, trad. de Terras.) De là les pieds de loup, de renard, les oiseaux de proie, que l'on cloue encore aujourd'hui à la porte des châteaux.

xxxiiie. Page 104. — La jeunesse gauloise.

On a déjà parlé des écoles des Gaules. (Voyez la note XLVIIe du livre VII.)

xxxive. Page 104. — Un langage grossier, semblable au croassement des corbeaux.

C'est Julien qui le dit. (*In Misopog.*)

xxxve. Page 104. — Où l'eubage, etc.

On parlera plus bas de ces sacrifices.

xxxvie. Page 104. — Le Gaulois devenu sénateur.

Si l'on en croit Suétone, César reçut dans le sénat des demi-barbares, « qui se dépouil-
« lèrent de leurs braies pour prendre le laticlave. » (SUET. *in Vita Cæsar*.) Ce ne fut pourtant que sous le règne de Claude que les Gaulois furent admis légalement dans le sénat.

xxxviie. Page 104. — J'ai vu les vignes de Falerne, etc.

L'empereur Probus fit planter des vignes aux environs d'Autun, et c'est à lui que nous devons le vin de Bourgogne. (VOPISC. *in Vita Prob.*) Mais il y avait des vignes dans les Gaules bien avant cette époque ; car Pline dit que de son temps on aimait le vin gaulois en Italie : *in Italia gallicam placare* (uvam) (lib. XIV). Il ajoute même qu'on avait trouvé près d'Albi, dans la Gaule Narbonnaise, une vigne qui prenait et perdait sa fleur dans un seul jour, et qui par conséquent était presque à l'abri des gelées. On la cultivait avec succès. (VOPISC. *in Vita Prob.*) Domitien avait fait arracher les vignes dans les provinces, et particulièrement dans les Gaules. L'olivier fut apporté à Marseille par les Phocéens. Ainsi l'olivier croissait dans les Gaules avant qu'il fût répandu en Italie, en Espagne et en Afrique ; car, selon Fenestella, cité par Pline, cet arbre était encore inconnu à ces pays sous le règne de Tarquin le Superbe. (PLIN. lib. XV.) Marseille fut fondée 600 ans avant Jésus-Christ, et Tarquin régnait à Rome 590 ans avant Jésus-Christ.

xxxviiie. Page 104. — Ce que l'on admire partout dans les Gaules... ce sont les forêts.

Que les forêts étaient remarquables dans les Gaules, je le tire de plusieurs faits :

1° Les Gaulois avaient une grande vénération pour les arbres. On sait le culte qu'ils rendaient au chêne. Pline cite le bouleau, le frêne et l'orme gaulois pour la bonté. (Lib. XVI.)

2° Les Gaulois apprirent des Marseillais à labourer, et à cultiver la vigne et l'olivier. (JUSTIN., XLIII.) Ils ne vivaient auparavant que de lait et de chasse, ce qui suppose des forêts.

3° Strabon, parlant des Gaulois, met au nombre de leur récolte les glands, par lesquels il faut entendre, comme les Grecs et les Latins, tous les fruits des arbres glandifères. (STRABON, liv. IV.)

4° Pline, en parlant des foins, cite la faux des Gaulois comme plus grande, et propre aux vastes pâturages de ce pays. (Lib. XVIII, 27, 30.) Or tout pays abondant en pâturages est presque toujours entrecoupé de forêts.

5° Pomponius Mela dit expressément que la Gaule était semée de bois immenses consacrés au culte des dieux. (Lib. III, cap. XI.)

6° On voit souvent, dans César et dans Tacite, les armées traverser des bois.

7° On remarque la même chose dans l'expédition d'Annibal, lorsqu'il passa d'Espagne en Italie.

8° Parmi les bois connus, je citerai celui de Vincennes, consacré dans toute l'antiquité au dieu Sylvain. (*Mém. de l'Acad. des inscript.*, tom. XIII, pag. 329.)

9° Marseille fut fondée dans une épaisse forêt.

10° Selon saint Jérôme, les bois des Gaules étaient remplis d'une espèce de porcs sauvages très-dangereux.

11° La terminaison *oel*, si fréquente en langue celtique, veut dire *bois*. Quelques auteurs ont cru que le mot gaulois venait du celte *galt*, qui signifie *forêt* : j'ai adopté une autre étymologie de ce nom.

12° Presque tous les anciens monastères des Gaules furent pris sur des terres du désert (*ab eremo*,) comme le prouve une foule d'actes cités par du Cange, au mot *eremus*. Ces déserts étaient des bois, comme je l'ai prouvé dans le *Génie du Christianisme*.

13° Strabon fait mention de grandes forêts qui s'étendaient dans les pays des Morins, des Suessiones, des Caleti, depuis Dunkerque jusqu'à l'embouchure de la Seine, quoique, dit-il, les bois ne soient pas aussi grands ni les arbres aussi élevés qu'on l'a écrit. (Lib. IV.)

14° Enfin, si nous jugeons des Gaules par la France, je n'ai point vu en Amérique de plus belles forêts que celles de Compiègne et de Fontainebleau. Nemours, qui touche à cette dernière, indique encore dans son nom son origine.

XXXIX°. Page 104. — On voit çà et là, dans leur vaste enceinte, quelques camps romains abandonnés.

Il y a une multitude de ces camps, connus par toute la France sous le nom de *Camps de César*. Le plus célèbre est en Flandre.

XL°. Page 104. — Les graines que les soldats, etc.

J'ai vu aussi dans les forêts d'Amérique de grands espaces abandonnés, où des colons avaient semé des graines d'Europe. Ces colons étaient morts loin de leur patrie, et les plantes de leur pays, qui leur avaient survécu, ne servaient qu'à nourrir l'oiseau des déserts.

XLI°. Page 105. — Je me souviens encore aujourd'hui d'avoir, etc.

J'ai été témoin d'une scène à peu près semblable : c'était au milieu des ruines de la villa Adriana, près de Tibur ou Tivoli, à quatre lieues de Rome. J'ai mis ici la musette, qui est gauloise, et que Diodore semble avoir voulu indiquer comme instrument de musique guerrière. Les montagnards écossais s'en servent encore aujourd'hui dans leurs régiments.

XLII°. Page 105. — Porte décumane.

On l'appelait encore porte questorienne. Les camps romains avaient quatre portes : extraordinaire ou prétorienne, droite principale, gauche principale, questorienne ou décumane.

XLIII°. Page 105. — Lorsqu'il porta la guerre chez les Vénètes.

« Hos ego Venetos existimo Venetiarum in Adriatico sinu esse auctores. » (STRAB., lib. IV, pag. 495.) D'après cet auteur, les Vénitiens seraient une colonie de Bretons de Vannes. Les Vénètes avaient une forte marine, et César eut beaucoup de peine à les soumettre. (*De Bell. Gall.*)

On retrouve le nom des Curiosolites dans celui de Corsent, petit village de Bretagne, où l'on a découvert des antiquités romaines. On y voit aussi des fragments d'une voie romaine, qui n'est pas tout à fait détruite.

XLIV°. Page 105. — Cette retraite me fut utile.

Préparation qui annonce à la fois et le retour d'Eudore à la religion, et la chute qui doit l'y ramener.

XLV°. Page 105. — Les soldats m'avertirent, etc.

Ici commence l'épisode de Velléda, qui n'est point oiseux comme celui de Didon, puisqu'il est intimement lié à l'action, et qu'il produit la conversion d'Eudore.

XLVI°. Page 106. — Je n'ignorais pas que les Gaulois confient aux femmes, etc.

Saint-Foix a bien réuni les autorités :

« L'administration des affaires civiles et politiques avait été confiée pendant assez longtemps
« à un sénat de femmes choisies par les différents cantons. Elles délibéraient de la paix, de la
« guerre, et jugeaient les différends qui survenaient entre les vergobrets, ou de ville à ville.
« Plutarque dit qu'un des articles du traité d'Annibal avec les Gaulois portait : Si quelque
« Gaulois a sujet de se plaindre d'un Carthaginois, il se pourvoira devant le sénat de Carthage
« établi en Espagne ; si quelque Carthaginois se trouve lésé par un Gaulois, l'affaire sera jugée par le conseil suprême des femmes gauloises. » (SAINT-FOIX, *Essais sur Paris*.)

XLVII°. Page 106. — Braves, comme tous les Gaulois, etc.

Cela ressemble bien aux Bretons d'aujourd'hui.

XLVIII°. **Page 106.** — Clair, pasteur de l'Église des Rhédons.
Toujours la peinture des progrès de l'Église. Clair fut le second évêque de Nantes.

XLIX°. Page 106. — Je la voyais jeter tour à tour en sacrifice, dans le lac, des pièces de toile, etc.

Il y a deux autorités principales pour ce passage : celle de Posidonius, cité par Strabon, et celle de Grégoire de Tours. Le savant Pelloutier s'en est servi ; on peut les voir, tome II, pages 101 et 107 de son ouvrage. On a voulu plaisanter sur les sacrifices de Velléda, et trouver qu'ils étaient hors de propos : cette critique est bien peu solide. Ce n'est pas un voyage *particulier* que fait Velléda : elle va à une assemblée publique ; sa barque est chargée des dons des peuples, qu'elle offre pour ces peuples au lac ou à la divinité du lac.

L°. Page 106. — Sa taille était haute, etc.; jusqu'à l'alinéa.

Les détails du vêtement de Velléda seront éclaircis dans les notes suivantes. Elle porte une robe noire, parce qu'elle va dévouer les **Romains.** On a vu, note LXXI° du livre VI, les femmes des Cimbres et des Bretons vêtues de robes noires. Ammien Marcellin a fait un portrait des Gauloises qui peut, au milieu de la grossièreté des traits, justifier le caractère de force et les passions décidées que je donne à Velléda : « La femme gauloise surpasse son mari en force ; elle a les
« yeux encore plus sauvages : quand elle est en colère sa gorge s'enfle, elle grince les dents,
« elle agite ses bras aussi blancs que la neige, et porte des coups aussi vigoureux que s'ils
« partaient d'une machine de guerre. » Il faut supposer que ces Gauloises étaient des femmes du peuple : il n'est guère probable que cette Éponine, si célèbre, si tendre, si dévouée, ressemblât pour la grossièreté aux Gauloises d'Ammien Marcellin. Si nous en croyons les vers des soldats romains, César, qui avait aimé les plus belles femmes de l'Italie, ne dédaigna pas les femmes des Gaules. Sabinus, longtemps après, se vantait d'être descendu de César. Enfin, nous avons un témoignage authentique, c'est celui de Diodore ; il dit en toutes lettres que les Gauloises étaient d'une grande beauté : *Feminas licet elegantes habeant.*

LI°. Page 107. — Une de ces roches isolées.

J'ai vu quelques-unes de ces pierres auprès d'Autun, deux autres en Bretagne, dans l'évêché de Dol, et plusieurs autres en Angleterre. On peut consulter Kesler, *Ant. select. sept.*

LII°. Page 107. — Un jour le laboureur.

        Scilicet et tempus veniet cum finibus illis
        Agricola, incurvo terram molitus aratro, etc.

LIII°. Page 107. — Au-gui-l'an-neuf!

« Les druides, accompagnés des magistrats, et du peuple qui criait *au-gui l'an-neuf*,
« allaient dans une forêt, etc. » (SAINT FOIX, tom. I.)
Ne serait-il pas possible que ce refrain *ô gué*, qui termine une foule de vieilles chansons françaises, ne fût que le cri sacré de nos aïeux?

LIV°. Page 107. — Des eubages.

« Nihil habent druidæ (ita suos appellant magos) visco et arbore in qua gignatur (si modo
« sit robur) sacratius. Jam per se roborum eligunt lucos, nec ulla sacra sine ea fronde con-
« ficiunt, ut inde appellati quoque interpretatione græca possint druidæ videri. Enim vero
« quidquid adnascatur illis, e cœlo missum putant, signumque esse electæ ab ipso deo arbo-
« ris. Est autem id rarum admodum inventu, et repertum magna religione petitur ; et ante
« omnia sexta luna, quæ principia mensium annorumque his facit, et seculi post tricesimum
« annum, quia jam virium abunde habeat, nec sit sui dimidia. Omnia sanantem appellantes
« suo vocabulo, sacrificiis epulisque rite sub arbore comparatis, duos admovent candidi co-
« loris tauros; quorum cornua tunc primum vinciantur. Sacerdos candida veste cultus arbo-
« rem scandit ; falce aurea demetit : candido id excipitur sago. Tum deinde victimas immo-
« lant, precantes ut suum donum Deus prosperum faciat his quibus dederit. » (PLIN., lib. XVI.)

LV°. Page 107. — On planta une épée nue.

J'ai suivi quelques auteurs qui pensent que les Gaulois avaient, ainsi que les Goths, l'usage de planter une épée nue au milieu de leur conseil. (AMM. MARCELL., lib. XXXI, cap. XI, pag. 622.) Du mot latin *mallus* est venu notre mot *mail*; et le mail est encore aujourd'hui un lieu planté d'arbres.

LVI°. Page 107. — Au pied du dolmin.

« Lieu des fées ou des sacrifices. C'est ainsi que le vulgaire appela certaines pierres élevées,
« couvertes d'autres pierres plates fort communes en Bretagne, où ils disent que les païens
« offraient autrefois des sacrifices. » (*Dict. franc. celt.* du père ROSTRENEN.)

LVII°. Page 108. — **Malheur aux vaincus!**
C'est le mot d'un Gaulois, en mettant son épée dans la balance des Romains : *Væ victis!*
LVIII°. Page 108. — **Où sont ces États florissants de la Gaule.**
On voit partout, dans les *Commentaires de César*, les Gaules tenant des espèces d'états généraux, César allant présider ces états, etc. Quant au conseil des femmes, voyez la note XLVI° de ce livre.
LIX°. Page 108. — **Où sont ces druides, etc.**

« Illi rebus divinis intersunt, sacrificia publica ac privata procurant, religiones interpre-
« tantur : ad nos magnus adolescentium numerus, disciplinæ causa, concurrit, magnoque ii
« sunt apud eos honore : nam fere de omnibus controversiis, publicis privatisque, consti-
« tuunt; et si quod est admissum facinus, si cædes facta, si de hæreditate, si de finibus con-
« troversia est, iidem decernunt; præmia pœnasque constituunt. Si quis, aut privatus, aut
« publicus, eorum decreto non stetit, sacrificiis interdicunt. Hæc pœna apud eos est gravis-
« sima : quibus ita est interdictum, ii numero impiorum ac sceleratorum habentur; ab iis
« omnes decedunt, aditum eorum sermonemque defugiunt, ne quid ex contagione incom-
« modi accipiant : neque iis petentibus jus redditur, neque honos ullus communicatur. His
« autem omnibus druidibus præeest unus, qui summam inter eos habet auctoritatem. Hoc
« mortuo; si quis ex reliquis excellit dignitate, succedit. At, si sunt plures pares, suffragio
« druidum adlegitur; nonnunquam etiam de principatu armis contendunt. Ii certo anni tem-
« pore in finibus Carnutum, quæ regio totius Galliæ media habetur, considunt, in loco con-
« secrato. Huc omnes undique, qui controversias habent; conveniunt; eorumque judiciis
« decretisque parent. Disciplina in Britannia reperta, atque inde in Galliam translata esse
« existimatur; et nunc, qui diligentius eam rem cognoscere volunt, plerumque illo, discendi
« causa, proficiscuntur.
« Druides a bello abesse consueverunt; neque tributa una cum reliquis pendunt : militiæ
« vacationem, omniumque rerum habent immunitatem. Tantis excitati præmiis, et sua sponte
« multi in disciplinam conveniunt et a parentibus propinquisque mittuntur. Magnum ibi
« numerum versuum ediscere dicuntur..... Imprimis hoc volunt persuadere, non interire
« animas, sed ab aliis post mortem transire ad alios; atque hoc maxime ad virtutem excitari
« putant, metu mortis neglecto. Multa præterea de sideribus atque eorum motu; de mundi ac
« terrarum magnitudine, de rerum natura, de deorum immortalium vi ac potestate disputant,
« et juventuti tradunt. »

Tout ce passage de César est excellent et d'une clarté admirable; il ne reste plus que très-peu de chose à connaître sur les classes du clergé gaulois. Diodore et Strabon, confirmés par Ammien Marcellin, compléteront le tableau :

« Leurs poètes, qu'ils appellent bardes, s'occupent à composer des poèmes propres à leur musique; et ce sont eux-mêmes qui chantent, sur des instruments presque semblables à nos lyres, des louanges pour les uns, et des invectives contre les autres. Ils ont aussi chez eux des philosophes et des théologiens appelés saronides, pour lesquels ils sont remplis de vénération..... C'est une coutume établie parmi eux que personne ne sacrifie sans un philosophe; car, persuadés que ces sortes d'hommes connaissent parfaitement la nature divine, et qu'ils entrent pour ainsi dire en communication de ses secrets, ils pensent que c'est par leur ministère qu'ils doivent rendre leurs actions de grâces aux dieux et leur demander les biens qu'ils désirent...... Il arrive souvent que, lorsque deux armées sont près d'en venir aux mains, ces philosophes se jetant tout à coup au milieu des piques et des épées nues, les combattants apaisent aussitôt leur fureur comme par enchantement, et mettent les armes bas. C'est ainsi que, même parmi les peuples les plus barbares, la sagesse l'emporte sur la colère, et les Muses sur le dieu Mars. » (DIOD. DE SICILE, liv. V, trad. de Terrasson.) « Apud universos « autem fere tria hominum sunt genera quæ in singulari habentur honore : bardi, vates « et druidæ : horum bardi hymnos canunt, poetæque sunt; vates sacrificant et naturam re-
« rum contemplantur; druidæ præter hanc philosophiam etiam de moribus disputant. » (STRAB., lib. IV.)

J'ai rendu par eubages *ouateis*, du grec de l'édition de Casaubon, et que le latin rend par *vates*. Je ne vois pas pourquoi l'on veut, sur l'autorité d'Ammien, qui traduit à peu près Strabon, que le mot *vates* soit passé dans le grec au temps de ce géographe. Strabon, qui suivait peut-être un auteur latin, et qui ne pouvait pas traduire ce mot *vates*, l'a tout simplement transcrit. Les Latins de même copient souvent des mots grecs qui n'étaient pas pour cela passés dans la langue latine. D'ailleurs, quelques éditions ordinaires de Strabon portent euhage et eubage. Rollin n'a point fait de difficulté de s'en tenir au mot eubage.

Ammien Marcellin, confirmant le témoignage de Strabon, dit que les bardes chantaient les héros sur la lyre, que les devins ou eubages cherchaient à connaître les secrets de la nature, et que les druides, qui vivaient en commun, à la manière des disciples de Pythagore, s'occupaient de choses sublimes, et enseignaient l'immortalité de l'âme. (AMM. MARCELL, lib XV.)

LX.º Page 108. — O île de Sayne, etc.

On a trois autorités pour cette île : Strabon, liv. IV; Denys le Voyageur, v. 570 ; et Pomponius Mela. Comme je n'ai suivi que le texte de ce dernier, je ne citerai que lui. « Sena in Bri-
« tannico mari, Osismicis adversa littoribus, Gallici numinis oraculo insignis est : cujus
« antistites, perpetua virginitate sanctæ, numero novem esse traduntur : Barrigenas vocant,
« putantque ingenils singularibus præditas, maria ac ventos concitare carminibus, seque in
« quæ velint animalia vertere, sanare quæ apud alios insanabilia sunt, scire ventura et præ-
« dicare : sed non nisi deditas navigantibus, et in id tantum ut se consulerent profectis. »
(POMPONIUS MEL., III, 6.)

Strabon diffère de ce récit, en ce qu'il dit que les prêtresses passaient sur le continent pour habiter avec des hommes. J'avais, d'après quelques autorités, pris cette île de Sayne pour Jersey ; mais Strabon la place vers l'embouchure de la Loire. Il est plus sûr de suivre Bochart (*Geograph. sacr.*, pag. 740), et d'Anville (*Notice de la Gaule*, pag. 595), qui retrouvent l'île de Sayne dans l'île des Saints, à l'extrémité du diocèse de Quimper, en Bretagne.

LXI.º Page 108. — Vous allez mourir, etc.

Les Gaulois servaient surtout dans la cavalerie romaine ; car, selon Strabon, ils étaient meilleurs cavaliers que fantassins.

LXII.º Page 108. — Vous tracez avec des fatigues inouïes les routes, etc.

Il suffit de jeter les yeux sur la carte de Peutinger, sur l'*Itinéraire de Bordeaux à Jérusalem*, et sur le livre des Chemins de l'Empire, par Bergier, pour voir combien la Gaule était traversée de chemins romains. Il y en avait quatre principaux qui partaient de Lyon, et qui allaient toucher aux extrémités des Gaules.

LXIII.º Page 108. — Là, renfermés dans un amphithéâtre, on vous forcera, etc.

La plupart des gladiateurs étaient Gaulois ; mais Velléda ne dit pas tout à fait la vérité. Par un mépris abominable de la mort, ils vendaient souvent leur vie pour quelques pièces d'argent. On sait qu'Annibal fit battre des prisonniers gaulois, en promettant un cheval à celui qui tuerait son adversaire.

LXIV.º Page 108. — Souvenez-vous que votre nom veut dire voyageur.

« Il y en a qui conjecturent avec quelque probabilité que les Gaulois se sont ainsi appelés
« du mot celtique *Wallen*, qui encore aujourd'hui, dans la langue allemande, signifie aller,
« voyager, passer de lieu en lieu. » (MÉZERAY, *av. Clov.*, pag. 7.)

LXV.º Page 108. — Les tribus des Francs qui s'étaient établis en Espagne.

Les Francs avaient en effet pénétré jusqu'en Espagne vers ce temps-là, et y demeurèrent douze ans. Ils prirent et ruinèrent l'Aragon ; ensuite ils s'en retournèrent dans leur pays, probablement sur des vaisseaux. (Voyez EUTROPE.) Les circonstances les plus indifférentes dans les *Martyrs* sont toutes fondées sur quelques faits. Je suis persuadé que, sous ces rapports, Virgile et Homère n'ont rien inventé : c'est ce qui fait que leurs poëmes sont aujourd'hui des autorités pour l'histoire.

LXVI.º Page 108. — Que les peuples étrangers nous accordent, etc.

C'est le mot de Bojocalus. Ce vieillard germain avait porté cinquante ans les armes dans les légions romaines. Les Anticéariens, ses compatriotes, ayant été chassés de leur pays par les Cauces, vinrent s'établir avec Bojocalus, qui les conduisit sur des terres vagues abandonnées par les Romains. Les Romains ne voulaient pas les leur donner, malgré les remontrances de Bojocalus ; mais ils offrirent à celui-ci des terres pour lui-même. Le vieux Germain indigné alla rejoindre ses compatriotes fugitifs, en s'écriant : « Terre ne peut nous manquer pour y vivre ou pour y mourir. »

LXVII.º Page 109. — A la troisième fois le héraut d'armes, etc.

« Si quis enim dicenti obstrepat aut tumultuetur, lictor accedit stricto cultro. Minis adhi-
« bitis tacere eum jubet : idque iterum ac tertio facit eo non cessante : tandem a sago ejus
« tantum amputat, ut reliquum sit inutile. » (STRAB., lib. IV, pag. 435.)

LXVIII.º Page 109. — La foule demande à grands cris, etc.

Les druides sacrifiaient des victimes humaines. Ils choisissaient de préférence des malfaiteurs pour ces sacrifices ; à leur défaut, on prenait des innocents. C'est Tertullien et saint Augustin qui nous apprennent de plus que ces victimes innocentes étaient des vieillards.

LXIX.º Page 109. — Que Dis, père des ombres.

Les Gaulois reconnaissaient Dis ou Pluton pour leur père : c'était à cause de cela qu'ils comptaient le temps par nuits, et qu'ils sacrifiaient toujours dans les ténèbres. Cette tradition est celle de César. On dit que César s'est trompé ; mais il pourrait bien se faire que l'opinion opposée ne fût qu'un système soutenu de beaucoup d'érudition.

LXX°. Page 109. — Elles étaient chrétiennes.

C'est toujours le sujet.

LXXI°. Page 110. — Puisqu'ils avaient été proscrits par Tibère même et par Claude.

Les éditions précédentes portaient : « et par Néron ; » c'était une erreur. Dès l'an 657 de Rome, le sénat donna un décret pour abolir les sacrifices humains dans la Gaule Narbonnaise. Pline nous apprend que Tibère extermina tous les druides, et Suétone attribue les édits de proscription à Claude. (*In Claudio*, cap. XXVI.)

LXXII°. Page 110. — Le premier magistrat des Rhédons.

Ce magistrat s'appelait Vergobret. (CÉSAR, *Comment.*, liv. I.)

SUR LE DIXIÈME LIVRE.

PREMIÈRE REMARQUE. Page 111. — L'ordre savant des prêtres gaulois.

Consultez, pour la science, les mœurs, le gouvernement des druides, les notes LIII°, LIV° et LIX° du livre précédent.

II°. Page 111. — L'orgueil dominait chez cette Barbare.

Ce caractère d'orgueil est attribué aux Gaulois par toute l'antiquité. Selon Diodore, ils aimaient les choses exagérées, l'enflure et l'obscurité du langage, et l'hyperbole dominait dans leurs discours. Cette exaltation de sentiment dans Velléda prépare le lecteur à ce qui va suivre, et rend moins extraordinaire les propos, les mœurs et la conduite de cette femme infortunée.

III°. Page 111. — Les fées gauloises.

Voyez la note LX° du livre précédent ; le passage de Pomponius Mela est formel : il dit que les vierges ou fées de l'île de Sayne s'attribuaient tous les pouvoirs dont Velléda parle ici. On peut, si l'on veut, consulter encore un passage de SAINT-FOIX, tome I, II° partie des *Essais sur Paris*.

IV°. Page 112. — Le gémissement d'une fontaine.

Les Gaulois tiraient des présages du murmure des eaux et du bruit du vent dans le feuillage. (CÉSAR, liv. I.)

V°. Page 112. — Je sentais, il est vrai, que Velléda ne m'inspirerait jamais un attachement, etc.

C'est ce qui fait qu'Eudore peut éprouver un véritable amour pour Cymodocée.

VI°. Page 112. — Ces bois appelés chastes.

« Nemus castum. » (TACIT., *de Mor. Germ.*) .

VII°. Page 112. — On voyait un arbre mort.

« Ils adoraient, dit Adam de Brême, un tronc d'arbre extrêmement haut, qu'ils appelaient « Irminsul. » C'était l'idole des Saxons que Charlemagne fit abattre. (ADAM BREM., *Histor. Eccles. Germ.*, lib. III.) Je transporte l'Irminsul des Saxons dans la Gaule ; mais on sait que les Gaulois rendaient un culte aux arbres, qu'ils honoraient tantôt comme Teutatès, tantôt comme dieu de la guerre ; et c'est ce que signifie Irmin ou Hermann.

VIII°. Page 112. — Autour de ce simulacre.

Lucus erat, longo nunquam violatus ab ævo,
Obscurum cingens connexis aera ramis,
Et gelidas alte summotis solibus umbras.
Hunc non ruricolæ Panes, nemorumque potentes
Sylvani, Nymphæque tenent, sed barbara ritu
Sacra Deum ; structæ sacris feralibus aræ ;
Omnis et humanis lustrata cruoribus arbos.
Si qua fidem meruit Superos mirata vetustas,
Illis et volucres metuunt insidere ramis,
Et lustris recubare feræ : nec ventus in illas

> Incubuit silvas, excussaque nubibus atris
> Fulgura : non ullis frondem præbentibus auris,
> Arboribus suus horror inest. Tum plurima nigris
> Fontibus unda cadit, simulacraque mœsta Deorum
> Arte carent, cæsisque extant informia truncis.
> Ipse situs, putrique facit jam robore pallor
> Attonitos : non vulgatis sacrata figuris
> Numina sic metuunt ; tantum terroribus addit,
> Quos timeant non nosse Deos. (LUCAN., *Phars.*, lib. III, v. 399 et seq.)
>
> Ut procul Hercyniæ per vasta silentia silvæ
> Venari tuto liceat, lucosque vetusta
> Religione truces, et robora, numinis instar
> Barbarici, nostræ feriant impune bipennes.
> (CLAUDIAN., *de Laud. Stilicon.*)

Quant aux armes suspendues aux branches des forêts, Arminius, excitant les Germains à la guerre, leur dit qu'ils ont suspendu dans leurs bois les armes des Romains vaincus. « Cerni « adhuc Germanorum in lucis signa romana, quæ diis patriis suspenderit. » (TACIT., *Ann.*, lib. I, 59.) Jornandès raconte la même chose d'un usage des Goths.

IX°. Page 113. — **Une Gauloise l'avait promis à Dioclétien.**

Dioclétien, n'étant qu'un simple officier, rencontra dans les Gaules une femme fée : elle lui prédit qu'il parviendrait à l'empire lorsqu'il aurait tué Aper ; *aper*, en latin, signifie un sanglier. Dioclétien fit la chasse aux sangliers sans succès ; enfin Aper, préfet du prétoire, ayant empoisonné l'empereur Numérien, Dioclétien tua lui-même Aper d'un coup d'épée, et devint le successeur de Numérien.

X°. Page 113. — **Nous avons souvent disposé de la pourpre.**

Claude, Vitellius, etc., furent proclamés empereurs dans la Gaule. Vindex leva le premier l'étendard de la révolte contre Néron. Les Romains disaient que leurs guerres civiles commençaient toujours dans les Gaules.

XI°. Page 113. — **Nouvelle Éponine.**

Il est inutile de s'étendre sur cette histoire, que tout le monde connaît : Sabinus, ayant pris le titre de César, fut défait par Vespasien ; il se cacha dans un tombeau, où il resta neuf ans enseveli avec sa femme Éponine.

XII°. Page 114. — **Guitare.**

Les bardes ne connaissaient point la lyre, encore moins la harpe, comme les prétendus bardes de Macpherson. Toutes ces choses sont des mœurs fausses qui ne servent qu'à brouiller les idées. Diodore de Sicile (liv. v) parle de l'instrument de musique des bardes, et il en fait une espèce de cythare ou de guitare.

XIII°. Page 114. — **L'ombre de Didon.**

> . . . . Qualem primo qui surgere mense,
> Aut videt aut vidisse putat per nubila lunam.

XIV°. Page 115. — **Hercule, tu descendis dans la verte Aquitaine.**

Cette fable du voyage d'Hercule dans les Gaules, et du mariage de ce héros avec la fille d'un roi d'Aquitaine, est racontée par Diodore de Sicile (liv. v). Il ne donne point les noms du roi et de la princesse, mais on les trouve dans d'autres auteurs.

XV°. Page 115. — **Le sélago.**

Le lecteur apprend dans le texte tout ce qu'il peut savoir sur cette plante mystérieuse des Gaulois. L'autorité est Pline. (*Hist.*, lib. XXIV, cap. XI.)

XVI°. Page 115. — **Je prendrai la forme d'un ramier, etc.**

On a déjà vu que les druidesses de l'île de Sayne s'attribuaient le pouvoir de changer de forme. Voyez la note III° de ce livre, et la note LX° du livre précédent.

XVII°. Page 115. — **Les cygnes sont moins blancs, etc.**

Un passage d'Ammien Marcellin, cité dans la note I.° du livre précédent, nous apprend que les Gauloises avaient les bras blancs comme de la neige. Diodore, comme nous l'avons encore vu dans la même note, ajoute qu'elles étaient belles, mais que, malgré leur beauté, les hommes ne leur étaient pas fidèles. Strabon (liv. IV) remarque qu'elles étaient heureuses en accouchant et en nourrissant leurs enfants : « Pariendo educandoque fœtus, felices. »

XVIII°. Page 115. — **Nos yeux ont la couleur et l'éclat du ciel.**

Les yeux des Gauloises étaient certainement bleus ; mais toute l'antiquité donne aux Gaulois un regard farouche, et nous avons vu qu'Ammien Marcellin l'attribue pareillement aux femmes. Velléda embellit donc le portrait ; c'est dans la nature ; elle sait qu'elle n'est pas aimée.

XIX°. Page 115. — **Nos cheveux sont si beaux que tes Romaines nous les empruntent.**

C'est Martial qui le dit. (Liv. VIII, 33 ; liv. XIV, 26.) Tertullien (*de Cultu femin.*, cap. VI), et saint Jérôme (*Hieronym. epist.* VII), se sont élevés contre ce caprice des dames romaines. Selon Juvénal (*sat.* VI), ce furent des courtisanes qui introduisirent cette mode en Italie.

XX°. Page 115. — **Quelque chose de divin.**

Velléda s'embellit encore ; elle attribue aux Gauloises ce que Tacite dit des femmes Germaines : «Inesse quin etiam sanctum aliquid et providum putant.» (TACIT., *de Mor. Germ.*)

XXI°. Page 116. — **La flotte des Francs.**

Cette petite circonstance de la flotte des Francs est depuis longtemps préparée. Voyez le livre précédent et la note LXV° du même livre.

XXII°. Page 116. — **Les Barbares choisissent presque toujours pour débarquer le moment des orages.**

Voyez la note IV° du livre VI.

XXIII°. Page 116. — **Une longue suite de pierres druidiques, etc. ; jusqu'à l'alinéa.**

C'est le monument de Carnac en Bretagne, auprès de Quiberon. Il est exactement décrit dans le texte. Je n'ai plus rien à ajouter ici.

XXIV°. Page 117. — **Sur cette côte demeurent des pêcheurs qui te sont inconnus, etc. ; jusqu'à la fin de l'alinéa.**

Cette histoire du passage des âmes dans l'île des Bretons est tirée de Procope. (*Hist. Goth.*, lib. VI, cap. XX.) Comme elle est très-exacte dans le texte, je n'ai rien à ajouter dans la note. Plutarque (*de Oracul. defect.*) avait raconté à peu près la même histoire avant Procope.

XXV°. Page 117. — **Le tourbillon de feu.**

Cette circonstance des tourbillons se trouve dans les deux auteurs cités à la note précédente.

XXVI°. Page 117. — **Tu m'écriras des lettres que tu jetteras dans le bûcher funèbre.**

« Lorsque les Gaulois brûlent leurs morts, dit Diodore (trad. de Terrass.), ils adressent à
« leurs amis et à leurs parents défunts des lettres qu'ils jettent dans le bûcher, comme s'ils
« devaient les recevoir et les lire. »

XXVII°. Page 118. — **Je tombe aux pieds de Velléda.**

Ceci remplace deux lignes trop hardies des premières éditions. L'expression est adoucie, le morceau n'y perd rien ; il devient seulement plus chaste et d'un meilleur goût.

XXVIII°. Page 118. — **L'enfer donne le signal de cet hymen funeste, etc.**

J'ai transporté ici dans une autre religion les fameux vers du IV° livre de l'*Énéide* :

> . . . . Prima et Tellus et pronuba Juno
> Dant signum : fulsere ignes, et conscius æther
> Connubii, summoque ululârunt vertice nymphæ.

XXIX°. Page 118. — **Le langage de l'enfer s'échappa naturellement de ma bouche.**

Il y a ici tout un paragraphe de supprimé. Rien dans cet épisode ne peut plus choquer le lecteur, à moins qu'il ne soit plus permis de traiter les passions dans une épopée. Si les longs combats d'Eudore, si l'exécration avec laquelle il parle de sa faute, si le repentir le plus sincère ne l'excusent pas, je n'ai nulle connaissance de l'art et du cœur humain.

XXX°. Page 119. — **Le cri que poussent les Gaulois quand ils veulent se communiquer une nouvelle.**

« Ubi major atque illustrior incidit res, clamore per agros regionesque significant : hunc ali
« deinceps excipiunt et proximis tradunt. » (CÆS., *in Comment.*, lib. VII.)

xxxi⁰. Page 119. — Et que du faîte de quelque bergerie.

> Ardua tecta petit stabuli, et de culmine summo
> Pastorale canit signum, cornuque recurvo
> Tartaream intendit vocem, etc.
>
> (*Æneid.*, vii.)

xxxii⁰. Page 120. — Comme une moissonneuse.

Jusqu'ici on avait comparé le jeune homme mourant à l'herbe, à la fleur coupée, « succisus aratro; » j'ai transporté les termes de la comparaison, et j'ai comparé Velléda à la moissonneuse elle-même. La circonstance de la faucille d'or m'a conduit naturellement à l'image : un poëte habile pourra peut-être profiter de cette idée, et arranger tout cela un jour avec plus de grâce que moi.

Ici se terminent les *chants* pour la patrie. J'ai peint notre double origine : j'ai cherché nos costumes et nos mœurs dans leur berceau, et j'ai montré la religion naissante chez les fils aînés de l'Eglise. En réunissant ces six livres et les notes de ces livres, on a sous les yeux un corps complet de documents authentiques touchant l'histoire des Francs et des Gaulois. C'est chez les Francs qu'Eudore est témoin d'un des plus grands miracles de la charité évangélique ; c'est dans la Gaule qu'il tombe, et c'est un prêtre chrétien de cette même Gaule qui le rappelle à la vraie religion. Eudore porte nécessairement dans les cachots les souvenirs de ces contrées demi-sauvages, auxquelles il doit, pour ainsi dire, et ses vertus et son triomphe. Ainsi, nous autres Français, nous participons à sa gloire, et, du moins sous un rapport, le héros des *Martyrs*, quoique étranger, se trouve rattaché à notre sol. Ces considérations, peut-être touchantes, n'auraient point échappé à la critique, si on n'avait voulu aveuglément condamner mon ouvrage, en affectant de méconnaître un grand travail, et un sujet intéressant, même pour la patrie.

SUR LE ONZIÈME LIVRE.

PREMIÈRE REMARQUE. Page 120. — La grande époque de ma vie.

Voilà qui lie absolument le récit à l'action, en amenant le repentir et la pénitence d'Eudore, et ce qui rentre dans les desseins de Dieu ; desseins qui sont expliqués dans le livre du *Ciel*.

ii⁰. Page 120. — Il me nomma préfet du prétoire des Gaules.

J'ai dit plus haut qu'Ambroise était le fils du préfet du prétoire des Gaules ; mais je suppose à présent que le père d'Ambroise était mort, ou qu'il ne possédait plus cette charge.

iii⁰. Page 121. — Je m'embarquai au port de Nîmes.

Voyez la Préface.

iv⁰. Page 121. — Marcellin m'admit au repentir.

Pour les erreurs du genre de celles d'Eudore, l'expiation était de sept ans : ainsi Marcellin fait une grâce au coupable en ne le laissant que cinq ans hors de l'Eglise. Les premières éditions des *Martyrs* donnaient sept ans à la pénitence du fils de Lasthénès ; ce qui était la totalité du temps canonique.

v⁰. Page 121. — Il était encore en Égypte.

On se souvient que lorsque Eudore partit pour les Gaules, Dioclétien était allé pacifier l'Egypte, soulevée par un tyran qui prétendait à la pourpre. (Voyez liv. v. et liv. ix.)

vi⁰. Page 121. — Môle de Marc-Aurèle.

Peut-être Civita-Vecchia.

vii⁰. Page 121. — Porter du blé destiné au soulagement des pauvres.

On lisait dans les éditions précédentes : « Chercher du blé. » (Voyez la Vie de saint Jean l'aumônier, dans la *Vie des Pères du désert*, trad. d'Arnauld d'Andilly, pag. 350.)

viii⁰. Page 122. — Utique... Carthage... Marius... Caton, etc.

Voici un ciel, un sol, une mer, des souvenirs bien différents de ceux des Gaules. J'ai parcouru cette route d'Eudore : si le récit de mon héros fatigue, ce ne sera pas faute de variété.

ix⁰. Page 122. — A la vue de la colline où fut le palais de Didon.

En doublant la pointe méridionale de la Sicile, et rasant la côte de l'Afrique pour aller en

Egypte, on pouvait apercevoir Carthage. J'aurais beaucoup de choses à dire sur les ruines de cette ville, ruines plus considérables qu'on ne le croit généralement ; mais ce n'est pas ici le lieu.

x°. Page 122. — Une colonne de fumée.

> Mœnia respiciens, quæ jam infelicis Elisæ
> Collucent flammis. Quæ tantum accenderit ignem
> Causa latet.   (*Æneid.* v.)

xi°. Page 122. — Je n'étais pas comme Énée.

Mais Eudore était le descendant de Philopœmen et le dernier représentant des grands hommes de la Grèce.

xii°. Page 122. — Je n'avais pas comme lui... l'ordre du ciel.

Eudore se trompe : il suit les ordres du ciel, et l'empire romain lui devra son salut, puisque c'est par sa mort que le christianisme va monter sur le trône des Césars ; mais le fils de Lasthénès ignore ses hautes destinées, et les maux qu'il a causés humilient son cœur.

xiii°. Page 122. — Le promontoire de Mercure, et le cap où Scipion, etc.

Le promontoire de Mercure, aujourd'hui le cap Bon, selon le docteur Shaw et d'Anville. Scipion, passant en Afrique avec son armée, aperçut la terre, et demanda au pilote comment cette terre s'appelait : « C'est le cap Beau, » répondit le pilote. Scipion fit tourner la proue vers ce côté. (TITE-LIVE, liv. x.)

xiv°. Page 122. — Poussés par les vents vers la petite sirte.

Je passai cinq jours à l'ancre dans la petite sirte, précisément pour éviter le naufrage que les anciens trouvaient dans ce golfe. Le fond de la petite sirte va toujours s'élevant jusqu'au rivage : de sorte qu'en marchant la sonde à la main on vient mouiller sur un bon fond de sable, à telle brasse que l'on veut. Le peu de profondeur de l'eau y rend la mer calme au milieu des plus grands vents ; et cette sirte, si dangereuse pour les barques des anciens, est une espèce de port en pleine mer pour les vaisseaux modernes.

xv°. Page 122. — La tour qui servit de retraite au grand Annibal.

« Une péninsule, dit d'Anville, où se trouve une place que les Francs nomment Africa,
« paraît avoir été l'emplacement de *Turris Annibalis,* d'où ce fameux Carthaginois, toujours
« redouté des Romains, partit en quittant l'Afrique pour se retirer en Asie. »

xvi°. Page 122. — Je croyais voir ces victimes de Verrès.

Allusion à ce beau passage de la v° Verrine, chap. CLVIII, où Cicéron montrait un citoyen romain expirant sur la croix par les ordres de Verrès, à la vue des côtes de l'Italie.

xvii°. Page 122. — L'île délicieuse des Lotophages.

Probablement aujourd'hui Zerbi. On mange encore le lotus sur toute cette côte. Pline distingue deux sortes de lotus. (Liv. xiii, chap. xvii. Voyez aussi l'*Odyssée.*)

xviii°. Page 122. — Les autels des Philènes, et Leptis, patrie de Sévère.

Pour l'ordre, il aurait fallu Leptis et les autels des Philènes ; mais l'oreille s'y opposait. « *Philenorum aræ,* monument consacré à la mémoire de deux frères carthaginois qui s'é- « taient exposés à la mort pour étendre jusque-là les dépendances de leur patrie. » (D'ANVILLE.) Leptis, une des trois villes d'où la province de Tripoli prit son nom. Sévère et saint Fulgence étaient de Leptis. Il existe encore des ruines de cette ville sous le Liba.

xix°. Page 122. — Une haute colonne attira bientôt nos regards.

En revenant en Europe, je suis demeuré plusieurs jours en mer en vue de la colonne de Pompée, et certes je n'ai eu que trop le temps de remarquer son effet à l'horizon. Ici commence la description de l'Egypte. Je prie le lecteur de suivre pas à pas, et d'examiner si on y trouve de l'enflure, du galimatias et le moindre désir de produire de l'effet avec de grands mots : je puis me tromper, car je ne suis pas aussi habile que les critiques ; mais je suis bien sûr de ce que j'ai vu de mes yeux, et, malheureusement, je vois les choses comme elles sont.

xx°. Page 122. — Par Pollion, préfet d'Égypte.

C'est ce que porte l'inscription lue par les Anglais, au moyen du plâtre qu'ils appliquèrent sur la base de la colonne. Je crois avoir été le premier ou un des premiers qui aient fait connaître cette inscription en France. Je l'ai rapportée dans un numéro du *Mercure*, lorsque ce journal m'appartenait.

xxi°. Page 122. — Le savant Didyme.

Il y a deux Didymes, tous deux savants : le second, qui vivait dans le quatrième siècle, était chrétien et versé également dans l'antiquité profane et sacrée. On peut supposer sans

Inconvénient que le second Didyme est l'auteur du *Commentaire sur Homère*. Il occupa la chaire de l'école d'Alexandrie : c'est pourquoi je l'appelle successeur d'Aristarque, qui corrigea Homère, et qui fut gouverneur du fils de Ptolémée Lagus. J'ai voulu seulement rappeler deux noms chers aux lettres.

xxiie. Page 122. — Arnobe.

Continuation du tableau des grands hommes de l'Eglise à l'époque de l'action : ce sont à présent ceux de l'Eglise d'Orient. Il y a ici de légers anachronismes, encore pourrais-je les défendre et chicaner sur les temps ; mais ce n'est point de cela qu'il est question.

xxiiie. Page 123. — Dépôt des remèdes et des poisons de l'âme.

On connaît la fameuse inscription de la bibliothèque de Thèbes en Egypte : Ψυχῆς ἰατρεῖον. N'est-il pas plus juste pour nous avec le mot que j'y ai ajouté?

xxive. Page 123. — Du haut d'une galerie de marbre, je regardais Alexandrie, etc.

J'ai souvent aussi contemplé Alexandrie du haut de la terrasse qui règne sur la maison du consul de France ; je n'apercevais qu'une mer nue qui se brisait sur des côtes basses encore plus nues, des ports vides, et le désert libyque s'enfonçant à l'horizon du midi. Ce désert semblait, pour ainsi dire, accroître et prolonger la surface jaune et aplanie des flots ; on aurait cru voir une seule mer, dont une moitié était agitée et bruyante, et dont l'autre moitié était immobile et silencieuse. Partout la nouvelle Alexandrie mêlant ses ruines aux ruines de l'ancienne cité ; un Arabe galopant au loin sur un âne, au milieu des débris ; quelques chiens maigres dévorant des carcasses de chameaux sur une grève désolée ; les pavillons des divers consuls européens flottant au-dessus de leurs demeures, et déployant, au milieu des tombeaux, des couleurs ennemies : tel était le spectacle.

Je vais citer un long morceau de Strabon, qui renferme une description complète d'Alexandrie, et qui servira d'autorité pour tout ce que je dis dans mon texte sur les monuments de cette ville, sur le cercueil de verre d'Alexandre, etc., etc. Comme les savants ennemis des *Martyrs*, qui ont tout lu sur l'Egypte, sont sans doute très-versés dans l'antiquité, ils seront bien aises de trouver ici l'original de ma description. Je ne leur ferai pas l'injure de traduire le morceau ; mais j'espère alors qu'ils tanceront le géographe grec, pour son ignorance et la fausseté de ses assertions.

Ἔστι δὲ χλαμυδοειδὲς τὸ σχῆμα τοῦ ἐδάφους τῆς πόλεως· οὗ τὰ μὲν ἐπὶ μῆκος πλευρά ἐστι τὰ ἀμφίκλυστα, ὅσον τριάκοντα σταδίων ἔχοντα διάμετρον· τὰ δὲ ἐπὶ πλάτος οἱ ἰσθμοί, ἑπτὰ ἢ ὀκτὼ σταδίων ἑκάτερος, σφιγγόμενος τῇ μὲν ὑπὸ θαλάττης, τῇ δ᾽ ὑπὸ τῆς λίμνης. Ἅπασα μὲν ὁδοῖς κατατέτμηται, ἱππηλάταις καὶ ἁρματηλάταις· δυσὶ δὲ πλατυτάταις, ἐπὶ πλέον ἢ πλέθρον ἀναπεπταμέναις· αἱ δὴ δίχα καὶ πρὸς ὀρθὰς τέμνουσιν ἀλλήλας. Ἔχει δ᾽ ἡ πόλις τεμένη, τά τε κοινὰ κάλλιστα καὶ τὰ βασίλεια, τέταρτον, ἢ καὶ τρίτον τοῦ παντὸς περιβόλου μέρος· τῶν γὰρ βασιλέων ἕκαστος ὥσπερ τοῖς κοινοῖς ἀναθήμασι προσεφιλοκάλει τινὰ κόσμον, οὕτω καὶ οἴκησιν ἰδίᾳ περιεβάλλετο πρὸς ταῖς ὑπαρχούσαις, ὥστε νῦν τὸ τοῦ ποιητοῦ

Ἐξ ἑτέρων ἕτερ᾽ ἐστίν·

ἅπαντα μέντοι συναφῆ καὶ ἀλλήλοις καὶ τῷ λιμένι, καὶ ὅσα ἔξω αὐτοῦ. Τῶν δὲ βασιλείων μέρος ἐστὶ καὶ τὸ Μουσεῖον ἔχον περίπατον καὶ ἐξέδραν, καὶ οἶκον μέγαν, ἐν ᾧ τὸ συσσίτιον τῶν μετεχόντων τοῦ Μουσείου φιλολόγων ἀνδρῶν. Ἔστι δὲ τῇ συνόδῳ ταύτῃ καὶ χρήματα κοινά, καὶ ἱερεὺς ὁ ἐπὶ τῷ Μουσείῳ τεταγμένος, τότε μὲν ὑπὸ τῶν βασιλέων, νῦν δ᾽ ὑπὸ Καίσαρος. Μέρος δὲ τῶν βασιλείων ἐστὶ καὶ τὸ καλούμενον Σῆμα, ὃ περίβολος ἦν, ἐν ᾧ αἱ τῶν βασιλέων ταφαί, καὶ ἡ Ἀλεξάνδρου· ἔφθη γὰρ τὸ σῶμα ἀφελόμενος. Περοδίκκαν ὁ τοῦ Λάγου Πτολεμαῖος, κατακομίζοντα ἐκ τῆς Βαβυλῶνος, καὶ ἐκτρεπόμενον ταύτῃ κατὰ πλεονεξίαν καὶ ἐξιδιασμὸν τῆς Αἰγύπτου, καὶ δὴ καὶ ἀπώλετο διαφθαρεὶς ὑπὸ τῶν στρατιωτῶν, ἐπελθόντος τοῦ Πτολεμαίου καὶ κατακλεισαντος αὐτὸν ἐν νήσῳ ἐρήμῃ· ἐκεῖνος μὲν οὖν ἀπέθανεν ἐμπεριπαρεὶς ταῖς σαρίσσαις, ἐπελθόντων ἐπ᾽ αὐτὸν τῶν στρατιωτῶν· σὺν αὐτῷ δὲ καὶ οἱ βασιλεῖς, Ἀριδαῖός τε, καὶ τὰ παιδία τὰ Ἀλεξάνδρου, καὶ ἡ γυνὴ Ῥωξάνη ἀπῆρεν εἰς Μακεδονίαν· τὸ δὲ σῶμα τοῦ Ἀλεξάνδρου κομίσας ὁ Πτολεμαῖος ἐκήδευσεν ἐν τῇ Ἀλεξανδρείᾳ, ὅπου νῦν ἔτι κεῖται· οὐ μὴν ἐν τῇ αὐτῇ πυέλῳ· ὑαλίνη γὰρ αὕτη, ἐκεῖνος δ᾽ ἐν χρυσῇ κατέθηκεν. Ἐσύλησε δ᾽ αὐτὴν ὁ Κόκκης, καὶ Παρρισιακὸς ἐπικληθεὶς Πτολεμαῖος, ἐκ τῆς Συρίας ἐπελθών, καὶ ἐκπεσὼν εὐθύς, ὥστ᾽ ἀνόνητα αὐτῷ τὰ σῦλα γενέσθαι.

"Εστι δὲ ἐν τῷ μεγάλῳ λιμένι κατὰ μὲν τὸν εἴσπλουν ἐν δεξιᾷ ἡ νῆσος καὶ ὁ πύργος ὁ Φάρος· κατὰ δὲ τὴν ἑτέραν χεῖρα αἵ τε χοιράδες, καὶ ἡ Λοχιὰς ἄκρα, ἔχουσα βασίλειον. Εἰσπλεύσαντι δ' ἐν ἀριστερᾷ ἐστι συνεχῆ τοῖς ἐν τῇ Λοχιάδι τὰ ἐνδοτέρω βασίλεια, πολλὰς καὶ ποικίλας ἔχοντα διαίτας· καὶ ἄλση τούτοις δ' ὑπόκειται ὅ, τε κρυπτὸς λιμὴν καὶ κλειστὸς ἴδιος τῶν βασιλέων, καὶ ἡ Ἀντίρροδος, νησίον προκείμενον τοῦ ὀρυκτοῦ λιμένος, βασίλειον ἅμα καὶ λιμένιον ἔχον· ἐκάλεσαν δ' οὕτως, ὡς ἂν τῇ Ῥόδῳ ἐνάμιλλον. Ὑπέρκειται δὲ τούτου τὸ θέατρον· εἶτα τὸ Ποσείδιον, ἀγκών τις ἀπὸ τοῦ Ἐμπορίου καλουμένου προπεπτωκὼς, ἔχων ἱερὸν Ποσειδῶνος· ᾧ προσθεὶς χῶμα Ἀντώνιος ἔτι μᾶλλον προνεῦον εἰς μέσον τὸν λιμένα ἐπὶ τῷ ἄκρῳ κατεσκεύασε δίαιταν βασιλικὴν, ἣν Τιμώνιον προσηγόρευσε. Τοῦτο δ' ἔπραξε τὸ τελευταῖον, ἡνίκα προλειφθεὶς ὑπὸ τῶν φίλων ἀπῇρεν εἰς Ἀλεξάνδρειαν μετὰ τὴν ἐν Ἀκτίῳ κακοπραγίαν, Τιμώνιον αὑτῷ κρίνας τὸν λοιπὸν βίον, ὃν διάξειν ἔμελλεν ἔρημος τῶν τοσούτων φίλων. Εἶτα τὸ Καισάριον καὶ τὸ Ἐμπορεῖον, καὶ ἀποστάσεις· καὶ μετὰ ταῦτα τὰ νεώρια μέχρι τοῦ ἑπταστοδίου. Ταῦτα μὲν τὰ πρὸ τὸν μέγαν λιμένα.

Ἑξῆς δ' Εὐνόστου λιμὴν μετὰ τὸ ἑπταστάδιον· καὶ ὑπὲρ τούτου ὀρυκτὸς, ὃν καὶ Κιβωτὸν καλοῦσιν, ἔχων καὶ αὐτὸς νεώρια. Ἐνδοτέρω δὲ τούτου διώρυξ πλωτὴ μέχρι τῆς λίμνης τεταμένη τῆς Μαρεώτιδος· ἔξω μὲν οὖν τῆς διώρυγος μικρὸν ἔτι λείπεται τῆς πόλεως· εἶθ' ἡ Νεκρόπολις, καὶ τὸ προάστειον, ἐν ᾧ κῆποί τε πολλοὶ καὶ ταφαὶ καὶ καταγωγαὶ, πρὸς τὰς ταριχείας τῶν νεκρῶν ἐπιτήδειαι. Ἐντὸς δὲ τῆς διώρυγος τό, τε Σαράπιον καὶ ἄλλα τεμένη ἀρχαῖα ἐκλελειμμένα πως διὰ τὴν τῶν νεῶν κατασκευὴν τῶν ἐν Νικοπόλει. (STRAB., *Rer. geogr.*, lib. XVII.)

xxvᵉ. Page 123. — Comme une cuirasse macédonienne.

Comment ai-je pu traduire le mot *chlamydes* de l'original par *cuirasse*? Voilà bien ce qui prouve que mes descriptions ne sont bonnes que pour ceux qui n'ont rien lu sur l'Égypte. Aurais-je par hasard quelque autorité que je me plaise à cacher, ou n'ai-je eu l'intention que d'arriver à l'image tirée des armes d'Alexandre? C'est ce que la critique nous dira.

xxviᵉ. Page 123. — Ces vaillants qui sont tombés morts.

« Et non dormient cum fortibus cadentibus... qui posuerunt gladios suos sub capitibus suis. » (EZECHIEL, cap. XXXII, v. 27.)

xxviiᵉ. Page 124. — Qui vient de se baigner dans les flots du Nil.

Les eaux du Nil, pendant le débordement, ne sont point jaunes, ainsi qu'on l'a dit; elles ont une teinte rougeâtre, comme le limon qu'elles déposent : c'est ce que tout le monde a pu observer aussi bien que moi.

xxviiiᵉ. Page 124. — Un sol rajeuni tous les ans.

Voilà toute la description de l'Égypte : il me semble que je ne dis rien ici d'extraordinaire ni d'étranger à la pure et simple vérité. L'expression sans doute est à moi, mais si j'en crois d'assez bons juges, je ne dois avoir nulle inquiétude sur ce point.

xxixᵉ. Page 124. — Pharaon est là avec tout son peuple, et ses sépulcres sont autour de lui.

Je ne sais si l'on avait remarqué avant moi ce passage des *Prophètes* qui peint si bien les Pyramides. J'avais ici un vaste sujet d'amplification, et pourtant je me suis contenté de peindre rapidement cet imposant spectacle; il faut se taire, après Bossuet, sur ces grands tombeaux. En remontant le Nil pour aller au Caire, lorsque j'aperçus les Pyramides, elles me présentèrent l'image exprimée dans le texte. La beauté du ciel, le Nil, qui ressemblait alors à une petite mer; le mélange des sables du désert et des tapis de la plus fraîche verdure; les palmiers, les dômes des mosquées, les minarets du Caire, les Pyramides lointaines de Saccara, d'où le fleuve semblait sortir comme de ses immenses réservoirs : tout cela formait un tableau qui n'a point son égal dans le reste du monde. Si j'osais comparer quelque chose à ces sépulcres des rois d'Égypte, ce seraient les sépulcres des Sauvages sur les rives de l'Ohio. Ces monuments, ainsi que je l'ai dit dans *Atala*, peuvent être appelés les Pyramides des déserts, et les bois qui les environnent sont les palais que la main de Dieu éleva à l'homme-roi enseveli sous le mont du Tombeau.

xxxᵉ. Page 124. — Baignée par le lac Achéruse, où Caron passait les morts.

« Ces plaines heureuses, qu'on dit être le séjour des justes morts, ne sont à la lettre que les
« belles campagnes qui sont aux environs du lac d'Achéruse, auprès de Memphis; et qui
« sont partagées par des champs et par des étangs couverts de blé ou de lotos. Ce n'est pas

SUR LES MARTYRS.

« sans fondement qu'on a dit que les morts habitent là ; car c'est là qu'on termine les funé-
« railles de la plupart des Égyptiens, lorsque après avoir fait traverser le Nil et le lac d'A-
« chéruse à leurs corps, on les dépose enfin dans des tombes qui sont arrangées sous terre
« en cette campagne. Les cérémonies qui se pratiquent encore aujourd'hui dans l'Égypte con-
« viennent à tout ce que les Grecs disent de l'enfer, comme à la barque qui transporte les
« corps, à la pièce de monnaie qu'il faut donner au nocher nommé *Caron* en langue égyp-
« tienne, au temple de la ténébreuse Hécate, placé à l'entrée de l'enfer ; aux portes du Cocyte
« et du Léthé, posées sur des gonds d'airain ; à d'autres portes, qui sont celles de la Vérité
« et de la Justice, qui est sans tête. » (DIODORE, liv. I, traduct. de Terrasson.)

xxxi°. Page 124. — Je visitai Thèbes aux cent portes.

« Busiris rendit la ville de Thèbes la plus opulente, non-seulement de l'Égypte, mais du
« monde entier. Le bruit de sa puissance et de ses richesses s'était répandu partout, a donné
« lieu à Homère d'en parler en ces termes :

  Non, quand il m'offrirait, pour calmer mes transports,
  Ce que Thèbes d'Égypte enferme de trésors,
  Thèbes qui, dans la plaine envoyant ses cohortes,
  Ouvre à vingt mille chars ses cent fameuses portes.

« Néanmoins, selon quelques auteurs, Thèbes n'avait point cent portes ; mais, prenant le
« nombre de cent pour plusieurs, elle était surnommée Hécatompyle, non peut-être de ses
« portes, mais des grands vestibules qui étaient à l'entrée de ses temples. » (DIODORE, liv. I,
« sect. II, trad. de Terrasson.)

xxxii°. Page 124. — Tentyra aux ruines magnifiques.

Aujourd'hui Dendéra. Je la suppose ruinée au temps d'Eudore, et telle qu'elle l'est aujour-
d'hui. Une foule de villes égyptiennes n'existaient déjà plus du temps des Grecs et des Romains, et ils allaient comme nous en admirer les ruines. Je donne ici mille cités à l'Égypte :
Diodore en compte trois mille ; et, selon le calcul des prêtres, elles s'étaient élevées au
nombre de dix-huit mille. Si l'on en croyait Théocrite, ce nombre eût été encore beaucoup
plus considérable. Dioclétien lui-même détruisit plusieurs villes de la Thébaïde, en étouffant
la révolte d'Achillée.

xxxiii°. Page 124. — Qui donna Cécrops et Inachus à la Grèce, qui fut vi-
sitée, etc.

Cécrops fonda Athènes ; et Inachus, Argos.
Parmi les sages qui ont visité l'Égypte, Diodore compte, d'après les prêtres égyptiens,
Orphée, Musée, Mélampe, Dédale, Homère, Lycurgue, Solon, Platon, Pythagore, Eudoxe,
Démocrite, Œnopidès. (Liv. I.) J'ai ajouté les grands personnages de l'Écriture.

xxxiv°. Page 124. — Cette Égypte, où le peuple jugeait ses rois, etc.

Je citerai Rollin, tout à fait digne de figurer auprès des historiens antiques : « Aussitôt
« qu'un homme était mort, on l'amenait en jugement. L'accusateur public était écouté. S'il
« prouvait que la conduite du mort eût été mauvaise, on en condamnait la mémoire ; et il
« était privé de la sépulture. Le peuple admirait le pouvoir des lois, qui s'étendait jusqu'après
« la mort ; et chacun, touché de l'exemple, craignait de déshonorer sa mémoire et sa famille.
« Que si le mort n'était convaincu d'autre faute, on l'ensevelissait honorablement.
« Ce qu'il y a de plus étonnant dans cette enquête publique établie contre les morts, c'est
« que le trône même n'en mettait pas à couvert. Les rois étaient épargnés pendant leur vie,
« le repos public le voulait ainsi, mais ils n'étaient pas exempts du jugement qu'il fallait su-
« bir après la mort, et quelques-uns ont été privés de sépulture. » (ROLLIN, *Hist. des Égypt.*)

xxxv°. Page 124. — Où l'on empruntait en livrant pour gage le corps d'un père.

« Sous le règne d'Asychis, comme le commerce souffrait de la disette d'argent, il publia,
« me dirent-ils, une loi qui défendait d'emprunter, à moins qu'on ne donnât pour gage le
« corps de son père. On ajouta à cette loi que le créancier aurait aussi en sa puissance la sé-
« pulture du débiteur, et que, si celui-ci refusait de payer la dette pour laquelle il aurait
« hypothéqué un gage si précieux, il ne pourrait être admis, après sa mort, dans la sépul-
« ture de ses pères, ni dans quelque autre, et qu'il ne pourrait, après le trépas d'aucun des
« siens, leur rendre cet honneur. » (HÉRODOTE, liv. II, traduct. de M. Larcher.)

xxxvi°. Page 124. — Où le père qui avait tué son fils, etc.

« On ne faisait pas mourir les parents qui avaient tué leurs enfants, mais on leur faisait
« tenir leurs corps embrassés trois jours et trois nuits de suite, au milieu de la garde publique
« qui les environnait. » (DIODORE, liv. II, traduction de Terrasson.)

xxxvii°. Page 124. — Où l'on promenait un cercueil autour de la table du festin.

« Aux festins qui se font chez les riches, on porte après le repas, autour de la salle, un « cercueil avec une figure en bois, si bien travaillée et si bien peinte, qu'elle représente par« faitement un mort. Elle n'a qu'une coudée ou deux au plus. On la montre à tous les con« vives tour à tour, en leur disant : Jetez les yeux sur cet homme, vous lui ressemblerez après « votre mort; buvez donc maintenant et vous divertissez. » (Hérodote, liv. ii, traduction de M. Larcher.)

xxxviii°. Page 124. — Où les maisons s'appelaient des hôtelleries, et les tombeaux des maisons.

« Tous ces peuples, regardant la durée de la vie comme un temps très-court et de peu d'im« portance, font au contraire beaucoup d'attention à la longue mémoire que la vertu laisse « après elle. C'est pourquoi ils appellent les maisons des vivants des hôtelleries par les« quelles on ne fait que passer; mais ils donnent le nom de demeures éternelles aux tom« beaux des morts, d'où l'on ne sort plus. Ainsi, les rois ont été comme indifférents sur la « construction de leurs palais, et ils se sont épuisés dans la construction de leurs tombeaux. » (Diodore, liv. i, traduction de Terrasson.)

xxxix°. Page 125. — Leurs symboles bizarres ou effrontés.

Non-seulement j'ai lu quelque chose sur l'Egypte, comme on vient de le voir, mais j'en connais assez bien les monuments; et quand je dis qu'il y avait des symboles effrontés à Thèbes, à Memphis et à Hiéropolis, je ne fais que rappeler ce que la gravure a rappelé depuis Pococke, et rappellera sans doute encore. Cette note xxxix° termine la description de l'Egypte idolâtre : il n'y a, comme on le voit, pas une phrase, pas un mot qui ne soit appuyé sur une puissante autorité, et l'on peut remarquer que j'ai renfermé en quelques lignes toute l'histoire de l'Egypte ancienne, sans omettre un seul fait essentiel. Dans la description de l'Egypte chrétienne qui va suivre, dans la peinture du désert, j'aurais pu m'en rapporter à mes propres yeux, et mon témoignage suffisait, comme celui de tout autre voyageur. On verra pourtant que mes récits sont confirmés par les relations les plus authentiques. Franchement, je suis plus fort que mes ennemis en tout ceci; et puisqu'ils m'y ont force par l'attaque la plus bizarre, je suis obligé de leur prouver qu'ils ont parlé de choses qu'ils n'entendent pas.

xl°. Page 125. — Il venait de conclure un traité avec les peuples de Nubie.

Par ce traité, Dioclétien avait cédé aux Ethiopiens le pays qu'occupaient les Romains au delà des cataractes.

xli°. Page 125. — Figurez-vous, seigneurs, des plages sablonneuses, etc.

« Nous partîmes de Benisolet, dit le père Siccard, le 25, pour aller au village de Baiad, « qui est à l'orient du fleuve. Nous prîmes dans ce village des guides pour nous conduire « au désert de Saint-Antoine. Nous sortîmes de Baiad le 26 mai, montés sur des chameaux, « et escortés de deux chameliers. Nous marchâmes au nord le long du Nil, l'espace d'une ou « deux lieues, et ensuite nous tirâmes à l'est pour entrer dans le célèbre désert de Saint« Antoine, ou de la Basse-Thébaïde.... Une plaine sablonneuse s'étend d'abord jusqu'à la « gorge de Gebeï..... Nous montâmes jusqu'au sommet du mont Gebeï. Nous découvrîmes « alors une plaine d'une étendue prodigieuse..... Son terrain est pierreux et stérile. Les « pluies, qui y sont fréquentes en hiver, forment plusieurs torrents; mais leur lit demeure « sec pendant tout l'été..... Dans toute la plaine, on ne voit que quelques acacias sauvages, « qui portent autant d'épines que de feuilles. Leurs feuilles sont si maigres, qu'elles n'offrent « qu'un médiocre secours à un voyageur qui cherche à se mettre à l'abri du soleil brûlant. » (Lettres édif., tom. v, page 491 et suiv.) Jusqu'ici, comme on le voit, je n'ai rien imaginé; et le père Siccard, qui passa tant d'années en Egypte; ce missionnaire qui savait le grec, le cophte, l'hébreu, le syriaque, l'arabe, le latin, le turc, etc., n'avait peut-être rien lu sur l'Egypte, ni rien vu dans ce pays. J'ai substitué seulement le nopal à l'acacia, comme plus caractéristique des lieux. Me permettra-t-on de dire que j'ai rencontré le nopal aux environs du Caire, d'Alexandrie, et en général dans tous les déserts de ces contrées? Cependant, si on ne veut pas qu'il y ait des nopals en Orient, malgré moi et malgré presque tous les voyageurs, je capitulerai sur ce point.

Il faut pourtant que j'apprenne à la critique une chose qu'elle ne sait peut-être pas, et le moyen de m'attaquer. A l'époque où je place des nopals en Orient, il y a anachronisme en histoire naturelle. Les cactus sont américains d'origine. Transportés ensuite en Afrique et en Asie, ils s'y sont tellement multipliés, que la chaîne de l'Atlas en est aujourd'hui remplie. Quelques botanistes doutent même si ces plantes ne sont point naturelles aux deux continents. Un seul végétal introduit dans une contrée suffit pour changer l'aspect d'un paysage. Le peuplier d'Italie, par exemple, a donné un autre caractère à nos vallées. J'ai peint et j'ai dû peindre ce que je voyais en Orient, sans égard à la chronologie de l'histoire naturelle.

XLIIe. Page 125. — Des débris de vaisseaux pétrifiés.

« Sur le dos de la plaine, dit le père Siccard, on voit de distance en distance des mâts
« couchés par terre, avec des pièces de bois flotté qui paraissent venir du débris de quelque
« bâtiment; mais, quand on y veut porter la main, tout ce qui paraissait bois se trouve être
« pierre. » (*Lettres édif.*, tom. v, pag. 48.) Me voilà encore à l'abri. Il est vrai que le père Siccard raconte cette particularité du désert de Scété et de la *mer sans eau*, et moi je la place dans le désert de la Basse-Thébaïde; mais un autre voyageur dit avoir rencontré les mêmes pétrifications en allant du Caire à Suez : il diffère seulement d'opinion avec le missionnaire sur la nature de ces pétrifications.

XLIIIe. Page 125. — Des monceaux de pierres élevés de loin à loin.

« Nous traversâmes, dit encore le père Siccard, le chemin des *Anges*: c'est ainsi que les
« chrétiens appellent une longue traînée de petits morceaux de pierres dans l'espace de plu-
« sieurs journées de chemin : cet ouvrage... servait autrefois pour diriger les pas des ana-
« chorètes... car le sable de ces vastes plaines, agité par les vents, ne laisse ni sentier ni
« trace marquée. » (*Lettres édif.*, tom. v, pag. 29.)

XLIVe. Page 126. — L'ombre errante de quelques troupeaux de gazelles, etc.; jusqu'à l'alinéa.

« Les vestiges de sangliers, d'ours, d'hyènes, de bœufs sauvages, de gazelles, de loups,
« de corneilles, paraissent tous les matins fraîchement imprimés sur le sable. » (Le père Siccard, *Lettres édif.*, tom. v, pag. 41.) J'ai souvent entendu la nuit le bruit des sangliers qui rongeaient des racines dans le sable : ce bruit est assez étrange pour m'avoir fait plus d'une fois interroger mes guides. Quant au chant du grillon, c'est une petite circonstance si distinctive de ces affreuses solitudes, que j'ai cru devoir la conserver. C'est souvent le seul bruit qui interrompe le silence du désert libyque et des environs de la mer Morte; c'est aussi le dernier son que j'aie entendu sur le rivage de la Grèce, en m'embarquant au cap Sunium pour passer à l'île de Zéa. Peindre à la mémoire le foyer du laboureur, dans ces plaines où jamais une fumée champêtre ne vous appelle à la tente de l'Arabe ; présenter au souvenir le contraste du fertile sillon et du sable le plus aride, ne m'ont point paru des choses que le goût dût proscrire, et les critiques que j'ai consultés ont tous été d'avis que je conservasse ce trait.

XLVe. Page 126. — Il enfonçait ses naseaux dans le sable.

Tous les voyageurs ont fait cette remarque, Pococke, Shaw, Siccard, Niebhur, M. de Volney, etc. J'ai vu souvent moi-même les chameaux souffler dans le sable sur le rivage de la mer, à Smyrne, à Jaffa et à Alexandrie.

XLVIe. Page 126. — Par intervalle, l'autruche poussait des sons lugubres.

Sorte de cri attribué à l'autruche par toute l'Ecriture. (Voyez Job et Michée.)

XLVIIe. Page 126. — Le vent de feu.

C'est le kamsin. Il n'y a point d'ouvrage sur l'Egypte et sur l'Arabie qui ne parle de ce vent terrible. Il tue quelquefois subitement les chameaux, les chevaux et les hommes. Les anciens l'ont connu, comme on peut le remarquer dans Plutarque.

XLVIIIe. Page 126. — Un acacia.

(Voyez la note XLIe.)

XLIXe. Page 126. — Le rugissement d'un lion.

On prétend qu'on ne trouve pas de lions dans les déserts de la Basse-Thébaïde : cela peut être. On sait, par l'autorité d'Aristote, qu'il y avait autrefois des lions en Europe, et même en Grèce. J'ai suivi dans mon texte l'*Histoire des Pères du désert ;* et je le devais, puisque c'était mon sujet. On lit donc dans mon *Histoire* que ces grands solitaires apprivoisaient des lions, et que ces lions servaient quelquefois de guides aux voyageurs. Ce furent deux lions qui, selon saint Jérôme, creusèrent le tombeau de saint Paul. Le père Siccard assure qu'on voit *rarement* des lions dans la Basse-Thébaïde, mais qu'on y voit beaucoup de tigres, de chamois, etc. (*Lettr. édif.*, tom. v, pag. 219.)

L[e]. Page 127. — Un puits d'eau fraîche.

« L'aurore, dit le père Siccard, nous fit découvrir une touffe de palmiers éloignée de nous
« d'environ quatre ou cinq milles. Nos conducteurs nous dirent que ces palmiers ombrageaient
« un petit marais, dont l'eau, quoiqu'un peu salée, était bonne à boire. » (*Lettres édif.*, tom. v, pag. 196.)

LII°. Page 127. — Je commençai à gravir des rocs noircis et calcinés.

« Le monastère de Saint-Paul, où nous arrivâmes, est situé à l'orient, dans le cœur du « mont Colzim. Il est environné de profondes ravines et de coteaux stériles dont la surface est « noire. » (Le père SICCARD, *Lettr. édif.*, tom v, pag. 250.)

LII°. Page 127. — Au fond de la grotte.

« Il (Paul) trouva une montagne pierreuse, auprès du pied de laquelle était une grande ca- « verne dont l'entrée était fermée avec une pierre, laquelle ayant levée pour y entrer, et re- « gardant attentivement de tous côtés, par cet instinct naturel qui porte l'homme à désirer « de connaître les choses cachées, il aperçut au dedans comme un grand vestibule qu'un « vieux palmier avait formé de ses branches en les étendant et les enlaçant les unes dans « les autres, et qui n'avait rien que le ciel au-dessus de soi. Il y avait là une fontaine d'eau « très-claire, d'où sortait un ruisseau qui à peine commençait à couler, qu'on le voyait se « perdre dans un petit trou, et être englouti par la même terre qui le produisait. » (*Vie des Pères du désert*, traduction d'Arnauld d'Andilly, tom. 1, pag. 5.)

LIII°. Page 128. — Comment vont les choses du monde?

« Ainsi Paul, en souriant, lui ouvrit la porte; et alors s'étant embrassés diverses fois, ils « se saluèrent et se nommèrent tous deux par leurs propres noms. Ils rendirent ensemble « grâces à Dieu; et après s'être donné le saint baiser, Paul s'étant assis auprès d'Antoine, « lui parla de cette sorte:

« Voici celui que vous avez cherché avec tant de peine, et dont le corps flétri de vieillesse « est couvert par des cheveux blancs tout pleins de crasse. Voici cet homme qui est sur le « point d'être réduit en poussière. Mais puisque la charité ne trouve rien de difficile, dites- « moi, je vous supplie, comme va le monde? Fait-on de nouveaux bâtiments dans les an- « ciennes villes? Qui est celui qui règne aujourd'hui? » (*Vie des Pères du désert*, traduction d'Arnauld d'Andilly, tom. 1, pag. 10.)

LIV°. Page 128. — Il y a cent treize ans que j'habite cette grotte.

« Y ayant déjà cent treize ans que le bienheureux Paul menait sur la terre une vie toute « céleste; et Antoine, âgé de quatre-vingt-dix ans (comme il l'assurait souvent), demeurant « dans une autre solitude, il lui vint en pensée que nul autre que lui n'avait passé dans le « désert la vie d'un parfait et véritable solitaire. » (*Vie des Pères du désert*, traduction d'Ar- nauld d'Andilly, tom. 1, pag. 6.)

LV°. Page 128. — Paul alla chercher dans le trou d'un rocher un pain.

Allusion à l'histoire du corbeau de saint Paul. J'ai écarté tout ce qui pouvait blesser le goût dédaigneux du siècle, sans pourtant rien omettre de principal, il ne faut pas, d'ailleurs, que les partisans de la mythologie crient si haut contre l'histoire de nos saints : il y a des corbeaux et des corneilles qui jouent des rôles fort singuliers dans les fables d'Ovide. Ne sait- on pas comment Lucien s'est moqué des dieux du paganisme, et combien, en effet, on peut les rendre ridicules? Tout cela est de la mauvaise foi. On admire dans un poëte grec ou latin ce que l'on trouve bizarre et de mauvais goût dans la vie d'un solitaire de la Thébaïde. Il est très-aisé, en élaguant quelques circonstances, de faire de la vie de nos saints des morceaux pleins de naïveté, de poésie et d'intérêt.

LVI°. Page 128. — Eudore, me dit-il, vos fautes ont été grandes.

Cette scène a été préparée dans le livre du *Ciel*. Elle achève de confirmer mon héros dans la pénitence; elle lui apprend ses destinées; elle lui donne le courage du martyre. Ainsi le récit se termine précisément au moment où Eudore est devenu capable des grandes actions que Dieu attend de lui.

LVII°. Page 129. — Un horizon immense.

« Etant parvenus à l'endroit le plus haut du mont Colzim, nous nous y arrêtâmes pen- « dant quelque temps pour contempler avec plaisir la mer Rouge, qui était à nos pieds, et « le célèbre mont Sinaï, qui bornait notre horizon. » (*Lettres édif.*, tom. v, pag. 214.)

LVIII°. Page 129. — Une caravane.

L'établissement des caravanes est de la plus haute antiquité : la première que l'on re- marque dans l'histoire romaine remonte au temps d'Auguste, lors de l'expédition des légions pour découvrir les aromates de l'Arabie.

LIX°. Page 129. — Des vaisseaux chargés de parfums et de soie.

Les parfums de l'Orient et les soies des Indes venaient aux Romains par la mer Rouge. Les philosophes grecs allaient quelquefois étudier aux Indes la sagesse des brahmanes.

LX°. Page 129. — Confesseur de la foi.

Ce morceau achève la peinture du christianisme. Il fait voir la suite et les conséquences de l'action; il montre Eudore récompensé, les persécuteurs punis, et les nations modernes se faisant chrétiennes sur les débris du monde ancien et les ruines de l'idolâtrie.

LXI°. Page 129. — Grande rébellion tentée par leurs pères.

C'est la révolte d'Adam et la chute de l'homme. Le reste du passage touchant la morale écrite, les révolutions de l'Orient, etc., n'a pas besoin de commentaires. Je suppose, avec quelques auteurs, que l'Égypte a porté ses dieux dans les Indes, comme elle les a certainement portés dans la Grèce. Toutefois, l'opinion contraire pourrait être la véritable, et ce sont peut-être les Indiens qui ont peuplé l'Égypte. « Mundum tradidit disputationibus eorum. »

LXII°. Page 130. — Vous avez vu le christianisme pénétrer, etc.

Ceci remet sous les yeux le récit, et le but du récit.

LXIII°. Page 130. — Le grand dragon d'Égypte.

« Ecce ego ad te, Pharao rex Ægypti, draco magne, qui cubas in medio fluminum tuorum, « et dicis : Meus est fluvius. » (Ezech., xxix.)

LXIV°. Page 130. — Les démons de la volupté, etc.

Allusion aux tentations des saints dans la solitude, et aux miracles que Dieu fit en faveur des pieux habitants du désert.

LXV°. Page 130. — La pyramide de Chéops jusqu'au tombeau d'Osymandué.

La pyramide de Chéops est la grande pyramide près de Memphis ; le tombeau d'Osymandué était à Thèbes. On peut voir dans Diodore (liv. I, sect. II) la description de ce superbe tombeau ; elle est trop longue pour que je la rapporte ici.

LXVI°. Page 130. — La terre de Gessen.

« Dixit itaque rex ad Joseph... In optimo loco fac eos habitare, et trade eis terram Gessen. »

LXVII°. Page 131. — Ils se sont remplis du sang des martyrs, comme les coupes et les cornes de l'autel.

« Fecit et altare holocausti... Cujus cornua de angulis procedebant... Et in usus ejus pa-« ravit ex ære vasa diversa. » (*Exod.*, cap. XXVII.)

LXVIII°. Page 131. — D'où viennent ces familles fugitives, etc.

Saint Jérôme étant retiré dans sa grotte à Bethléem, survécut à la prise de Rome par Alaric, et vit plusieurs familles romaines chercher un asile dans la Judée.

LXIX°. Page 131. — Enfants impurs des démons et des sorcières de la Scythie.

Jornandès raconte que des sorcières chassées loin des habitations des hommes dans les déserts de la Scythie, furent visitées par des démons, et que de ce commerce sortit la nation des Huns.

LXX°. Page 131. — Leurs chevaux sont plus légers que les léopards ; ils assemblent des troupes de captifs comme des monceaux de sable !

« Leviores pardis equi ejus... Et congregabit quasi arenam captivitatem. » (Habac., chap. I. v. 8 et 9.)

LXXI°. Page 131. — La tête couverte d'un chapeau barbare.

C'est encore Jornandès qui forme ici l'autorité. Il donne ce chapeau à certains prêtres et chefs des Goths.

LXXII°. Page 131. — Les joues peintes d'une couleur verte.

« Le Lombard se présente : ses joues sont peintes d'une couleur verte ; on dirait qu'il a « frotté son visage avec le suc des herbes marines qui croissent au fond de l'Océan, dont il « habite les bords. » (Sidon. Apoll., liv. VII, *Epist.* IX, *ad Lampr.*)

LXXIII°. Page 131. — Pourquoi ces hommes nus égorgent-ils les prisonniers.

(Voyez la note LXIX° du liv. VI.)

LXXIV°. Page 131. — Ce monstre a bu le sang du Romain qu'il avait abattu.

Gibbon cite ce trait dans son *Histoire de la chute de l'empire romain*.

LXXV°. Page 131. — Tous viennent du désert d'une terre affreuse.

« Onus deserti maris. Sicut turbines ab Africo veniunt, de deserto venit, de terra horribili. » (Is. cap. XXI, v. 1.)

LXXVI°. Page 131. — Il vient couvrir ce pauvre corps.

« Mais parce que l'heure de mon sommeil est arrivée... Notre-Seigneur vous (Antoine) a
« envoyé pour couvrir de terre ce pauvre corps, ou, pour mieux dire, pour rendre la terre
« à la terre. » (*Vie des Pères du désert*, traduction d'Arnauld d'Andilly, tom. I, pag. 42.)

LXXVII°. Page 131. — Il tenait à la main la tunique d'Athanase.

« Je vous (Antoine) supplie d'aller quérir le manteau que l'évêque Athanase vous donna,
« et de me l'apporter pour m'ensevelir. (*Vie des Pères du désert*, traduction d'Arnauld d'Andilly, tom. I, pag. 42.)

LXXVIII°. Page 132. — J'ai vu Élie, etc.

« J'ai vu Élie, j'ai vu Jean dans le désert ; et, pour parler selon la vérité, j'ai vu Paul dans
« un paradis. » (*Vie des Pères du désert*, traduction d'Arnauld d'Andilly, tom. I, pag. 43.)

LXXIX°. Page 132. — Je vis, au milieu d'un chœur d'anges.

« Il (Antoine) vit, au milieu des troupes des anges, entre les chœurs des prophètes et
« des apôtres, Paul tout éclatant d'une blancheur pure et lumineuse, monter dans le
« ciel... Il y vit le corps mort du saint qui avait les genoux en terre, la tête levée et les mains
« étendues vers le ciel. Il crut d'abord qu'il était vivant, et qu'il priait. » (*Vie des Pères
du désert*, traduction d'Arnauld d'Andilly, tom. I, pag. 44.)

LXXX°. Page 132. — Deux lions.

(Voyez ci-dessus note XLIX°.)

LXXXI°. Page 132. — Ptolémaïs.

(Saint-Jean d'Acre.)

LXXXII°. Page 132. — Je m'arrêtai aux Saints Lieux, où je connus la pieuse Hélène.

Préparation au voyage de Cymodocée à Jérusalem.

LXXXIII°. Page 132. — Je vis ensuite les sept Églises.

Complément de la peinture de l'Église sur toute la terre. « Angelo Ephesi Ecclesiæ scribe...
« Scio opera tua, et laborem, et patientiam tuam. » Smyrne : « Scio tribulationem tuam. »
Pergame : « Tenes nomen meum, et non negasti fidem meam. » Thyatire : « Novi... chari-
« tatem tuam. » Sardes : « Scio opera tua quia nomen habes quod vivas, et mortuus es. »
Laodicée : « Suadeo tibi emere a me aurum... ut vestimentis albis induaris. » Philadelphie :
« Hæc dicit sanctus et verus qui habet clavem David. Ego dilexi te. » (*Apocal.*, cap. II et III.)

LXXXIV°. Page 132. — J'eus le bonheur de rencontrer à Byzance le jeune prince Constantin, qui... daigna me confier ses vastes projets.

Regard jeté sur la fondation de Constantinople, que saint Augustin appelle magnifiquement
la compagne et l'héritière de Rome. (*De Civ. Dei.*)

SUR LE DOUZIÈME LIVRE.

L'action recommence, dans ce livre, au moment où le lecteur l'a laissée à la fin du livre de
l'*Enfer* : l'amour dans Hiéroclès, l'ambition dans Galérius, la superstition dans Dioclétien,
sont réveillés à la fois par les esprits des ténèbres ; et ces esprits conjurés ignorent qu'ils ne
font qu'obéir aux décrets de l'Éternel, et concourir au triomphe de la foi.

PREMIÈRE REMARQUE. Page 133. — La mère de Galérius, etc.

Voyez, pour tout ceci, le Ier livre du récit ou le IVe de l'ouvrage. Voyez aussi les notes de
ce même livre.

II°. Page 133. — Enivré de ses victoires sur les Parthes, etc.

(Voyez livre V, et la note XXVe du même livre.)

III°. Page 133. — Votre épouse séduite.

(Voyez livre V, à l'aventure des catacombes.)

IV°. Page 134. — Voilà les trésors de l'Église, etc.

J'attribue à Marcellin la touchante histoire de saint Laurent. Celui-ci, sommé par le gou verneur de Rome de livrer les trésors de l'Eglise, rassembla tous les malheureux de cette grande ville, les aveugles, les boiteux, les mendiants : «Tous, dit Prudence, étaient connus « de Laurent, et ils le connaissaient tous. » Tel fut le trésor qu'il présenta au persécuteur des fidèles. (Voyez Prud., *in Coron.* et *Act. Mart.*)

v°. Page 134. — Dans la vaste enceinte, etc.

> Καλῇ ὑπὸ πλατανίστῳ, ὅθεν ῥέεν ἀγλαὸν ὕδωρ.
> Ἔνθ' ἐφάνη μέγα σῆμα· δράκων ἐπὶ νῶτα δαφοινός,
> Σμερδαλέος, τόν ῥ' αὐτὸς Ὀλύμπιος ἧκε φόωσδε,
> Βωμοῦ ὑπαίξας, πρὸς ῥα πλατάνιστον ὄρουσεν.
> Ἔνθα δ' ἔσαν στρουθοῖο νεοσσοί, νήπια τέκνα,
> Ὄζῳ ἐπ' ἀκροτάτῳ, πετάλοις ὑποπεπτηῶτες,
> Ὀκτώ, ἀτὰρ μήτηρ ἐνάτη ἦν, ἣ τέκε τέκνα.
> Ἔνθ' ὅγε τοὺς ἐλεεινὰ κατήσθιε τετριγῶτας·
> Μήτηρ δ' ἀμφεποτᾶτο ὀδυρομένη φίλα τέκνα·
> Τὴν δ' ἐλελιξάμενος πτέρυγος λάβεν ἀμφιαχυῖαν. (*Iliad.*, lib. II, v. 307.)

vi°. Page 134. — Les balances d'or.
(Voyez Homère et l'Ecriture.)

vii°. Page 134. — Il veut que les officiers, etc.
Dioclétien commença en effet la persécution par forcer les officiers de son palais, et même sa femme et sa fille, à sacrifier aux dieux de l'empire.

viii°. Page 135. — Du Tmolus.
Montagne de Lydie. Elle était célèbre par ses vins et par la culture du safran :

> . . . Nonne vides croceos ut Tmolus odores, etc. (*Georg.*, I, 56.)

ix°. Page 135. — Fils de Jupiter, etc.
Les formes de l'adulation la plus abjecte étaient en usage à cette époque : on le verra dans les notes du livre xvi°. Eudore a déjà parlé, livre iv°, du titre d'Eternel que prenaient les empereurs.

x°. Page 135. — Il franchit rapidement cette mer qui vit passer Alcibiade, etc.
Ce fut dans la fatale expédition de Nicias contre Syracuse.

xi°. Page 135. — Les jardins d'Alcinoüs.
Dans l'île de Schérie, aujourd'hui Corfou. (*Odyssée*, liv. vii.)

xii°. Page 135. — Les hauteurs de Buthrotum.
Aujourd'hui Butrento, en Epire, en face de Corfou.

> . . . . Portuque subimus
> Chaonio, et celsam Buthroti accedimus urbem. (*Æneid.*, III, v. 292.)

xiii°. Page 135. — Où respirent encore les feux de la fille de Lesbos.

> Vivuntque commissi calores
> Æoliæ fidibus puellæ. (Horat., *Od.* IX, lib. IV.)

xiv°. Page 135. — Zacynthe couverte de forêts.

> Nemorosa Zacynthos. (*Æneid.*, III, v. 270.)

xv°. Page 135. — Céphallénie aimée des colombes.
C'est l'épithète qu'Homère donne à Thisbé. (*Iliad.*, liv. II.) Je l'ai donnée à Céphallénie, parce qu'en passant près de cette île j'y ai vu voler des troupes de colombes.

xvi°. Page 135. — Il découvre les Strophades, demeure impure de Céléno.

> . . . . Strophades Graio stant nomine dictæ
> Insulæ Ionio in magno ; quas dira Celæno
> Harpyiæque colunt. (*Æneid.*, III, v. 210.)

xvii°. Page 136. — Il rase le sablonneux rivage où Nestor, etc.

> Οἱ δὲ Πύλον, Νηλῆος ἐϋκτίμενον πτολίεθρον,
> Ἷξον· τοὶ δ' ἐπὶ θινὶ θαλάσσης ἱερὰ ῥέζον,
> Ταύρους παμμέλανας, Ἐνοσίχθονι κυανοχαίτῃ. (*Odyss.*, lib. III, v. 4.)

xviiie. Page 136. — Sphactérie.

Ile qui ferme le port de Pylos, et fameuse, dans la guerre du Péloponèse, par la capitulation des Spartiates, qui furent forcés de se rendre aux Athéniens. (Voyez Thucydide.)

xixe. Page 136. — Mothone.

Aujourd'hui Modon. C'est à Modon que j'ai abordé pour la première fois les rivages de la Grèce.

xxe. Page 137. — Les hauts sommets du Cyllène.

Voyez le livre IIe et les notes. Il n'y a rien ici de nouveau, excepté l'histoire de Syrinx. Syrinx était la fille du Ladon ; Pan l'aima, et la poursuivit au bord du fleuve. Elle échappa aux embrassements du dieu de l'Arcadie, par le secours des nymphes. Elle fut changée en roseau. Le zéphyr, en balançant ces roseaux, en fit sortir des plaintes ; Pan, frappé de ces plaintes, arracha les roseaux, et en composa cette espèce de flûte que les anciens appelaient syrinx.

xxie. Page 137. — Elle se retrace vivement la beauté, le courage, etc.

Multa viri virtus animo, multusque recursat
Gentis honos : hærent infixi pectore vultus
Verbaque. (*Æneid.*, IV, v. 3.)

xxiie. Page 138. — Les désirs, les querelles amoureuses, les entretiens secrets, etc.

Ἦ, καὶ ἀπὸ στήθεσφιν ἐλύσατο κεστὸν ἱμάντα,
Ποικίλον· ἔνθα δέ οἱ θελκτήρια πάντα τέτυκτο·
Ἔνθ᾽ ἔνι μὲν φιλότης, ἐν δ᾽ ἵμερος, ἐν δ᾽ ὀαριστὺς,
Πάρφασις, ἥτ᾽ ἔκλεψε νόον πύκα περ φρονεόντων. (*Iliad.*, lib. XIV, v. 214.)

Teneri sdegni, e placide e tranquille
Repulse, cari vezzi, e liete paci,
Sorrisi, parolette, e dolci stille
Di pianto, e sospir tronchi, e molli baci. (*Gerusal.*, canto XVI, st. 25.)

xxiiie. Page 138. — La colère de cette déesse, etc.

O haine de Vénus, ô fatale colère ! (Racine, *Phèdre*, act. I, sc. III.)

xxive. Page 138. — A chercher le jeune homme dans la palestre.

Βασεῦμαι ποτὶ τὰν Τιμαγήτοιο παλαίστραν
Αὔριον. (Théocr., *Idylle* II, v. 8.)

xxve. Page 138. — La langue embarrassée.

Je sens de veine en veine une subtile flamme
Courir par tout mon corps sitôt que je te vois ;
Et, dans les doux transports où s'égare mon âme,
Je ne saurais trouver de langue ni de voix.
(Boileau, *Traduction de Sapho.*)

Mes yeux ne voyaient plus, je ne pouvais parler ;
Je sentis tout mon corps et transir et brûler.
(Racine, *Phèdre*, act. I, sc. III.)

xxvie. Page 138. — A recourir à des philtres.

Πᾷ μοι ταὶ δάφναι; φέρε, Θέστυλι. Πᾷ δὲ τὰ φίλτρα;
. . . . Ἀλλὰ, Σελάνα,
Φαῖνε καλόν· τὶν γὰρ ποταείσομαι ἄσυχα, δαῖμον, etc. (Théoc., *Idylle* II, v. 1 et 10.)

xxviie. Page 138. — Qu'il s'assied sur le dos du lion, etc.

(Voyez les mythologues et sculpteurs antiques.)

xxviiie. Page 139. — Quelle religion est la vôtre !

Voilà ce qui explique l'espèce de contradiction que l'on remarque entre le commencement et la fin du discours de Cymodocée.

xxixe. Page 139. — Lorsque le Tout-Puissant, etc.

« Formavit igitur Dominus Deus hominem de limo terræ. »
« . . . Plantaverat autem Dominus Deus Paradisum voluptatis a principio, in quo posuit
« hominem... » (*Génes.*, cap. II, v. 7 et 8.)

SUR LES MARTYRS.

xxx°. Page 139. — L'Éternel tira du côté d'Adam, etc.

« Et ædificavit Dominus Deus costam, quam tulerat de Adam in mulierem. »
« ... Hoc nunc, os ex ossibus meis, et caro de carne mea. » (*Genes.*, cap. II, v. 22 et 23.)

xxxi°. Page 139. — Adam était formé pour la puissance, etc.

   Not equal, as their sex not equal seem'd ;
   For contemplation he, and valour form'd ;
   For softness she, and sweet attractive grace (Milt., *Parad. lost.*)

xxxii°. Page 139. — Je tâcherais de vous gagner à moi, au nom de tous les attraits, etc.

« In funiculis Adam traham eos, in vinculis charitatis. » (Os. cap. xi, v. 4.)

xxxiii°. Page 139. — Je vous rendrais mon épouse par une alliance, etc.

« Et sponsabo te mihi in sempiternum, et sponsabo te mihi in justitia et judicio, et in mise-
« ricordia, et in miserationibus. » (Os., cap. ii, v. 19.)

xxxiv°. Page 139. — Ainsi le fils d'Abraham, etc.

« Qui introduxit eam in tabernaculum Saræ matris suæ, et accepit eam uxorem : et in tan-
« tum dilexit eam, ut dolorem, qui ex morte matris ejus acciderat, temperaret. » (*Genes.*,
cap. xxiv, v. 67.)

xxxv°. Page 139. — Avant que tu n'aies achevé de m'enseigner la pudeur.

C'est ordinairement la fille vertueuse et innocente qui peut enseigner la pudeur à un jeune homme passionné : la religion chrétienne prouve ici sa puissance, puisqu'elle met le langage chaste dans la bouche d'Eudore, et l'expression hardie dans celle de Cymodocée. Cela est nouveau et extraordinaire, sans doute, mais naturel, par l'effet des deux religions, et n'eût été blesser la vérité, que de présenter des mœurs contraires.

xxxvi°. Page 140. — Elle promet aisément de se faire instruire dans la religion du maître de son cœur.

C'est ici la simple nature, et cela ne blesse point la religion, parce que Cymodocée n'est plus demandée comme une victime immédiate. (Voyez le livre du *Ciel.*)

xxxvii°. Page 140. — La tombe d'Épaminondas, et la cime du bois de Pelagus.

« En sortant de Mantinée par le chemin de Pallantium, vous trouverez, à trente stades de
« la ville, le bois appelé Pelagus... Epaminondas fut tué dans ce lieu. Ce grand homme fut
« enterré sur le champ de bataille. » (Pausan., *in Arcad.*, cap. ii.)

Ce livre offre le contraste de tout ce que la mythologie nous a laissé de plus riant et de plus passionné sur l'amour, et de tout ce que l'Écriture a dit de plus grave et de plus saint sur la tendresse conjugale. Lequel de ces deux amours l'emporte ? C'est au lecteur à prononcer.

SUR LE TREIZIÈME LIVRE.

Première remarque. Page 141. — Le temple de Junon-Lacinienne, etc.

C'est Plutarque qui raconte cette fable dans ses *Morales*. Ce temple était d'ailleurs très-célèbre, et bâti sur le promontoire appelé Lacinius, au fond du golfe de Tarente en Italie. Tite-Live et Cicéron ont parlé de ce temple.

ii°. Page 141. — Le mont Chélydorée.

Montagne d'Arcadie, particulièrement consacrée à Mercure. Ce dieu trouva sur cette montagne la tortue dont l'écaille lui servit à faire une lyre. (Pausan., *in Acard.*, cap. xvii.)

iii°. Page 141. — Eudore, comme un de ces songes brillants, etc.

   Sunt geminæ Somni portæ, quarum altera fertur
   Cornea, qua veris facilis datur exitus umbris ;
   Altera candenti perfecta nitens elephanto. (*Æneid.*, vi.)

iv°. Page 142. — Eudore, pressé par l'ange des saintes amours.

J'ai retranché ici une comparaison qui m'a paru commune et superflue.

v°. Page 143. — Et comme épouse de leur frère.

Encore une phrase inutile retranchée.

vi⁴. Page 143. — Un temple qu'Oreste avait consacré aux Grâces et aux Furies

Oreste, revenu de sa frénésie, sacrifia aux Furies blanches. Les Arcadiens élevèrent un temple à l'endroit où s'était accompli le sacrifice, et ils le dédièrent aux Furies et aux Grâces. Pausanias place ce temple près de Mégalopolis, sur le chemin de la Messénie. Je n'ai pas suivi son texte. (PAUSAN., *in Arcad.*, cap. xxxiv.)

vii⁴. Page 143. — Par un des descendants d'Ictinus.

Ictinus avait bâti le Panthéon à Athènes.

viii⁴. Page 144. — Les Zéphyrs agitent doucement la lumière du flambeau.

Après cette phrase, il y avait une comparaison ; je l'ai retranchée ; elle surchargeait le tableau.

ix⁴. Page 144. — Dansent avec des chaînes de fleurs autour du démon de la volupté.

Ce tableau est justifié par une grande autorité, celle du Tasse. Ces effets de magie se retrouvent dans le palais d'Armide, où l'on voit des démons nager dans les fontaines sous la forme de nymphes; des oiseaux chanter, dans un langage humain, la puissance de la volupté, etc. Un rossignol, qui ne fait que soupirer, est bien loin de l'oiseau des jardins d'Armide. J'ai donc suivi aussi les traditions poétiques : si j'ai tort, j'ai tort avec le Tasse, et même avec Voltaire, qui, dans un sujet *tout à fait* chrétien, n'a pas laissé que de décrire une Idalie et un temple de l'Amour.

x⁴. Page 145. — Et quand ta mère te donna le jour au milieu des lauriers et des bandelettes.

On couvrait le lit des femmes nouvellement accouchées de fleurs, de lauriers, de bandelettes, et de divers présents.

xi⁴. Page 145. — Ne pourrait-elle devenir ton épouse sans embrasser la foi, etc.

Idée fort naturelle dans Démodocus. La réponse d'Eudore est d'un vrai chrétien : il s'est montré faible pour la vie de Cymodocée, l'héroïsme chrétien reparaît ici ; car Eudore, qui n'a pas la force d'exposer les jours d'une femme aimée, a la force beaucoup plus grande de renoncer à l'amour de cette femme. Ce morceau suffisait seul pour mettre hors de doute l'effet religieux de l'ouvrage et les principes qui l'ont dicté.

xii⁴. Page 146. — Il jure, par le lit de fer des Euménides, que ta fille passera dans sa couche.

Voilà tout le nœud des *Martyrs*, et ce que les critiques éclairés auraient autrefois cherché pour applaudir à l'ouvrage ou pour le blâmer, sans se perdre dans des lieux communs sur l'épopée en prose, sur le merveilleux chrétien.

Ce passage, et l'exposition du premier livre, détruisent absolument la critique de ceux qui s'attendrissaient sur le compte de Démodocus et de Cymodocée, pour jeter de l'odieux sur les chrétiens. Ce ne sont point les chrétiens qui ont fait le malheur de cette famille païenne ; le prêtre d'Homère et sa fille auraient été beaucoup plus malheureux par Hiéroclès qu'ils ne le sont par Eudore : et observez bien que leur malheur était commencé avant qu'ils eussent connu le fils de Lasthénès. Qu'on se figure Cymodocée enlevée par le préfet d'Achaïe ; Démodocus repoussé, jeté dans les cachots, ou tué même par les ordres d'un homme puissant et pervers ; Cymodocée forcée à se donner à la mort, ou à traîner des jours dans l'opprobre et dans les larmes : voilà quel eût été le sort de ces infortunés s'ils n'avaient pas rencontré les chrétiens. Il faut remarquer que je raisonne *humainement* ; car, après tout, dans mon sujet et dans mon opinion, Cymodocée et Démodocus ne pouvaient jamais acheter trop cher le bonheur d'embrasser la vraie religion.

xiii⁴. Page 146. — Que vous me confiez.

Il y avait dans les éditions précédentes : « Que vous confiez à Jésus-Christ ; » ce qui était très-naturel : car les chrétiens devaient parler de Jésus-Christ aux païens, comme les païens leur parlaient de Jupiter. Mais enfin, puisqu'on s'est plu à obscurcir une chose aussi claire, j'ai effacé le nom de Jésus-Christ ; ensuite j'ai retranché les deux lignes où il était question de la montagne de Nébo, bien que dans ce moment Eudore s'adressât à Lasthénès ; ce que ne disait pas la critique, d'ailleurs pleine de *bonne foi* et de *candeur*.

xiv⁴. Page 146. — Où jadis les bergers d'Évandre.

On sait qu'Évandre régna sur l'Arcadie. (Voyez le commencement du iv⁴ livre.)

xv⁴. Page 147. — Mais bientôt il craint la faveur dont le fils de Lasthénès, etc.

Il n'était donc pas inutile de faire voir Eudore dans son triomphe ; le récit était donc obligé.

Sans tous ces honneurs, sans ce crédit acquis par de glorieux services, l'ouvrage n'existait plus ; car Eudore eût alors été trop facile à opprimer, et sa lutte contre Hiéroclès devenait aussi folle qu'invraisemblable.

XVI°. Page 148. — On l'eût pris pour Tirésias, ou pour le devin Amphiaraüs, prêt à descendre vivant aux enfers avec ses armes blanches, etc.

Ipse habitu niveus : nivei dant colla jugales :
Concolor est albis et cassis et infula cristis. (Stat., *Theb.*, VI.)

. . . . . Ecce alte præceps humus ore profundo
Dissilit, inque vicem timuerunt sidera et umbræ.
Illum ingens haurit specus, et transire parantes
Mergit equos. (Id., *Theb.*, VII.)

SUR LE QUATORZIÈME LIVRE.

PREMIÈRE REMARQUE. Page 149. — A l'entrée de l'Herméum, etc.

On appelait Herméum en Grèce certains défilés de montagnes, où l'on plaçait des statues de Mercure. Plusieurs Herméum conduisaient de la Messénie dans la Laconie et dans l'Arcadie. Je fais suivre à Démodocus l'Herméum que j'ai moi-même traversé.

II°. Page 149. — Cachée parmi des genêts à demi brûlés.

Voici un passage de mon *Itinéraire*.

Route de la Messénie à Tripolizza. — « Après trois heures de marche, nous sortîmes
« de l'Herméum assez semblable dans cette partie au passage de l'Apennin, entre Pérouse
« et Tarni. Nous entrâmes dans une plaine cultivée qui s'étend jusqu'à Léontari. Nous étions
« là en Arcadie, sur la frontière de la Laconie. On convient généralement que Léontari n'est
« point Mégapolopolis...... Laissant à droite Léontari, nous traversâmes un bois de vieux
« chênes, reste vénérable d'une forêt sacrée. Nous vîmes le plus beau soleil se lever sur le
« mont Borée. Nous mîmes pied à terre au bas de ce mont, pour gravir un chemin taillé
« perpendiculairement dans le roc. C'était un de ces chemins appelés Chemins de l'Echelle,
« en Arcadie..... Nous nous trouvions dans le voisinage d'une des sources de l'Alphée. Je
« mesurais avidement des yeux les ravines que je rencontrais : tout était muet et desséché.
« Le chemin qui conduit du Borée à Tripolizza traverse d'abord des plaines désertes, et se
« plonge ensuite dans une longue vallée de pierres. Le soleil nous dévorait. A quelques buis-
« sons rares et brûlés étaient suspendues des cigales qui se taisaient à notre approche. Elles
« recommençaient leurs cris dès que nous étions passés. On n'entendait que ce bruit mono-
« tone, le pas de nos chevaux et la chanson de notre guide. Lorsqu'un postillon grec monte
« à cheval, il commence une chanson qu'il continue pendant toute la route. C'est presque
« toujours une longue histoire rimée qui charme les ennuis des descendants de Linus. Il me
« semble encore ouïr le chant de mes malheureux guides, la nuit, le jour, au lever, au cou-
« cher du soleil ; dans les solitudes de l'Arcadie, sur les bords de l'Eurotas, dans les déserts
« d'Argos, de Corinthe, de Mégare ; beaux lieux où la voix des Ménades ne retentit plus, où
« les concerts des Muses ont cessé, où le Grec infortuné semble seulement déplorer dans de
« tristes complaintes les malheurs de sa patrie. »

. . . . . Soli periti cantare
Arcades !

III°. Page 149. — C'est par le même chemin que Lyciscus, etc.

Dans la première guerre de Messénie, l'oracle promit la victoire aux Messéniens, s'ils sacrifiaient une jeune fille du sang d'Epytus. Il y avait plusieurs filles de la race des Épytides.
On tira au sort, et le sort tomba sur la fille de Lyciscus. Celui-ci préféra sa fille à son pays,
et s'enfuit avec elle à Sparte. Aristodème offrit volontairement sa fille pour remplacer celle
de Lyciscus. La fille d'Aristodème était promise en mariage à un jeune homme qui, pour la
sauver, prétendit qu'il avait déjà sur elle les droits d'un époux, et qu'elle portait dans son
sein un fruit de son amour. Aristodème plongea un couteau dans les entrailles de sa fille, les
ouvrit, et prouva aux Messéniens qu'elle était digne de donner la victoire à la patrie.

IV°. Page 149. — Et commence à descendre vers Pillane, etc.

Cette géographie est tout à fait différente de ce qu'elle était dans les premières éditions.
Mon exactitude m'avait fait tomber dans une faute singulière. Je n'avais voulu faire parcou-

rir à Démodocus que le chemin que j'avais moi-même suivi. Mais comme j'allais d'abord à Tripolizza, dans le vallon de Tégée, et que je revins ensuite à Sparte, je ne m'étais pas aperçu que Démodocus se détournait d'une trentaine de lieues de sa véritable route. Le faire arriver à Sparte par le mont Thornax était une chose étrange : voilà ce que la critique n'a pas vu, quoiqu'elle ait doctement déclaré que le tombeau d'Ovide était de l'autre côté du Danube. Quant aux monuments dont il est question dans la route actuelle de Démodocus, on peut consulter Pausanias, *in Lacon.*, lib. III, cap. XX et XXI.

v^e. Page 149. — La chaîne des montagnes du Taygète.

Je suis, je crois, le premier auteur moderne qui ait donné la description de la Laconie d'après la vue même des lieux. Je réponds de la fidélité du tableau. Guillet, sous le nom de son frère La Guilletière, ne nous a laissé qu'un roman, et c'est ce que Spon a très-bien prouvé. Vernhum, compagnon de Wheler, avait visité Sparte ; mais il n'en dit qu'un mot dans sa lettre imprimée parmi les Mémoires de l'Académie royale de Londres. M. Fauvel m'a dit avoir fait deux ou trois fois le voyage de la Laconie, mais il n'a encore rien publié. M. Pouqueville, excellent pour tout ce qu'il a vu de ses yeux, paraît avoir eu sur Sparte des renseignements inexacts. Wheler, Spon et d'Anville avaient averti que Sparte n'est point Misitra, et l'on s'est obstiné à voir Lacédémone dans cette dernière ville, d'après Guillet, Niger et Ortellius. Misitra est à deux lieues de l'Eurotas, ce qui trancherait la question, si cela pouvait en faire une. Les ruines de Sparte sont à Magoula, tout auprès du fleuve ; d'Anville les a très-bien désignées sous le nom de Palæochori, ou la vieille ville. Elles sont fort reconnaissables, et occupent une grande étendue de terrain. Ce qu'il y a d'incroyable, c'est que La Guilletière parle de Magoula sans se douter qu'il parle de Sparte.

vi^e. Page 150. — Dès le soir même, Cyrille commença les instructions, etc.

Ce livre a peut-être quelque chose de grave qui contraste avec la description plus brillante d'Athènes, et qui rappelle naturellement au lecteur la sévère Lacédémone. Il m'a semblé qu'on verrait avec quelque plaisir le christianisme naissant à Sparte, et la foi de Jésus-Christ remplaçant les lois de Lycurgue.

viie. Page 151. — Que peux-tu contre la croix ?

On voit par ce mot que ce démon solitaire n'avait point assisté à la délibération de l'enfer.

viiie. Page 153. — Aux deux degrés d'auditrice et de postulante.

Pour les différents degrés de catéchumènes, et pour les différents ordres du clergé, des veuves, des diaconesses, etc., voyez FLEURY, *Mœurs des chrétiens.*

ixe. Page 153. — C'est la fille de Tyndare, couronnée des fleurs du Platániste, etc.

Ile et prairie où les filles de Sparte cueillirent les fleurs dont elles formèrent la couronne nuptiale d'Hélène. (Voyez THÉOCRITE.)

x^e. Page 153. — Près du Lesché, et non loin des tombeaux des rois Agides.

« Dans le quartier de la ville appelé le Théomélide, on trouve les tombeaux des rois « Agides. Le Lesché touche à ces tombeaux, et les Crotanes s'assemblent au Lesché. » (PAUSAN., lib. III, cap. XIV.) Les Crotanes formaient une des cohortes de l'infanterie lacédémonienne.

Il y avait à Sparte un second Lesché, connu sous le nom de Pœcile, à cause des tableaux ou peintures qu'on y voyait.

Les rois Agides étaient les descendants d'Agis, fils d'Eurysthène et neveu de Proclès ; deux frères jumeaux en qui commencent les deux familles qui régnaient ensemble à Sparte.

xie. Page 153. — Éloignée du bruit et de la foule, etc.

Citer les autorités pour les églises et les cérémonies de l'Eglise primitive, ce serait répéter mon texte. Il suffira que le lecteur sache que tout cela est une peinture fidèle. Il peut consulter Fleury, *Mœurs des Chrétiens* et *Histoire ecclésiastique.*

xiie. Page 154. — Leurs tuniques entr'ouvertes, etc.

Le vêtement des femmes de Sparte était ouvert depuis le genou jusqu'à la ceinture. Lycurgue, en voulant forcer la nature, avait fini par faire des Lacédémoniennes les femmes les plus impudiques de la Grèce.

xiiie. Page 154. — Aux fêtes de Bacchus ou d'Hyacinthe.

Les fêtes d'Hyacinthe se célébraient à Amyclée avec une grande pompe. Elles duraient trois jours : les deux premiers étaient consacrés aux pleurs, le troisième aux réjouissances.

xive. Page 154. — La fourberie, la cruauté, la férocité maternelle, etc.

Le vol et la dissimulation étaient des vertus à Sparte. On apprenait aux enfants à voler. On connaît la cryptie, ou la chasse aux esclaves. On sait que les Lacédémoniennes s'applaudissaient de la mort de leurs enfants. Elles disaient à leurs fils partant pour la guerre, en leur montrant un bouclier :   ἢ τάν, ἢ ἐπὶ τάν.

xv°. Page 154. — Le lecteur monta à l'ambon.

Le lecteur était un diacre ou sous-diacre, qui faisait une lecture. L'ambon était une tribune.

xvi°. Page 154. — Habitants de Lacédémone, il est temps que je vous rappelle l'alliance qui vous unit avec Sion.

On peut voir tout ce passage dans le livre des *Machabées*.

xvii°. Page 154. — Entre tous les peuples de Javan, etc.

Javan, dans l'Ecriture, est la Grèce proprement dite, Séthim est la Macédoine, et Elisa l'Elide ou le Péloponèse.

xviii°. Page 155. — Ah! qu'il serait à craindre, etc.

« Timeo cervicem, ne margaritarum et smaragdorum laqueis occupata, locum spathæ non « det. » (TERTULL., *de Cultu fem.*)

xix°. Page 155. — Pour un chrétien, etc.

« Auferamus carceris nomen, secessum vocemus. Etsi corpus includitur, etsi caro detinetur, « omnia spiritui patent. Vagare spiritu, spatiare spiritu, et non stadia opaca aut porticus lon-« gas proponens tibi, sed illam viam quæ ad Deum ducit. Quotiens eam spiritu deambula-« veris, totiens in carcere non eris. Nihil crus sentit in nervo, cum animus in cœlo est. To-« tum hominem animus circumfert, et quo velit transfert. » (TERTULL., *ad Martyr.*)

xx°. Page 156. — Les portes de l'Église s'ouvrent, et l'on entend... une voix, etc.

« Ceux à qui il était prescrit de faire pénitence publique, venaient le premier jour du ca-« rême se présenter à la porte de l'église, en habits pauvres, sales et déchirés... Étant dans « l'église, ils recevaient de la main du prélat des cendres sur la tête, et des cilices pour s'en « couvrir ; puis demeuraient prosternés, tandis que le prélat, le clergé et tout le peuple fai-« saient pour eux des prières à genoux. Le prélat leur faisait une exhortation, pour les aver-« tir qu'il allait les chasser pour un temps de l'église, comme Dieu chassa Adam du paradis « pour son péché, leur donnant courage, et les animant à travailler, dans l'esperance de la « miséricorde de Dieu. Ensuite il les mettait en effet hors de l'église, dont les portes étaient « aussitôt fermées devant eux. » (FLEURY, *Mœurs des Chrétiens.*)

xxi°. Page 156. — Tel est le lis entre les épines, etc.

Ce chant est tiré du cantique de Salomon. Le chant païen qui suit est imité de l'épithalame de Manlius et de Julie, par Catulle. Ce ne sont point des objets de comparaison, ce sont des beautés d'un genre différent. Les images orientales prêtent facilement à la parodie ; et Voltaire s'est égayé sur le Cantique des Cantiques. Il suffit d'omettre quelques traits qui choquent notre goût, pour faire de cette élogie mystique ce qu'elle est, un chef-d'œuvre de passion et de poésie. Au reste, j'ai beaucoup abrégé les deux imitations dans la présente édition.

xxii°. Page 157. — La tombe de Léonidas.

Les os de Léonidas furent rapportés des Thermopyles quarante ans après le fameux combat, et enterrés au-dessous de l'amphithéâtre, derrière la citadelle, à Sparte. J'ai cherché longtemps cette tombe, un *Pausanias* à la main. Il y a dans cet endroit six grands monuments aux trois quarts détruits. Je les interrogeais inutilement, pour leur demander les cendres du vainqueur des Perses. Un silence profond régnait dans ce désert. La terre était couverte au loin des débris de Lacédémone. J'errais de ruine en ruine avec le janissaire qui m'accompagnait. Nous étions les deux seuls hommes vivants au milieu de tant de morts illustres. Tous deux Barbares, étrangers l'un à l'autre autant qu'à la Grèce, sortis des forêts de la Gaule et des rochers du Caucase, nous nous étions rencontrés au fond du Péloponèse, moi pour passer, lui pour vivre sur des tombeaux qui n'étaient pas ceux de nos aïeux.

xxiii°. Page 159. — Cymodocée, dit Eudore, ne peut demeurer dans la Grèce, etc.

Ainsi la séparation des deux époux, et le voyage de Cymodocée à Jérusalem, sont très-suffisamment et très-naturellement motivés. Cymodocée est presque chrétienne et presque épouse d'Eudore ; les chrétiens sont au moment d'être jugés. A chaque livre, l'action fait un pas.

xxiv°. Page 159. — Comme un courrier rapide.

« Transierunt omnia illa tanquam umbra et tanquam nuntius percurrens. » (*Sap.*, cap. v, v. 7.)

SUR LE QUINZIÈME LIVRE.

Ce livre n'a pas un besoin essentiel de notes, hors sur deux points : 1° Piste était en effet évêque d'Athènes à l'époque dont je parle, et il parut au concile de Nicée ; 2° il y a plusieurs anachronismes, par rapport à Julien et aux grands hommes de l'Eglise, que je représente au jardin de Platon. J'ai fait çà et là des corrections de style, supprimé quelques phrases, etc., etc. Je remplacerai les notes de ce livre par un long morceau de mon *Itinéraire* : il servira de commentaire au voyage d'Eudore.

PREMIÈRE REMARQUE. Page 159. — Il marchait vers Argos, par le chemin de la montagne.

De Sparte à Argos, il y a deux chemins : l'un s'enfonce dans le vallon de Tégée ; l'autre traverse les montagnes qui bordent le golfe d'Argos. J'ai suivi le dernier, et c'est celui que j'ai fait prendre à Eudore. Avant de citer mon *Itinéraire*, je dois observer qu'Argos était déjà en ruine du temps de Pausanias. Elle était si pauvre, sous le règne de Julien l'Apostat, qu'elle ne put pas contribuer aux frais et au rétablissement des jeux Isthmiques. Julien plaida sa cause contre les Corinthiens : nous avons ce singulier monument littéraire dans les ouvrages de cet empereur. (*Epist.* xxv.) Argos, la patrie du roi des rois, devenue, dans le moyen âge, l'héritage d'une veuve vénitienne, fut vendue par cette veuve à la république de Venise, pour deux cents ducats de rente viagère, et cinq cents une fois payés. Coronelli rapporte le contrat. Voilà ce que c'est que la gloire !

Itinéraire. — « Des ruines de Sparte, je partis pour Argos sans retourner à Misitra. J'a-« vais dit adieu à Ibrahim-Bey. J'abandonnai Lacédémone sans regret ; cependant je ne pou-« vais me défendre de ce sentiment de tristesse qu'on éprouve en présence d'une grande ruine, « et en quittant des lieux qu'on ne reverra jamais. Le chemin qui conduit de la Laconie dans « l'Argolide était, dans l'antiquité, ce qu'il est encore aujourd'hui, un des plus rudes et des « plus sauvages de la Grèce. Nous traversâmes l'Eurotas à l'entrée de la nuit, dans l'endroit « où nous l'avions déjà passé en venant de Tripolizza ; puis, tournant au levant, nous nous « enfonçâmes dans des gorges de montagnes. Nous marchions rapidement dans des ravines, « et sous des arbres qui nous obligeaient de nous coucher sur le cou de nos chevaux. Je frap-« pai si rudement de la tête contre une branche de ces arbres, que je fus jeté à dix pas sans « connaissance. Comme mon cheval continuait de galoper, mes compagnons de voyage, qui « me devançaient, ne s'aperçurent pas de ma chute : leurs cris, quand ils revinrent à moi, « me tirèrent de mon évanouissement.

« A une heure du matin, nous arrivâmes au sommet d'une haute montagne, où nous lais-« sâmes reposer nos chevaux. Le froid devint si piquant, que nous fûmes obligés d'allumer « un feu de bruyère. Je ne puis assigner de nom à ce lieu peu célèbre de l'antiquité, mais « nous devions être vers les sources de Lœnus, dans la chaîne du mont Eva, et peu éloignés « de Prasiæ, sur le golfe d'Argos.

« Nous arrivâmes, à deux heures du matin, à un gros village appelé Saint-Pierre, assez voi-« sin de la mer. On n'y parlait que d'un événement tragique qu'on s'empressa de nous raconter :

« Une fille de ce village ayant perdu son père et sa mère, et se trouvant maîtresse d'une « petite fortune, fut envoyée par ses parents à Constantinople. A dix-huit ans, elle revint « dans son village. Elle était belle ; elle parlait le turc, l'italien et le français ; et quand il « passait des étrangers à Saint-Pierre, elle les recevait avec une politesse qui fit soupçonner « sa vertu. Les chefs des paysans s'assemblèrent ; et, après avoir examiné entre eux la con-« duite de l'orpheline, ils résolurent de se défaire d'une fille qui déshonorait le village. Ils se « procurèrent d'abord la somme fixée pour le meurtre d'une chrétienne en Turquie ; ensuite « ils entrèrent pendant la nuit chez la jeune fille, l'assommèrent, et un homme, qui atten-« dait la nouvelle de l'exécution, alla porter au pacha le prix du sang. Ce qui mettait en « mouvement tous ces Grecs de Saint-Pierre, ce n'était pas l'atrocité de l'action, mais l'avi-« dité du pacha ; car celui-ci, qui trouvait aussi l'action toute simple, et qui convenait avoir « reçu la somme fixée pour un assassinat ordinaire, observait pourtant que la beauté, la jeu-« nesse, la science, les voyages de l'orpheline lui donnaient (à lui pacha de Morée) de justes « droits à une indemnité. En conséquence, sa seigneurie avait envoyé le jour même deux ja-« nissaires pour demander une nouvelle contribution.

« Nous changeâmes de chevaux à Saint-Pierre, et nous prîmes le chemin de l'ancienne Cy-« nurie. Vers les trois heures de l'après-midi, le guide nous cria que nous allions être atta-« qués. En effet, nous aperçûmes quelques hommes armés dans la montagne : après nous « avoir regardés longtemps, ils nous laissèrent tranquillement passer. Nous entrâmes dans « les monts Parthenius, et nous descendîmes au bord d'une rivière dont le cours nous con-

« duisait jusqu'à la mer. On découvrait la citadelle d'Argos, Nauplia en face de nous, et les
« montagnes de la Corinthie vers Mycènes.

« Du point où nous étions parvenus, il y avait encore trois heures de marche jusqu'à
« Argos; il fallait tourner le fond du golfe, en traversant le marais de Lerne, qui s'étendait
« entre la ville et le lieu où nous nous trouvions. La nuit vint, le guide se trompa de route,
« nous nous perdîmes dans les rizières inondées, et nous fûmes trop heureux d'attendre le
« jour sur un fumier de brebis, lieu le moins humide et le moins sale que nous pûmes trouver.

« Je serais en droit de faire une querelle à Hercule, qui n'a pas bien tué l'hydre de Lerne,
« car je gagnai dans ce lieu malsain une fièvre qui ne me quitta tout à fait qu'en Egypte.

« J'étais, au lever de l'aurore, à Argos. Le village qui remplace cette ville célèbre est plus
« propre et plus animé que la plupart des autres villages de la Morée. Sa position est fort
« belle au fond du golfe de Nauplia ou d'Argos, à une lieue et demie de la mer. Il a d'un
« côté les montagnes de la Cynurie et de l'Arcadie, et de l'autre les hauteurs de Trézène et
« d'Epidaure.

« Mais, soit que mon imagination fût attristée par le souvenir des malheurs et des fureurs
« des Pélopides, soit que je fusse réellement frappé par la vérité, les terres me parurent in-
« cultes et désertes, les montagnes sombres et nues; sorte de nature féconde en grands
« crimes et en grandes vertus. Je visitai les restes du palais d'Agamemnon, les débris du
« théâtre et d'un aqueduc romain; je montai à la citadelle : je voulais voir jusqu'à la moindre
« pierre qu'avait pu remuer la main du roi des rois.

« Qui peut se vanter de jouir de quelque gloire auprès de ces familles chantées par Homère,
« Eschyle, Sophocle, Euripide et Racine? Et quand on voit pourtant, sur les lieux, combien
« peu de choses restent de ces familles, on est merveilleusement étonné.

. . . .

« Je laissai la forêt de Némée à ma gauche, et j'arrivai à Corinthe par une espèce de
« plaine semée de montagnes isolées et semblables à l'Acro-Corinthe, avec lequel elles se
« confondent. Nous aperçûmes celui-ci longtemps avant d'y arriver, comme une masse irré-
« gulière de granit rougeâtre, avec une ligne de murs sur son sommet. Le village de Co-
« rinthe est au pied de cette citadelle.

. . . .

« Nous quittâmes Corinthe à trois heures du matin. Deux chemins conduisent de cette ville
« à Mégare : l'un traverse les monts Géraniens, par le milieu de l'isthme; l'autre côtoie la
« mer Saronique, le long des roches Scironiennes. On est obligé de poursuivre le premier
« afin de passer la grand'garde turque placée aux frontières de la Morée. Je m'arrêtai à l'en-
« droit le plus étroit de l'isthme pour contempler les deux mers, la place où se donnaient
« les jeux, pour jeter un dernier regard sur le Péloponèse.

« Nous entrâmes dans les monts Géraniens, plantés de sapins, de lauriers et de myrtes.
« Perdant de vue et retrouvant tour à tour la mer Saronique et Corinthie, nous atteignîmes
« le sommet des monts. Nous descendîmes à la grand'garde. Je montrai mon firman du pa-
« cha de Morée; le commandant m'invita à fumer la pipe, et à boire le café dans sa baraque.

. . . .

« Trois heures après nous arrivâmes à Mégare. Je n'y demandai point l'école d'Euclide;
« j'aurais mieux aimé y découvrir les os de Phocion, ou quelque statue de Praxitèle et de
« Scopas. Tandis que je songeais que Virgile, visitant aussi la Grèce, fut arrêté dans ce lieu
« par la maladie dont il mourut, on vint me prier d'aller visiter une malade.

« Les Grecs, ainsi que les Turcs, supposent que tous les Francs ont des connaissances en
« médecine, et des secrets particuliers. La simplicité avec laquelle ils s'adressent à un étran-
« ger, dans leurs maladies, a quelque chose de touchant, et rappelle les anciennes mœurs :
« c'est une noble confiance de l'homme envers l'homme. Les Sauvages en Amérique ont le
« même usage. Je crois que la religion et l'humanité ordonnent dans ce cas au voyageur de
« se prêter à ce qu'on attend de lui : un air d'assurance, des paroles de consolation, peuvent
« quelquefois rendre la vie à un mourant, et mettre toute une famille dans la joie.

« Un Grec vint donc me chercher pour voir sa fille. Je trouvai une pauvre créature étendue
« à terre sur une natte, et ensevelie sous les haillons dont on l'avait couverte. Elle dégagea
« son bras, avec beaucoup de répugnance et de pudeur, des lambeaux de la misère, et le
« laissa retomber mourant sur la couverture. Elle me parut attaquée d'une fièvre putride.
« Je fis dégager sa tête des petites pièces d'argent dont les paysannes albanaises ornent leurs
« cheveux : le poids des tresses et du métal concentrait la chaleur au cerveau. Je portais
« avec moi du camphre pour la peste; je le partageai avec la malade. On l'avait nourrie de
« raisin; j'approuvai le régime. Enfin, nous prîmes Christos et la Panagia (la Vierge), et je
« promis prompte guérison. J'étais bien loin de l'espérer; j'ai tant vu mourir, que je n'ai là-
« dessus que trop d'expérience.

« Je trouvai en sortant tout le village assemblé à la porte. Les femmes fondirent sur moi,
« en criant : Crasi! crasi! du vin! du vin! elles voulaient me témoigner leur reconnais-

« sance en me forçant à boire. Ceci rendait mon rôle de médecin assez ridicule ; mais qu'im
« porte, si j'ai ajouté, à Mégare, une personne de plus à celles qui peuvent me souhaiter un
« peu de bien dans les différentes parties du monde où j'ai erré? C'est un privilége du voya-
« geur, de laisser après lui beaucoup de souvenirs, et de vivre dans le cœur d'un étranger,
« souvent, hélas! plus longtemps que dans la mémoire de ses amis!

« Nous couchâmes à Mégare. Nous n'en partîmes que le lendemain à deux heures de l'a-
« près-midi. Vers les cinq heures du soir, nous arrivâmes à une plaine environnée de mon-
« tagnes au nord, au couchant et au midi. Un bras de mer, long et étroit (le détroit de
« Salamine), baigne cette plaine au levant, et forme comme la corde de l'arc des montagnes ;
« l'autre côté de ce bras de mer est bordé par les rivages d'une île élevée (Salamine) :
« l'extrémité orientale de cette île s'approche d'un des promontoires du continent ; on re-
« marque entre les deux pointes un étroit passage. Comme le jour était sur son déclin, je
« résolus de m'arrêter dans un village (Eleusis) que je voyais sur une haute colline, laquelle
« terminait au couchant près de la mer le cercle des montagnes dont j'ai parlé.

« On distinguait dans la plaine les restes d'un aqueduc, et beaucoup de débris épars au mi-
« lieu du chaume d'une moisson nouvellement coupée. Nous descendîmes de cheval au pied
« du monticule, et nous grimpâmes à la cabane la plus voisine : on nous y donna l'hospitalité.

. . . .

« Nous partîmes d'Eleusis à la pointe du jour. Nous tournâmes le fond du canal de Sala-
« mine, et nous nous engageâmes dans le défilé qui passe entre le mont Icare et le mont Coryda-
« lus, et débouche dans la plaine d'Athènes, au petit mont Pœcile. Je découvris tout à coup
« l'Acropolis, présentant dans un assemblage confus les chapiteaux des Propylées, les co-
« lonnes du Parthénon et du temple d'Erechthée, les embrasures d'une muraille chargée de
« canons, les débris gothiques du siècle des ducs, et les masures des Musulmans. Deux
« petites collines, l'Anchesme et le Lycabettus, s'élevaient au nord de la citadelle, et c'était
« entre les dernières et au pied de la première qu'Athènes se montrait à moi. Ses toits apla-
« tis, entremêlés de minarets, de palmiers, de ruines et de colonnes isolées, les dômes de
« ses mosquées couronnés par de gros nids de cigognes, semblables à des corbeilles, fai-
« saient un effet agréable aux rayons du soleil levant. Mais si l'on reconnaissait encore
« Athènes à quelques débris, on voyait aussi, à l'ensemble de l'architecture et au caractère
« général des monuments, que la ville de Minerve n'était plus habitée par son peuple.

« Une enceinte de montagnes, qui se termine à la mer, forme la plaine ou le bassin d'A-
« thènes. Du point où je voyais cette plaine au petit mont Pœcile, elle paraissait divisée en
« bandes ou régions, courant dans une direction parallèle du nord au midi. La première de
« ces régions, et la plus voisine de moi, était inculte et couverte de bruyères ; la seconde
« offrait un terrain labouré où l'on venait de faire la moisson ; la troisième présentait un long
« bois d'oliviers qui s'étendait un peu circulairement depuis les sources de l'Ilissus, en po-
« sant au pied de l'Anchesmo, jusque vers le port de Phalère. Le Céphise coule dans cette
« forêt, qui, par sa vieillesse, semble descendre de l'olivier que Minerve fit sortir de la terre.
« L'Ilissus a son lit desséché de l'autre côté d'Athènes, entre le mont Hymette et la ville.

« La plaine n'est pas parfaitement unie : une petite chaîne de collines détachées du mont
« Hymette en surmonte le niveau, et forme ces différentes hauteurs sur lesquelles Athènes plaça
« peu à peu ses monuments.

« Ce n'est pas dans le premier moment d'une émotion très-vive que l'on jouit le plus de
« ses sentiments. Je m'avançais vers Athènes dans une espèce de trouble qui m'ôtait le pou-
« voir de la réflexion. Nous traversâmes promptement les deux premières régions, la région
« inculte et la région cultivée, et nous entrâmes dans le bois d'oliviers. Je descendis un mo-
« ment dans le lit du Céphise, qui était alors sans eau, parce que dans cette saison les pay-
« sans le détournent pour arroser leurs oliviers. En sortant du bois, nous trouvâmes un jar-
« din environné de murs, et qui occupe à peu près la place du Céramique. Nous mîmes une
« demi-heure pour nous rendre à Athènes, à travers un chaume de froment. Un mur mo-
« derne renferme la ville. Nous en franchîmes la porte, et nous pénétrâmes dans de petites
« rues champêtres, fraîches et assez propres. Chaque maison a son jardin planté d'orangers
« et de figuiers. Le peuple me parut gai et curieux, et n'avait point l'air avili et abattu des
« Moraïtes. On nous enseigna la maison de M. Fauvel, qui demeure près du portique d'A-
« drien, dans le voisinage du Pœcile et de la rue des Trépieds. »

SUR LE SEIZIÈME LIVRE.

La question touchant le polythéisme, la religion naturelle et le christianisme, est la plus grande question qu'on puisse soumettre au jugement des hommes. Elle fournirait la matière de plusieurs volumes, et je ne pouvais y consacrer que quelques pages.

La scène est fondée sur deux faits historiques :

1° Il est vrai que Dioclétien délibéra pendant tout un hiver, avec son conseil, sur le sort des chrétiens ;

2° Sous l'empire d'Honorius, on voulut ôter du Capitole l'autel de la Victoire. Symmaque, pontife de Jupiter, prononça à ce sujet un discours qui nous a été conservé dans les œuvres de saint Ambroise. Saint Ambroise répondit à Symmaque, et nous avons aussi la réponse de l'éloquent archevêque de Milan.

PREMIÈRE REMARQUE. Page 172. — Je suppose que Rome chargée d'années, etc.

Ceci est emprunté du discours du vrai Symmaque. Je ne sais si l'on a jamais remarqué que le fameux morceau de Massillon, dans son sermon du *Petit nombre des Élus*, est imité du beau mouvement oratoire du prêtre des faux dieux. C'est le cas de dire, comme les Pères, qu'il est permis quelquefois de dérober l'or des Egyptiens.

II°. Page 172. — Nous ne refusons point de l'admettre dans le Panthéon, etc.

Tibère avait voulu mettre Jésus-Christ au rang des dieux ; Adrien lui avait élevé des temples, et Alexandre Sévère le révérait avec les images des âmes saintes.

III°. Page 173. — Galérius laissait un libre cours aux blasphèmes de son ministre.

Cela seul suffirait pour établir la vraisemblance *poétique*, et faire tomber la critique de ceux qui disent qu'Hiéroclès ne pouvait pas parler si librement dans le sénat romain. Mais l'auteur de la brochure que j'ai citée a très-bien montré que je n'étais pas sorti des bornes de la vérité historique.

« Sous Dioclétien, dit-il, il n'y avait guère à Rome que le peuple qui suivît de bonne foi le
« culte des idoles. Des systèmes philosophiques plus absurdes peut-être que le polythéisme
« étaient professés publiquement, et l'on jouissait sur ce point de la liberté la plus absolue,
« pourvu qu'on rendît un hommage extérieur aux dieux de l'empire. Qui ignore que, même
« longtemps avant cette époque, la philosophie athée d'Epicure et de Lucrèce était à la mode?
« Et, pour donner un exemple plus décisif, qui ne se rappelle le discours que César prononça
« *en plein sénat* lors de la conjuration de Catilina, et dans lequel, niant les dogmes les plus
« importants pour le maintien de l'ordre social, il dit en propres termes que la mort est la
« fin de toutes les inquiétudes, au lieu d'être un supplice, et qu'au delà du tombeau il n'y a
« ni peines ni plaisirs? »

IV°. Page 174. — Ce jardin délicieux était la stérile Judée.

Ce sont là les plaisanteries de Voltaire sur la Judée. Eudore répond à ces plaisanteries. Je n'ignore pas qu'il eût pu répliquer que la Judée était très-fertile ; et, sans beaucoup de travail, j'aurais trouvé les preuves réunies de ce fait dans l'abbé Fleury, et surtout dans le docteur Shemd. Mais, selon moi, une simple observation peut concilier les autorités qui ont l'air de se contredire ; car si plusieurs auteurs anciens parlent de la fécondité de la Judée, Strabon dit en toutes lettres qu'on n'était point tenté de disputer aux Juifs des rochers déserts. L'Ecriture offre sur le même sujet des passages si contradictoires, que saint Jérôme a cru que la fertilité de la Judée devait s'entendre dans le sens spirituel. La vue des lieux résout sur-le-champ la difficulté. La Judée *proprement dite* était certainement un pays sec et ingrat, à l'exception de quelques vallées, telles que celles de Bethléem, d'Engaddi et de Béthanie ; mais le *pays des Hébreux* était une terre d'abondance. La Galilée au nord ; l'Idumée et la plaine de Saron au midi ; au levant, les environs de Jéricho, sont des pays excellents. Jérusalem était bâtie sur un rocher, dans les montagnes, au centre d'un pays fertile qui la nourrissait. Voilà la vérité. Pourquoi les législateurs des Juifs placèrent-ils, par l'ordre de Dieu, la cité sainte dans un lieu sauvage? Eudore en donne, *humainement* parlant, la raison principale.

V°. Page 175. — Les chrétiens s'assemblent la nuit, etc.

Les anciens Apologistes font mention de ces calomnies. On voit bien que le mystère de l'Eucharistie avait pu faire naître la fable des repas de chair humaine ; mais on ne sait pas ce qui pouvait avoir donné lieu à l'histoire du chien, des incestes, etc. Fleury remarque judicieusement que les païens, accoutumés aux abominations des fêtes de Flore et de Bacchus, avaient naturellement supposé que les chrétiens se livraient dans leurs assemblées secrètes aux mêmes crimes.

VI°. Page 175. — Partout où ils se glissent, ils font naître des troubles.

Voilà les véritables armes des sophistes. Ils combattent leurs adversaires en les dénonçant.

VII°. Page 176. — Comme le sabot circule, etc.

Comparaison employée par Virgile et par Tibulle.

VIIIe. Page 176. — Auguste, César, etc.

Ce début est celui de l'Apologie de saint Justin le Philosophe.

IXe. Page 177. — Toutefois l'effet d'une religion...

On a trouvé cela adroit : cela n'est que juste.

X^e. Page 177. — Nous ne sommes que d'hier...

Beau mot de Tertullien : *Sola relinquimus templa*.

XIe. Page 177. — Tout se borne à savoir, etc.

Eudore va droit au but, parce qu'il parle devant un prince politique, qui réduit là toute la question.

XIIe. Page 177. — La raison politique de l'établissement.

Voyez ci-dessus, note IVe.

XIIIe. Page 178. — Publius, préfet de Rome.

Ce mot sur Publius, jeté en passant, n'est pas inutile. Il amène en scène un personnage déjà nommé dans le quatrième livre, et qui va bientôt jouer un rôle important.

XIVe. Page 178. — Lorsqu'une neige éclatante, etc.

L'éloquence d'Ulysse est comparée à des flocons de neige, dans l'*Iliade*; mais la comparaison est d'une tout autre espèce, et présentée sous d'autres rapports.

XVe. Page 178. — Une longue suite de prophéties, toutes vérifiées.

Ce sont là les preuves qui manquent ici, et que j'avais développées. J'ai été obligé de les retrancher ; *non erat hic locus*.

XVIe. Page 178. — Plusieurs empereurs romains, etc.

Voyez la note IIe de ce livre. La lettre de Pline le Jeune à Trajan en faveur des chrétiens est bien connue ; elle fait partie des notes du *Génie du Christianisme*.

XVIIe. Page 179. — Mais auparavant, venez reprendre dans nos hôpitaux, etc.

Les chrétiens avaient déjà des hôpitaux, et l'argent des agapes servait à secourir les pauvres. L'Église prenait les pauvres sous sa protection : témoin l'histoire de saint Laurent, que j'ai attribuée à Marcellin. Galérius, dans ce moment même, faisait noyer les pauvres pour s'en délivrer. On reviendra là-dessus.

XVIIIe. Page 179. — Elles croient peut-être qu'ils sont tombés dans ces lieux infâmes, etc.

On mettait les enfants trouvés dans des lieux de prostitution. Voyez l'Apologie de saint Justin.

XIXe. — Page 179. — Princes, que ne m'est-il permis, etc.

Voilà précisément où Hiéroclès attendait Eudore. Il savait qu'un chrétien était obligé de garder le secret sur ces mystères, et que ce raisonnement se présentait à l'esprit : « Vos mystères sont des abominations. Vous le niez ; mais vous ne voulez pas expliquer ces mystères : donc vos mystères sont des crimes. » Eudore a été obligé de se défendre par des arguments *a posteriori*, ce qui donne prise à son adversaire. La seconde attaque, à laquelle Eudore ne pouvait manquer de succomber, était celle qui se tirait du sacrifice à l'empereur. Aussi Hiéroclès ne l'a pas oubliée, bien sûr qu'Eudore refuserait nettement ce sacrifice. Au fait, c'était là que gisait le mal, et ce qui, en dernier résultat, servait de prétexte pour égorger les chrétiens.

XXe. Page 179. — Ce Dieu, je le sens, pourrait seul me sauver.

Sorte de prophétie qui remet sous les yeux un des plus grands traits de l'histoire ecclésiastique : saint Léon arrêtant Attila aux portes de Rome.

XXIe. Page 179. — Ils n'ont pas même fait entendre le plus léger murmure.

Cette raison est sans réplique, et les Apologistes l'ont employée.

XXIIe. Page 180. — Bien que j'aie quelque raison de regretter à présent la vie.

Seul trait par lequel j'ai rappelé, dans ce livre, l'action fondée sur l'amour d'Eudore et de Cymodocée.

XXIIIe. Page 180. — Dieu se servait de l'éloquence chrétienne, etc.

Eudore et les anges de lumière ne peuvent pas réussir à empêcher la persécution des chrétiens ; mais ils sèment les germes de la foi dans le sénat romain, et préparent ainsi le triomphe futur de la religion. Leurs efforts ne sont donc point inutiles.

• SUR LES MARTYRS.

xxiv°. Page 181. — Hiéroclès reprenant son audace, etc.
Voyez la note xix°.

xxv°. Page 181. — Tout à coup le bouclier de Romulus, etc.

    Celsam subeuntibus arcem
In gradibus summi delapsus culmine templi,
Arcados Evippi spolium, cadit æneus orbis.   (Stat.)

xxvi°. Page 181. — Si la sibylle de Cumes, etc.

Cela est historique. Après la délibération de son conseil, Dioclétien voulut encore avoir l'avis des dieux. Il fit consulter l'oracle. La réponse fut à peu près telle qu'on la verra dans le livre suivant.

SUR LE DIX-SEPTIÈME LIVRE.

Première remarque. Page 182. — Terre où règnent un souffle divin et des génies amis des hommes.

Platon, *in Republ.*

ii°. Page 182. — Qui me donnera des ailes, etc.

> Οἰκείων δ' ὑπὲρ θαλάμων
> Πτέρυγας ἐν νώτοις ἀμοῖς
> Λήξαιμι θοάζουσα,
> Χοροῖς δὲ σταίην ὅθι καὶ
> Παρθένος εὐδοκίμων γάμων
> Παρὰ πόδ' εἰλίσσουσα φίλας
> Ματρὸς ἡλίκων θιάσους,
> Ἐς ἁμίλλας χαρίτων
> Χαίτας ἁβροπλούτοιο
> Ἐς ἔριν ὀρνυμένα, πολυποίκιλα
> Φάρεα καὶ πλοκά-
> μους περιβαλλομένα,
> Γένυσιν ἐσκίαζον.   (Eurip., *in Iph. Taur.*)

> Ἡ ῥοθίοις εἰλατίνοις
> Δικρότοισι κώπαις
> Ἔπλευσαν ἐπὶ πόντια κύματα
> Νάϊον ὄχημα
> Λινοπόροις αὔραις,
> Φιλόπλουτον ἅμιλλαν
> Αὔξοντος μελάθροισιν;
> . . . .
> . . . .
> Παράλιον αἰγιαλὸν
> Ἐπ' Ἀμφιτρίτας ῥοθίῳ
> Δραμόντες; ὅπου πεντήκοντα κορᾶν
> Τῶν Νηρῄδων χοροὶ
> Μέλπουσιν, etc.   (Eurip., *in Iph. Taur.*)

iii°. Page 182. — Déjà Sunium.

En sortant d'Athènes, je me rendis à un village nommé Keratria, situé au pied du mont Laurium, où les Athéniens avaient leurs mines d'argent. Nous allumâmes des feux sur la montagne, pour appeler un bateau de l'île de Zéa, autrefois Céos, patrie de Simonide. Ce fut inutilement. La fièvre que j'avais prise dans le marais de Lerne redoubla, et je passai huit jours dans le village de Keratria, ne sachant si je pourrais aller plus loin. M. Fauvel m'avait donné pour me conduire un Grec qui, me voyant ainsi arrêté, retourna à Athènes, loua une barque au Pirée, et vint me prendre sur la côte dans une anse, à trois lieues de Keratria. Nous arrivâmes, au coucher du soleil, au cap Sunium. Je me fis mettre à terre, et je passai la nuit assis au pied des colonnes du temple. Le spectacle était tel que je le peins ici. Le plus beau ciel, la plus belle mer, un air embaumé, les îles de l'Archipel sous les yeux, des ruines enchantées autour de moi, le souvenir de Platon, etc., ce sont là de ces choses que le voyageur ne trouve que dans la Grèce.

IVe. Page 182. — Prête à descendre avec Pâris, etc.

Voyez l'*Iliade*.

V^e. Page 182. — La veillée des fêtes de Vénus, etc.

Consultez ce que j'ai dit au sujet de cet hymne, et de la méprise des critiques sur la nature de mes imitations. Ce n'est point du tout ici le *Pervigilium Veneris* attribué à Catulle.

VIe. Page 182. — Qu'il aime demain, etc.

   Cras amet qui nunquam amavit;
   Quique amavit, cras amet.   (*Pervigil.*)

VIIe. Page 182. — Ame de l'univers, etc.

   Hominum divumque voluptas,
   Alma Venus!
   Te, Dea, te fugiunt venti, te nubila cœli,
   Adventumque tuum...
   Tibi rident æquora ponti.   (Lucret.)

VIIIe. Page 182. — C'est Vénus qui place sur le sein de la jeune fille, etc.

   Ipsa jussit mane ut udæ
   Virgines nubant rosæ,
   Fusæ aprugno de cruore,
   Atque Amoris osculis.
   . . . .
   Totus est armatus idem
   Quando nudus est Amor.   (*Pervigil.*)

IXe. Page 182. — Le fils de Cythérée naquit dans les champs, etc.

   Ipse Amor puer Diones
   Rure natus dicitur.
   . . . .
   Ipse florum delicatis
   Educavit osculis.   (*Pervigil.*)
   Omnis natura animantum
   Te sequitur cupide, quocumque inducere pergis, etc.   (Lucret.)
   Avia tum resonant avibus virgulta canoris,
   Et venerem certis repetunt armenta diebus, etc.   (Virg., *Georg.*)

X^e. Page 182. — Ile heureuse, etc.

Cette strophe entière est de moi : j'ai inventé la fiction des Grâces qui dérobent le fuseau aux Parques; on ne s'en est pas aperçu, tant on connaît bien aujourd'hui l'antiquité!

XIe. Page 183. — Se réunissent à une troupe de pèlerins, etc.

Il n'y a point ici d'anachronisme. Les pèlerinages à Jérusalem remontent jusqu'aux premiers siècles de l'Église. Saint Jérôme, qui nous a laissé, après Eusèbe, la description des Lieux Saints, dit que de son temps il venait à Jérusalem des pèlerins de toutes les parties du monde. Une autre circonstance heureuse, c'est que j'aie pu et que j'aie dû peindre dans les *Martyrs* Jérusalem en ruines, telle que je l'ai vue. A l'époque de la persécution de Dioclétien, le nom même de Jérusalem était si totalement oublié, qu'un martyr ayant répondu à un gouverneur romain qu'il était de Jérusalem, celui-ci crut que le martyr parlait de quelque ville factieuse bâtie secrètement par les chrétiens. Jérusalem s'appelait alors Ælia, du nom d'Aurélien, qui avait rétabli quelques maisons sur les immenses ruines entassées par Titus. Enfin, il n'y a point de contradiction quand je présente de beaux édifices s'élevant à la voix d'Hélène au milieu des débris : d'un côté, le désert et le silence; de l'autre, la population et le bruit. Selon l'histoire, la pieuse mère de Constantin fit bâtir ces grands monuments à Jérusalem, parce qu'elle fut saisie de douleur à la vue *du délaissement et de la pauvreté des Lieux Saints*. On voit encore aujourd'hui à Jérusalem des églises très-riches, une grande foule à quelques époques de l'année, et partout ailleurs, et dans tout autre temps, la désolation et la mort. Au reste, comme Cymodocée suit exactement, et avec beaucoup de détail, mon *Itinéraire*, je n'ai presque rien à ajouter au texte : je ne ferais que me répéter.

xii°. Page 184. — Le guide s'écrie : Jérusalem !

Il faut voir comment les chroniqueurs contemporains ont parlé de l'arrivée des croisés à Jérusalem :

« O bono Jesu, ut castra tua viderunt, hujus terrenæ *Jerusalem* muros, quantos exitus
« aquarum oculi eorum deduxerunt ! et mox terræ procumbentes sonitu oris et nutu inclinati
« corporis sanctum sepulchrum tuum salutaverunt ; et te qui in eo jacuisti, ut sedentem in
« dextera Patris, ut venturum judicem omnium, adoraverunt. » (Bob., *Monach.*, lib. ix.)

« Ubi vero ad locum ventum est, unde ipsam turritam *Jerusalem* possent admirari, quis
« quam multas ediderint lacrymas digne recenseat? Quis affectus illos convenienter exprimat?
« Extorquebat gaudium suspiria, et singultus generabat immensa lætitia. Omnes, visa *Jeru-*
« *salem*, substiterunt, et adoraverunt, et, flexo poplite, terram sanctam deosculati sunt :
« omnes nudis pedibus ambularunt, nisi metus hostilis eos armatos incedere debere præcipe-
« ret. Ibant, et flebant ; et qui orandi gratia convenerant, pugnaturi prius pro peris arma de-
« ferebant. Fleverunt igitur super illam, super quam et Christus illorum fleverat : et mirum
« in modum, super quam flebant, feria tertia, octavo idus junii, obsederunt. Obsederunt,
« inquam, non tanquam novercam privigni, sed quasi matrem filii. » (Baldric., *Histor. Je-*
rosol., lib. iv.)

Le Tasse a imité ce passage, ainsi que moi :

        Ecco apparir Gerusalem si vede ;
        Ecco additar Gerusalem si scorge ;
        Ecco da mille voci unitamente
        Gerusalemme salutar si sente, etc., etc.

Les strophes qui suivent sont admirables :

        Al gran piacer che quella prima vista
        Dolcemente spiro nell' altrui petto,
        Alta contrizion successe, etc.

Mais je suis fâché qu'il ait manqué le *non tanquam novercam privigni, sed quasi matrem filii*. Moi qui n'ai peint d'une caravane paisible, je n'ai pu faire usage de ce beau trait.

xiii°. Page 184. — Entre la vallée du Jourdain, etc.

Quelques lecteurs se rappelleront peut-être d'avoir vu une partie de cette description dans un article du *Mercure de France* (août 1807).

xiv°. Page 185. — Le bois consacré à Vénus.

Eusèbe, dans la *Vie de Constantin*, dit que c'était un temple, et qu'il fut démoli par ordre de ce prince.

xv°. Page 185. — La vraie croix était retrouvée.

Sainte Hélène, comme on sait, retrouva la vraie croix au bas du Calvaire. On a bâti dans cet endroit une espèce d'église souterraine qui se réunit à l'église du Saint-Sépulcre et à celle du Calvaire.

xvi°. Page 185. — Hélène avait fait enfermer le Sépulcre, etc.

C'est la description exacte de l'église du Saint-Sépulcre telle qu'elle existait lorsque je l'ai vue. Eusèbe nous a laissé de longs détails sur l'église que Constantin, ou plutôt sa mère, fit bâtir sur le saint tombeau ; mais j'ai mieux aimé peindre ce que j'avais examiné de mes propres yeux. Je ne puis m'empêcher de remarquer que j'ai été une espèce de prophète en racontant l'incendie de l'église du Saint-Sépulcre dans les *Martyrs*. Les papiers publics nous ont appris que cette église avait été détruite de fond en comble par un semblable accident, à l'exception du tombeau de Jésus-Christ. Plusieurs personnes m'ont fait l'honneur de m'écrire pour me demander ce que je pensais de ce miracle. Tout ce que je puis dire, c'est que la description de l'église, telle qu'on l'a donnée dans les journaux, est d'une grande fidélité. Le Saint-Sépulcre, environné d'un catafalque de marbre blanc, a pu, à la rigueur, résister à l'action du feu ; mais il est pourtant très-extraordinaire qu'il n'ait pas été écrasé par la chute de la coupole embrasée, en même temps la chapelle des Arméniens, adossée au catafalque, ait été brûlée. Si un pareil malheur était arrivé il y a un siècle, la chrétienté se serait réunie pour faire rebâtir l'église ; mais aujourd'hui j'ai bien peur que le tombeau de Jésus-Christ ne reste exposé aux injures de l'air. A moins toutefois que de pauvres esclaves schismatiques, des Grecs, des Cophtes et des Arméniens, ne se cotisent, à la honte des nations catholiques, pour réparer un tel malheur.

xvii°. Page 186. — On voyait la ville sainte, etc.

C'est la *Jérusalem délivrée*, gravée sur les portes de l'église du Saint-Sépulcre. J'ai ra-

mené dans ce morceau le souvenir de la patrie, et j'ai essayé de traduire les fameux vers :
Chiama gli abitator dell' ombre eterne
Il rauco suon della Tartarea tromba, etc.
« Le bruit, d'abime en abime, roule et retombe : » *Romor rimbomba*.

XVIIIe. Page 186. — Elle était vêtue d'une robe de bysse, etc.

Il est souvent parlé du bysse dans l'Ecriture. C'était une étoffe légère, de couleur jaune. Les grenades d'or, les bandelettes de cinq couleurs, les croissants, etc., sont des parures marquées dans les prophètes. Je ne pouvais, au surplus, manquer de peindre la Semaine-Sainte à Jérusalem. La sévérité, la grandeur de cette fête chrétienne forment contraste avec la dissolution des fêtes d'Amathonte. Il y a bien loin du chameau de l'Arabe, des souvenirs de Rachel et de Jacob, des lamentations de Jérémie, aux cérémonies des druides, aux chants de Teutatès, aux tragédies de Sophocle à Athènes, et aux danses de l'île de Chypre. Mais tel est, si je ne me trompe, l'avantage de mon sujet, de pouvoir faire passer sous les yeux du lecteur le spectacle choisi de ce qu'il y a de plus curieux, de plus agréable et de plus grand dans l'antiquité.

XIXe. Page 187. — Comment la ville autrefois pleine de peuple, etc.

« Quomodo sedet sola civitas plena populo?... Quomodo obscuratum est aurum, mutatus
« est color optimus? Dispersi sunt lapides sanctuarii... Facta est quasi vidua Domina gentium...
« Viæ Sion lugent... Omnes portæ ejus destructæ. Sacerdotes ejus gementes : virgines ejus
« squalidæ. » (JEREM., *Lament.*) Certes, ce cantique de Jérémie n'a à redouter aucune comparaison des plus beaux morceaux d'Homère et de Virgile.

XXe. Page 187. — Et tes ennemis plantèrent leurs tentes, etc.

Seul trait qui ne soit pas de Jérémie. J'ai profité de la belle remarque de Baronius. Il observe que Titus établit une partie de son camp sur le mont des Oliviers, à l'endroit même où Jésus-Christ pleura sur la cité coupable, et prédit sa ruine. J'ajouterai que la première attaque sérieuse des Romains eut lieu de ce côté.

XXIe. Page 187. — Sur un mode pathétique, transmis aux chrétiens, etc.

J'ai dit, dans le *Génie du Christianisme*, que le chant des Lamentations de Jérémie me paraissait hébreu d'origine.

XXIIe. Page 187. — La voie Douloureuse.

J'ai parcouru trois fois la *via Dolorosa*, pour en conserver scrupuleusement la mémoire. Il n'y a pas un coin de Jérusalem que je ne connaisse comme les rues de Paris. Je réponds de la vérité de tout ce tableau.

XXIIIe. Page 187. — On sort par la porte de Bethléem, etc.

Je faisais tous les matins, en sortant du couvent de Saint-Sauveur, la route tracée dans cette page. J'ai constamment achevé le tour de Jérusalem à pied, dans cinq quarts d'heure, en passant sous le temple, et revenant par la grotte de Jérémie. C'est auprès de cette grotte que se trouve le beau tombeau d'une reine du nom d'Hélène, dont parlent Pausanias et presque tous les voyageurs aux Saints Lieux. Quant au torrent de Cédron, il roule ordinairement vers Pâques une eau rougie par les sables de la montagne des Oliviers et du mont Moria. Lorsque j'ai vu ce torrent, il était à sec. Il y a encore neuf à dix gros oliviers dans le jardin de ce nom. Ce jardin appartient au couvent de Saint-Sauveur. On sait que l'olivier est presque immortel, parce qu'il renaît de sa souche. On peut donc très-bien croire, comme on l'affirme à Jérusalem, que ces oliviers sont du temps de Jésus-Christ.

XXIVe. Page 188. — Plus loin l'Homme-Dieu dit aux femmes, etc.

La tradition, à Jérusalem, a conservé beaucoup de circonstances de la Passion qui ne sont point dans l'Evangile. On montre, par exemple, l'endroit où Marie rencontra Jésus chargé de la croix. Chassée par les gardes, elle prit une autre route, et se retrouva plus loin sur les pas du Sauveur. La foi ne s'oppose point à ces traditions, qui montrent à quel point cette merveilleuse et sublime histoire s'est gravée dans la mémoire des hommes. Dix-huit siècles écoulés, des persécutions sans fin, des révolutions éternelles, des ruines entassées et toujours croissantes, n'ont pu effacer ou cacher la trace de cette divine mère qui pleurait sur son fils.

XXVe. Page 188. — O fils! ô filles de Sion!

Encore un simple chant de l'Eglise, rappelé au milieu des beautés des plus grands poëtes Forme-t-il une si grande disparate? et n'est-il pas simple, noble et poétique?

XXVIe. Page 189. — Déjà s'avance vers Jérusalem, etc.

J'ai déjà fait observer que l'action faisait un pas à chaque livre. On ne peut donc pas se plaindre des descriptions, puisqu'elles n'interrompent jamais la narration.

xxvii. Page 189. — Il découvre avec complaisance le lac Averne, etc.

Nous voici revenus à Virgile ; et après avoir entendu le prophète du vrai Dieu, nous allons voir la prophétesse du démon.

xxviii. Page 189. — Les Remords, couchés sur un lit de fer, etc.

   Vestibulum ante ipsum, primisque in faucibus Orci,
   Luctus et ultrices posuere cubilia Curæ ;
   Pallentesque habitant Morbi, tristisque Senectus,
   Et Metus, et malesuada Fames, ac turpis Egestas,
   Terribiles visu formæ ; Letumque, Labosque ;
   Tum consanguineus Leti Sopor, et mala mentis
   Gaudia, mortiferumque adverso in limine Bellum,
   Ferreique Eumenidum thalami, et Discordia demens,
   Vipereum crinem vittis innexa cruentis. (VIRG., *Æneid.*, VI, v. 273.)

J'ai pris à Malherbe la rude et naïve traduction de ce dernier vers :
   La Discorde aux crins de couleuvres.

xxix. Page 189. — Consacra... ses ailes.

   Redditus his primum terris, tibi, Phœbe, sacravit
   Remigium alarum.   (*Æneid.*, VI, v. 18.)

xxx. Page 189. — Quatre taureaux, etc.

   Quatuor hic primum nigrantes terga juvencos
   Constituit. . . . .
   Voce vocans Hecaten, Cœloque Ereboque potentem.
   . . . . Ipse atri velleris agnam
   Æneas matri Eumenidum, magnæque sorori
   Ense ferit. . . . .
   Tum Stygio regi nocturnas inchoat aras. (*Æneid.*, VI, v. 243 et seq.)

xxxi. Page 189. — Il est temps, etc.

      Poscere fata
   Tempus, ait : Deus, ecce deus. (*Æneid.*, VI, v. 45.)

xxxii. Page 189. — Les traits de la sibylle s'altèrent, etc.

   . . . . Cui talia fanti
   Ante fores, subito non vultus, non color unus,
   Non comtæ mansere comæ ; sed pectus anhelum,
   Et rabie fera corda tument ; majorque videri,
   Nec mortale sonans.   (*Æneid.*, VI, v. 46.)

xxxiii. Page 189. — La prêtresse se lève trois fois, etc.

On voit comme j'ai changé la scène de Virgile : c'est ici une sibylle muette, au lieu d'une sibylle qui déclare l'oracle.

SUR LE DIX-HUITIÈME LIVRE.

PREMIÈRE REMARQUE. Page 191. — Auguste vient de se priver, etc.

Ce projet d'Hiéroclès, mis en avant dès le début de l'ouvrage, pour favoriser l'ambition de Galérius, a été constamment rappelé et poursuivi : le voilà exécuté ; on en va voir les suites.

II. Page 191. — Représentez au vieillard, etc.

C'est en effet le motif apparent que Galérius employa pour engager Dioclétien à abdiquer. Je suppose ici que c'est Hiéroclès qui inspire Galérius.

III. Page 191. — Publius, qui, rival de la faveur de l'apostat, etc.

Publius commence à revenir plus souvent en scène ; il ne tardera pas à jouer un rôle important pour la punition d'Hiéroclès.

IV. Page 191. — Tout à coup on annonce Galérius.

Je n'ai pas suivi fidèlement l'histoire pour l'entrevue de Galérius et de Dioclétien. Dans cette fameuse discussion, Dioclétien se montre pusillanime ; il pleure, il ne veut pas abdiquer, il supplie, il cède par peur. Alors Dioclétien cesse d'avoir le caractère propre à l'épopée ; car il est avili aux yeux du lecteur. Ainsi, au lieu de m'attacher scrupuleusement à la vérité, je n'ai fait obéir Dioclétien qu'à la volonté du ciel, et à une voix fatale qui s'élève au fond de sa conscience. Cette idée est, je pense, plus conforme à la nature de mon ouvrage; mais j'avoue que j'ai eu quelque peine à faire le persécuteur des chrétiens plus grand que l'histoire ne le représente.

V°. Page 191. — Toujours César!

Galérius, selon l'histoire, fit cette exclamation en recevant une lettre de Dioclétien, avec la suscription *Cæsari*.

VI°. Page 191. — Et les chrétiens ont eu l'insolence de le déchirer.

En effet, un chrétien arracha l'édit de persécution affiché à Nicomédie, et souffrit le martyre pour cette action. Tous les évêques, en louant son courage, blâmèrent l'indiscrétion de son zèle.

VII°. Page 192. — Je rétablirai les Frumentaires.

Sorte de délateurs ou d'espions publics que Dioclétien avait supprimés.

VIII°. Page 192. — Ainsi, repartit Dioclétien.

On disait à Dioclétien que Carinus avait donné de belles fêtes au peuple : il fit la réponse que l'on voit ici.

IX°. Page 192. — Vous ne mourrez point sans être la victime, etc.

Maximin Daïa et Maxence, l'un neveu, et l'autre gendre de Galérius, se révoltèrent contre lui.

X°. Page 193. — L'édit, publié, etc.

Il était tel qu'on le rapporte dans le texte. (Voyez LACTANCE et EUSÈBE.)

XI°. Page 193. — Laurent de l'Église romaine, etc.

On a déjà parlé de saint Laurent. Saint Vincent était de Saragosse. Après avoir subi plusieurs tourments, il fut replongé dans les cachots, où les anges vinrent l'entretenir et guérir ses plaies. Il fut ensuite décapité. Eulalie, vierge et martyre, de Mérida, en Portugal; lorsqu'elle rendit le dernier soupir, on vit une colombe blanche sortir de sa bouche. Pélagie d'Antioche était d'une grande beauté, ainsi que sa mère et ses sœurs. Arrêtées par des soldats, et craignant qu'on n'attentat à leur pudeur, elles se retirèrent à l'écart, sous quelque prétexte, et se jetèrent dans l'Oronte, où elles se noyèrent en se tenant embrassées. On attribue ce martyre volontaire à une inspiration particulière du Saint-Esprit. Félicité et Perpétue ont déjà été nommées dans le livre du *Ciel;* elles reparaîtront à la fin de l'ouvrage. Quant à Théodore et aux sept vierges d'Ancyre, la tragédie de Corneille les a fait connaître à ceux qui ne lisent point la vie de nos saints. L'histoire charmante de deux jeunes époux qui se trouvèrent dans le même tombeau est postérieure à l'époque de mon action; j'ai cru pouvoir la rappeler. On la trouve dans Sidoine Apollinaire.

XII°. Page 193. — Les prêtres renfermaient le viatique, etc.

On voit encore quelques-unes de ces boîtes au musée Clémentin, à Rome, avec les instruments qui servaient à tourmenter les martyrs : les poids pour les pieds, les ongles de fer, les martinets, etc.

XIII°. Page 193. — On nommait les diacres, etc.

Ces préparations à la persécution sont conformes à la vérité historique. La charité de l'Eglise a toujours surabondé où les maux surabondent; la grâce de Jésus-Christ défie toutes les douleurs humaines.

XIV°. Page 193. — Ce prince habitait, etc.

Il n'y a guère de lieux célèbres dans la Grèce et dans l'Italie qui ne soient peints dans les *Martyrs*. Je renvoie pour Tivoli à ma lettre à M. de Fontanes, déjà citée dans ces notes.

XV°. Page 194. — Vous ne serez point appelé au partage, etc.

Eudore s'était *fait mieux instruire*, et sans doute il avait appris la résolution de Dioclétien par des voies certaines : le palais de l'empereur était rempli de chrétiens; Valérie et Prisca même, fille et femme de Dioclétien, étaient chrétiennes.

XVI°. Page 194. — Vous aurez soin, à chaque mansion, de faire mutiler, etc.

J'ai dit, dans une note sur la carte de Peutinger (liv. VI), que les mansions étaient les relais des postes. Lorsque Constantin s'échappa de la cour de Galérius, il fit couper les jarrets des chevaux qu'il laissait derrière lui, afin de n'être pas poursuivi.

XVII°. Page 194. — Tel, dans les déserts de l'Arabie, etc.

J'ai mis ici en comparaison la description du cheval arabe que l'on a vue dans mon *Itinéraire*. Le dernier trait : « Il écume, etc. » est du passage de Job sur le cheval.

xviii. Page 195. — Les tombes de Symphorose, etc.

On sait qu'Horace vécut et mourut peut-être à Tibur; mais peu de personnes savent que ce riant Tibur fut immortalisé par les cendres d'une martyre chrétienne. Symphorose, de Tibur, avait sept enfants. Sous le règne d'Adrien, elle refusa, ainsi que ses sept fils, de sacrifier aux faux dieux. Ces nouveaux Machabées subirent le martyre; ils furent enterrés au bord de l'Anio, près du temple d'Hercule.

xix. Page 196. — S'élevait un tribunal de gazon, etc.

L'appareil de cette scène est tel dans l'histoire, mais la scène est placée à Nicomédie.

xx. Page 197. — Force ce nouveau David, etc.

David, contraint de se retirer devant Saül, se cacha dans le désert de Zeila. (*Écriture.*)

xxi. Page 197. — Constantin disparaît.

L'ordre des temps n'est pas tout à fait suivi : Constantin ne s'échappa de la cour de Galérius que longtemps après l'abdication de Dioclétien.

xxii. Page 197. — Des dragons semblables, etc.

Si l'on en croit Plutarque et Lucain, Caton d'Utique trouva sur les bords de la Bagrada, en Afrique, un serpent si monstrueux, que l'on fut obligé d'employer pour le tuer les machines de guerre.

xxiii. Page 197. — Des monstres inconnus, etc.

Les anciens disaient que l'Afrique enfantait tous les ans un monstre nouveau.

xxiv. Page 198. — La persécution s'étend dans un moment, etc.

Tout ce qui suit dans le texte est un abrégé exact et fidèle des passages que je vais citer. La vérité est ici bien au-dessus de la fiction. Je me servirai des traductions connues, afin que tous les lecteurs puissent voir que je n'ai pas inventé un seul mot.

Extrait d'Eusèbe. — « Un grand nombre (de chrétiens) furent condamnés à mourir, les « uns par le feu, et les autres par le fer. On dit que cet arrêt n'eut pas été sitôt prononcé, « qu'on vit une quantité incroyable d'hommes et de femmes se jeter dans le bûcher avec « une joie et une promptitude non pareilles. Il y eut aussi une multitude presque innom- « brable de chrétiens qui furent liés dans les barques, et jetés au fond de la mer... Les pri- « sons, qui ne servaient autrefois qu'à renfermer ceux qui avaient commis des meurtres ou « violé la sainteté des tombeaux, furent remplies d'une multitude incroyable de personnes « innocentes, d'évêques, de prêtres, de diacres, de lecteurs, d'exorcistes; de sorte qu'il n'y « restait plus de place où l'on pût mettre les coupables... Quelqu'un peut-il voir sans admi- « ration la constance invincible avec laquelle ces généreux défenseurs de la religion chrétienne « souffrirent les coups de fouet, la rage des bêtes accoutumées à sucer le sang humain, « l'impétuosité des léopards, des ours, des sangliers et des taureaux, que les païens irri- « taient contre eux avec des fers chauds?... Une quantité presque innombrable d'hommes, de « femmes et d'enfants, méprisèrent cette vie mortelle pour la défense de la doctrine du Sau- « veur. Les uns furent brûlés vifs, et les autres jetés dans la mer, après avoir été déchirés « avec des ongles de fer, et avoir souffert toutes sortes d'autres supplices. D'autres présen- « tèrent avec joie leur tête aux bourreaux pour être coupée; quelques-uns moururent au mi- « lieu des tourments; quelques-uns furent consumés par la faim; quelques-uns furent attachés « en croix, soit en la posture où l'on y attache d'ordinaire les criminels, ou la tête en bas, « et percés avec des clous, et y demeurèrent jusqu'à ce qu'ils mourussent de faim.... Les « historiens n'ont point de paroles qui puissent exprimer la violence des douleurs et la cruauté « des supplices que les martyrs souffrirent dans la Thébaïde. Quelques-uns furent déchirés « jusqu'à la mort par tout le corps avec des têts de pots cassés, au lieu d'ongles de fer. Des « femmes furent attachées par un pied, élevées en l'air avec des machines, la tête en bas, « et exposées alors avec autant d'inhumanité que d'infamie. Des hommes furent attachés par « les jambes à des branches d'arbres que l'on avait courbées avec des machines, et écar- « telés lorsque ces branches, étant lâchées, reprirent leur situation naturelle. Ces violences « là furent exercées l'espace de plusieurs années, durant lesquelles on faisait mourir chaque « jour, par divers supplices, tantôt dix personnes, tant hommes que femmes et enfants; « tantôt vingt, tantôt trente, tantôt soixante, et quelquefois même jusqu'à cent. Étant sur « les lieux, j'en ai vu exécuter à mort un grand nombre dans un même jour, dont les uns « avaient la tête tranchée, et les autres étaient brûlés vifs. La pointe des épées était émoussée à « force de tuer, et les bourreaux, las de tourmenter les martyrs, se relevaient tour à tour. « J'ai été témoin de la généreuse ardeur et de la noble impatience de ces fidèles.... Il n'y a « point de discours qui soit capable d'exprimer la générosité et la constance qu'ils ont fait pa- « raître au milieu des supplices. Comme il n'y avait personne à qui il ne fût permis de les ou- « trager, les uns les battaient avec des bâtons, les autres avec des baguettes, les autres avec

« des fouets, les autres avec des lanières de cuir, et les autres avec des cordes, chacun choi-
« sissant, selon ce qu'il avait de malice, un instrument particulier pour les tourmenter. On
« en attacha quelques-uns à des colonnes, les mains liées derrière le dos, et ensuite on leur
« étendit les membres avec des machines. On les déchira après cela avec des ongles de fer,
« non-seulement par les côtés, comme l'on a accoutumé de déchirer ceux qui ont commis un
« meurtre, mais aussi par le ventre, par les cuisses et par le visage. On en suspendait quel-
« ques-uns par la main, au haut d'une galerie, de sorte que la violence avec laquelle leurs
« nerfs étaient tendus leur était plus sensible qu'aucun autre supplice n'aurait pu être. On les
« attachait quelquefois à des colonnes, vis-à-vis les uns des autres, sans que leurs pieds tou-
« chassent à terre; tellement que la pesanteur de leur corps serait extrêmement les liens par
« où ils étaient attachés. Ils étaient dans cette posture contrainte, non-seulement pendant que
« le juge leur parlait ou qu'il les interrogeait, mais presque durant tout le jour.
« ... Les uns eurent les membres coupés avec des haches, comme en Arabie; les autres
« eurent les cuisses coupées, comme en Cappadoce; les autres furent pendus par les pieds,
« et étouffés à petit feu, comme en Mésopotamie; les autres eurent le nez, les oreilles, les
« mains et les autres parties du corps coupées, comme à Alexandrie. » (Voyez Eusèbe, chap. VI,
« VII, VIII, IX, X, XI et XII, liv. VIII.)

Extrait de Lactance, de la Mort des Persécuteurs. « Parlerai-je des jeux et des diver-
« tissements de Galère ! Il avait fait venir de toutes parts des ours d'une grandeur prodi-
« gieuse, et d'une férocité pareille à la sienne. Lorsqu'il voulait s'amuser, il faisait apporter
« quelques-uns de ces animaux, qui avaient chacun leur nom, et leur donnait des hommes
« plutôt à engloutir qu'à dévorer; et quand il voyait déchirer les membres de ces malheureux,
« il se mettait à rire. Sa table était toujours abreuvée de sang humain. Le feu était le sup-
« plice de ceux qui n'étaient pas constitués en dignité. Non-seulement il y avait condamné les
« chrétiens, il avait de plus ordonné qu'ils seraient brûlés lentement. Lorsqu'ils étaient au
« poteau, on leur mettait un feu modéré sous la plante des pieds, et on l'y laissait jusqu'à
« ce qu'elle fût détachée des os. On appliquait ensuite des torches ardentes sur tous leurs
« membres, afin qu'il n'y eût aucune partie de leur corps qui n'eût son supplice particulier.
« Durant cette effroyable torture, on leur jetait de l'eau sur le visage, et on leur en faisait
« boire, de peur que l'ardeur de la fièvre ne hâtât leur mort, qui pourtant ne pouvait être
« différée longtemps, car, quand le feu avait consumé toute leur chair, il pénétrait jusqu'au
« fond de leurs entrailles. Alors on les jetait dans un grand brasier, pour achever de brûler
« ce qui restait encore de leur corps. Enfin, on réduisait leurs os en poudre, et on les jetait
« dans la rivière ou dans la mer.

« Mais le cens qu'on exigea des provinces et des villes causa une désolation générale (1).
« Les commis, répandus partout, faisaient les recherches les plus rigoureuses; c'était l'image
« affreuse de la guerre et de la captivité. On mesurait les terres, on comptait les vignes et les
« arbres, on tenait registre des animaux de toute espèce, on prenait les noms de chaque in-
« dividu : on ne faisait nulle distinction des bourgeois et des paysans. Chacun accourait avec
« ses enfants et ses esclaves; on entendait résonner les coups de fouet; on forçait, par la
« violence des supplices, les enfants à déposer contre leurs pères, les esclaves contre leurs
« maîtres, les femmes contre leurs maris. Si les preuves manquaient : on donnait la question
« aux pères, aux maris, aux maîtres, pour les faire déposer contre eux-mêmes; et quand
« la douleur avait arraché quelque aveu de leur bouche, cet aveu était réputé contenir la vé-
« rité. Ni l'âge ni la maladie ne servaient d'excuse : on faisait apporter les infirmes et les ma-
« lades; on fixait l'âge de tout le monde; on donnait des années aux enfants, on en ôtait
« aux vieillards : ce n'était partout que gémissements, que larmes. Le joug que l'on avait droit de
« la guerre avait fait imposer aux peuples vaincus par les Romains, Galère voulut l'imposer
« aux Romains mêmes; peut-être fut-ce parce que Trajan avait puni par l'imposition du cens
« les révoltes fréquentes des Daces, dont Galère était descendu. On payait de plus une taxe
« par tête, et la liberté de respirer s'achetait à prix d'argent. Mais on ne se fiait pas toujours
« aux mêmes commissaires : on en envoyait d'autres, dans l'espérance qu'ils feraient de nou-
« velles découvertes. Au reste, qu'ils en eussent fait ou non, ils doublaient toujours les taxes,
« pour montrer qu'on avait eu raison de les employer. Cependant les animaux périssaient,
« les hommes mouraient : le fisc n'y perdait rien, on payait pour ce qui ne vivait plus; en
« sorte qu'on ne pouvait ni vivre ni mourir gratuitement. Les mendiants étaient les seuls que
« le malheur de leur condition mit à l'abri de ces violences; ce monstre parut en avoir pitié
« et vouloir remédier à leur misère : il les faisait embarquer, avec ordre, quand ils seraient
« en pleine mer, de les y jeter. Voilà le bel expédient qu'il imagina pour bannir la pauvreté
« de son empire; et, de peur que sous prétexte de pauvreté quelqu'un ne s'exemptât du cens,
« il eut la barbarie de faire périr une infinité de misérables. »

(1) Le cens était une imposition sur les personnes, sur les bêtes, sur les terres labourables, sur les vignes et les arbres fruitiers.

xxvᵉ. Page 199. — Le disciple des sages publia, etc.

Voyez la Préface, à l'article d'Hiéroclès.

xxvıᵉ. Page 199. — J'emploierai, disait-il en lui-même, etc.

Je ne me suis point complu à inventer des crimes inconnus, pour les prêter à Hiéroclès. J'en suis fâché pour la nature humaine, mais Hiéroclès ne dit et ne fait rien qui n'ait été dit et fait, même de nos jours. Au reste, ce moyen affreux que veut employer Hiéroclès lui fait différer le supplice d'Eudore : sans cela, il n'eût pas été naturel que le fils de Lasthénès fût resté si longtemps dans les cachots avant d'être jugé.

xxvıɪᵉ. Page 199. — Cet impie qui reniait l'Éternel.

Ceci est bien humiliant pour l'orgueil humain ; mais c'est une vérité dont on n'a que trop d'exemples, et je l'ai déjà remarqué dans le *Génie du Christianisme*.

xxvıɪɪᵉ. Page 199. — Il y avait à Rome un Hébreu, etc.

Cette machine est justifiée par l'usage que tous les poëtes chrétiens ont fait de la magie. Ainsi Armide enlève Renaud, ainsi le démon du fanatisme arme Clément d'un poignard. Il ne s'agit ici que de porter une nouvelle : Hiéroclès ne voit point lui-même l'Hébreu ; il l'envoie consulter par un esclave superstitieux et timide ; rien ne choque donc la vraisemblance des mœurs dans la peinture de la scène : et quant à la scène elle-même, elle est du ressort de mon sujet ; elle sert à avancer l'action et à lier les personnages de Rome à ceux de Jérusalem.

xxıxᵉ. Page 199. — Il découvre l'urne sanglante.

Hiéroclès est le ministre d'un tyran, persécuteur des chrétiens ; il est donc naturel qu'on évoque le démon de la tyrannie, et que l'évocation se fasse par les cendres du plus célèbre des tyrans et du premier persécuteur des chrétiens.

Selon une tradition populaire qui court à Rome, il y avait autrefois à la *Porta del Popolo* un grand arbre sur lequel venait constamment se percher un corbeau. On creusa la terre au pied de cet arbre, et l'on trouva une urne avec une inscription qui disait que cette urne renfermait les cendres de Néron. On jeta les cendres au vent, et l'on bâtit, sur le lieu où l'on avait trouvé l'urne, l'église connue aujourd'hui sous le nom de Sainte-Marie du Peuple. Le monument appelé le tombeau de Néron, que l'on voit à deux lieues de Rome, sur la route de la Toscane, n'est point le tombeau de Néron.

xxxᵉ. Page 199. — La frayeur pénètre jusqu'aux os.

« Pavor tenuit me et tremor, et omnia ossa mea perterrita sunt.

« Et cum spiritus, me præsente, transiret, inhorruerunt pili carnis meæ.

« Stetit quidam cujus non agnoscebam vultum....... et vocem quasi auræ lenis audivi. » (Job, cap. ɪv.)

xxxɪᵉ. Page 200. — C'était l'heure où le sommeil fermait les yeux, etc.

Tempus erat quo prima quies mortalibus ægris
Incipit.   (*Æneid.*, ıı, 268.)

xxxɪɪᵉ. Page 200. — Sa barbe était négligée.

In somnis ecce ante oculos mœstissimus Hector
Visus adesse mihi, largosque effundere fletus.
. . . .
Squalentem barbam. . . . .
Sed graviter gemitus imo de pectore ducens.   (*Æneid.*, ıı, 270 et seq.)

xxxɪɪɪᵉ. Page 200. — Fuis, ma fille, etc.

Heu ! fuge. . . . . . . eripe flammis   (*Æneid.*, ıı, 289.)

xxxɪvᵉ. Page 201. — Déjà les galeries étaient désertes.

Apparet domus intus, et atria longa patescunt.
. . . .
Ædibus in mediis, nudoque sub ætheris axe,
Ingens ara fuit, etc.   (*Æneid.*, ıı, 483.)

xxxvᵉ. Page 201. — Euryméduse, votre sort, etc.

Ce personnage disparaît avant la fin de l'action ; il s'évanouit comme Créuse ; il était de peu d'importance. Il entrait dans mon plan de montrer Cymodocée isolée, tandis qu'Eudore est environné des compagnons de sa gloire ; autrement les scènes de la prison de Cymodocée et celles des cachots d'Eudore eussent été semblables.

xxxvıᵉ. Page 202. — Il aperçoit un homme, etc.

Tout le monde connaît la retraite de saint Jérôme dans la grotte de Bethléem ; tout le monde a vu les tableaux du Dominiquin, d'Augustin Carrache ; tout le monde sait que saint Jérôme se plaint, dans ses lettres, d'être tourmenté au milieu de sa solitude par les souvenirs de Rome. Ce grand personnage, que l'on a quitté au tombeau de Scipion, et que l'on retrouve à Bethléem pour donner le baptême à Cymodocée, a du moins l'avantage de ne rappeler que des lieux célèbres, de grands noms et d'illustres souvenirs.

SUR LE DIX-NEUVIÈME LIVRE.

PREMIÈRE REMARQUE. Page 204. — La trace blanchissante, etc.

Ceux qui ont voyagé sur mer ont vu ces traces de vaisseaux que les marins appellent le sillage. Dans les temps calmes, cette ligne blanche reste quelquefois marquée pendant plusieurs heures.

IIe. Page 204. — Dorait et brunissait à la fois, etc.

Je ne suis pas le premier auteur qui ait parlé de ce double effet du soleil levant sur les mers de la Grèce. Chandler l'avait observé avant moi.

IIIe. Page 204. — Des nues sereines, etc.

Expression du grand maître, qui peint parfaitement ces petites nues que l'on aperçoit dans un beau ciel :

Unde serenas
Ventus agat nubes.   (VIRG., *Georg.*; I, 461.)

IVe. Page 204. — Et la mère d'Eudore venait de mourir.

Petite circonstance d'où naît la peinture du purgatoire, au XXIe livre.

V^e. Page 205. — Le jour s'éteint, le jour renaît, etc.

Je ne sais si c'est ce passage qui a fait dire à un critique que Démodocus était un vieil imbécile, ou si c'est à cause de ce même passage qu'un autre critique a bien voulu comparer la douleur de Démodocus à celle de Priam.

VIe. Page 206. — Deux hautes chaînes de montagnes s'étendant, etc.

Ceci est tiré mot pour mot de mon *Itinéraire* ; mais comme, dans un sujet si intéressant, on ne saurait avoir trop de détails, je citerai encore un fragment de mon *Voyage*. Ce fragment commence à mon départ de Bethléem pour la mer Morte, en passant par le monastère du Saint-Saba.

« Les Arabes qui nous avaient attaqués à la porte du couvent de Saint-Saba appartenaient
« à une tribu qui prétendait avoir seule le droit de conduire les étrangers. Les Bethléémites,
« qui désiraient avoir le prix de l'escorte, et qui ont une réputation de courage à soutenir,
« n'avaient pas voulu céder. Le supérieur du monastère avait promis que je satisferais les Bédouins, et l'affaire s'était arrangée. Je ne voulais rien leur donner, pour les punir ; mais
« Ali-Aga (le janissaire) me représenta que, si je tenais à cette résolution, nous ne pourrions
« jamais arriver au Jourdain ; qu'ils iraient appeler les autres tribus du désert, et que nous
« serions infailliblement massacrés ; que c'était la raison pour laquelle il n'avait pas voulu
« tuer le chef des Arabes ; car, une fois le sang versé, nous n'aurions eu d'autre parti à
« prendre que de retourner promptement à Jérusalem.

« Je doute que les couvents de Scété soient placés dans des lieux plus tristes et plus isolés
« que le couvent de Saint-Saba. Il est bâti dans la ravine même du torrent de Cédron, qui
« peut avoir trois ou quatre cents pieds de profondeur dans cet endroit. L'église occupe une
« petite éminence dans le fond du lit. De là les bâtiments du monastère s'élèvent par des escaliers perpendiculaires et des passages creusés dans le roc, sur le flanc de la ravine, et par-
« viennent ainsi jusque sur la croupe de la montagne, où ils se terminent par deux tours
« carrées. Du haut de ces tours on découvre les sommets stériles des montagnes de Judée ;
« au-dessous de soi, l'œil plonge dans le ravin desséché du torrent des Cèdres, où l'on voit
« des grottes qu'habitèrent jadis les premiers anachorètes.

« Pour toute curiosité, on montre aujourd'hui à Saint-Saba trois ou quatre cents têtes de
« morts, qui sont celles des religieux massacrés par les infidèles. On m'a laissé un quart
« d'heure seul avec ces saintes reliques. Il semble que les moines qui me donnaient l'hospitalité devinassent que j'avais le dessein de peindre la situation de l'âme des solitaires de la
« Thébaïde.

« Nous sortîmes du monastère à trois heures de l'après-midi ; et nous arrivâmes, vers le
« coucher du soleil, au dernier rang des montagnes de Judée, qui bordent à l'occident la mer

« Morte et la vallée du Jourdain. La chaîne du levant, qui forme l'autre bord de la vallée,
« s'appelle les montagnes de l'Arabie, et comprend l'ancien pays des Moabites et des Am-
« monites, etc. . . . .
. . . .

« Nous descendîmes de la croupe de la montagne pour aller passer la nuit au bord de la
« mer Morte, et remonter ensuite au Jourdain. En entrant dans la vallée, notre petite troupe
« se resserra, et fit silence. Nos Bethléémites armèrent leurs fusils, et marchèrent en avant
« avec précaution. Nous nous trouvions sur le chemin des Arabes du désert qui vont chercher
« du sel au lac, et qui font une guerre impitoyable aux voyageurs. Nous marchâmes ainsi
« pendant deux heures le pistolet à la main, comme en pays ennemi, et nous arrivâmes à la
« nuit close au bord du lac. La première chose que je fis en mettant pied à terre fut d'entrer
« dans le lac jusqu'aux genoux, et de porter l'eau à ma bouche. Il me fut impossible de l'y
« retenir. La salure en est beaucoup plus forte que celle de la mer, et elle produit sur les
« lèvres l'effet d'une forte solution d'alun. Mes bottes furent à peine séchées qu'elles se cou-
« vrirent de sel; nos vêtements, nos chapeaux, nos mains, notre visage, furent, en moins
« de deux heures, imprégnés de ce minéral.

« Nous établîmes notre camp au bord de l'eau, et les Bethléémites allumèrent du feu pour
« faire du café. Telle est la force de l'habitude : ces Arabes avaient marché avec beaucoup
« de prudence dans la campagne, et ils ne craignirent point d'allumer un feu qui pouvait
« bien plus aisément les trahir. Vers minuit, j'entendis quelque bruit sur le lac; les Beth-
« léémites me dirent que c'étaient des légions de petits poissons qui viennent sauter au rivage.
« Ceci contredirait l'opinion généralement adoptée que la mer Morte ne produit aucun être
« vivant. Pococke, étant à Jérusalem, avait entendu dire aussi qu'un missionnaire avait vu
« des poissons dans le lac Asphaltite. Ce savant voyageur avait fait analyser l'eau de ce lac :
« j'ai apporté une bouteille de cette eau, jusqu'à présent fort bien conservée.

« Le 6 octobre, au lever du jour, je parcourus le rivage. Le lac fameux qui occupe l'em-
« placement de Sodome et de Gomorrhe est nommé mer Morte ou mer Salée dans l'Ecriture,
« Asphaltite par les auteurs grecs et latins, et Almotanah par les Arabes (voyez d'ANVILLE).
« Strabon rapporte la tradition des villes abîmées. Je ne puis être du sentiment de quelques
« voyageurs qui prétendent que la mer Morte n'est que le cratère d'un volcan. J'ai vu le Vé-
« suve, la Solfatare, le Monte-Nuovo dans le lac Fusin, le pic des Açores, le Mamelife, vis-
« à-vis de Carthage; les volcans éteints d'Auvergne; j'ai partout remarqué les mêmes carac-
« tères; c'est-à-dire des montagnes creusées en entonnoir, des laves et des cendres où l'action
« du feu ne peut se méconnaître. La mer Morte, au contraire, est un lac assez long, encaissé
« entre deux chaînes de montagnes, qui n'ont entre elles aucune cohérence de formes, au-
« cune homogénéité de sol. Elles ne se rejoignent point aux deux extrémités du lac; elles con-
« tinuent, d'un côté, à border la vallée du Jourdain, en se rapprochant vers le nord jusqu'au
« lac de Tibériade; et, de l'autre, elles vont, en s'écartant, se perdre au midi, dans les
« sables de l'Yémen. Il est vrai qu'on trouve du bitume, des eaux chaudes et des pierres
« phosphoriques dans la chaîne des montagnes d'Arabie, mais je n'en ai point vu dans la
« chaîne opposée. D'ailleurs la présence des eaux thermales, du soufre et du bitume, ne
« suffit point pour attester l'existence antérieure d'un volcan. C'est dire assez que, quant aux
« villes abîmées, je m'en tiens au sens de l'Ecriture, sans appeler la physique à mon secours.
« . . . . Quelques voyageurs prétendent que,
« dans les temps calmes, on aperçoit encore au fond de la mer Morte des débris de mu-
« railles et de palais. C'est peut-être ce qui a donné à Klopstock l'idée bizarre de faire cacher
« Satan dans les ruines de Gomorrhe, pour contempler la mort du Christ. Je ne sais si ces
« débris existent. Et comment les aurait-on découverts? De mémoire d'homme, on n'a ja-
« mais vu de bateaux sur le lac Asphaltite. Les géographes, les historiens, les voyageurs, ne
« parlent point de la navigation de ce lac. Il est vrai que Josèphe le fit mesurer, mais il est
« probable que la mesure fut prise par terre le long du rivage; car on ne voit pas que les
« anciens connussent la manière de relever les distances par eau.

« Strabon parle de treize villes englouties dans le lac Asphaltite. La *Genèse* en place cinq
« *in valle silvestri*, *Sodome*, *Gomorrhe*, *Adam*, *Seboim* et *Bala*, ou *Segor*; mais elle
« ne marque que les deux premières détruites par le feu du ciel. Le *Deutéronome* en cite
« quatre, *Sodome*, *Gomorrhe*, *Adam* et *Seboim*; la *Sagesse* en compte cinq, sans les dési-
« gner. *Descendente igne in Pentapolim*.

« Jacques Cerbus ayant remarqué que sept grands courants d'eau tombent dans la mer
« Morte, Reland en conclut que cette mer devait se dégager de la superfluité de ses eaux par
« des canaux souterrains. Sandry et quelques autres voyageurs ont énoncé la même opinion;
« mais elle est aujourd'hui abandonnée, d'après les observations sur l'évaporation par le doc-
« teur Halley : observations admises par Shaw, qui trouve pourtant que le Jourdain roule
« par jour à la mer Morte six millions quatre-vingt-dix mille tonnes d'eau, sans compter les
« eaux de l'Hernon et de sept autres torrents. . . . .

« . . . . Je voulais voir le Jourdain à l'endroit où il se jette dans la mer Morte,
« point essentiel qui n'a pas encore été reconnu ; mais les Bethléémites refusèrent de m'y
« conduire, parce que le fleuve, à une lieue environ de son embouchure, fait un long détour
« sur la gauche, et se rapproche de la montagne d'Arabie. Il fallut donc me contenter de
« marcher vers la courbure du fleuve la plus rapprochée du lieu où nous nous trouvions. Nous
« levâmes le camp et nous cheminâmes pendant deux heures avec une peine excessive dans
« des dunes de sable et des couches de sel ; je vis tout à coup les Bethléémites s'arrêter, et me
« montrer de la main, parmi les arbrisseaux, quelque chose que je n'apercevais pas : c'était
« le Jourdain.

« J'avais vu les grands fleuves de l'Amérique avec le plaisir qu'inspirent la solitude et la
« nature ; j'avais visité le Tibre, et recherché avec le même intérêt l'Eurotas et le Céphise ;
« mais je ne puis dire ce que j'éprouvai à la vue du Jourdain. Non-seulement ce fleuve me
« rappelait une antiquité fameuse, mais ses rives m'offraient encore le théâtre des miracles
« de ma religion. La Judée est le seul pays de la terre qui offre à la fois au voyageur chrétien
« le souvenir des affaires humaines et des choses du ciel, et qui fasse naître au fond de l'âme,
« par ce mélange, un sentiment et des pensées qu'aucun autre lieu ne peut inspirer. »

VIIe. Page 207. — Un fruit semblable à un citron doré.

J'ai rapporté ce fruit, qui a passé longtemps pour n'exister que dans l'imagination des missionnaires. Il est bien connu aujourd'hui des botanistes. On a rangé l'arbuste qui le porte dans la classe des *solanées*, sous le nom de *solanum sodomœum* ; quand j'ai dit, dans la préface des premières éditions, que ce fruit ressemble à un citron dégénéré par la malignité du sol, je n'ai eu l'intention que de parler de l'apparence et non de la réalité.

VIIIe. Page 208. — Les chameaux seuls, etc.

Je me sers ici d'une anecdote que j'ai rapportée dans l'*Itinéraire*, et dont j'ai presque été le témoin.

IXe. Page 208. — On s'assied autour d'un bûcher

C'est une scène de mœurs arabes dans laquelle j'ai figuré moi-même, et qu'on peut voir dans le passage cité à la note précédente.

X[e]. Page 208. — Des lettres pour les principaux fidèles.

Ces lettres de voyage ou de recommandation étaient données par les évêques. J'ai cru pouvoir les faire donner par saint Jérôme, prêtre et docteur de l'Eglise latine.

XIe. Page 208. — Reine de l'Orient.

Quelle Jérusalem nouvelle
Sort du fond du désert, brillante de clartés, etc.   (RACINE, *Ath.*, III, 7.)

XIIe. Page 208. — La nouvelle Jérusalem ne pleure point.

Allusion à une belle médaille de Titus : un palmier, une femme assise et enchaînée au pied de ce palmier ; pour légende : *Judæa capta*.

XIIIe. Page 208. — La souveraine des anges, etc.

Ceci rend naturelles et vraisemblables les courses de Cymodocée.

XIVe. Page 209. — Je suis Pamphile de Césarée.

Pamphile le martyr, disciple de Timothée et condisciple d'Eusèbe, a été nommé parmi les grands hommes chrétiens qu'Eudore rencontre à Alexandrie.

XVe. Page 209. — Au pied du mont Aventin, etc.

On montre encore cette prison à Rome.

XVIe. Page 210. — Voit arriver tour à tour des amis, etc.

Ainsi, tous les personnages se retrouvent à Rome par un même événement : Démodocus, Cyrille, Zacharie, l'ermite du Vésuve, etc. ; et, dans un moment, le ciel va amener Cymodocée au lieu du sacrifice.

XVIIe. Page 210. — Ces confesseurs avaient transformé la prison en une église, etc.

Cette peinture du bonheur des prisons est fidèle. Fleury seul donnera au lecteur curieux le moyen de vérifier tout ce que j'avance. (*Mœurs des Chrétiens* et *Hist. eccl.*)

XVIIIe. Page 210. — Du fond d'une retraite ignorée, le pontife de Rome.

Dans les calamités publiques, il y a toujours des victimes qui échappent ; tous les chrétiens, tous les chefs des chrétiens, n'étaient pas dans les cachots pendant les persécutions, comme tous les Français n'étaient pas emprisonnés sous le règne de la Terreur.

XIXe. Page 211. — **La belle et brillante Aglaé.**
Voilà la fin de l'histoire d'Aglaé, de Pacôme et de Boniface, dont on a vu le commencement au cinquième livre; on va voir aussi la fin de l'histoire de Genès.

XXe. Page 211. — **Mon fils, répond le descendant, etc.**
Ce simple récit de Zacharie est fondé sur l'histoire. Constance subjugua en effet quelques tribus des Francs, et les transporta dans les Gaules, aux environs de Cologne.

XXIe. Page 212. — **L'heureuse arrivée de Constantin.**
Par là le dénoûment est préparé, et le triomphe de la religion annoncé.

XXIIe. Page 212. — **Valérie avait été exilée en Asie.**
Cela est conforme à la vérité. Ces deux personnages, n'étant plus nécessaires, sont mis à l'écart. On ne les a appelés ici que pour satisfaire le lecteur, qui aurait pu demander ce qu'ils étaient devenus.

XXIIIe. Page 212. — **Il voulait engager Dioclétien, etc.**
On verra Eudore se reprocher ce dessein comme criminel; mais ce dessein entretient l'espérance dans l'esprit du lecteur jusqu'au dernier moment, et rappelle en même temps le trait le plus connu et le plus frappant de l'histoire de Dioclétien. Il fallait d'ailleurs, selon la règle dramatique, que le héros fût coupable d'une légère faute.

XXIVe. Page 212. — **Ils s'aperçurent bientôt, etc.**
En passant en Amérique avec des prêtres qui fuyaient la persécution, j'ai été témoin d'une scène à peu près pareille. Quand il survenait un orage, les matelots se confessaient aux mêmes hommes qu'ils venaient d'insulter.

XXVe. Page 212. — **Le Sauveur aperçoit le vaisseau de Cymodocée, etc.**
L'intervention du merveilleux était absolument nécessaire ici. Sans blesser toutes les convenances, et même toutes les vraisemblances, Cymodocée ne pouvait aller de son propre mouvement chercher Eudore en Italie; mais le ciel, qui veut le triomphe de la croix, conduit cette innocente victime au lieu du sacrifice.

XXVIe. Page 213. — **Le vent, qui jusqu'alors, etc.**
Je ne peins dans ce naufrage que ma propre aventure. En revenant de l'Amérique, je fus accueilli d'une tempête de l'ouest qui me conduisit en vingt et un jours de l'embouchure de la Dalaware à l'île d'Origny, dans la Manche, et fit toucher le vaisseau sur un banc de sable. Dans mon dernier voyage sur mer, j'ai mis soixante-deux jours à aller d'Alexandrie à Tunis; toute cette traversée, au milieu de l'hiver, fut une espèce de continuel naufrage; nous vîmes périr trois gros vaisseaux sur Malte, et le nôtre était le quatrième en danger. C'est peut-être acheter un peu cher le plaisir de ne peindre que d'après nature.

XXVIIe. Page 213. — **Les flots se déroulaient avec uniformité.**
Il faut l'avouer, au milieu des plus furieuses tempêtes, je n'ai point remarqué ce chaos, ces montagnes d'eau, ces abîmes, ce fracas qu'on voit dans les orages des poëtes. Je ne trouve qu'Homère de vrai dans ces sortes de descriptions, et elles se bornent presque toutes à un trait, la noirceur des ondes. J'ai bien remarqué, au contraire, ce silence et cette espèce de régularité que je décris ici, et il n'y a peut-être rien de plus effrayant. Des marins à qui j'ai lu cette tempête m'ont paru frappés de la vérité des accidents. Les critiques qui pensent qu'on peut bien imiter la nature sans sortir de son cabinet sont, je crois, dans l'erreur. Que l'on copie tant qu'on voudra un portrait fidèle, on n'attrapera jamais ces nuances de la physionomie que l'original peut seul donner.

XXVIIIe. Page 214. — **L'écueil voisin semble changer de place.**
Il faut avoir été dans une position semblable pour bien juger de la joie et de la terreur d'un pareil moment. Je regrette de n'avoir point la lettre que j'écrivis à M. de Chateaubriand, mon frère, qui a péri avec son aïeul M. de Malesherbes. Je lui rendais compte de mon naufrage. J'aurais retrouvé dans cette lettre des circonstances qui ont sans doute échappé à ma mémoire, quoique ma mémoire m'ait bien rarement trompé.

XXIXe. Page 214. — **On précipite au fond de la mer des sacs remplis de pierres.**
Les anciens arrêtaient ainsi leurs vaisseaux sur les fonds vaseux, lorsque l'ancre glissait, ou, comme parlent les marins, lorsque le vaisseau filait sur son ancre. L'ancre sacrée était une ancre réservée pour les naufrages. On l'appelle parmi nous l'ancre de salut. Les anciens ont fait souvent allusion à cette ancre sacrée, entre autres Plutarque, qui se sert volontiers d'images empruntées de la navigation et des vaisseaux.

SUR LE VINGTIÈME LIVRE.

PREMIÈRE REMARQUE. Page 215. — On n'envoya point au-devant de Cymodocée, etc.

Il y a plusieurs exemples de ces honneurs poétiques rendus par l'antiquité à des personnages remarquables. Pour n'en citer qu'un, ce fut de cette manière que Denys reçut Platon à son second voyage de Sicile.

II*. Page 215. — Architas.

Grand mathématicien, et célèbre philosophe pythagoricien. Il était de Tarente. On lui avait élevé dans sa patrie un monument qui se voyait de loin.

III*. Page 215. — C'était une de ces galères, etc.

(Voyez le livre XVIII*, et la note XXIV* du même livre.)

IV*. Page 216. — Il faut que Tarente ait conservé ses dieux irrités.

On proposa à Marcellus d'enlever les statues de Tarente, infidèle à ses serments. Il répondit : « Laissons aux Tarentins leurs dieux irrités. »

V*. Page 216. — Le chantre d'Ilion, etc.

Pluton sort de son trône ; il pâlit, il s'écrie, etc.   (BOILEAU.)

VI*. Page 217. — Le *Mercure* de Zénodore, etc.

J'ai choisi de préférence, pour les décrire, les chefs-d'œuvre que nous n'avons plus : j'en ai pris la liste dans Pline. Je me suis permis seulement de peindre d'après mon imagination le *Satyre mourant* de Protogène, dont l'histoire ne nous a conservé que le nom.

VII*. Page 218. — Respirait l'*Apollon*... à l'extrémité opposée s'élevait le groupe de *Laocoon*, etc.

Nous avons ces deux chefs-d'œuvre. Le *Laocoon* a été trouvé dans les ruines des Thermes ou du palais de Titus.

VIII*. Page 218. — Tu sais que je t'aime, etc.

Il y avait après cette phrase : « Un amant est-il donc si redoutable ? » J'ai fait disparaître ces tours, qui sentaient trop la manière du roman. En général, ce morceau a été fort adouci. Après le dernier mot qui termine l'alinéa, il y avait une demi-page du même langage amoureux ; je l'ai supprimée pour la même raison. C'est un grand bonheur pour moi quand je puis être plus rigoureux que les critiques.

IX*. Page 219. — Par des philtres et des enchantements.

Après ces mots, il y avait une réponse de Cymodocée, qui n'était qu'une imitation de deux vers d'Othello : je n'ai pas cru devoir la conserver, quoique louée par La Harpe, et digne certainement d'être louée.

X*. Page 219. — La sagesse, enfant trop aimable, etc.

Cela n'est pas plus odieux que le langage du *Tartufe*. La philosophie, comme la religion, a ses monstres.

XI*. Page 219. — Il meurt, si tu n'es à moi.

Encore une fois, je n'ai point inventé cette horrible scène. Plût à Dieu que cela ne fût qu'une fiction !

XII*. Page 220. — Il dit, et poursuit Cymodocée, etc.

Après ces mots, on lisait sept lignes où je peignais la course d'Hiéroclès et de Cymodocée : j'ai supprimé cette peinture, quoique cela m'ait fait perdre une comparaison que je regrette.

XIII*. Page 220. — Démodocus reconnaît sa fille.

On voit que je me suis souvenu de l'histoire de Virginius, si admirablement racontée par Tite-Live.

XIV*. Page 220. — La Reine des anges l'y retient.

L'intervention du merveilleux était ici absolument nécessaire ; il achève, avec les autres raisons tirées de la nature de la scène, de rendre vraisemblable la présence de Cymodocée sur la galerie.

SUR LES MARTYRS.

xv°. Page 221. — Le préfet de Rome, qui favorisait, etc.

Ceci rend naturelle cette sédition, et lui ôte ce qu'elle eût pu avoir de romanesque ou d'invraisemblable. Dieu, qui va châtier Hiéroclès, se sert, comme cela arrive souvent, des passions des hommes, et d'un incident étranger au crime qu'il punit.

xvi°. Page 221. — Ta fille est-elle chrétienne?

Terrible question, qui décide du sort de Cymodocée.

xvii°. Page 222. — Mais comme ses trahisons ne sont pas assez prouvées, etc.

On voit ici les lâches arrangements de la conscience d'un homme qui n'a pas la force d'être tout à fait vertueux ni tout à fait criminel.

xviii°. Page 223. — Lorsqu'un vaisseau, etc.

Odyssée, liv. xxiii.

xix°. Page 223. — Chantez, dit-il, mes frères.

Cette annonce du martyre par Zacharie, et ensuite par le licteur, produit un genre de pathétique inconnu au polythéisme, et qui sort des entrailles mêmes de notre admirable religion.

xx°. Page 224. — Ange des saintes amours.

C'est l'ange qui a blessé Eudore par l'ordre de Dieu. Il était naturel qu'on s'adressât à lui pour apprendre les sentiments d'Eudore.

xxi°. Page 224. — Eudore, serviteur de Dieu, etc.

C'est la formule des lettres des premiers chrétiens. On peut voir les Épîtres des apôtres, et surtout celles de saint Paul, dont cette formule est tirée mot à mot. Le *nous* était aussi d'usage dans cette communauté de frères malheureux.

xxii°. Page 224. — Il faut qu'il coupe le fil, etc.

(Voyez JOB, ÉZÉCHIAS, J.-B. ROUSSEAU.)

xxiii°. Page 224. — La première année de la persécution.

La persécution de Dioclétien devint une ère par laquelle on a daté plusieurs écrits de cette époque.

xxiv°. Page 225. — Hélas! il vous perdra peut-être, et il n'est pas chrétien!

Eudore est chrétien : voilà pourquoi il est au-dessus du malheur, sans toutefois y être insensible.

xxv°. Page 225. — Voici la salutation, etc.

Formule des Épîtres apostoliques.

SUR LE VINGT ET UNIÈME LIVRE.

PREMIÈRE REMARQUE. Page 225. — Les mains chargées de branches d'anet, le front ceint d'une couronne de roses et de violettes, etc.

On peut voir dans Athénée tous les détails sur les banquets et les couronnes des anciens. L'anet dont on se servait dans les festins ressemblait assez au fenouil.

ii°. Page 225. — Aussi profonde que celle de Nestor, etc.

Πὰρ δὲ δέπας περικαλλὲς, ὃ οἴκοθεν ἦγ' ὁ γεραιός,
Χρυσείοις ἥλοισι πεπαρμένον· οὔατα δ' αὐτοῦ
Τέσσαρ' ἔσαν, δοιαὶ δὲ πελειάδες ἀμφὶς ἕκαστον
Χρύσειαι νεμέθοντο· δύω δ' ὑπὸ πυθμένες ἦσαν.
Ἄλλος μὲν μογέων ἀποκινήσασκε τράπεζης·
Πλεῖον ἐόν· Νέστωρ δ' ὁ γέρων ἀμογητὶ ἄειρεν. (*Iliad.*, lib. xi, v. 632.)

iii°. Page 225. — Comme au banquet d'Alcibiade, etc.

Le *Banquet de Platon* a été traduit par l'abbesse de Fontevrault et par Racine. Le discours d'Alcibiade manquait; M. Geoffroy l'a donné dans son *Commentaire* sur Racine.

iv°. Page 225. — On eût dit qu'ils marchaient au martyre, etc.

On aura pu remarquer que c'est le beau tableau de Le Sueur.

vᵉ. Page 226. — Sublime invention de la charité! etc.

« On a vu des prélats, faute d'autel, consacrer sur les mains des diacres ; et l'illustre mar-
« tyr saint Lucien d'Antioche consacra sur sa poitrine, étant attaché de sorte qu'il ne pouvait
« se remuer. » (FLEURY, *Mœurs des Chrétiens*.)

VIᵉ. Page 227. — La frise en était ornée, etc.

On sait comment Homère, Virgile, le Tasse, ont fait usage de ces détails poétiques. Les traits que j'ai placés dans les bas-reliefs sont puisés dans l'histoire romaine. Je ne leur ai point donné un rapport direct avec la position de Démodocus. J'ai trouvé plus naturel de suivre l'exemple d'Homère, qui peint des scènes variées sur le bouclier d'Achille.

VIIᵉ. Page 228. — Cette chrétienne timide, etc.

Le petit rôle de Blanche est peut-être dans la nature. On trouve, surtout parmi le peuple, un grand nombre de ces femmes qui ont un cœur compatissant, mais dont le caractère est faible et timide, et qui n'osent pour ainsi dire faire de bonnes actions qu'à la dérobée. Il ne faut pas croire d'ailleurs qu'à cette époque tous les chrétiens fussent des héros, et toutes les chrétiennes des héroïnes. Il y eut beaucoup de chutes pendant la persécution de Dioclétien. Comment, après cela, a-t-on pu trouver que Cymodocée, qui donne son sang avec tant de simplicité, n'est pas assez courageuse?

VIIIᵉ. Page 229. — Festus, suivant les formes usitées, dit, etc.

J'aurais cru commettre un sacrilège si j'avais osé changer un mot à cette grande tragédie du martyre, dont les témoins du Dieu vivant furent les sublimes acteurs. J'ai conservé, et j'ai dû conserver la simplicité du dialogue, la majesté des réponses, l'atrocité des tourments. Pourquoi me serais-je montré plus délicat que la peinture? Et cependant j'ai tout adouci, tout dérobé aux yeux. J'ai écarté ce qui pouvait révolter les sens, comme l'odeur des chairs brûlées, et mille autres détails qu'on lit dans l'histoire. J'ai, par des comparaisons riantes, par la présence des anges, par l'espèce d'impassibilité d'Eudore, diminué l'horreur des tortures. Ce sont les hommes de l'art que je désire surtout avoir ici pour juges ; eux seuls peuvent connaître la difficulté du sujet. Je renvoie le lecteur aux *Actes des Martyrs*, recueillis par dom Ruinart, et traduits par Maupertuis ; à l'*Histoire ecclésiastique* de Fleury, et aux *Mémoires* de Tillemont.

IXᵉ. Page 230. — Remarquez bien mon visage, etc.

Ce mot d'Eudore était tiré des *Machabées*, mais un critique m'a fait l'honneur de le croire de mon invention : ce mot se retrouve dans le martyre de sainte Perpétue. N'est-il pas aussi bien étrange qu'on ait ignoré que la torture précédait toujours la mort des chrétiens accusés? Il y a tel confesseur qui fut appliqué trois et quatre fois à la question avant d'être condamné à mort. Que penser de ceux qui, prenant contre moi la *défense de la religion*, montrent à la fois leur ignorance et leur impiété dans de honteuses plaisanteries sur les souffrances des martyrs?

Xᵉ. Page 230. — Eudore, dans le cours de ses actes glorieux, etc.

Là commence l'épisode du purgatoire. Je n'ai point eu d'appui pour ce travail, et il a fallu tout tirer de mon fonds. Le purgatoire du Dante ne m'a pas offert un seul trait dont je pusse profiter.

XIᵉ. Page 231. — Que les anges ont appelée Belle, etc.

Toutes ces saintes femmes sont trop connues pour qu'on ait besoin d'un commentaire.

XIIᵉ. Page 232. — L'enfer étonné crut voir entrer l'Espérance.

Le Dante a dit :

Lasciate ogni speranza, voi ch' entrate.

XIIIᵉ. Page 232. — A mesure qu'on s'élève, etc.

Après cette phrase se trouvait la description de la demeure des sages. Bien des personnes ont pensé que j'aurais pu, même théologiquement, être moins rigoureux, et conserver le morceau ; mais il ne faut point discuter avec la religion.

XIVᵉ. Page 232. — Les mondes divers, etc.

« Benedicite omnia opera Domini. » (*Ps.*)

XVᵉ. Page 232. — Ouvrez-vous, etc.

« Attolite portas... Et elevamini portæ æternales. » (*Ps.* XXIII, 7), que Milton a si bien imité :
Open ye everlasting doors!

XVIᵉ. Page 232. — Je vous salue, Marie, etc.

« Ave, Maria, etc. »

xvii°. Page 233. — *Vous qui êtes bénie entre toutes les femmes, refuge des pécheurs*, etc.

« Benedicta tu in mulieribus, consolatrix afflictorum, refugium peccatorum. »

Et toujours nos simples prières fournissent les traits les plus nobles, les plus sublimes ou les plus touchants !

SUR LE VINGT-DEUXIÈME LIVRE.

PREMIÈRE REMARQUE. Page 233. — *D'une main il prend une des sept coupes d'or pleines de la colère de Dieu.*

On ne me contestera pas cet ange, les coupes d'or, etc., fors qu'on n'ait pris encore tout cela pour mes vaines imaginations. N'est-il pas honteux que des hommes qui se mêlent de critique ignorent pourtant la religion au point de ne pas connaître les choses les plus communes ? Qu'ils imitent Voltaire, et s'ils ne lisent pas la Bible comme chrétiens, qu'ils l'étudient du moins comme littérateurs.

« Et unum de quatuor animalibus dedit septem angelis septem phialas aureas plenas ira-
« cundiæ Dei. » (*Apocal.*, cap. xv, v. 7.)

II°. Page 233. — *De l'autre, il saisit le glaive*, etc.

« Factum est autem in noctis medio : percussit Dominus omne primogenitum in terrâ Ægypti...
« Et ortus est clamor magnus in Ægypto. » (*Exod.*, cap. xii, v. 29 et 30.)
« ... Venit Angelus Domini et percussit in castris Assyriorum centum octoginta quinque
« millia. » (*Reg.*, lib. iv, cap. xix, v. 35.)

III°. Page 234. — *La faux qui vendange, et la faux qui moissonne.*

« Et alius angelus exivit de templo, clamans voce magna ad sedentem super nubem : Mitte
« falcem tuam, et mete, quia venit hora ut metatur, quoniam aruit messis terræ...
« Et alius angelus exivit de altari, et clamavit...
« Mitte falcem tuam acutam, et vindemia botros vineæ terræ...» (*Apocal.*, cap. xiv, v. 15 et 18.)

IV°. Page 234. — *L'édit te permet de la livrer aux lieux infâmes.....*

On sait trop que l'effroyable perversité des païens les porta jusqu'à faire déshonorer des vierges chrétiennes, dont la première vertu était la chasteté. Cette espèce de martyre fut employée plusieurs fois, comme on le voit dans l'*Histoire ecclésiastique*. Nous avons une tragédie entière de Corneille fondée sur ce sujet. Je ne me suis servi de ce moyen que pour jeter Eudore dans la plus grande tentation et dans le plus grand malheur qu'un homme puisse éprouver.

v°. Page 235. — *Rendit compte en ces mots de son entrevue avec Dioclétien*, etc.

Ce fut Maximien qui engagea Dioclétien à reprendre l'empire, et ce fut aux députés de Maximien que Dioclétien fit la belle réponse que tout le monde connaît : «Plût aux dieux que « ceux qui vous envoient vissent les légumes que je cultive! etc.»

VI°. Page 235. — *Le jardinier Sidonien*, etc.

Abdolonyme : les beaux vers de M. Delille, connus de tout le monde, rendent tous les détails superflus.

Dans cette entrevue de Dioclétien et du messager d'Eudore, il n'y a d'historique que la réponse : «Plût aux dieux, etc.»

VII°. Page 235. — *Les évêques craignaient que vous n'eussiez réussi.*

Telle est la résignation et la fidélité chrétiennes.

VIII°. Page 237. — *Le repas libre.*

« Or, le soir qui précède immédiatement le jour des spectacles, la coutume est de faire,
« à ceux qui sont condamnés aux bêtes, un souper qu'on nomme le Souper libre. Nos saints
« martyrs changèrent, autant qu'il leur fut possible, ce dernier souper en un repas de cha-
« rité. La salle où ils mangeaient était pleine de peuple ; les martyrs lui adressaient la pa-
« role de temps en temps... Ces paroles... jetèrent de l'étonnement et de la frayeur dans
« l'âme de la plupart... Plusieurs restèrent pour se faire instruire, et crurent en Jésus-Christ.»
(*Act. Mart.*, in sancta Perpetua.)

ix°. Page 238. — Au milieu de cette scène touchante, on voit accourir un esclave, etc.

J'ai tâché de tracer mon tableau de manière qu'il pût être transporté sur la toile sans confusion, sans désordre, et sans changer une seule des attitudes : le peuple romain à genoux, les soldats présentant les aigles; les vieux évêques assis, la tête couverte d'un pan de leur robe; Eudore debout, soutenu par les centurions, et laissant tomber la coupe, au moment où il prononce ce mot : « Je suis chrétien! » la diversité des costumes; l'agape servie sous le vestibule de la prison, etc.; tout cela pourrait peut-être s'animer sous le pinceau d'un plus grand peintre que moi.

SUR LE VINGT-TROISIÈME LIVRE.

PREMIÈRE REMARQUE. Page 240. — A ces mots, le prince des ténèbres disparaît du milieu de la foule.

Rien n'est plus commun dans les poëtes que cette machine d'une divinité qui prend la forme d'un personnage connu pour produire ou diriger un événement : je ne crois pas devoir citer.

ii°. Page 240. — Son triomphe sur les Perses.

Crevier pense que Galérius célébra en effet son triomphe sur les Perses. Cela souffre pourtant des difficultés en critique; mais j'ai adopté l'opinion qui me convenait le mieux.

iii°. Page 240. — Rétablit les fêtes de Bacchus.

L'an 568 de Rome, le sénat découvrit de telles abominations dans les fêtes de Bacchus, qu'il fit supprimer ces fêtes.

iv°. Page 240. — Des courtisanes nues, rassemblées au son de la trompette, etc.

Cette description n'est que trop historique : j'ai seulement omis les infamies les plus révoltantes. Il y eut deux Flores : la première, épouse de Zéphyre, reine des Fleurs, nymphe des Îles Fortunées; la seconde, courtisane romaine, qui légua sa fortune au peuple, et dont le culte criminel se confondit bientôt avec le culte innocent que l'on rendait à la première Flore.

« Pantomimus a pueritia patitur in corpore, ut artifex esse possit. Ipsa etiam prostibula pu-
« blicæ libidinis hostiæ in scena proferuntur; plus miseræ in præsentia feminarum, quibus
« solis latebant, perque omnis ætatis, omnis dignitatis ora transducuntur, locus, stipes, elo-
« gium, etiam quibus opus non est, prædicatur. Taceo de reliquis, etiam quæ in tenebris et
« in speluncis suis delitescere docebat, ne diem contaminarent. » (TERTULL., de Spect., cap. xvii.)

« Celebrantur ergo illi ludi (Florales) cum omni lascivia, convenientes memoriæ meretricis.
« Nam præter verborum licentiam, quibus obscœnitas omnis effunditur, exuntur etiam ves-
« tibus, populo flagitante, meretrices, quæ tunc mimorum funguntur officio, et in conspectu
« populi usque ad satietatem impudicorum luminum cum pudendis motibus detinentur. »
(LACTAN., Div. Inst., lib. 1, cap. xx.)

Saint Augustin (Epist. CCII) parle encore de ces jeux pour les anathématiser. Personne n'ignore l'histoire de Caton. Un jour qu'il était présent aux fêtes de Flore, on n'osait, par respect pour sa vertu, commencer les orgies; il se retira, afin de ne pas interrompre les plaisirs du peuple. Quel éloge des mœurs de Caton, et en même temps quelle déplorable faiblesse de la morale païenne! Caton approuve moralement ces jeux, puisqu'il y assiste; et les mœurs de ce même Caton empêchent de commencer ces jeux! (SENEC., Epist. xlvii.)

v°. Page 240. — Des outres et des amphores, etc.

J'ai suivi pour tous ces détails les dessins des vases grecs et les bas-reliefs antiques. On peut consulter Catulle, Noces de Thétis et de Pélée; Tacite, sur Claude, au sujet de Messaline; et Euripide, dans les Bacchantes.

vi°. Page 241. — Chantons Évohé, etc.

Ce n'est point ici un chant connu : ce n'est ni l'ode d'Horace, ni l'hymne d'Homère : c'est un chant composé de diverses histoires qui ont rapport à Bacchus, et de l'éloge de l'Italie par Virgile. J'ai déjà dit que, faute d'attention, un critique peu versé dans l'antiquité pourrait se méprendre à ces passages des Martyrs, et tomber dans des erreurs désagréables pour lui : au moyen de ces notes, on saura à qui parler. Je ne citerai point les imitations, laissant au lecteur le plaisir de les chercher dans les poëtes que j'ai indiqués, Pindare d'abord, ensuite l'*Hymne à Bacchus*, attribué à Homère; Euripide, Catulle, Horace, Ovide et Virgile, *in Georg*.

vii°. Page 241. — Qu'il était touchant, dans le délire de Rome païenne, de voir les chrétiens, etc.

De bonne foi, le christianisme n'a-t-il pas ici l'avantage sur le paganisme? Ces larmes du malheur ne sont-elles pas préférables, même poétiquement, à ces cris de la joie? Y a-t-il quelque lecteur qui se sente plus intéressé par l'hymne à Bacchus et les fêtes de Flore que par les prières des chrétiens infortunés?

viii°. Page 242. — Festus avait d'ailleurs été frappé des réponses et de la magnanimité d'Eudore.

Il y a mille exemples de juges, de geôliers, de bourreaux même convertis par les paroles et les souffrances des chrétiens qu'ils persécutaient.

ix°. Page 243. — Les chrétiens, dont la charité, etc.

Ce ne sont point des vertus imaginaires : les chrétiens ont été les premiers à secourir les lépreux, qu'on abandonnait au coin des rues ; ils bâtirent, pour cette affreuse maladie, des hôpitaux connus sous le nom de Léproseries.

x°. Page 243. — Il expire.

Cette scène terrible d'une âme qui comparait au jugement de Dieu, retracée par les sermonnaires, n'avait point encore, que je sache, été transportée dans l'épopée chrétienne. En faisant condamner Hiéroclès, je n'ai pas été plus loin que le Dante, qui trouve aux enfers ses contemporains, et même un prélat qui vivait encore.

xi°. Page 244. — Il est dans le ciel une puissance, etc.

Fiction en contraste avec la scène précédente, et qui forme la transition pour revenir du ciel sur la terre. On a souvent peint l'Espérance ; j'ai hasardé d'en faire un portrait nouveau.

xii°. Page 244. — C'était une tunique bleue, etc.

Saint Chrysostôme décrit ainsi l'habit des vierges de son temps : « Une tunique bleue serrée « d'une ceinture, des souliers noirs et pointus, un voile blanc sur le front, un manteau noir « qui couvrait la tête et tout le corps. Les peintures que l'on fait de la sainte Vierge semblent « en être venues. » (FLEURY, *Mœurs des Chrétiens*, chap. LII.)

xiii°. Page 245. — Telle Marcie, etc.

C'est un des plus beaux morceaux de Lucain ;

Sicut erat, mœsti servans lugubria cultus,
Quoque modo natos, hoc est amplexa maritum.
Obsita funerea celatur purpura lana.
Non soliti lusere sales, nec more Sabino
Excepit tristis convicia festa maritus.
Pignora nulla domus, nulli coiere propinqui :
Junguntur taciti, contentique auspice Bruto.
(LUCAN., *Phars.*, lib. II, v. 365.)

xiv°. Page 245. — Légers vaisseaux de l'Ausonie, etc.

Ce chant est peut-être le morceau que j'ai le plus soigné de tout l'ouvrage. On peut remarquer qu'il ne s'y trouve qu'un seul hiatus, encore glisse-t-il assez facilement sur l'oreille. J'aurais désiré que la chanson de mort de ma jeune Grecque fût aussi douce que sa voix, et aussi harmonieuse que la langue dans laquelle Cymodocée est censée parler. Cette espèce d'hymne funèbre est dans le goût de l'antiquité homérique. Comment Cymodocée eût-elle soupiré ses regrets sur la lyre chrétienne? Seule, plongée au fond d'un cachot, sans maître, sans instruction, sans guide, elle porte de nécessité dans ses sentiments les erreurs de sa première éducation ; mais elle s'aperçoit pourtant qu'elle pèche, et elle se reproche innocemment un langage que son ignorance excuse.

xv°. Page 247. — Je vous salue, robe sacrée, etc.

Après avoir vu la femme, on retrouve la chrétienne.

xvi°. Page 248. — Les confesseurs... ne désiraient point voir couler le sang de leurs frères.

Loin de vouloir qu'on s'exposât au martyre, l'Eglise condamnait ceux qui s'y livraient inutilement, et conseillait la fuite dans la persécution. (Voyez SAINT CYPRIEN.)

REMARQUES

xviie. Page 248. — S'élevait une retraite qu'avait habitée Virgile.

On m'a montré à Rome les prétendues ruines de cette maison.

xviiie. Page 248. — Un laurier, etc.

J'ai mis à la porte de la maison de Virgile le laurier qui croît à Naples sur son tombeau.

xixe. Page 249. — Abjure des autels, etc.

Voilà le plus rude assaut que Cymodocée ait eu à soutenir. On doit tout lui pardonner, puisqu'elle ne succombe pas aux prières de son père ; elle est assez forte. Sainte Perpétue passe par la même épreuve.

xxe. Page 250. — Il tient à la main son sceptre d'or, etc.

Comme mon jugement particulier n'oblige personne à trouver bon ce que j'écris, je dirai que cet ange du sommeil est, de toutes les fictions des *Martyrs*, celle que je préfère, et celle que j'ai composée avec le plus de plaisir. Je ne puis m'empêcher de croire qu'un homme, avec plus de talent que moi, pourrait tirer, de l'action des anges et des saints, un genre de beautés qui balancerait pour le moins les créations mythologiques. Ce n'est point condamner celles-ci, c'est seulement ajouter aux richesses des poëtes.

SUR LE VINGT-QUATRIÈME LIVRE.

PREMIÈRE REMARQUE. Page 252. — Depuis la ceinture jusqu'à la tête, etc.

Les détails de cette maladie de Galérius sont historiques, et je n'ai fait que traduire Lactance. (*De Mort. Persecut.*) La réponse du médecin, rapportée dans mon texte un peu plus bas, est également vraie.

iie. Page 252. — Cette franchise plonge Galérius dans des transports de rage.

Il n'en fut pas toujours ainsi : Galérius, dompté par la colère céleste, donna des édits en faveur des chrétiens ; mais il était trop tard, et la main de Dieu ne se retira point de dessus la tête du persécuteur.

iiie. Page 252. — Les monts lointains de la Sabine, etc.

Cette belle couleur des montagnes de la Sabine a pu être remarquée par tous ceux qui ont fait le voyage de Rome.

ive. Page 253. — Portant sur la tête une ombelle.

Espèce de chapeau romain pour se garantir du soleil.

v^e. Page 253. — La foule vomie par les portiques, etc.

Les ouvertures par où la foule débouchait sur le théâtre s'appelaient vomitoires. J'ai fait cette description d'après la connaissance que j'ai du Colisée à Rome, des arènes à Nîmes, et de l'amphithéâtre à Vérone. Pour les grilles d'or, les eaux parfumées, les statues, les tableaux, les vases précieux, on peut consulter la plupart des historiens latins ; et Gibbon (*Fall of the Roman Empire*) a réuni les autorités. On fit paraître quelquefois des hippopotames et des crocodiles dans des canaux creusés autour de l'arène. Je n'aurais pas osé fixer le nombre des cinq cents lions, si je ne l'avais pas trouvé rapporté dans une description des jeux. Les cavernes où l'on renfermait les bêtes féroces avaient deux issues ; l'une s'ouvrant en dehors, et l'autre s'ouvrant en dedans de l'édifice. Certaines voûtes (*fornix*) servaient de lieux de prostitution. (HORACE.)

vi^e. Page 253. — Comme aux jours de Néron, etc.

Dans une fête donnée par Tigellin à Néron, les premières dames romaines parurent mêlées dans les loges avec les courtisanes toutes nues.

viie. Page 254. — On vous a donné un front de diamant, etc.

Ecriture. Ce verset se lit encore aujourd'hui dans la *Fête des martyrs*.

viiie. Page 254. — Composé à Carthage par Augustin, ami d'Eudore.

J'ai suivi une tradition qui attribue le *Te Deum* à saint Augustin. Ainsi, des deux amis de la jeunesse d'Eudore, l'un lui envoie son épouse chrétienne pour mourir avec lui, et l'autre compose un hymne pour sa mort.

ix°. Page 254. — Eudore, chrétien.

« On lui fit faire le tour de l'amphithéâtre, ayant devant lui un écriteau où on lisait ces paroles en latin : « Attale, chrétien. » (Martyre de saint Pothin, *Actes des Martyrs*, tom. i, pag. 88.)

x°. Page 254. — O Rome, j'aperçois un prince, etc.

Voilà, ce me semble, le règne de Constantin et le triomphe de la religion bien annoncés ; et cette prophétie est convenablement placée dans la bouche d'Eudore.

xi°. Page 254. — Vous ne serez point obligés, etc.

Allusion à la mort de Vitellius. Les soldats lui piquaient le menton avec la pointe de leur épée, pour le forcer à lever la tête.

xii°. Page 255. — Une seule était restée.

Petite circonstance préparée depuis longtemps dans le livre ix°.

xiii°. Page 255. — Les gladiateurs, selon l'usage, etc.

« Comme ils furent arrivés aux portes de l'amphithéâtre, on voulut leur faire prendre des
« habits consacrés par les païens à leurs cérémonies sacriléges : aux hommes, la robe des
« prêtres de Saturne, etc. » (*Act. Mart.*, in sanct. Perpet.)

xiv°. Page 255. — Il se souvient du pressentiment qu'il eut jadis dans ce même lieu.

(Voyez le iv° livre, à la fin.)

xv°. Page 255. — L'empereur n'était point encore arrivé.

Ceci donne le temps de retourner à Cymodocée et de montrer l'accomplissement de la scène dans le ciel pendant qu'elle s'achève sur la terre.

xvi°. Page 256. — Et vous, honneur de cette pieuse et fidèle cité.

Saint Pothin et saint Irenée, à Lyon.

xvii°. Page 256. — Ils y mêlèrent trois rayons de la vengeance éternelle, etc.

On voit qu'il n'y a point de beautés dans la mythologie des anciens qu'on ne puisse transporter dans le merveilleux chrétien. (Voyez VIRGILE sur les foudres de Jupiter.)

xviii°. Page 256. — L'archange met un pied sur la mer et l'autre sur la terre.

« Et vidi alium angelum fortem descendentem de cœlo... Et posuit pedem suum dextrum
« super mare, sinistrum autem super terram. » (*Apocal.*, cap. x, v. 1 et 2.)

xix°. Page 256. — Rentre dans le puits de l'abîme, où tu seras enchaîné pour mille ans.

« Et vidi angelum descendentem de cœlo, habentem clavem abyssi et catenam magnam in
« manu sua, et apprehendit draconem, serpentem antiquum, qui est diabolus et Satanas, et
« ligavit eum per annos mille. » (*Apocal.*, cap. xx, v. 1 et 2.) Voilà l'action surnaturelle finie : Satan, Astarté, le démon de la fausse sagesse et de l'homicide, sont replongés dans l'abîme. Le lecteur connaît le sort de tous les personnages surnaturels et humains qu'il a vus figurer dans l'ouvrage.

xx°. Page 256. — Il lève la tête et voit l'armée des martyrs, etc.

L'original de ce tableau est dans Homère, lorsqu'il peint les dieux détruisant la muraille des Grecs. Virgile l'a imité dans le II° livre de l'*Enéide*. Enée voit les dieux sapant les fondements de Troie et du palais de Priam. Le Tasse vient ensuite, et montre les milices célestes donnant le dernier assaut à Jérusalem, avec les croisés vainqueurs. Enfin, je me suis servi de la même image pour représenter la chute des temples de l'idolâtrie.

xxi°. Page 257. — Une échelle merveilleuse.

« J'aperçus une échelle toute d'or, d'une prodigieuse hauteur, qui touchait de la terre au
« ciel... Asture y monta le premier... Etant heureusement arrivé au haut de l'échelle, il se
« tourna vers moi, et me dit : Perpétue, je vous attends. » (*Act. Mart.*, in sancta Perpetua.)

xxii°. Page 257. — Elle peut à peine étouffer les sanglots de la piété filiale.

Une jeune fille de seize ans mise à une pareille épreuve, et qui la surmonte, ne peut être accusée de faiblesse. J'avoue que je n'aurais pas une opinion bien grande du jugement ni même du courage des chrétiens qui demanderaient plus d'héroïsme ; l'exagération en tout annonce la faiblesse :

Rien n'est beau que le vrai ; le vrai seul est aimable.

Il nous siérait d'ailleurs assez mal à présent d'affecter le rigorisme en matière de religion : sondons bien nos cœurs, et voyons ce que nous sommes; après cela nous ferons le procès à Cymodocée.

XXIII°. Page 258. — J'ai lu dans vos livres saints, etc.

Si la fille d'Homère ne connaît pas bien la religion chrétienne, du moins elle en a appris ce qu'il faut pour mourir.

XXIV°. Page 259. — Il tire de son doigt un anneau, etc.

« Ensuite, tirant de son doigt une bague, il la trempa dans son sang, et la donnant à Pu-
« dens : Recevez-la, lui dit-il, comme un gage de notre amitié, et que le sang dont elle est
« rougie vous fasse ressouvenir de celui que je répands aujourd'hui pour Jésus-Christ. » (*Act. Martyr.*, in sancta Perpetua.)

XXV°. Page 259. — Votre père... il va connaître la vraie lumière.

Prophétie d'Eudore, qui fait voir la fin de Démodocus, et laisse le lecteur tranquille sur la destinée de ce malheureux vieillard.

XXVI°. Page 259. — O Cymodocée! je vous l'avais prédit, etc.

Dans le XV° livre, lors de la séparation des deux époux à Athènes.

XXVII°. Page 260. — Je suis chrétien, je demande le combat.

Rien n'était plus commun que de voir des chrétiens se dénoncer tout à coup eux-mêmes, à l'aspect des tourments qu'on faisait souffrir à leurs frères. Dorothée meurt ici, comme Polyeucte, en renversant les idoles : l'ardeur de son zèle, ses imprécations contre les idoles et les idolâtres forment contraste avec la patience, la résignation et la modération d'Eudore.

XXVIII°. Page 260. — Le pont qui conduisait du palais, etc.

On prétend que Titus se rendait de son palais à l'amphithéâtre par un pont que l'on abaissait. On montre à tous les voyageurs l'endroit où ce pont tombait sur le mur du Colisée.

XXIX°. Page 261. — Eudore craignait qu'une mort aussi chaste, etc.

Quelques personnes auraient voulu qu'Eudore ne laissât pas échapper cette espèce de dernier soupir de la faiblesse humaine : il me semble, au contraire, que l'action d'Eudore est conforme à la nature, sans blesser en rien la religion. Lorsque sainte Perpétue marcha au martyre, « elle tenait les yeux baissés, disent les Actes, de peur que leur grand brillant ne
« fît, contre sa volonté, ces effets surprenants qu'on sait que deux beaux yeux sont capables
« de faire. » (*Act. Martyr.*, in sanct. Perpet., traduct. de Maupertuis, tom. I, pag. 163.)
Ceci, je pense, me justifie assez sous les rapports religieux; car c'est un sentiment tout semblable qu'éprouve Eudore, lorsqu'il ne veut pas que la mort de Cymodocée *soit souillée par l'ombre d'une pensée impure, même dans les autres*. J'espère aussi que ce n'est pas l'*expression* qu'on me reproche; l'expression des Actes de sainte Perpétue est un peu plus franche et plus naïve que la mienne. Serait-ce le dernier mouvement d'un amour chaste qui brûle dans le cœur d'un époux pour son épouse, que l'on blâmerait dans cette action? Que penserons-nous alors de l'Olinde du Tasse, qui, attaché sur le bûcher du martyre avec Sophronie, entretient, non son *épouse*, mais son amante, de la passion qu'il sent pour elle? il faudrait bien, quand on se mêle de critiquer, savoir au moins ce que l'on dit, connaître les autorités, et ne pas courir les risques de montrer à la fois son défaut de jugement, son ignorance ou son manque de bonne foi.

XXX°. Page 261. — On le voyait debout, etc.

« On voyait, dit Eusèbe, un jeune homme au-dessous de vingt ans qui se tenait debout
« sans être lié, qui avait les mains étendues en forme de croix, et qui priait Dieu en la même
« place pendant que des ours et des léopards, qui ne respiraient que le sang, sautaient sur
« lui pour le mordre. » (EUSÈBE, *Hist. eccl.*, liv. VIII, chap. VII, trad. du président Cousin.)

XXXI°. Page 261. — Ah! sauvez-moi!

C'est le cri de la nature. Si l'on a vu de jeunes missionnaires pousser des cris au milieu des tourments que leur faisaient endurer les Sauvages, une pauvre jeune fille de seize ans ne pourra-t-elle avoir un instant peur d'un tigre qui accourt pour la dévorer? Disons plus : il y a quelque chose de révoltant à exiger plus de fermeté dans Cymodocée. Puissions-nous en pareil cas mourir avec autant de courage! Je me défie toujours de cet héroïsme qu'il est si aisé d'avoir au coin du feu, quand on n'a point à combattre. Souvenons-nous de cette belle parole de l'Ecriture : *Nec glorietur accinctus æque ut discinctus*. (*Reg.*, lib. III, cap. XX, v. 2.)

XXXII°. Page 261. — A l'instant la chaleur abandonne, etc.

Le rideau tombe. Il eût été aisé de développer les particularités du martyre; mais j'aurais présenté un spectacle affreux et dégoûtant. Toute la terreur, s'il y en a ici, se trouve placée avant l'apparition du tigre : le tigre une fois lâché dans l'arène, tout finit ; et l'on ne voit rien de ce qu'on s'attendait à voir. Cette tromperie est tout à fait commandée par l'art, et convient à mon sujet, qui doit montrer le martyre comme un triomphe et non comme un malheur. Ajoutez que, dans les détails de la mort des deux jeunes époux, l'imagination du lecteur eût toujours été plus loin que la mienne.

XXXIIIe. Page 262. — Les dieux s'en vont !

L'ouvrage finissait ici ; le paragraphe ajouté rend l'action plus complète.

Je ne puis dire avec quel plaisir je termine ces notes. Avoir à chaque phrase, et pour ainsi dire à chaque mot, à relever une erreur de la critique, être sans cesse obligé de citer les autorités sur des points qui n'auraient pas souffert autrefois la plus légère difficulté ; se rendre soi-même le juge de son livre, je ne crois pas qu'il y ait pour un auteur une tâche plus pénible. Quoi qu'il en soit, voilà mes ennemis à leur aise. Je n'attends d'eux aucune justice. Ils savent que je ne leur répondrai plus ; qu'ils triomphent en sûreté ; qu'ils redoublent leurs outrages : j'aime mieux être la victime que l'auteur de leurs écrits.

FIN DES REMARQUES.

VOYAGE EN AMERIQUE.

AVERTISSEMENT DE L'ÉDITION DE 1827.

Je n'ai rien à dire de particulier sur le *Voyage en Amérique* qu'on va lire; le récit en est tiré, comme le sujet des *Natchez*, du manuscrit original des *Natchez* même : ce Voyage porte en soi son commentaire et son histoire.

Mes différents ouvrages offrent d'assez fréquents souvenirs de ma course en Amérique : j'avais d'abord songé à les recueillir et à les placer sous leur date dans ma narration; mais j'ai renoncé à ce parti pour éviter un double emploi; je me suis contenté de rappeler ces passages : j'en ai pourtant cité quelques-uns lorsqu'ils m'ont paru nécessaires à l'intelligence du texte, et qu'ils n'ont pas été trop longs.

Je donne, dans l'*Introduction*, un fragment des *Mémoires de ma vie*, afin de familiariser le lecteur avec le jeune voyageur qu'il doit suivre outre mer. J'ai corrigé avec soin la partie déjà écrite; la partie qui relate les faits postérieurs à l'année 1791, et qui nous amène jusqu'à nos jours, est entièrement neuve.

En parlant des républiques espagnoles, j'ai raconté (en tout ce qu'il m'était *permis* de raconter) ce que j'aurais désiré faire dans l'intérêt de ces États naissants, lorsque ma position politique me donnait quelque influence sur les destinées des peuples.

Je n'ai point été assez téméraire pour toucher à ce grand sujet avant de m'être entouré des lumières dont j'avais besoin. Beaucoup de volumes imprimés et de mémoires inédits m'ont servi à composer une douzaine de pages. J'ai consulté des hommes qui ont voyagé et résidé dans les républiques espagnoles : je dois à l'obligeance de M. le chevalier d'Esménard des renseignements précieux sur les emprunts américains.

La préface qui précède le *Voyage en Amérique* est une espèce d'histoire des voyages : elle présente au lecteur le tableau général de la science géographique, et, pour ainsi dire, la *feuille de route* de l'homme sur le globe.

Quant à mes *Voyages en Italie*, il n'y a de connu du public que ma lettre adressée de Rome à M. de Fontanes, et quelques pages sur le Vésuve : les lettres et les notes qui sont réunies à ces opuscules n'avaient point encore été publiées.

Les *Cinq jours en Auvergne*, morceau inédit, suivent, dans l'ordre chronologique, les Lettres et les Notes sur l'Italie.

Le *Voyage au Mont-Blanc* parut en 1806, peu de mois avant mon départ pour la Grèce.

PRÉFACE [1].

Les voyages sont une des sources de l'histoire : l'histoire des nations étrangères vient se placer, par la narration des voyageurs, auprès de l'histoire particulière de chaque pays.

Les voyages remontent au berceau de la société : les livres de Moïse nous représentent les premières migrations des hommes. C'est dans ces livres que nous voyons le patriarche conduire ses troupeaux aux plaines de Chanaan, l'Arabe errer dans ses solitudes de sable, et le Phénicien explorer les mers.

Moïse fait sortir la seconde famille des hommes des montagnes de l'Arménie; ce point est central par rapport aux trois grandes races, jaune, noire et blanche : les Indiens, les Nègres et les Celtes ou autres peuples du Nord.

Les peuples pasteurs se retrouvent dans Sem, les peuples commerçants dans Cham, les peuples militaires dans Japhet. Moïse peupla l'Europe des descendants de Japhet : les Grecs et les Romains donnent Japetus pour père à l'espèce humaine.

Homère, soit qu'il ait existé un poëte de ce nom, soit que les ouvrages qu'on lui attribue n'offrent qu'un recueil des traditions de la Grèce; Homère nous a laissé dans l'*Odyssée* le récit d'un voyage; il nous transmet aussi les idées que l'on avait, dans cette première antiquité, sur la configuration de la terre : selon ces idées, la terre représentait un disque environné par le fleuve Océan. Hésiode a la même cosmographie.

Hérodote, le père de l'histoire comme Homère est le père de la poésie, était comme Homère un voyageur. Il parcourut le monde connu de son temps. Avec quel charme n'a-t-il pas décrit les mœurs des peuples? On n'avait encore que quelques cartes côtières des navigateurs phéniciens et la mappemonde d'Anaximandre, corrigée par Hécatée : Strabon cite un itinéraire du monde de ce dernier.

Hérodote ne distingue bien que deux parties de la terre, l'Europe et l'Asie; la Libye ou l'Afrique ne semblerait, d'après ses récits, qu'une vaste péninsule de l'Asie. Il donne les routes de quelques caravanes dans l'intérieur de la Libye, et la relation succincte d'un voyage autour de l'Afrique. Un roi d'Égypte, Nécos,

---

[1] Obligé de resserrer un tableau immense dans le cadre étroit d'une préface; je crois pourtant n'avoir omis rien d'essentiel. Si cependant des lecteurs, curieux de ces sortes de recherches, désiraient en savoir davantage, ils peuvent consulter les savants ouvrages des d'Anville, des Robertson, des Gosselin, des Malte-Brud, des Walkenaer, des Pinkerton, des Rennel, des Cuvier, des Jomard, etc.

fit partir des Phéniciens du golfe Arabique : ces Phéniciens revinrent en Égypte par les colonnes d'Hercule ; ils mirent trois ans à accomplir leur navigation, et ils racontèrent qu'ils avaient vu le soleil à leur droite. Tel est le fait rapporté par Hérodote.

Les anciens eurent donc, comme nous, deux espèces de voyageurs : les uns parcouraient la terre, les autres les mers. A peu près à l'époque où Hérodote écrivait, le Carthaginois Hannon accomplissait son *Périple* (1). Il nous reste quelque chose du recueil fait par Scylax des excursions maritimes de son temps.

Platon nous a laissé le roman de cette Atlantide, où l'on a voulu retrouver l'Amérique. Eudoxe, compagnon de voyage du philosophe, composa un itinéraire universel, dans lequel il lia la géographie à des observations astronomiques.

Hippocrate visita les peuples de la Scythie : il appliqua les résultats de son expérience au soulagement de l'espèce humaine.

Xénophon tient un rang illustre parmi ces voyageurs armés, qui ont contribué à nous faire connaître la demeure que nous habitons.

Aristote, qui devançait la marche des lumières, tenait la terre pour sphérique ; il en évaluait la circonférence à quatre cent mille stades ; il croyait, ainsi que Christophe Colomb le crut, que les côtes de l'Hespérie étaient en face de celles de l'Inde. Il avait une idée vague de l'Angleterre et de l'Irlande, qu'il nomme Albion et Jerne ; les Alpes ne lui étaient point inconnues, mais il les confondait avec les Pyrénées.

Dicéarque, un de ses disciples, fit une description charmante de la Grèce, dont il nous reste quelques fragments, tandis qu'un autre disciple d'Aristote, Alexandre le Grand, allait porter le nom de cette Grèce jusque sur les rivages de l'Inde. Les conquêtes d'Alexandre opérèrent une révolution dans les sciences comme chez les peuples.

Androsthène, Néarque et Onésicritus reconnurent les côtes méridionales de l'Asie. Après la mort du fils de Philippe, Séleucus Nicanor pénétra jusqu'au Gange ; Patrocle, un de ses amiraux, navigua sur l'Océan indien. Les rois grecs de l'Égypte ouvrirent un commerce direct avec l'Inde et la Trapobane ; Ptolémée Philadelphe envoya dans l'Inde des géographes et des flottes ; Timosthènes publia une description de tous les ports connus, et Ératosthènes donna des bases mathématiques à un système complet de géographie. Les caravanes pénétraient aussi dans l'Inde par deux routes : l'une se terminait à Palibothra en descendant le Gange ; l'autre tournait les monts Imaüs.

L'astronome Hipparque annonça une grande terre qui devait joindre l'Inde à l'Afrique : on y verra si l'on veut l'univers de Colomb.

La rivalité de Rome et de Carthage rendit Polybe voyageur, et lui fit visiter les côtes de l'Afrique jusqu'au mont Atlas, afin de mieux connaître le peuple dont il voulait écrire l'histoire. Eudoxe de Cyrique tenta, sous le règne de Ptolémée Physcon et de Ptolémée Lathure, de faire le tour de l'Afrique par l'ouest ; il chercha aussi une route plus directe pour passer des ports du golfe Arabique aux ports de l'Inde.

(1) Je l'ai donné tout entier dans l'*Essai historique*.

Cependant les Romains, en étendant leurs conquêtes vers le nord, levèrent de nouveaux voiles : Pythéas de Marseille avait déjà touché à ces rivages d'où devaient venir les destructeurs de l'empire des Césars. Pythéas navigua jusque dans les mers de la Scandinavie, fixa la position du cap Sacré et du cap Calbium (Finistère) en Espagne, reconnut l'île Uxisama (Ouessant), celle d'Albion, une des Cassitérides des Carthaginois, et surgit à cette fameuse Thulé dont on a voulu faire l'Islande, mais qui, selon toute apparence, est la côte du Jutland.

Jules César éclaircit la géographie des Gaules, commença la découverte de la Germanie et des côtes de l'île des Bretons : Germanicus porta les aigles romaines aux rives de l'Elbe.

Strabon, sous le règne d'Auguste, renferma dans un corps d'ouvrage les connaissances antérieures des voyageurs, et celles qu'il avait lui-même acquises. Mais si sa géographie enseigne des choses nouvelles sur quelques parties du globe, elle fait rétrograder la science sur quelques points : Strabon distingue les îles Cassitérides de la Grande-Bretagne, et il a l'air de croire que les premières (qui ne peuvent être dans cette hypothèse que les Sorlingues) produisaient l'étain : or l'étain se tirait des mines de Cornouailles ; et lorsque le géographe grec écrivait, il y avait déjà longtemps que l'étain d'Albion arrivait au monde romain à travers les Gaules.

Dans la Gaule ou la Celtique, Strabon supprime à peu près la péninsule armoricaine ; il ne connaît point la Baltique, quoi qu'elle passât déjà pour un grand lac salé, le long duquel on trouvait la *côte de l'Ambre jaune*, la Prusse d'aujourd'hui.

A l'époque où florissait Strabon, Hippalus fixa la navigation de l'Inde par le golfe Arabique, en expérimentant les vents réguliers que nous appelons *moussons* : un de ces vents, le vent du sud-ouest, celui qui conduisait dans l'Inde, prit le nom d'*Hippale*. Des flottes romaines partaient régulièrement du port de Bérénice vers le milieu de l'été, arrivaient en trente jours au port d'Océlis ou à celui de Cané dans l'Arabie, et de là en quarante jours à Muziris, premier entrepôt de l'Inde. Le retour, en hiver s'accomplissait dans le même espace de temps ; de sorte que les anciens ne mettaient pas cinq mois pour aller aux Indes, et pour en revenir. Pline et le Périple de la mer Erithréenne (dans les petits géographes) fournissent ces détails curieux.

Après Strabon, Denis le Périégète, Pomponius Mela, Isidore de Charax, Tacite et Pline ajoutent aux connaissances déjà acquises sur les nations. Pline surtout est précieux par le nombre des voyages et des relations qu'il cite. En le lisant nous voyons que nous avons perdu une description complète de l'empire romain faite par ordre d'Agrippa, gendre d'Auguste ; que nous avons perdu également des Commentaires sur l'Afrique par le roi Juba, commentaires extraits des livres carthaginois ; que nous avons perdu une relation des îles Fortunées par Statius Sebosus, des Mémoires sur l'Inde par Sénèque, un Périple de l'historien Polybe, trésors à jamais regrettables. Pline sait quelque chose du Thibet ; il fixe le point oriental du monde à l'embouchure du Gange ; au nord, il entrevoit les Orcades ; il connaît la Scandinavie, et donne le nom de *golfe Codan* à la mer Baltique.

Les anciens avaient à la fois des cartes routières et des espèces de livres de poste : Végèse distingue les premières par le nom de *picta*, et les seconds par celui d'*annotata*. Trois de ces itinéraires nous restent : l'*Itinéraire d'Antonin*, l'*Itinéraire de Bordeaux à Jérusalem*, et *la Table de Peutinger*. Le haut de cette table, qui commençait à l'ouest, a été déchiré ; la Péninsule espagnole manque, ainsi que l'Afrique occidentale ; mais la table s'étend à l'est jusqu'à l'embouchure du Gange, et marque des routes dans l'intérieur de l'Inde. Cette carte a vingt et un pieds de long, sur un pied de large ; c'est une zone ou un grand chemin du monde antique.

Voilà à quoi se réduisaient les travaux et les connaissances des voyageurs et des géographes avant l'apparition de l'ouvrage de Ptolémée. Le monde d'Homère était une île parfaitement ronde, entourée, comme nous l'avons dit, du fleuve Océan. Hérodote fit de ce monde une plaine sans limites précises ; Eudoxe de Gnide le transforma en un globe d'à peu près treize mille stades de diamètre ; Hipparque et Strabon lui donnèrent deux cent cinquante-deux mille stades de circonférence, de huit cent trente-trois stades au degré. Sur ce globe on traçait un carré, dont le long côté courait d'occident en orient ; ce carré était divisé par deux lignes, qui se coupaient à angle droit : l'une, appelée le *diaphragme*, marquait de l'ouest à l'est la longueur ou la *longitude* de la terre ; elle avait soixante-dix-sept mille huit cents stades ; l'autre, d'une moitié plus courte, indiquait du nord au sud la largeur ou la *latitude* de cette terre ; les supputations commencent au méridien d'Alexandrie. Par cette géographie, qui faisait la terre beaucoup plus longue que large, on voit d'où nous sont venues ces expressions impropres de *longitude* et de *latitude*.

Dans cette carte du monde habité se plaçaient l'Europe, l'Asie et l'Afrique : l'Afrique et l'Asie se joignaient aux régions australes, ou étaient séparées par une mer qui raccourcissait extrêmement l'Afrique. Au nord les continents se terminaient à l'embouchure de l'Elbe, au sud vers les bords du Niger, à l'ouest au cap Sacré en Espagne, et à l'est aux bouches du Gange ; sous l'équateur une zone torride, sous les pôles une zone glacée, étaient réputées inhabitables.

Il est curieux de remarquer que presque tous ces peuples appelés *Barbares*, qui firent la conquête de l'empire romain, et d'où sont sorties les nations modernes, habitaient au delà des limites du monde connu de Pline et de Strabon, dans des pays dont on ne soupçonnait pas même l'existence.

Ptolémée, qui tomba néanmoins dans de graves erreurs, donna des bases mathématiques à la position des lieux. On voit paraître dans son travail un assez grand nombre de nations sarmates. Il indique bien le Volga, et redescend jusqu'à la Vistule.

En Afrique il confirme l'existence du Niger, et peut-être nomme-t-il Tombouctou dans Tucabath : il cite aussi un grand fleuve qu'il appelle *Gyr*.

En Asie, son pays des Sines n'est point la Chine, mais probablement le royaume de Siam. Ptolémée suppose que la terre d'Asie, se prolongeant vers le midi, se joint à une terre inconnue, laquelle terre se réunit par l'ouest à l'Afrique. Dans la Sérique de ce géographe il faut voir le Thibet, lequel fournit à Rome la première grosse soie.

Avec Ptolémée finit l'histoire des voyages des anciens, et Pausanias nous fait voir le dernier cette Grèce antique, dont le génie s'est noblement réveillé de nos jours à la voix de la civilisation nouvelle. Les nations barbares paraissent ; l'empire romain s'écroule ; de la race des Goths, des Francs, des Slaves, sortent un autre monde et d'autres voyageurs.

Ces peuples étaient eux-mêmes de grandes caravanes armées, qui, des rochers de la Scandinavie et des frontières de la Chine, marchaient à la découverte de l'empire romain. Ils venaient apprendre à ces prétendus maîtres du monde qu'il y avait d'autres hommes que les esclaves soumis au joug des Tibère et des Néron ; ils venaient enseigner leur pays aux géographes du Tibre : il fallut bien placer ces nations sur la carte ; il fallut bien croire à l'existence des Goths et des Vandales quand Alaric et Genseric eurent écrit leurs noms sur les murs du Capitole. Je ne prétends point raconter ici les migrations et les établissements des Barbares ; je chercherai seulement, dans les débris qu'ils entassèrent, les anneaux de la chaîne qui lie les voyageurs anciens aux voyageurs modernes.

Un déplacement notable s'opéra dans les investigations géographiques par le déplacement des peuples. Ce que les anciens nous font le mieux connaître, c'est le pays qu'ils habitaient ; au delà des frontières de l'empire romain tout est pour eux déserts et ténèbres. Après l'invasion des Barbares nous ne savons presque plus rien de la Grèce et de l'Italie, mais nous commençons à pénétrer les contrées qui enfantèrent les destructeurs de l'ancienne civilisation.

Trois sources reproduisirent les voyages parmi les peuples établis sur les ruines du monde romain : le zèle de la religion, l'ardeur des conquêtes, l'esprit d'aventures et d'entreprises, mêlé à l'avidité du commerce.

Le zèle de la religion conduisit les premiers comme les derniers missionnaires dans les pays les plus lointains. Avant le quatrième siècle, et, pour ainsi dire, du temps des apôtres, qui furent eux-mêmes des pèlerins, les prêtres du vrai Dieu portaient de toutes parts le flambeau de la foi. Tandis que le sang des martyrs coulait dans les amphithéâtres, des ministres de paix prêchaient la miséricorde aux vengeurs du sang chrétien : les conquérants étaient déjà en partie conquis par l'Évangile lorsqu'ils arrivèrent sous les murs de Rome.

Les ouvrages des Pères de l'Église mentionnent une foule de pieux voyageurs. C'est une mine que l'on n'a pas assez fouillée, et qui, sous le seul rapport de la géographie et de l'histoire des peuples, renferme des trésors.

Un moine égyptien, dès le cinquième siècle de notre ère, parcourut l'Éthiopie et composa une topographie du monde chrétien : un Arménien, du nom de Chorenenzis, écrivit un ouvrage géographique. L'historien des Goths, Jornandès, évêque de Ravennes, dans son histoire et dans son livre *De Origine mundi*, consigne, au sixième siècle, des faits importants sur les pays du nord et de l'est de l'Europe. Le diacre Varnefrid publia une histoire des Lombards ; un autre Goth, l'Anonyme de Ravennes, donna, un siècle plus tard, la description générale du monde. L'apôtre de l'Allemagne, saint Boniface, envoyait au pape des espèces de mémoires sur les peuples de l'Esclavonie. Les Polonais paraissent pour la première fois sous le règne d'Othon II, dans les huit livres de la précieuse Chronique de Ditmar. Saint Otton, évêque de Bemberg, sur l'invitation d'un ermite espagnol appelé *Bernard*, prêche la foi en parcourant la Prusse. Otton vit la Baltique, et fut étonné de la grandeur de cette mer. Nous avons malheureusement perdu le journal du voyage que fit, sous Louis le Débonnaire, en Suède et en Danemark, Anscaire, moine de Corbie : à moins toutefois que ce journal, qui fut envoyé à Rome en 1260, n'existe dans la bibliothèque du Vatican. Adam de Brême a puisé dans cet ouvrage une partie de sa propre relation des royaumes du Nord ; il mentionne de plus la Russie, dont Kiow était la capitale, bien que, dans les Sagas, l'empire russe soit nommé *Gardavike*, et que Holmgard, aujourd'hui Novogorod, soit désigné comme la principale cité de cet empire naissant.

Giraud Barry, Dicuil, retracent, l'un le tableau de la principauté de Galles et de l'Irlande sous le règne de Henri II ; l'autre retourne à l'examen des mesures de l'empire romain sous Théodose.

Nous avons des cartes du moyen âge : un tableau topographique de toutes les provinces du Danemark, vers l'an 1231, sept cartes du royaume d'Angleterre et des îles voisines, dans le douzième siècle, et le fameux livre connu sous le nom de *Doomsdaybook*, entrepris par ordre de Guillaume le Conquérant. On trouve dans cette statistique le cadastre des terres cultivées, habitées, ou désertes de l'Angleterre, le nombre des habitants libres ou serfs, et jusqu'à celui des troupeaux et des ruches d'abeilles. Sur ces cartes sont grossièrement dessinées les villes et les abbayes : si d'un côté ces dessins nuisent aux détails géographiques, d'un autre côté ils donnent une idée des arts de ce temps.

Les pèlerinages à la Terre-Sainte forment une partie considérable des monuments graphiques du moyen âge. Ils eurent lieu dès le quatrième siècle, puisque saint Jérôme assure qu'il venait à Jérusalem des pèlerins de l'Inde et de l'Éthiopie, de la Bretagne et de l'Hibernie ; il paraît même que l'*Itinéraire de Bordeaux à Jérusalem* avait été composé, vers l'an 333, pour l'usage des pèlerins des Gaules.

Les premières années du sixième siècle nous fournissent l'*Itinéraire* d'Antonin de Plaisance. Après Antonin vient, dans le septième siècle, saint Arculfe, dont Adamannus écrivit la relation ; au huitième siècle nous avons deux voyages à Jérusalem de saint Guilbaud, et une relation des lieux saints par le vénérable Bède ; au neuvième siècle, Bernard le Moine ; aux dixième et onzième siècles, Olderic, évêque d'Orléans, le Grec Eugisippe, et enfin Pierre l'Ermite.

Alors commencent les croisades : Jérusalem demeure entre les mains des princes français pendant quatre-vingt-huit ans. Après la reprise de Jérusalem par Saladin, les fidèles continuèrent à visiter la Palestine, et depuis Focas, dans le treizième siècle, jusqu'à Pococke, dans le dix-huitième, les pèlerinages se succèdent sans interruption (1).

Avec les croisades on vit renaître ces historiens voyageurs dont l'antiquité avait offert les modèles. Raymond d'Agiles, chanoine de la cathédrale du Puy en Velay, accompagna le célèbre évêque Adhémar à la première croisade ; de-

(1) Voyez le second Mémoire de mon Introduction à l'*Itinéraire*.

venu chapelain du comte de Toulouse, il écrivit avec Pons de Balazun, brave chevalier, tout ce dont il fut témoin sur la route et à la prise de Jérusalem. Raoul de Caen, loyal serviteur de Tancrède, nous peint la vie de ce chevalier : Robert le Moine se trouva au siége de Jérusalem.

Soixante ans plus tard, Foulcher, de Chartres, et Odon de Deuil, allèrent aussi en Palestine ; le premier avec Baudouin, roi de Jérusalem ; le second avec Louis VII, roi de France. Jacques de Vitry devint évêque de Saint-Jean d'Acre.

Guillaume de Tyr, qui s'éleva vers la fin du royaume de Jérusalem, passa sa vie sur les chemins de l'Europe et de l'Asie. Plusieurs historiens de nos vieilles chroniques furent ou des moines et des prélats errants, comme Raoul, Glaber et Flodoard ; ou des guerriers, tels que Nithard, petit-fils de Charlemagne, Guillaume de Poitiers, Ville-Hardouin, Joinville, et tant d'autres qui racontent leurs expéditions lointaines. Pierre Devaulx Cernay était une espèce d'ermite dans les effroyables camps de Simon de Montfort.

Une fois arrivé aux chroniques en langue vulgaire, on doit surtout remarquer Froissard, qui n'écrivit, à proprement parler, que ses voyages : c'était en chevauchant qu'il traçait son histoire. Il passait de la cour du roi d'Angleterre à celle du roi de France, et de celle-ci à la petite cour chevaleresque des comtes de Foix. « Quand j'eus séjourné en la cité de Paumiers trois jours, me vint
« d'adventure un chevalier du comte de Foix qui revenoit d'Avignon, lequel
« on appeloit messire Espaing du Lyon, vaillant homme, et sage et beau che-
« valier, et pouvoit lors estre en l'age de cinquante ans. Je me mis en sa com-
« pagnie et fusmes six jours sur le chemin. En chevauchant, le dit chevalier
« (puisqu'il avoit dit au matin ses oraisons) se devisoit le plus du jour à moi,
« en demandant des nouvelles : aussi quand je lui en demandois, il m'en res-
« pondoit, etc. » On voit Froissard arriver dans de grands hôtels, dîner à peu près aux heures où nous dînons, aller au bain, etc. L'examen des voyages de cette époque me porte à croire que la civilisation domestique du quatorzième siècle était infiniment plus avancée que nous ne nous l'imaginons.

En retournant sur nos pas, au moment de l'invasion de l'Europe civilisée par les peuples du Nord, nous trouvons les voyageurs et les géographes arabes qui signalent dans les mers des Indes des rivages inconnus des anciens : leurs découvertes furent aussi fort importantes en Afrique. Massudi, Ibn-Haukal, Al-Edrisi, Ibn-Alouardi, Abulfeda, El-Bakoui, donnent des descriptions très-étendues de leur propre patrie et des contrées soumises aux armes des Arabes. Ils voyaient au nord de l'Asie un pays affreux, qu'entourait une muraille énorme, et un château de Gog et de Magog. Vers l'an 715, sous le calife Walid, les Arabes connurent la Chine, où ils envoyèrent par terre des marchands et des ambassadeurs : ils y pénétrèrent aussi par mer dans le neuvième siècle : Wahab et Abuzaïd abordèrent à Canton. Dès l'an 850, les Arabes avaient un agent commercial dans la province de ce nom ; ils commerçaient avec quelques villes de l'intérieur, et, singulière ! ils y trouvèrent des communautés chrétiennes.

Les Arabes donnaient à la Chine plusieurs noms : le Cathaï comprenait les provinces du nord, le Tchin ou le Sin, les provinces du midi. Introduits dans l'Inde, sous la protection de leurs armes, les disciples de Mahomet parlent dans leurs récits des belles vallées de Cachemire aussi pertinemment que des voluptueuses vallées de Grenade. Ils avaient jeté des colonies dans plusieurs îles de la mer de l'Inde, telles que Madagascar et les Moluques, où les Portugais les trouvèrent, après avoir doublé le cap de Bonne-Espérance.

Tandis que les marchands militaires de l'Asie faisaient, à l'orient et au midi, des découvertes inconnues à l'Europe subjuguée par les Barbares, ceux de ces Barbares restés dans leur première patrie, les Suédois, les Norwégiens, les Danois, commençaient au nord et à l'ouest d'autres découvertes également ignorées de l'Europe franque et germanique. Other le Norwégien s'avançait jusqu'à la mer Blanche, et Wufstan le Danois décrivait la mer Baltique, qu'Éginard avait déjà décrite, et que les Scandinaves appelaient *le Lac salé de l'Est.* Wufstan raconte que les Estiens ou peuples qui habitaient à l'orient de la Vistule, buvaient le lait de leurs juments comme les Tartares, et qu'ils laissaient leur héritage aux meilleurs cavaliers de leur tribu.

Le roi Alfred nous a conservé l'abrégé de ces relations. C'est lui qui le premier a divisé la Scandinavie en provinces ou royaumes tels que nous les connaissons aujourd'hui. Dans les langues gothiques, la Scandinavie portait le nom de *Mannaheim*, ce qui signifie *pays des hommes*, et ce que le latin du sixième siècle a traduit énergiquement par l'équivalent de ces mots : *fabrique du genre humain.*

Les pirates normands établirent en Irlande les colonies de Dublin, d'Ulster et de Connaught; ils explorèrent et soumirent les îles de Shetland, les Orcades et les Hébrides : ils arrivèrent aux îles Feroer, à l'Islande, devenue les archives de l'histoire du nord; au Groënland, qui fut habité alors et habitable; et enfin peut-être à l'Amérique. Nous parlerons plus tard de cette découverte, ainsi que du voyage et de la carte des deux frères Zeni.

Mais l'empire des califes s'était écroulé; de ses débris s'étaient formées plusieurs monarchies : le royaume des Aglabites et ensuite des Fatimites en Égypte, les despotats d'Alger, de Fez, de Tripoli, de Maroc, sur les côtes d'Afrique. Les Turcomans, convertis à l'islamisme, soumirent l'Asie occidentale depuis la Syrie jusqu'au Mont-Casbhar. La puissance ottomane passa en Europe, effaça les dernières traces du nom romain, et poussa ses conquêtes jusqu'au delà du Danube.

Gengis-Kan paraît, l'Asie est bouleversée et subjuguée de nouveau. Oktaï-Kan détruit le royaume des Cumanes et des Nioutchis; Mangu s'empare du califat de Bagdad; Kublaï-Kan envahit la Chine et une partie de l'Inde. De cet empire Mongol, qui réunissait sous un même joug l'Asie presque entière, naissent tous les kanats que les Européens rencontrèrent dans l'Inde.

Les princes européens, effrayés de ces Tartares qui avaient étendu leurs ravages jusque dans la Pologne, la Silésie et la Hongrie, cherchèrent à connaître les lieux d'où partait ce prodigieux mouvement : les papes et les rois envoyèrent des ambassadeurs à ces nouveaux fléaux de Dieu. Ascelin, Carpin, Rubruquis, pénétrèrent dans le pays des Mongols. Rubruquis trouva que Caracorum, ville capitale de ce kan maître de l'Asie, avait à peu près l'étendue du village de Saint-Denis : elle était environnée d'un mur de terre; on y voyait deux mosquées et une église chrétienne.

Il y eut des Itinéraires de la Grande-Tartarie à l'usage des missionnaires :

André Lusimel prêcha le christianisme aux Mongols; Ricold de Monté-Crucis pénétra aussi dans la Tartarie.

Le rabbin Benjamin de Tudèle a laissé une relation de ce qu'il a vu ou de ce qu'il a entendu dire sur les trois parties du monde (1160).

Enfin Marc-Paul, noble Vénitien, ne cessa de parcourir l'Asie pendant près de vingt-six années. Il fut le premier Européen qui pénétra dans la Chine, dans l'Inde au delà du Gange, et dans quelques îles de l'océan Indien (1271-95). Son ouvrage devint le manuel de tous les marchands en Asie, et de tous les géographes en Europe.

Marc-Paul cite Pékin et Nankin, il nomme encore une ville de Quinsaï, la plus grande du monde : on comptait douze mille ponts sur les canaux dont elle était traversée; on y consommait par jour quatre-vingt-quatorze quintaux de poivre. Le voyageur vénitien fait mention dans ses récits de la porcelaine; mais il ne parle point du thé : c'est lui qui nous a fait connaître le Bengale, le Japon, l'île de Bornéo, et la mer de la Chine, où il compte sept mille quatre cent quarante îles, riches en épiceries.

Ces princes tartares ou mongols, qui dominèrent l'Asie et passèrent dans quelques provinces de l'Europe, ne furent pas des princes sans mérite; ils ne sacrifiaient ni ne réduisaient leurs prisonniers en esclavage. Leurs camps se remplirent d'ouvriers européens, de missionnaires, de voyageurs qui occupèrent même sous leur domination des emplois considérables. On pénétrait avec plus de facilité dans leur empire que dans ces contrées féodales où un abbé de Clugny tenait les environs de Paris pour une contrée si lointaine et si peu connue, qu'il n'osait s'y rendre.

Après Marc-Paul, vinrent Pegoletti, Oderic, Mandeville, Clavijo, Josaphat, Barbaro : ils achevèrent de décrire l'Asie. Alors on allait souvent par terre à Pékin; les frais du voyage s'élevaient de trois cents à trois cent cinquante ducats. Il y avait du papier-monnaie en Chine; on le nommait *babisci* ou *balis*.

Les Génois et les Vénitiens firent le commerce de l'Inde et de la Chine en caravanes par deux routes différentes : Pegoletti marque dans le plus grand détail les stations d'une des routes (1353). En 1312, on rencontre à Pékin un évêque appelé *Jean de Monte Corvino*.

Cependant le temps marchait : la civilisation faisait des progrès rapides : des découvertes dues au hasard ou au génie de l'homme séparaient à jamais les siècles modernes des siècles antiques, et marquaient d'un sceau nouveau les générations nouvelles. La boussole, la poudre à canon, l'imprimerie, étaient trouvées pour guider le navigateur, le défendre, et conserver le souvenir de ses périlleuses expéditions.

Les Grecs et les Romains avaient été nourris aux bords de cette étendue d'eau intérieure qui ressemble plutôt à un grand lac qu'à un océan : l'empire ayant passé aux Barbares, le centre de la puissance politique se trouva placé principalement en Espagne, en France et en Angleterre, dans le voisinage de cette mer Atlantique qui baignait, vers l'occident, des rivages inconnus. Il fallut donc s'habituer à braver les longues nuits et les tempêtes, à compter pour rien les saisons, à sortir du port dans les jours de l'hiver comme dans les jours de l'été, à bâtir des vaisseaux dont la force fût en proportion de celle du nouveau Neptune contre lequel ils avaient à lutter.

Nous avons déjà dit un mot des entreprises hardies de ces pirates du Nord, qui, selon l'expression d'un panégyriste, semblaient avoir vu le fond de l'abîme à découvert : d'une autre part les républiques formées en Italie des ruines de Rome, du débris des royaumes des Goths, des Vandales et des Lombards, avaient continué et perfectionné l'ancienne navigation de la Méditerranée. Les flottes vénitiennes et génoises avaient porté les croisés en Égypte, en Palestine, à Constantinople, dans la Grèce; elles étaient allées chercher à Alexandrie et dans la mer Noire les riches productions de l'Inde.

Enfin les Portugais poursuivaient en Afrique les Maures déjà chassés des rives du Tage; il fallait des vaisseaux pour suivre et nourrir, le long des côtes, les combattants. Le cap Nunez arrêta longtemps les pilotes; Jilianez le doubla en 1433; l'île de Madère fut découverte ou plutôt retrouvée; les Açores émergèrent du sein des flots; et comme on était toujours persuadé, d'après Ptolémée, que l'Asie s'approchait de l'Afrique, on prit les Açores pour les îles qui, selon Marc-Paul, bordaient l'Asie dans la mer des Indes. On a prétendu qu'une statue équestre, montrant l'occident du doigt, s'élevait sur le rivage de l'île de Corvo; des monnaies phéniciennes ont été aussi rapportées de cette île.

Du cap Nunez les Portugais surgirent au Sénégal; ils longèrent successivement les îles du Cap-Vert, la côte de Guinée, le cap Mesurado au midi de Sierra-Leone, le Bénin et le Congo. Barthélemy Diaz atteignit en 1486 le fameux cap des Tourmentes, qu'on appela bientôt d'un nom plus propice.

Ainsi fut reconnue cette extrémité méridionale de l'Afrique, qui, d'après les géographes grecs et romains, devait se réunir à l'Asie. Là s'ouvraient les régions mystérieuses où l'on n'était entré jusqu'alors que par cette mer des prodiges qui vit Dieu et s'enfuit : *Mare vidit et fugit.*

« Un spectre immense, épouvantable, s'élève devant nous : son attitude est
« menaçante; son air, farouche; son teint, pâle; sa barbe, épaisse et fangeuse ;
« sa chevelure est chargée de terre et de gravier; ses lèvres sont noires; ses
« dents, livides; sous d'épais sourcils, ses yeux roulent étincelants. . . . . .

« Il parle : sa voix formidable semble sortir des gouffres de Neptune. . . .
« . . . .

« Je suis le génie des tempêtes, dit-il; j'anime ce vaste promontoire que les
« Ptolémée, les Strabon, les Pline et les Pomponius, qu'aucun de vos savants
« n'a connu. Je termine ici la terre africaine, à cette cime qui regarde le pôle
« antarctique, et qui, jusqu'à ce jour, voilée aux yeux des mortels, s'indigne
« en ce moment de votre audace . . . .

« De ma chair desséchée, de mes os convertis en rochers, les dieux, les in-
« flexibles dieux, ont formé le vaste promontoire qui domine ces vastes ondes.
« . . . .

« A ces mots, il laissa tomber un torrent de larmes et disparut. Avec lui s'éva-
« nouit la nuée ténébreuse, et la mer sembla pousser un long gémissement (1). »

---

(1) *Les Lusiades.*

Vasco de Gama, achevant une navigation d'éternelle mémoire, aborda, en 1498, à Calicut, sur la côte de Malabar.

Tout change alors sur le globe; le monde des anciens est détruit. La mer des Indes n'est plus une mer intérieure, un bassin entouré par les côtes de l'Asie et de l'Afrique; c'est un océan qui d'un côté se joint à l'Atlantique, de l'autre aux mers de la Chine et à une mer de l'Est, plus vaste encore. Cent royaumes civilisés, arabes ou indiens, mahométans ou idolâtres, des îles embaumées d'aromates précieux, sont révélés aux peuples de l'Occident. Une nature toute nouvelle apparaît; le rideau qui, depuis des milliers de siècles, cachait une partie du monde, se lève : on découvre la patrie du soleil, le lieu d'où il sort chaque matin pour dispenser la lumière; on voit à nu ce sage et brillant Orient dont l'histoire se mêlait pour nous aux voyages de Pythagore, aux conquêtes d'Alexandre, aux souvenirs des croisades, et dont les parfums nous arrivaient à travers les champs de l'Arabie et les mers de la Grèce. L'Europe lui envoya un poëte pour le saluer, le chanter et le peindre; noble ambassadeur de qui le génie et la fortune semblaient avoir une sympathie secrète avec les régions et les destinées des peuples de l'Inde! Le poëte du Tage fit entendre sa triste et belle voix sur les rivages du Gange; il leur emprunta leur éclat, leur renommée et leurs malheurs : il ne leur laissa que leurs richesses.

Et c'est un petit peuple, enfermé dans un cercle de montagnes à l'extrémité occidentale de l'Europe, qui se fraya le chemin à la partie la plus pompeuse de la demeure de l'homme.

Et c'est un autre peuple de cette même péninsule, un peuple non encore arrivé à la grandeur dont il est déchu; c'est un pauvre pilote génois, longtemps repoussé de toutes les cours, qui découvrit un nouvel univers aux portes du couchant, au moment où les Portugais abordaient les champs de l'Aurore.

Les anciens ont-ils connu l'Amérique?

Homère plaçait l'Élysée dans la mer occidentale, au delà des ténèbres Cimmériennes : était-ce la terre de Colomb?

La tradition des Hespérides et ensuite des *îles Fortunées*, succéda à celle de l'Élysée. Les Romains virent les îles Fortunées dans les Canaries, mais ne détruisirent point la croyance populaire de l'existence d'une terre plus reculée à l'occident.

Tout le monde a entendu parler de l'Atlantide de Platon : ce devait être un continent plus grand que l'Asie et l'Afrique réunies, lequel était situé dans l'Océan occidental en face du détroit de Gades; position juste de l'Amérique. Quant aux villes florissantes, aux dix royaumes gouvernés par des rois fils de Neptune, etc., l'imagination de Platon a pu ajouter ces détails aux traditions égyptiennes. L'Atlantide fut, dit-on, engloutie dans un jour et une nuit au fond des eaux. C'était se débarrasser à la fois du récit des navigateurs phéniciens et des romans du philosophe grec.

Aristote parle d'une île si pleine de charmes, que le sénat de Carthage défendit à ses marins d'en fréquenter les parages sous peine de mort. Diodore nous fait l'histoire d'une île considérable et éloignée, où les Carthaginois étaient résolus de transporter le siége de leur empire, s'ils éprouvaient en Afrique quelque malheur.

Qu'est-ce que cette Panchœa d'Évhémère, niée par Strabon et Plutarque, décrite par Diodore et Pomponius Mela, grande île située dans l'Océan au sud de l'Arabie, île enchantée où le phénix bâtissait son nid sur l'autel du soleil?

Selon Ptolémée, les extrémités de l'Asie se réunissaient à une *terre inconnue* qui joignait l'Afrique par l'occident.

Presque tous les monuments géographiques de l'antiquité indiquent un continent austral : je ne puis être de l'avis des savants qui ne voient dans ce continent qu'un contre-poids systématique imaginé pour balancer les terres boréales : ce continent était sans doute fort propre à remplir sur les cartes des espaces vides ; mais il est aussi très-possible qu'il y fût dessiné comme le souvenir d'une tradition confuse : son gisement au sud de la rose des vents, plutôt qu'à l'ouest, ne serait qu'une erreur insignifiante parmi les énormes transpositions des géographies de l'antiquité.

Restent pour derniers indices les statues et les médailles phéniciennes des Açores, si toutefois les statues ne sont pas ces ornements de gravure appliqués aux anciens portulans de cet archipel.

Depuis la chute de l'empire romain et la reconstruction de la société par les Barbares, des vaisseaux ont-ils touché aux côtes de l'Amérique avant ceux de Christophe Colomb?

Il paraît indubitable que les rudes explorateurs des ports de la Norwége et de la Baltique rencontrèrent l'Amérique septentrionale dans la première année du onzième siècle. Ils avaient découvert les îles Feroer vers l'an 861, l'Islande de 860 à 872, le Groënland en 982, et peut-être cinquante ans plus tôt. En 1001, un Islandais appelé *Biorn*, passant au Groënland, fut chassé par une tempête au sud-ouest, et tomba sur une terre basse toute couverte de bois. Revenu au Groënland, il raconte son aventure. Leif, fils d'Éric Rauda, fondateur de la colonie norwégienne du Groënland, s'embarque avec Biorn ; ils cherchent et retrouvent la côte vue par celui-ci : ils appellent *Helleland* une île rocailleuse, et *Mareland* un rivage sablonneux. Entraînés sur une seconde côte, ils remontent une rivière, et hivernent sur le bord d'un lac. Dans ce lieu, au jour le plus court de l'année, le soleil reste huit heures sur l'horizon. Un marinier allemand, employé par les deux chefs, leur montre quelques vignes sauvages : Biorn et Leif laissent en partant à cette terre le nom de *Vinland*.

Dès lors le Vinland est fréquenté des Groënlandais : ils y font le commerce des pelleteries avec les Sauvages. L'évêque Éric, en 1121, se rend du Groënland au Vinland pour prêcher l'Évangile aux naturels du pays.

Il n'est guère possible de méconnaître à ces détails quelque terre de l'Amérique du Nord vers les 49° degré de latitude, puisque au jour le plus court de l'année, noté par les voyageurs, le soleil resta huit heures sur l'horizon. Au 49° degré de latitude on tomberait à peu près à l'embouchure du Saint-Laurent. Ce 49° degré vous porte aussi sur la partie septentrionale de l'île de Terre-Neuve. Là coulent de petites rivières qui communiquent à des lacs fort multipliés dans l'intérieur de l'île.

On ne sait pas autre chose de Leif, de Biorn et d'Éric. La plus ancienne autorité pour les faits à eux relatifs est le recueil des Annales de l'Islande par

Hauk, qui écrivait en 1300, conséquemment trois cents ans après la découverte vraie ou supposée du Vinland.

Les frères Zeni, Vénitiens, entrés au service d'un chef des îles Feroer et Shetland, sont censés avoir visité de nouveau, vers l'an 1380, le Vinland des anciens Groënlandais : il existe une carte et un récit de leur voyage. La carte présente au midi de l'Islande et au nord-est de l'Écosse, entre le 61° et le 65° degré de latitude nord, une île appelée *Frislande :* à l'ouest de cette île et au sud du Groënland, à une distance d'à peu près quatre cents lieues, cette carte indique deux côtés sous le nom d'*Estotiland* et de *Droceo.* Des pêcheurs de Frislande jetés, dit le récit, sur l'Estotiland, y trouvèrent une ville bien bâtie et fort peuplée; il y avait dans cette ville un roi et un interprète qui parlait latin.

Les Frislandais naufragés furent envoyés par le roi d'Estotiland vers un pays situé au midi, lequel pays était nommé *Droceo :* des anthropophages les dévorèrent, un seul excepté. Celui-ci revint à Estotiland après avoir été longtemps esclave dans le Droceo, contrée qu'il représente comme étant d'une immense étendue, comme un *nouveau monde.*

Il faudrait voir dans l'Estotiland l'ancien Vinland des Norwégiens : ce Vinland serait Terre-Neuve; la ville d'Estotiland offrirait le reste de la colonie norwégienne, et la contrée de Droceo ou Drogeo deviendrait la Nouvelle-Angleterre.

Il est certain que le Groënland a été découvert dès le milieu du dixième siècle; il est certain que la pointe méridionale du Groënland est fort rapprochée de la côte du Labrador; il est certain que les Esquimaux, placés entre les peuples de l'Europe et ceux de l'Amérique, paraissent tenir davantage des premiers que des seconds; il est certain qu'ils auraient pu montrer aux premiers Norwégiens établis au Groënland la route du nouveau continent; mais enfin trop de fables et d'incertitudes se mêlent aux aventures des Norwégiens et des frères Zeni pour qu'on puisse ravir à Colomb la gloire d'avoir abordé le premier aux terres américaines.

La carte de navigation des deux Zeni et la relation de leur voyage, exécuté en 1380, ne furent publiées qu'en 1558 par un descendant de Nicolo Zeno; or, en 1558 les prodiges de Colomb avaient éclaté : des jalousies nationales pouvaient porter quelques hommes à revendiquer un honneur qui certes était digne d'envie; les Vénitiens réclamaient Estotiland pour Venise, comme les Norwégiens Vinland pour Berghen.

Plusieurs cartes du quatorzième et du quinzième siècle présentent des découvertes faites ou à faire dans la grande mer, au sud-ouest et à l'ouest de l'Europe. Selon les historiens génois, Doria et Vivaldi mirent à la voile dans le dessein de se rendre aux Indes par l'occident, et ils ne revinrent plus. L'île de Madère se rencontre sur un portulan espagnol de 1384, sous le nom d'*isola di Leguame.* Les îles Açores paraissent aussi dès l'an 1380. Enfin une carte tracée en 1436 par André Bianco, Vénitien, dessine à l'occident des îles Canaries une terre d'Antilla, et au nord de ces Antilles une autre île appelée *isola de la Man Satanaxio.*

On a voulu faire de ces îles les Antilles et Terre-Neuve; mais l'on sait que

Marc-Paul prolongeait l'Asie au sud-est, et plaçait devant elle un archipel qui, s'approchant de notre continent par l'ouest, devait se trouver pour nous à peu près dans la position de l'Amérique : c'est en cherchant ces Antilles indiennes, ces Indes occidentales, que Colomb découvrit l'Amérique : une prodigieuse erreur enfanta une miraculeuse vérité.

Les Arabes ont eu quelque prétention à la découverte de l'Amérique : les frères Almagrurins, de Lisbonne, pénétrèrent, dit-on, aux terres les plus reculées de l'occident. Un manuscrit arabe raconte une tentative infructueuse dans ces régions où tout était ciel et eau.

Ne disputons point à un grand homme l'œuvre de son génie. Qui pourrait dire ce que sentit Christophe Colomb, lorsque, ayant franchi l'Atlantique, lorsque, au milieu d'un équipage révolté, lorsque, prêt à retourner en Europe sans avoir atteint le but de son voyage, il aperçut une petite lumière sur une terre inconnue que la nuit lui cachait! Le vol des oiseaux l'avait guidé vers l'Amérique; la lueur du foyer d'un Sauvage lui découvrit un nouvel univers. Colomb dut éprouver quelque chose de ce sentiment que l'Écriture donne au Créateur, quand, après avoir tiré la terre du néant, il vit que son ouvrage était bon : *Vidit Deus quod esset bonum.* Colomb créait un monde. On sait le reste : l'immortel Génois ne donna point son nom à l'Amérique; il fut le premier Européen qui traversa chargé de chaînes cet océan dont il avait le premier mesuré les flots. Lorsque la gloire est de cette nature qui sert aux hommes, elle est presque toujours punie.

Tandis que les Portugais côtoient les royaumes du Quitève, de Sédanda, de Mozambique, de Melinde; qu'ils imposent des tributs à des rois mores; qu'ils pénètrent dans la mer Rouge; qu'ils achèvent le tour de l'Afrique; qu'ils visitent le golfe Persique et les deux presqu'îles de l'Inde; qu'ils sillonnent les mers de la Chine; qu'ils touchent à Canton, reconnaissent le Japon, les îles des Épiceries, et jusqu'aux rivages de la Nouvelle-Hollande, une foule de navigateurs suivent le chemin tracé par les voiles de Colomb. Cortez renverse l'empire du Mexique, et Pizarre, celui du Pérou. Ces conquérants marchaient de surprise en surprise, et n'étaient pas eux-mêmes la chose la moins étonnante de leurs aventures. Ils croyaient avoir exploré tous les abîmes en atteignant les derniers flots de l'Atlantique, et du haut des montagnes Panama, ils aperçurent un second océan qui couvrait la moitié du globe. Nugnez Balboa descendit sur la grève, entra dans les vagues jusqu'à la ceinture, et, tirant son épée, prit possession de cette mer au nom du roi d'Espagne.

Les Portugais exploitaient alors les côtes de l'Inde et de la Chine : les compagnons de Vasco de Gama et de Christophe Colomb se saluaient des deux bords de la mer inconnue qui les séparait : les uns avaient retrouvé un ancien monde, les autres découvert un monde nouveau; des rivages de l'Amérique aux rivages de l'Asie, les chants du Camoëns répondaient aux chants d'Ercylla, à travers les solitudes de l'océan Pacifique.

Jean et Sébastien Cabot donnèrent à l'Angleterre l'Amérique septentrionale; Cortéréal releva la Terre-Neuve, nomma le Labrador, remarqua l'entrée de la baie d'Hudson, qu'il appela le *détroit d'Anian*, et par lequel on espéra trouver un passage aux Indes orientales. Jacques Cartier, Verazzani, Ponce de Léon, Walter Raleigh, Ferdinand de Soto, examinèrent et colonisèrent le Canada, l'Acadie, la Virginie, les Florides. En venant attérir au Spitzberg, les Hollandais dépassèrent les limites fixées à la problématique Thulé; Hudson et Baffin s'enfoncèrent dans les baies qui portent leurs noms.

Les îles du golfe Mexicain furent placées dans leurs positions mathématiques. Améric Vespuce avait fait la délinéation des côtes de la Guyane, de la Terre-Ferme et du Brésil; Solis trouva Rio de la Plata; Magellan, entrant dans le détroit nommé de lui, pénètre dans le grand Océan : il est tué aux Philippines. Son vaisseau arrive aux Indes par l'occident, revient en Europe par le cap de Bonne-Espérance, et achève ainsi le premier le tour du monde. Le voyage avait duré onze cent quatre-vingt-quatre jours; on peut l'accomplir aujourd'hui dans l'espace de huit mois.

On croyait encore que le détroit de Magellan était le seul déversoir qui donnât passage à l'océan Pacifique, et qu'au midi de ce détroit la terre américaine rejoignait un continent austral : Francis Drake d'abord, et ensuite Shouten et Lemaire, doublèrent la pointe méridionale de l'Amérique. La géographie du globe fut alors fixée de ce côté : on sut que l'Amérique et l'Afrique, se terminant aux caps de Horn et de Bonne-Espérance, pendaient en pointes vers le pôle antarctique, sur une mer australe parsemée de quelques îles.

Dans le grand Océan, la Californie, son golfe et la mer Vermeille avaient été connus de Cortez; Cabrillo remonta le long des côtes de la Nouvelle-Californie jusqu'au 43e degré de latitude nord; Galli s'éleva au 57e degré. Au milieu de tant de périples réels, Maldonado, Juan de Fuca et l'amiral de Fonte placèrent leurs voyages chimériques. Ce fut Behring qui fixa au nord-ouest les limites de l'Amérique septentrionale, comme Lemaire avait fixé au sud-est les bornes de l'Amérique méridionale. L'Amérique barre le chemin de l'Inde comme une longue digue entre deux mers.

Une cinquième partie du monde vers le pôle austral avait été aperçue par les premiers navigateurs portugais : cette partie du monde est même dessinée assez correctement sur une carte du seizième siècle, conservée dans le muséum britannique : mais cette terre, longée de nouveau par les Hollandais, successeurs des Portugais aux Moluques, fut nommée par eux terre *de Diémen*. Elle reçut enfin le nom de *Nouvelle-Hollande*, lorsqu'en 1642 Abel Tasman en eut achevé le tour : Tasman, dans ce voyage, eut connaissance de la Nouvelle-Zélande.

Des intérêts de commerce et des guerres politiques ne laissèrent pas longtemps les Espagnols et les Portugais en jouissance paisible de leurs conquêtes. En vain le pape avait tracé la fameuse ligne qui partageait le monde entre les héritiers du génie de Gama et de Colomb. Le vaisseau de Magellan avait prouvé physiquement, aux plus incrédules, que la terre était ronde, et qu'il existait des antipodes. La ligne droite du souverain pontife ne divisait donc plus rien sur une surface circulaire, et se perdait dans le ciel. Les prétentions et les droits furent bientôt mêlés et confondus.

Les Portugais s'établirent en Amérique et les Espagnols aux Indes; les Anglais, les Français, les Danois, les Hollandais, accoururent au partage de la prole. On descendait pêle-mêle sur tous les rivages : on plantait un poteau ; on arborait un pavillon ; on prenait possession d'une mer, d'une île, d'un continent au nom d'un souverain de l'Europe, sans se demander si des peuples, des rois, des hommes policés ou sauvages n'étaient point les maîtres légitimes de ces lieux. Les missionnaires pensaient que le monde appartenait à la Croix, dans ce sens que le Christ, conquérant pacifique, devait soumettre toutes les nations à l'Évangile ; mais les aventuriers du quinzième et du seizième siècle prenaient la chose dans un sens plus matériel ; ils croyaient sanctifier leur cupidité en déployant l'étendard du salut sur une terre idolâtre : ce signe d'une puissance de charité et de paix devenait celui de la persécution et de la discorde.

Les Européens s'attaquèrent de toutes parts : une poignée d'étrangers répandus sur des continents immenses semblaient manquer d'espace pour se placer. Non-seulement les hommes se disputaient ces terres et ces mers où ils espéraient trouver l'or, les diamants, les perles ; ces contrées qui produisent l'ivoire, l'encens, l'aloès, le thé, le café, la soie, les riches étoffes ; ces îles où croissent le cannellier, le muscadier, le poivrier, la canne à sucre, le palmier au sagou ; mais ils s'égorgeaient encore pour un rocher stérile sous les glaces des deux pôles, ou pour un chétif établissement dans le coin d'un vaste désert. Ces guerres qui n'ensanglantaient jadis que leur berceau, s'étendirent avec les colonies européennes à toute la surface du globe, enveloppèrent des peuples qui ignoraient jusqu'au nom des pays et des rois auxquels on les immolait. Un coup de canon tiré en Espagne, en Portugal, en France, en Hollande, en Angleterre, au fond de la Baltique, faisait massacrer une tribu sauvage au Canada, précipitait dans les fers une famille nègre de la côte de Guinée, ou renversait un royaume dans l'Inde. Selon les divers traités de paix, des Chinois, des Indous, des Africains, des Américains, se trouvaient Français, Anglais, Portugais, Espagnols, Hollandais, Danois : quelques parties de l'Afrique, de l'Asie et de l'Amérique changeaient de maîtres selon la couleur d'un drapeau arrivé d'Europe. Les gouvernements de notre continent ne s'arrogeaient pas seuls cette suprématie ; de simples compagnies de marchands, des bandes de flibustiers faisaient la guerre à leur profit, gouvernaient des royaumes tributaires, des îles fécondes, au moyen d'un comptoir, d'un agent de commerce ou d'un capitaine de forbans.

Les premières relations de tant de découvertes sont pour la plupart d'une naïveté charmante ; il s'y mêle beaucoup de fables, mais ces fables n'obscurcissent point la vérité. Les auteurs de ces relations sont trop crédules, sans doute, mais ils parlent en conscience ; chrétiens peu éclairés, souvent passionnés, mais sincères, s'ils vous trompent, c'est qu'ils se trompent eux-mêmes. Moines, marins, soldats, employés dans ces expéditions, tous vous disent leurs dangers et leurs aventures avec une piété et une chaleur qui se communiquent. Ces espèces de nouveaux croisés qui vont en quête de nouveaux mondes, racontent ce qu'ils ont vu ou appris : sans s'en douter, ils excellent à peindre, parce qu'ils réfléchissent fidèlement l'image de l'objet placé sous leurs yeux. On sent dans leurs récits l'étonnement et l'admiration qu'ils éprouvent à la vue de ces mers virginales, de ces terres primitives qui se déploient devant eux, de cette nature qu'ombragent des arbres gigantesques, qu'arrosent des fleuves immenses, que peuplent des animaux inconnus, nature que Buffon a devinée dans sa description du Kamitchi, qu'il a, pour ainsi dire, chantée en parlant de *ces oiseaux attachés au char du soleil sous la zone brûlante que bornent les tropiques, oiseaux qui volent sans cesse sous ce ciel enflammé, sans s'écarter des deux limites extrêmes de la route du grand astre.*

Parmi les voyageurs qui écrivirent le journal de leurs courses, il faut compter quelques-uns des grands hommes de ces temps de prodiges. Nous avons les quatre *Lettres de Cortez à Charles-Quint*; nous avons une *Lettre de Christophe Colomb à Ferdinand et Isabelle*, datée des Indes occidentales, le 7 juillet 1503; M. de Navarette en publie une autre adressée au pape, dans laquelle le pilote génois promet au souverain pontife de lui donner le détail de ses découvertes, et de laisser des commentaires comme César. Quel trésor si ces lettres et ces commentaires se retrouvaient dans la bibliothèque du Vatican ! Colomb était poëte aussi comme César ; il nous reste de lui des vers latins. Que cet homme fût inspiré du ciel, rien de plus naturel sans doute. Aussi Giustiniani, publiant un Psautier hébreu, grec, arabe et chaldéen, plaça en note la vie de Colomb sous le psaume *Cœli enarrant gloriam Dei*, comme une récente merveille qui racontait la gloire de Dieu.

Il est probable que les Portugais en Afrique, et les Espagnols en Amérique, recueillirent des faits cachés alors par des gouvernements jaloux. Le nouvel état politique du Portugal et l'émancipation de l'Amérique espagnole favoriseront des recherches intéressantes. Déjà le jeune et infortuné voyageur Bowdich a publié la relation des découvertes des Portugais dans l'intérieur de l'Afrique, entre Angola et Mozambique, tirée des manuscrits originaux. On a maintenant un rapport secret et extrêmement curieux sur l'état du Pérou pendant le voyage de La Condamine. M. de Navarette donne la collection des voyages des Espagnols avec d'autres mémoires inédits concernant l'histoire de la navigation.

Enfin en descendant vers notre âge, commencent ces voyages modernes, où la civilisation laisse briller toutes ses ressources, la science, tous ses moyens. Par terre, les Chardin, les Tavernier, les Bernier, les Tournefort, les Niébuhr, les Pallas, les Norden, les Shaw, les Hornemann, réunissent leurs beaux travaux à ceux des écrivains des *Lettres édifiantes*. La Grèce et l'Égypte voient des explorateurs qui, pour découvrir un monde passé, bravent des périls, comme les marins qui cherchèrent un nouveau monde : Buonaparte et ses quarante mille voyageurs battent des mains aux ruines de Thèbes.

Sur la mer, Drake, Sermiento, Candish, Sebald de Weert, Spilberg, Noort, Woodrogers, Dampier, Gemelli-Carreri, La Barbinais, Byron, Wallis, Anson, Bougainville, Cook, Carteret, La Pérouse, Entrecasteaux, Vancouver, Freycinet, Duperré, ne laissent plus un écueil inconnu (1).

L'océan Pacifique cessant d'être une immense solitude, devient un riant archipel, qui rappelle la beauté et les enchantements de la Grèce.

(1) C'est toujours avec un sentiment de plaisir et d'orgueil que j'écris des noms français : n'oublions pas dans les derniers temps les voyages de M. Julien dans l'Afrique occidentale, de M. Caillaud en Égypte, de M. Gau en Nubie, de M. Drovetti aux Oasis, etc.

L'Inde si mystérieuse n'a plus de secrets; ses trois langues sacrées sont divulguées, ses livres les plus cachés sont traduits : on s'est initié aux croyances philosophiques qui partagèrent les opinions de cette vieille terre ; la succession des patriarches de Bouddhah est aussi connue que la généalogie de nos familles. La société de Calcutta publie régulièrement les nouvelles scientifiques de l'Inde ; on lit le sanscrit, on parle le chinois, le javanais, le tartare, le turc, l'arabe, le persan, à Paris, à Bologne, à Rome, à Vienne, à Berlin, à Pétersbourg, à Copenhague, à Stockholm, à Londres. On a retrouvé jusqu'à la langue des morts, jusqu'à cette langue perdue avec la race qui l'avait inventée ; l'obélisque du désert a présenté ses caractères mystérieux, et on les a déchiffrés ; les momies ont déployé leurs passe-ports de la tombe, et on les a lus. La parole a été rendue à la pensée muette, qu'aucun homme vivant ne pouvait plus exprimer.

Les sources du Gange ont été recherchées par Webb, Raper, Hearsay et Hodgson ; Moorcroft a pénétré dans le petit Thibet : les pics d'Hymalaya sont mesurés. Citer avec le major Renell mille voyageurs à qui la science est à jamais redevable, c'est chose impossible. En Afrique, le sacrifice de Mungo-Park a été suivi de plusieurs autres sacrifices : Bowdich, Toole, Belzoni, Beaufort, Peddie, Woodney, ont péri : néanmoins ce continent redoutable finira par être traversé.

Dans le cinquième continent, les montagnes Bleues sont passées : on pénètre peu à peu cette singulière partie du monde où les fleuves semblent couler à contre-sens, de la mer à l'intérieur, où les animaux ressemblent peu à ceux qu'on a connus, où les cygnes sont noirs, où le kanguroo s'élance comme une sauterelle, où la nature ébauchée, ainsi que Lucrèce l'a décrite au bord du Nil, nourrit une espèce de monstre, un animal qui tient de l'oiseau, du poisson et du serpent, qui nage sous l'eau, pond un œuf, et frappe d'un aiguillon mortel.

En Amérique, l'illustre Humboldt a tout peint et tout dit.

Le résultat de tant d'efforts, les connaissances positives acquises sur tant de lieux, le mouvement de la politique, le renouvellement des générations, le progrès de la civilisation, ont changé le tableau primitif du globe.

Les villes de l'Inde mêlent à présent à l'architecture des Brames, des palais italiens et des monuments gothiques ; les élégantes voitures de Londres se croisent avec les palanquins et les caravanes sur les chemins du Tigre, et de l'Éléphant. De grands vaisseaux remontent le Gange et l'Indus : Calcutta, Bombay, Bénarès, ont des spectacles, des soirées savantes, des imprimeries. Le pays des *Mille et une Nuits*, le royaume de Cachemire, l'empire du Mogol, les mines de diamants de Golconde, les mers qu'enrichissent les perles orientales, cent vingt millions d'hommes que Bacchus, Sésostris, Darius, Alexandre, Tamerlan, Gengis-Kan, avaient conquis, ou voulu conquérir, ont pour propriétaires et pour maîtres une douzaine de marchands anglais dont on ne sait pas le nom, et qui demeurent à quatre mille lieues de l'Indostan, dans une rue obscure de la cité de Londres. Ces marchands s'embarrassent très-peu de cette vieille Chine, voisine de leurs cent vingt millions de vassaux : lord Hastings leur a proposé d'en faire la conquête avec vingt mille hommes. Mais quoi ! le thé baisserait de prix sur les bords de la Tamise ! voilà ce qui sauve l'empire de Tobi, fondé deux mille six cent trente-sept ans avant l'ère chrétienne (1), de ce Tobi, contemporain de Rébu, trisaïeul d'Abraham.

En Afrique, un monde européen commence au cap de Bonne-Espérance. Le révérend John Campbell, parti de ce cap, a pénétré dans l'Afrique australe jusqu'à la distance de onze mille milles; il a trouvé des cités très-peuplées (Machéou, Kurréchane), des terres bien cultivées et des fonderies de fer. Au nord de l'Afrique, le royaume de Bornou et le Soudan, proprement dit, ont offert à MM. Clapperton et Denham trente-six villes plus ou moins considérables, une civilisation avancée, une cavalerie nègre, armée comme les anciens chevaliers.

L'ancienne capitale d'un royaume nègre-mahométan présentait des ruines de palais, retraite des éléphants, des lions, des serpents et des autruches. On peut apprendre à tout moment que le major Laing est entré dans ce Tombouctou si connu et si ignoré.

D'autres Anglais, attaquant l'Afrique par la côte de Benin, vont rejoindre ou ont rejoint, en remontant les fleuves, leurs courageux compatriotes arrivés par la Méditerranée. Le Nil et le Niger nous auront bientôt découvert leurs sources et leurs cours. Dans ces régions brûlantes, le lac Stad rafraîchit l'air; dans ces déserts de sable, sous cette zone torride, l'eau gèle au fond des outres, et un voyageur célèbre, le docteur Oudney, est mort de la rigueur du froid.

Au pôle antarctique, le capitaine Smith a découvert la Nouvelle-Shetland : c'est tout ce qui reste de la fameuse terre australe de Ptolémée. Les baleines sont innombrables et d'une énorme grosseur dans ces parages; une d'entre elles attaqua le navire américain *l'Essex* en 1820, et le coula à fond.

La grande Océanique n'est plus un morne désert; des malfaiteurs anglais, mêlés à des colons volontaires, ont bâti des villes dans ce monde ouvert le dernier aux hommes. La terre a été creusée, on y a trouvé le fer, la houille, le sel, l'ardoise, la chaux, la plombagine, l'argile à polier, l'alun, tout ce qui est utile à l'établissement d'une société. La Nouvelle-Galles du sud a pour capitale Sidney, dans le port Jackson. Paramatta est situé au fond du havre; la ville de Windsord prospère au confluent du South-Creek et du Hawkesbury. Le gros village de Liverpool a rendu féconds les bords de la Georges-River qui se décharge dans la baie Botanique (Botany-Bay), située à quatorze milles au sud du port Jackson. L'île Van-Diémen est aussi peuplée; elle a des ports superbes, des montagnes entières de fer; sa capitale se nomme *Hobart*.

Selon la nature de leurs crimes, les déportés à la Nouvelle-Hollande sont ou détenus en prison, ou occupés à des travaux publics, ou fixés sur des concessions de terre. Ceux dont les mœurs se réforment deviennent libres ou restent dans la colonie avec des billets de permission.

La colonie a déjà des revenus : les taxes montaient, en 1819, à 21,179 liv. sterl., et servaient à diminuer d'un quart les dépenses du gouvernement.

La Nouvelle-Hollande a des imprimeries, des journaux politiques et littéraires, des écoles publiques, des théâtres, des courses de chevaux, des grands chemins, des ponts de pierre, des édifices religieux et civils, des machines à

---

(1) Je suis la chronologie chinoise; il faut en rabattre une couple de mille ans.

vapeur, des manufactures de draps, de chapeaux et de faïence : on y construit des vaisseaux. Les fruits de tous les climats depuis l'ananas jusqu'à la pomme, depuis l'olive jusqu'au raisin, prospèrent dans cette terre qui fut de malédiction. Les moutons, croisés de moutons anglais et de moutons du cap de Bonne-Espérance, les purs mérinos surtout, y sont devenus d'une rare beauté.

L'Océanique porte ses blés aux marchés du Cap, ses cuirs aux Indes, ses viandes salées à l'île de France. Ce pays, qui n'envoyait en Europe, il y a une vingtaine d'années, que des kanguroos et quelques plantes, expose aujourd'hui ses laines de mérinos aux marchés de Liverpool, en Angleterre ; elles s'y sont vendues jusqu'à onze sous six deniers la livre, ce qui surpassait de quatre sous le prix donné pour les plus fines laines d'Espagne aux mêmes marchés.

Dans la mer Pacifique, même révolution. Les îles Sandwich forment un royaume civilisé par Taméama. Ce royaume a une marine composée d'une vingtaine de goëlettes et de quelques frégates. Des matelots anglais déserteurs sont devenus des princes : ils ont élevé des citadelles que défend une bonne artillerie ; ils entretiennent un commerce actif, d'un côté avec l'Amérique, de l'autre avec l'Asie. La mort de Taméama a rendu la puissance aux petits seigneurs féodaux des îles Sandwich, mais n'a point détruit les germes de la civilisation. On a vu dernièrement, à l'Opéra de Londres, un roi et une reine de ces insulaires qui avaient mangé le capitaine Cook, tout en adorant ses os dans le temple consacré aux dieux Rono. Ce roi et cette reine ont succombé à l'influence du climat humide de l'Angleterre ; et c'est lord Byron, héritier de la pairie du grand poëte, mort à Missolonghi, qui a été chargé de transporter aux îles Sandwich les cercueils de la reine et du roi décédés : voilà, je pense, assez de contrastes et de souvenirs.

Otaïti a perdu ses danses, ses chœurs, ses mœurs voluptueuses. Les belles habitantes de la nouvelle Cythère, trop vantées peut-être par Bougainville, sont aujourd'hui, sous leurs arbres à pain et leurs élégants palmiers, des puritaines qui vont au prêche, lisent l'Écriture avec des missionnaires méthodistes, controversent du matin au soir, et expient dans un grand ennui la trop grande gaieté de leurs mères. On imprime à Otaïti des Bibles et des ouvrages ascétiques.

Un roi de l'île, le roi Pomario, s'est fait législateur : il a publié un code de lois criminelles en dix-neuf titres, et nommé quatre cents juges pour faire exécuter ces lois : le meurtre seul est puni de mort. La calomnie au *premier degré* porte sa peine : le calomniateur est obligé de construire de ses propres mains une grande route de deux à quatre milles de long et de douze pieds de large. « La route doit être bombée, dit l'ordonnance royale, afin que les eaux de pluie « s'écoulent des deux côtés. » Si une pareille loi existait en France, nous aurions les plus beaux chemins de l'Europe.

Les Sauvages de ces îles enchantées, qu'admirèrent Juan Fernandès, Anson, Dampier, et tant d'autres navigateurs, se sont transformés en matelots anglais. Un avis de la *Gazette de Sidney*, dans la Nouvelle-Galles, annonce que les insulaires d'Otaïti et de la Nouvelle-Zélande, Roni, Paoutou, Popoti, Tiapoa, Moaï, Topa, Fieou, Aiyong et Haouho, vont partir du port Jackson dans des navires de la colonie.

Enfin, parmi ces glaces de notre pôle, d'où sortirent avec tant de peine et de dangers Gmelin, Ellis, Frédéric Martens, Philipp, Davis, Gilbert, Hudson, Thomas Button, Baffin, Fox, James, Munk, Jacob May, Owin, Koscheley; parmi ces glaces où d'infortunés Hollandais, demi-morts de froid et de faim, passèrent l'hiver au fond d'une caverne qu'assiégeaient les ours : dans ces mêmes régions polaires, au milieu d'une nuit de plusieurs mois, le capitaine Parry, ses officiers et son équipage, pleins de santé, chaudement enfermés dans leur vaisseau, ayant des vivres en abondance, jouaient la comédie, exécutaient des danses et représentaient des mascarades : tant la civilisation perfectionnée a rendu la navigation sûre, a diminué les périls de toute espèce, a donné à l'homme les moyens de braver l'intempérie des climats!

Dans le voyage même qui vient à la suite de cette préface, je parlerai des changements arrivés en Amérique. Je remarquerai seulement ici les résultats différents qu'ont eus pour le monde les découvertes de Colomb et celles de Gama.

L'espèce humaine n'a retiré que peu de bonheur des travaux du navigateur portugais. Les sciences, sans doute, ont gagné à ces travaux : des erreurs de géographie et de physique ont été détruites; les pensées de l'homme se sont agrandies à mesure que la terre s'est étendue devant lui; il a pu comparer davantage en visitant plus de peuples; il a pris plus de considération pour lui-même en voyant ce qu'il pouvait faire; il a senti que l'espèce humaine croissait; que les générations passées étaient mortes enfants : ces connaissances, ces pensées, cette expérience, cette estime de soi sont entrées comme éléments généraux dans la civilisation; mais aucune amélioration politique ne s'est opérée dans les vastes régions où Gama vint plier ses voiles; les Indiens n'ont fait que changer de maîtres. La consommation des denrées de leurs pays, diminuée en Europe par l'inconstance des goûts et des modes, n'est plus même un objet de lucre; on ne courrait pas maintenant au bout du monde pour chercher ou pour s'emparer d'une île qui porterait le muscadier : les productions de l'Inde ont été d'ailleurs ou imitées ou naturalisées dans d'autres parties du globe. En tout, les découvertes de Gama sont une magnifique aventure, mais elles ne sont que cela; elles ont eu peut-être l'inconvénient d'augmenter la prépondérance d'un peuple, de manière à devenir dangereuse à l'indépendance des autres peuples.

Les découvertes de Colomb, par leurs conséquences qui se développent aujourd'hui, ont été une véritable révolution autant pour le monde moral que pour le monde physique : c'est ce que j'aurai occasion de développer dans la conclusion de mon *Voyage*. N'oublions pas toutefois que le continent retrouvé par Gama n'a pas demandé l'esclavage d'une autre partie de la terre, et que l'Afrique doit ses chaînes à cette Amérique si libre aujourd'hui. Nous pouvons admirer la route que traça Colomb sur le gouffre de l'Océan; mais, pour les pauvres nègres, c'est le chemin qu'au dire de Milton la Mort et le Mal construisirent sur l'abîme.

Il ne me reste plus qu'à mentionner les recherches au moyen desquelles a été complétée dernièrement l'histoire géographique de l'Amérique septentrionale.

On ignorait encore si ce continent s'étendait sous le pôle en rejoignant le

Groënland ou des terres arctiques, ou s'il se terminait à quelque terre contiguë à la baie d'Hudson et au détroit de Behring.

En 1772, Hearne avait découvert la mer à l'embouchure de la rivière de la Mine de cuivre; Mackenzie l'avait vue, en 1789, à l'embouchure du fleuve qui porte son nom. Le capitaine Ross, et ensuite le capitaine Parry, furent envoyés, l'un en 1818, l'autre en 1819, explorer de nouveau ces régions glacées. Le capitaine Parry pénétra dans le détroit de Lancastre, passa vraisemblablement sur le pôle magnétique, et hiverna au mouillage de l'île Melville.

En 1821, il fit la reconnaissance de la baie d'Hudson, et retrouva Repulsebay. Guidé par le récit des Esquimaux, il se présenta au goulet d'un détroit qu'obstruaient les glaces, et qu'il appela le *détroit de la Fury et de l'Hécla*, du nom des vaisseaux qu'il montait : là, il aperçut le dernier cap au nord-est de l'Amérique.

Le capitaine Francklin, dépêché en Amérique pour seconder par terre les efforts du capitaine Parry, descendit la rivière de la Mine de cuivre, entra dans la mer Polaire, et s'avança à l'est jusqu'au golfe du *Couronnement de Georges IV*, à peu près dans la direction et à la hauteur de Repulsebay.

En 1825, dans une seconde expédition, le capitaine Francklin descendit le Mackenzie, vit la mer Arctique, revint hiverner sur le lac de l'Ours, et redescendit le Mackenzie en 1826. A l'embouchure de ce fleuve l'expédition anglaise se partagea : une moitié, pourvue de deux canots, alla retrouver à l'est la rivière de la Mine de cuivre ; l'autre, sous les ordres de Francklin lui-même, et pareillement munie de deux canots, se dirigea vers l'ouest.

Le 9 juillet, le capitaine fut arrêté par les glaces : le 4 août, il recommença à naviguer. Il ne pouvait guère avancer plus d'un mille par jour ; la côte était si plate, l'eau si peu profonde, qu'on put rarement descendre à terre. Des brumes épaisses et des coups de vent mettaient de nouveaux obstacles aux progrès de l'expédition.

Elle arriva cependant le 18 août au 150ᵉ méridien et au 70ᵉ degré 30 minutes nord. Le capitaine Francklin avait ainsi parcouru plus de la moitié de la distance qui sépare l'embouchure du Mackenzie du cap de Glace, au-dessus du détroit de Behring : l'intrépide voyageur ne manquait point de vivres, ses canots n'avaient souffert aucune avarie ; les matelots jouissaient d'une bonne santé ; la mer était ouverte ; mais les instructions de l'amirauté étaient précises ; elles défendaient au capitaine de prolonger ses recherches s'il ne pouvait atteindre la baie de Kotzebue avant le commencement de la mauvaise saison. Il fut donc obligé de revenir à la rivière de Mackenzie, et, le 21 septembre, il rentra dans le lac de l'Ours où il retrouva l'autre partie de l'expédition.

Celle-ci avait achevé son exploration des rivages, depuis l'embouchure du Mackenzie jusqu'à celle de la rivière de la Mine de cuivre ; elle avait même prolongé sa navigation jusqu'au golfe du *Couronnement de Georges IV*, et remonté vers l'est jusqu'au 118ᵉ méridien : partout s'étaient présentés de bons ports et une côte plus abordable que la côte relevée par le capitaine Francklin.

Le capitaine russe Otto de Kotzebue découvrit, en 1816, au nord-est du détroit de Behring, une passe ou entrée qui porte aujourd'hui son nom ; c'est dans cette passe que le capitaine anglais Beechey était allé sur une frégate attendre, au nord-est de l'Amérique, le capitaine Francklin qui venait vers lui du nord-ouest. La navigation du capitaine Beechey s'était heureusement accomplie : arrivé en 1827 au lieu et au temps du rendez-vous, les glaces n'avaient arrêté son grand vaisseau qu'au 72° degré 30 minutes de latitude nord. Obligé alors d'ancrer sous une côte, il remarquait tous les jours des baïdars (nom russe des embarcations indiennes dans ces parages) qui passaient et repassaient par des ouvertures entre la glace et la terre; il croyait voir à chaque instant arriver ainsi le capitaine Francklin.

Nous avons dit que celui-ci avait atteint, dès le 18 août 1826, le 150° méridien de Greenwich et le 70° degré 30 minutes de latitude nord; il n'était donc éloigné du cap de Glace que de 10 degrés en longitude; degrés qui, dans cette latitude élevée, ne donnent guère plus de quatre-vingt-une lieues. Le cap de Glace est éloigné d'une soixantaine de lieues de la passe de Kotzebue : il est probable que le capitaine Francklin n'aurait pas même été obligé de doubler ce cap, et qu'il eût trouvé quelque chenal en communication immédiate avec les eaux de l'entrée de Kotzebue : dans tous les cas, il n'avait plus que cent vingt-cinq lieues à faire pour rencontrer la frégate du capitaine Beechey!

C'est à la fin du mois d'août, et pendant le mois de septembre, que les mers polaires sont les moins encombrées de glaces. Le capitaine Beechey ne quitta la passe de Kotzebue que le 14 octobre; ainsi le capitaine Francklin aurait eu près de deux mois, du 18 août au 14 octobre, pour faire cent vingt-cinq lieues, dans la meilleure saison de l'année. On ne saurait trop déplorer l'obstacle que des instructions, d'ailleurs fort humaines, ont mis à la marche du capitaine Francklin. Quels transports de joie mêlée d'un juste orgueil n'auraient point fait éclater les marins anglais en achevant la découverte du passage du nord-ouest, en se rencontrant au milieu des glaces, en s'embrassant dans des mers non encore sillonnées par des vaisseaux, à cette extrémité jusqu'alors inconnue du Nouveau-Monde! Quoi qu'il en soit, on peut regarder le problème géographique comme résolu; le passage du nord-ouest existe, la configuration extérieure de l'Amérique est tracée.

Le continent de l'Amérique se termine au nord-ouest dans la baie d'Hudson, par une péninsule appelée *Melleville*, dont la dernière pointe, ou le dernier cap, se place au 69° degré 48 minutes de latitude nord, et au 82° degré 50 minutes de longitude ouest de Greenwich. Là se creuse un détroit entre ce cap et la terre de Cockburn, lequel détroit, nommé le *détroit de la Fury et de l'Hécla*, ne présenta au capitaine Parry qu'une masse solide de glace.

La péninsule nord-ouest s'attache au continent vers la baie de Repulse; elle ne peut pas être très-large à sa racine, puisque le golfe du *Couronnement de Georges IV*, découvert par le capitaine Francklin dans son premier voyage, descend au sud jusqu'au 66° degré et demi, et que son extrémité méridionale n'est éloignée que de soixante-sept lieues de la partie occidentale de la baie Wager. Le capitaine Lyon fut renvoyé à la baie de Repulse, afin de passer par terre du fond de cette baie au golfe du *Couronnement de Georges IV*. Les glaces, les courants et les tempêtes arrêtèrent le vaisseau de cet aventureux marin.

Maintenant poursuivant notre investigation, et nous plaçant de l'autre coté de la péninsule *Melville*, dans ce golfe du *Couronnement de Georges IV*, nous trouvons l'embouchure de la rivière de la Mine de cuivre à 67 degrés 42 minutes 35 secondes de latitude nord, et à 115 degrés 49 minutes 33 secondes de longitude ouest de Greenwich. Hearne avait indiqué cette embouchure quatre degrés et un quart plus au nord en latitude, et quatre degrés et un quart plus à l'ouest en longitude.

De l'embouchure de la rivière de la Mine de cuivre, naviguant vers l'embouchure du Mackenzie, on remonte le long de la côte jusqu'au 70° degré 37 minutes de latitude nord, on double un cap, et l'on redescend à l'embouchure orientale du Mackenzie par les 69 degrés 29 minutes. De là, la côte se porte à l'ouest vers le détroit de Behring, en s'élevant jusqu'au 70° degré 30 minutes de latitude nord, sous le 150° méridien de Greenwich, point où le capitaine Francklin s'est arrêté le 18 août 1826. Il n'était plus alors, comme je l'ai dit, qu'à 10 degrés de longitude ouest du cap de Glace : ce cap est à peu près par les 71 degrés de latitude.

En relevant maintenant les divers points, nous trouvons :

Le dernier cap nord-ouest du continent de l'Amérique septentrionale, au 69° degré 48 minutes de latitude nord, et à 82° degré 50 minutes de longitude ouest de Greenwich; le cap *Turnagain*, dans le golfe du *Couronnement de Georges IV*, au 68° degré 30 minutes de latitude nord; l'embouchure de la rivière de la Mine de cuivre, au 60° degré 49 minutes 35 secondes de latitude nord, et au 115° degré 49 minutes 33 secondes de longitude ouest de Greenwich; un cap sur la côte entre la rivière de la Mine de cuivre et le Mackenzie, au 70° degré 37 minutes de latitude nord, et au 126° degré 52 minutes de longitude ouest de Greenwich; l'embouchure du Mackenzie, au 69° degré 20 minutes de latitude, et au 133° degré 24 minutes de longitude : le point où s'est arrêté le capitaine Francklin, au 70° degré 30 minutes de latitude nord et au 15° méridien à l'ouest de Greenwich ; enfin le cap de Glace, 10 degrés de longitude plus à l'ouest, au 61° degré de latitude nord.

Ainsi, depuis le dernier cap nord-ouest de l'Amérique septentrionale, dans le *détroit de l'Hécla et de la Fury*, jusqu'au cap de Glace, au-dessus du détroit de Behring, la mer forme un golfe large, mais assez peu profond, qui se termine à la côte nord-ouest de l'Amérique; cette côte court est et ouest, offrant dans le golfe général trois ou quatre baies principales dont les pointes ou promontoires approchent de la latitude où sont placés le dernier cap nord-ouest de l'Amérique, au *détroit de la Fury et de l'Hécla*, et le cap de Glace, au-dessus du détroit de Behring.

Devant ce golfe gisent, entre le 70° et le 75° degrés de latitude, toutes les découvertes résultantes des trois voyages du capitaine Parry, l'île présumée de *Cockburn*, les délinéations du *détroit du Prince régent*, les îles du *Prince Léopold*, de *Bathurst*, de *Melville*, la terre de *Banks*. Il ne s'agit plus que de trouver, entre ces sols disjoints, un passage libre à la mer qui baigne la côte nord-ouest de l'Amérique, et qui serait peut-être navigable, dans la saison opportune, pour des vaisseaux baleiniers.

M. Macleod a raconté à M. Douglas, aux grandes chutes de la Colombia, qu'il existe un fleuve coulant parallèlement au fleuve Mackenzie, et se jetant dans la mer près le cap de Glace. Au nord de ce cap est une île où des vaisseaux russes viennent faire des échanges avec les naturels du pays. M. Macleod a visité lui-même la mer Polaire, et passé, dans l'espace de onze mois, de l'océan Pacifique à la baie d'Hudson. Il déclare que la mer est libre dans la mer Polaire après le mois de juillet.

Tel est l'état actuel des choses à l'extérieur de l'Amérique septentrionale, relativement à ce fameux passage que je m'étais mis en tête de chercher, et qui fut la première cause de mon excursion d'outre-mer. Voyons ce qu'ont fait les derniers voyageurs dans l'intérieur de cette même Amérique.

Au nord-ouest, tout est découvert dans ces déserts glacés et sans arbres qui enveloppent le lac de l'Esclave et celui de l'Ours (1). Mackenzie partit, le 3 juin 1789, du fort Chipiouyan sur le lac des Montagnes, qui communique à celui de l'Esclave par un courant d'eau : le lac de l'Esclave voit naître le fleuve qui se jette dans la mer du pôle, et qu'on appelle maintenant le *fleuve Mackenzie*.

Le 10 octobre 1792, Mackenzie partit une seconde fois du fort Chipiouyan : dirigeant sa course à l'ouest, il traversa le lac des Montagnes, et remonta la rivière Oungigah ou rivière de la Paix, qui prend sa source dans les montagnes Rocheuses. Les missionnaires français avaient déjà connu ces montagnes sous le nom de montagnes des *Pierres brillantes*. Mackenzie franchit ces montagnes, rencontra un grand fleuve, le Tacoutché-Tessé, qu'il prit mal à propos pour la Colombia : il n'en suivit point le cours, et se rendit à l'océan Pacifique par une autre rivière qu'il nomma la *rivière du Saumon*.

Il trouva des traces multipliées du capitaine Vancouver; il observa la latitude à 52 degrés 21 minutes 33 secondes, et il écrivit avec du vermillon sur un rocher : « Alexandre Mackenzie est venu du Canada ici par terre, le 22 juillet 1793. » A cette époque que faisions-nous en Europe?

Par un petit mouvement de jalousie nationale dont ils ne se rendent pas compte, les voyageurs américains parlent peu du second itinéraire de Mackenzie; itinéraire qui prouve que cet Anglais a eu l'honneur de traverser le premier le continent de l'Amérique septentrionale depuis la mer Atlantique jusqu'au grand Océan.

Le 7 mai 1792, le capitaine américain Robert Gray aperçut à la côte nord-ouest de l'Amérique septentrionale l'embouchure d'un fleuve sous le 46e degré 19 minutes de latitude nord, et le 126e degré 14 minutes 15 secondes de longitude ouest, méridien de Paris. Robert Gray entra dans ce fleuve le 11 du même mois, et il l'appela *la Colombia* : c'était le nom du vaisseau qu'il commandait.

Vancouver arriva au même lieu le 19 octobre de la même année : Broughton, avec la conserve de Vancouver, passa la barre de la Colombia et remonta le fleuve quatre-vingt-quatre milles au-dessus de cette barre.

Les capitaines Lewis et Clarke, arrivés par le Missouri, descendirent des

---

(1) On peut voir, dans l'analyse que j'ai donnée des *Voyages de Mackenzie*, l'histoire des découvertes qui ont précédé celles de Mackenzie dans l'Amérique septentrionale.

montagnes Rocheuses, et bâtirent, en 1805, à l'entrée de la Colombia, un fort qui fut abandonné à leur départ.

En 1811, les Américains élevèrent un autre fort sur la rive gauche du même fleuve : ce fort prit le nom d'*Astora*, du nom de M. J.-J. Astor, négociant de New-York, et directeur de la compagnie des pelleteries à l'océan Pacifique.

En 1810, une troupe d'associés de la compagnie se réunit à Saint-Louis du Mississipi, et fit une nouvelle course à la Colombia, à travers les montagnes Rocheuses : plus tard, en 1812, quelques-uns de ces associés, conduits par M. R. Stuart, revinrent de la Colombia à Saint-Louis. Tout est donc connu de ce côté. Les grands affluents du Missouri, la rivière des Osages, la rivière de la Roche-Jaune, aussi puissante que l'Ohio, ont été remontées : les établissements américains communiquent par ces fleuves au nord-ouest, avec les tribus indiennes les plus reculées, au sud-est avec les habitants du Nouveau-Mexique.

En 1820, M. Cass, gouverneur du territoire du Michigan, partit de la ville du Détroit, bâtie sur le canal qui joint le lac Érié au lac Saint-Clair, suivit la grande chaîne des lacs, et rechercha les sources du Mississipi ; M. Schoolcraft rédigea le journal de ce voyage plein de faits et d'instruction. L'expédition entra dans le Mississipi par la rivière du lac de Sable : le fleuve en cet endroit était large de deux cents pieds. Les voyageurs le remontèrent, et franchirent quarante-trois rapides : le Mississipi allait toujours se rétrécissant, et au saut de Peckagoma il n'avait plus que quatre-vingts pieds de largeur. « L'aspect du pays change, dit
« M. Schoolcraft : la forêt qui ombrageait les bords du fleuve disparait ; il dé-
« crit de nombreuses sinuosités dans une prairie large de trois milles, où s'é-
« lèvent des herbes très-hautes, de la folle-avoine et des joncs, et bordée de
« collines de hauteur médiocre et sablonneuses, où croissent quelques pins
« jaunes. Nous avons navigué longtemps sans avancer beaucoup ; il semblait
« que nous fussions arrivés au niveau supérieur des eaux : le courant du fleuve
« n'était que d'un mille par heure. Nous n'apercevions que le ciel et les herbes
« au milieu desquelles nos canots se frayaient un passage ; elles cachaient tous
« les objets éloignés. Les oiseaux aquatiques étaient extrêmement nombreux ;
« mais il n'y avait pas de pluviers. »

L'expédition traversa le petit et le grand lac Ouinnipec : cinquante milles plus haut, elle s'arrêta dans le lac supérieur du Cèdre-Rouge, auquel elle imposa le nom de *Cassina*, en l'honneur de M. Cass.

C'est là que se trouve la principale source du Mississipi : le lac a dix-huit milles de long sur six de large. Son eau est transparente et ses bords sont ombragés d'ormes, d'érables et de pins. M. Pike, autre voyageur qui place une des principales sources du Mississipi au lac de la Sangsue, met le lac Cassina au 47ᵉ degré 42 minutes 40 secondes de latitude nord.

La rivière la Biche sort du lac du même nom et entre dans le lac Cassina. « En estimant à soixante milles, dit M. Schoolcraft, la distance du lac Cassina
« au lac la Biche, source du Mississipi la plus éloignée, on aura pour la lon-
« gueur totale du cours de ce fleuve trois mille trente-huit milles. L'année
« précédente je l'avais descendu (le Mississipi) depuis Saint-Louis dans un ba-
« teau à vapeur, et le 10 juillet j'avais passé son embouchure pour aller à

« New-York. Ainsi, un peu plus d'un an après, je me trouvais près de sa
« source, assis dans un canot indien. »

M. Schoolcraft fait observer qu'à peu de distance du lac la Biche les eaux coulent au nord dans la rivière Rouge, qui descend à la baie d'Hudson.

Trois ans plus tard, en 1823, M. Beltrami a parcouru les mêmes régions. Il porte les sources septentrionales du Mississipi à cent milles au-dessus du lac Cassina ou du Cèdre-Rouge. M. Beltrami affirme qu'avant lui aucun voyageur n'a passé au delà du lac du Cèdre-Rouge. Il décrit ainsi sa découverte des sources du Mississipi.

« Nous nous trouvons sur les plus hautes terres de l'Amérique septentrionale
« . . . . . . Cependant tout y est plaine, et la colline où je suis n'est pour ainsi
« dire qu'une éminence formée au milieu pour servir d'observatoire.

« En promenant ses regards autour de soi, on voit les eaux couler au sud
« vers le golfe du Mexique ; au nord, vers la mer Glaciale, à l'est, vers l'Atlan-
« tique ; et à l'ouest se diriger vers la mer Pacifique.

« Un grand plateau couronne cette suprême élévation ; et, ce qui étonne da-
« vantage, un lac jaillit au milieu.

« Comment s'est-il formé, ce lac ? d'où viennent ces eaux ? C'est au grand
« Architecte de l'univers qu'il faut le demander. . . . . . Ce lac n'a aucune is-
« sue, et mon œil, qui est assez perçant, n'a pu découvrir, dans aucun lointain
« de l'horizon le plus clair, aucune terre qui s'élève au-dessus de son niveau ;
« toutes sont au contraire beaucoup inférieures. . . .

« Vous avez vu les sources de la rivière que j'ai remontée jusqu'ici (la rivière
« Rouge) : elles sont précisément au pied de la colline, et filtrent en ligne di-
« recte du bord septentrional du lac ; elles sont les sources de la rivière Rouge
« ou Sanglante. De l'autre côté, vers le sud, d'autres sources forment un joli
« petit bassin d'environ quatre-vingts pas de circonférence ; ces eaux filtrent
« aussi du lac, et ces sources...... ce sont les sources du Mississipi.

« Ce lac a trois milles de tour environ ; il est fait en forme de cœur, et il
« parle à l'âme ; la mienne en a été émue : il était juste de le tirer du silence
« où la géographie, après tant d'expéditions, le laissait encore, et de le faire
« connaître au monde d'une manière distinguée. Je lui ai donné le nom de cette
« dame respectable dont la vie, comme il a été dit par son illustre amie, madame
« la comtesse d'Albani, *a été un cours de morale en action*, la mort, une ca-
« lamité pour tous ceux qui avaient le bonheur de la connaître. . . . . J'ai
« appelé ce lac le *lac Julie ;* et les sources des deux fleuves, *les sources Ju-*
« *liennes de la rivière Sanglante,* les *sources Juliennes du Mississipi.*

« J'ai cru voir l'ombre de Colombo, d'Americo Vespucci, des Cabotto, de
« Verazzani, etc., assister avec joie à cette grande cérémonie, et se féliciter
« qu'un de leurs compatriotes vint réveiller par de nouvelles découvertes le
« souvenir des services qu'ils ont rendus au monde entier par leurs talents,
« leurs exploits et leurs vertus. »

C'est un étranger qui écrit en français : on reconnaîtra facilement le goût, les traits, le caractère et le juste orgueil du génie italien.

La vérité est que le plateau où le Mississipi prend sa source est une terre unie mais culminante, dont les versants envoient les eaux au nord, à l'est, au midi et à l'ouest; que sur ce plateau sont creusés une multitude de lacs; que ces lacs répandent des rivières qui coulent à tous les rumps de vent. Le sol de ce plateau supérieur est mouvant comme s'il flottait sur des abîmes. Dans la saison des pluies, les rivières et les lacs débordent : on dirait d'une mer, si cette mer ne portait des forêts de folle-avoine de vingt et trente pieds de hauteur. Les canots, perdus dans ce double océan d'eau et d'herbes, ne se peuvent diriger qu'à l'aide des étoiles ou de la boussole. Quand des tempêtes surviennent, les moissons fluviales plient, se renversent sur les embarcations, et des millions de canards, de sarcelles, de morelles, de hérons, de bécassines s'envolent en formant un nuage au-dessus de la tête des voyageurs.

Les eaux débordées restent pendant quelques jours incertaines de leur penchant; peu à peu elles se partagent. Une pirogue est doucement entraînée vers les mers polaires, les mers du midi, les grands lacs du Canada, les affluents du Missouri, selon le point de la circonférence sur lequel elle se trouve lorsqu'elle a dépassé le milieu de l'inondation. Rien n'est étonnant et majestueux comme ce mouvement et cette distribution des eaux centrales de l'Amérique du Nord.

Sur le Mississipi inférieur, le major Pike, en 1806, M. Nuttal, en 1819, ont parcouru le territoire d'Arkansa, visité les Osages, et fourni des renseignements aussi utiles à l'histoire naturelle qu'à la topographie.

Tel est ce Mississipi, dont je parlerai dans mon *Voyage;* fleuve que les Français descendirent les premiers en venant du Canada; fleuve qui coula sous leur puissance, et dont la riche vallée regrette encore leur génie.

Colomb découvrit l'Amérique dans la nuit du 11 au 12 octobre 1492 : le capitaine Francklin a complété la découverte de ce monde nouveau le 18 août 1826. Que de générations écoulées, que de révolutions accomplies, que de changements arrivés chez les peuples dans cet espace de trois cent trente-trois ans, neuf mois et vingt-quatre jours!

Le monde ne ressemble plus au monde de Colomb. Sur ces mers ignorées au-dessus desquelles on voyait s'élever une *main noire*, la *main de Satan* (1), qui saisissait les vaisseaux pendant la nuit et les entraînait au fond de l'abîme; dans ces régions antarctiques, séjour de la nuit, de l'épouvante et des fables; dans ces eaux furieuses du cap Horn et du cap des Tempêtes, où pâlissaient les pilotes; dans ce double océan qui bat ses doubles rivages; dans ces parages jadis si redoutés, des bateaux de poste font régulièrement des trajets pour le service des lettres et des voyageurs. On s'invite à dîner d'une ville florissante en Amérique à une ville florissante en Europe, et l'on arrive à l'heure marquée. Au lieu de ces vaisseaux grossiers, malpropres, infects, humides, où l'on ne vivait que de viandes salées, où le scorbut vous dévorait, d'élégants navires offrent aux passagers des chambres lambrissées d'acajou, ornées de tapis, de glaces, de fleurs, de bibliothèques, d'instruments de musique, et toutes les délicatesses de la bonne chère. Un voyage qui demandera plusieurs années de perquisitions sous les latitudes les plus diverses n'amènera pas la mort d'un seul matelot.

(1) Voyez les vieilles cartes et les navigateurs arabes.

Les tempêtes? on en rit. Les distances? elles ont disparu. Un simple baleinier fait voile au pôle austral : si la pêche n'est pas bonne, il revient au pôle boréal : pour prendre un poisson, il traverse deux fois les tropiques, parcourt deux fois un diamètre de la terre, et touche en quelques mois aux deux bouts de l'univers. Aux portes des tavernes de Londres on voit affichée l'annonce du départ du *paquebot de la terre de Diémen* avec toutes les *commodités possibles* pour les passagers aux Antipodes, et cela auprès de l'annonce du départ du *paquebot de Douvres à Calais*. On a des *Itinéraires de poche*, des *Guides*, des **Manuels** à l'usage des personnes qui se proposent de faire un *voyage d'agrément autour du monde*. Ce voyage dure neuf ou dix mois, quelquefois moins : on part l'hiver en sortant de l'Opéra; on touche aux îles Canaries, à Rio-Janeiro, aux Philippines, à la Chine, aux Indes, au cap de Bonne-Espérance, et l'on est revenu chez soi pour l'ouverture de la chasse.

Les bateaux à vapeur ne connaissent plus de vents contraires sur l'Océan, de courants opposés dans les fleuves : kiosques ou palais flottants à deux ou trois étages, du haut de leurs galeries on admire les plus beaux tableaux de la nature dans les forêts du Nouveau-Monde. Des routes commodes franchissent le sommet des montagnes, ouvrent des déserts naguère inaccessibles : quarante mille voyageurs viennent de se rassembler en partie de plaisir à la cataracte de Niagara. Sur des chemins de fer glissent rapidement les lourds chariots du commerce; et s'il plaisait à la France, à l'Allemagne et à la Russie d'établir une ligne télégraphique jusqu'à la muraille de la Chine, nous pourrions écrire à quelques Chinois de nos amis, et recevoir la réponse dans l'espace de neuf ou dix heures. Un homme qui commencerait son pèlerinage à dix-huit ans, et le finirait à soixante, en marchant seulement quatre lieues par jour, aurait achevé dans sa vie près de sept fois le tour de notre chétive planète. Le génie de l'homme est véritablement trop grand pour sa petite habitation : il faut en conclure qu'il est destiné à une plus haute demeure.

Est-il bon que les communications entre les hommes soient devenues aussi faciles? Les nations ne conserveraient-elles pas mieux leur caractère en s'ignorant les unes les autres, en gardant une fidélité religieuse aux habitudes et aux traditions de leurs pères? J'ai vu dans ma jeunesse de vieux Bretons murmurer contre les chemins que l'on voulait ouvrir dans leurs bois, alors même que ces chemins devaient élever la valeur des propriétés riveraines.

Je sais qu'on peut employer ce système de déclamations fort touchantes; le bon vieux temps a sans doute son mérite; mais il faut se souvenir qu'un état politique n'en est pas meilleur parce qu'il est caduc et routinier; autrement il faudrait convenir que le despotisme de la Chine et de l'Inde, où rien n'a changé depuis trois mille ans, est ce qu'il y a de plus parfait dans ce monde. Je ne vois pourtant pas ce qu'il peut y avoir de si heureux à s'enfermer pendant une quarantaine de siècles avec des peuples en enfance et des tyrans en décrépitude.

Le goût et l'admiration du stationnaire viennent des jugements faux que l'on porte sur la vérité des faits et sur la nature de l'homme : sur la vérité des faits, parce qu'on suppose que les anciennes mœurs étaient plus pures que les mœurs modernes, complète erreur; sur la nature de l'homme, parce qu'on ne veut pas voir que l'esprit humain est perfectible.

Les gouvernements qui arrêtent l'essor du génie ressemblent à ces oiseleurs qui brisent les ailes de l'aigle pour l'empêcher de prendre son vol.

Enfin on ne s'élève contre les progrès de la civilisation que par l'obsession des préjugés : on continue à voir les peuples comme on les voyait autrefois, isolés, n'ayant rien de commun dans leurs destinées. Mais si l'on considère l'espèce humaine comme une grande famille qui s'avance vers le même but; si l'on ne s'imagine pas que tout est fait ici-bas pour qu'une petite province, un petit royaume, restent éternellement dans leur ignorance, leur pauvreté, leurs institutions politiques, telles que la barbarie, le temps et le hasard les ont produites, alors ce développement de l'industrie, des sciences et des arts semblera ce qu'il est en effet, une chose légitime et naturelle. Dans ce mouvement universel on reconnaîtra celui de la société, qui finissant son histoire particulière, commence son histoire générale.

Autrefois, quand on avait quitté ses foyers comme Ulysse, on était un objet de curiosité : aujourd'hui, excepté une demi-douzaine de personnages hors de ligne par leur mérite individuel, qui peut intéresser au récit de ses courses ? Je viens me ranger dans la foule des voyageurs obscurs qui n'ont vu que tout ce que le monde a vu, qui n'ont fait faire aucun progrès aux sciences, qui n'ont rien ajouté au trésor des connaissances humaines ; mais je me présente comme le dernier historien des peuples de la terre de Colomb, de ces peuples dont la race ne tardera pas à disparaître ; je viens dire quelques mots sur les destinées futures de l'Amérique, sur ces autres peuples héritiers des infortunés Indiens : je n'ai d'autre prétention que d'exprimer des regrets et des espérances.

INTRODUCTION.

Dans une note de l'*Essai historique* (1), écrite en 1794, j'ai raconté, avec des détails assez étendus, quel avait été mon dessein en passant en Amérique; j'ai plusieurs fois parlé de ce même dessein dans mes autres ouvrages, et particulièrement dans la préface d'*Atala*. Je ne prétendais à rien moins qu'à découvrir le passage au nord-ouest de l'Amérique, en retrouvant la mer Polaire, vue par Hearne en 1772, aperçue plus à l'ouest en 1789, par Mackenzie, reconnue par le capitaine Parry, qui s'en approcha en 1819, à travers le détroit de Lancastre, et en 1821 à l'extrémité du détroit de l'*Hécla et de la Fury* (2) : enfin le capitaine Francklin, après avoir descendu successivement la rivière de Hearne en 1821, et celle de Mackenzie en 1826, vient d'explorer les bords de

(1) *Essai historique sur les Révolutions*, IIᵉ part. chap. XXIII. — (2) Cet intrépide marin était reparti pour le Spitzberg avec l'intention d'aller jusqu'au pôle en traîneau. Il est resté soixante et un jours sur la glace sans pouvoir dépasser le 82ᵉ degré 45 minutes de latitude N.

cet océan, qu'environne une ceinture de glaces, et qui jusqu'à présent a repoussé tous les vaisseaux.

Il faut remarquer une chose particulière à la France : la plupart de ses voyageurs ont été des hommes isolés, abandonnés à leurs propres forces et à leur propre génie : rarement le gouvernement ou des compagnies particulières les ont employés ou secourus. Il est arrivé de là que des peuples étrangers, mieux avisés, ont fait, par un concours de volontés nationales, ce que les individus français n'ont pu achever. En France on a le courage; le courage mérite le succès, mais il ne suffit pas toujours pour l'obtenir.

Aujourd'hui, que j'approche de la fin de ma carrière, je ne puis m'empêcher, en jetant un regard sur le passé, de songer combien cette carrière eût été changée pour moi, si j'avais rempli le but de mon voyage. Perdu dans ces mers sauvages, sur ces grèves hyperboréennes où aucun homme n'a imprimé ses pas, les années de discorde qui ont écrasé tant de générations avec tant de bruit seraient tombées sur ma tête en silence : le monde aurait changé, moi absent. Il est probable que je n'aurais jamais eu le malheur d'écrire; mon nom serait demeuré inconnu, ou il s'y fût attaché une de ces renommées paisibles qui ne soulèvent point l'envie, et qui annoncent moins de gloire que de bonheur. Qui sait même si j'aurais repassé l'Atlantique, si je ne me serais pas fixé dans les solitudes par moi découvertes, comme un conquérant au milieu de ses conquêtes? Il est vrai que je n'aurais pas figuré au congrès de Vérone, et qu'on ne m'eût pas appelé *Monseigneur* dans l'hôtellerie des affaires étrangères, rue des Capucines, à Paris.

Tout cela est fort indifférent au terme de la route : quelle que soit la diversité des chemins, les voyageurs arrivent au commun rendez-vous; ils y parviennent tous également fatigués; car ici-bas, depuis le commencement jusqu'à la fin de la course, on ne s'assied pas une seule fois pour se reposer : comme les Juifs au festin de la Pâque, on assiste au banquet de la vie à la hâte, debout, les reins ceints d'une corde, les souliers aux pieds, et le bâton à la main.

Il est donc inutile de redire quel était le but de mon entreprise, puisque je l'ai dit cent fois dans mes autres écrits. Il me suffira de faire observer au lecteur que ce premier voyage pouvait devenir le dernier, si je parvenais à me procurer tout d'abord les ressources nécessaires à ma grande découverte; mais dans le cas où je serais arrêté par des obstacles imprévus, ce premier voyage ne devait être que le prélude d'un second, qu'une sorte de reconnaissance dans le désert.

Pour s'expliquer la route qu'on me verra prendre, il faut aussi se souvenir du plan que je m'étais tracé : ce plan est rapidement esquissé dans la note de l'*Essai historique* ci-dessus indiquée. Le lecteur y verra qu'au lieu de remonter au septentrion, je voulais marcher à l'ouest, de manière à attaquer la rive occidentale de l'Amérique, un peu au-dessus du golfe de Californie. De là, suivant le profil du continent, et toujours en vue de la mer, mon dessein était de me diriger vers le nord jusqu'au détroit de Behring, de doubler le dernier cap de l'Amérique, de descendre à l'est le long des rivages de la mer Polaire, et de rentrer dans les États-Unis par la baie d'Hudson, le Labrador et le Canada.

Ce qui me déterminait à parcourir une si longue côte de l'océan Pacifique était le peu de connaissance que l'on avait de cette côte. Il restait des doutes, même après les travaux de Vancouver, sur l'existence d'un passage entre le 40° et le 60° degré de latitude septentrionale : la rivière de la Colombie, les gisements du nouveau Cornouailles, le détroit de Chleckhoff, les régions Aleutiennes, le golfe de Bristol ou de Cook, les terres des Indiens Tchoukotches, rien de tout cela n'avait encore été exploré par Kotzebue et les autres navigateurs russes ou américains. Aujourd'hui le capitaine Francklin, évitant plusieurs mille lieues de circuit, s'est épargné la peine de chercher à l'occident ce qui ne se pouvait trouver qu'au septentrion.

Maintenant je prierai encore le lecteur de rappeler dans sa mémoire divers passages de la préface générale de mes *OEuvres complètes*, et de la préface de l'*Essai historique*, où j'ai raconté quelques particularités de ma vie. Destiné par mon père à la marine, et par ma mère à l'état ecclésiastique, ayant choisi moi-même le service de terre, j'avais été présenté à Louis XVI : afin de jouir des honneurs de la Cour et de *monter dans les carrosses*, pour parler le langage du temps, il fallait avoir au moins le rang de capitaine de cavalerie ; j'étais ainsi capitaine de cavalerie de droit, et sous-lieutenant d'infanterie de fait, dans le régiment de Navarre. Les soldats de ce régiment, dont le marquis de Mortemart était colonel, s'étant insurgés comme les autres, je me trouvai dégagé de tout lien vers la fin de 1790. Quand je quittai la France au commencement de 1791, la révolution marchait à grands pas : les principes sur lesquels elle se fondait étaient les miens, mais je détestais les violences qui l'avaient déjà déshonorée : c'était avec joie que j'allais chercher une indépendance plus conforme à mes goûts, plus sympathique à mon caractère.

A cette même époque le mouvement de l'émigration s'accroissait ; mais comme on ne se battait pas, aucun sentiment d'honneur ne me forçait, contre le penchant de ma raison, a me jeter dans la folie de Coblentz. Une émigration plus raisonnable se dirigeait vers les rives de l'Ohio ; une terre de liberté offrait son asile à ceux qui fuyaient la liberté de leur patrie. Rien ne prouve mieux le haut prix des institutions généreuses que cet exil volontaire des partisans du pouvoir absolu dans un monde républicain.

Au printemps de 1791, je dis adieu à ma respectable et digne mère, et je m'embarquai à Saint-Malo ; je portais au général Washington une lettre de recommandation du marquis de La Rouairie. Celui-ci avait fait la guerre de l'indépendance en Amérique ; il ne tarda pas à devenir célèbre en France par la conspiration royaliste à laquelle il donna son nom. J'avais pour compagnons de voyage de jeunes séminaristes de Saint-Sulpice, que leur supérieur, homme de mérite, conduisait à Baltimore. Nous mîmes à la voile : au bout de quarante-huit heures nous perdîmes la terre de vue, et nous entrâmes dans l'Atlantique.

Il est difficile aux personnes qui n'ont jamais navigué de se faire une idée des sentiments qu'on éprouve lorsque du bord d'un vaisseau on n'aperçoit plus que la mer et le ciel. J'ai essayé de retracer ces sentiments dans le chapitre du *Génie du Christianisme* intitulé *Deux perspectives de la nature*, et dans les *Natchez*, en prêtant mes propres émotions à *Chactas*. L'*Essai historique* et l'*Itinéraire* sont également remplis des souvenirs et des images de ce qu'on peut appeler le désert de l'Océan. Me trouver au milieu de la mer, c'était n'avoir pas quitté ma patrie ; c'était, pour ainsi dire, être porté dans mon premier voyage par ma nourrice, par la confidente de mes premiers plaisirs. Qu'il me soit permis, afin de mieux faire entrer le lecteur dans l'esprit de la relation qu'il va lire, de citer quelques pages de mes Mémoires inédits : presque toujours notre manière de voir et de sentir tient aux réminiscences de notre jeunesse.

C'est à moi que s'appliquent les vers de Lucrèce :

> Tum porro puer ut sævis projectus ab undis
> Navita. . . . .

Le ciel voulut placer dans mon berceau une image de mes destinées.

« Élevé comme le compagnon des vents et des flots, ces flots, ces vents, cette
« solitude, qui furent mes premiers maîtres, convenaient peut-être mieux à la
« nature de mon esprit et à l'indépendance de mon caractère. Peut-être dois-
« je à cette éducation sauvage quelque vertu que j'aurais ignorée : la vérité est
« qu'aucun système d'éducation n'est en soi préférable à un autre. Dieu fait
« bien ce qu'il fait ; c'est sa providence qui nous dirige, lorsqu'elle nous appelle
« à jouer un rôle sur la scène du monde. »

Après les détails de l'enfance viennent ceux de mes études. Bientôt échappé du toit paternel, je dis l'impression que fit sur moi Paris, la cour, le monde ; je peins la société d'alors, les hommes que je rencontrai, les premiers mouvements de la révolution : la suite des dates m'amène à l'époque de mon départ pour les Etats-Unis. En me rendant au port je visitai la terre où s'était écoulée une partie de mon enfance : je laisse parler les *Mémoires*.

« Je n'ai revu Combourg que trois fois : à la mort de mon père toute la
« famille se trouva réunie au château pour se dire adieu. Deux ans plus tard
« j'accompagnai ma mère à Combourg ; elle voulait meubler le vieux manoir ;
« mon frère y devait amener ma belle-sœur : mon frère ne vint point en Bre-
« tagne ; et bientôt il monta sur l'échafaud avec la jeune femme (1) pour qui
« ma mère avait préparé le lit nuptial. Enfin, je pris le chemin de Combourg
« en me rendant au port, lorsque je me décidai à passer en Amérique.

« Après seize années d'absence, prêt à quitter de nouveau le sol natal pour
« les ruines de la Grèce, j'allai embrasser au milieu des landes de ma pauvre
« Bretagne ce qui me restait de ma famille ; mais je n'eus pas le courage d'en-
« treprendre le pèlerinage des champs paternels. C'est dans les bruyères de
« Combourg que je suis devenu le peu que je suis ; c'est là que j'ai vu se réunir
« et se disperser ma famille. De dix enfants que nous avons été, nous ne restons
« plus que trois. Ma mère est morte de douleur ; les cendres de mon père ont
« été jetées au vent. »

« Si mes ouvrages me survivaient, si je devais laisser un nom, peut-être un
« jour, guidé par ces Mémoires, le voyageur s'arrêterait un moment aux lieux
« que j'ai décrits. Il pourrait reconnaître le château, mais il chercherait en vain

---

(1) Mademoiselle de Rosambo, petite-fille de M. de Malesherbes, exécutée avec son mari et sa mère le même jour que son illustre aïeul.

« le *grand mail* ou le grand bois; il a été abattu : le berceau de mes songes a
« disparu comme ces songes. Demeuré seul debout sur son rocher, l'antique
« donjon semble regretter les chênes qui l'environnaient et le protégeaient
« contre les tempêtes. Isolé comme lui, j'ai vu comme lui tomber autour de
« moi ma famille qui embellissait mes jours et me prêtait son abri : grâce au
« ciel, ma vie n'est pas bâtie sur terre aussi solidement que les tours où j'ai
« passé ma jeunesse. »

Les lecteurs connaissent à présent le voyageur auquel ils vont avoir affaire dans le récit de ses premières courses.

Je m'embarquai donc à Saint-Malo, comme je l'ai dit ; nous prîmes la haute mer, et le 6 mai 1791, vers les huit heures du matin, nous découvrimes le pic de l'île de Pico, l'une des Açores : quelques heures après, nous jetâmes l'ancre dans une mauvaise rade, sur un fond de roches, devant l'île Graciosa. On en peut lire la description dans l'*Essai historique*. On ignore la date précise de la découverte de cette île.

C'était la première terre étrangère à laquelle j'abordais; par cette raison même il m'en est resté un souvenir qui conserve chez moi l'empreinte et la vivacité de la jeunesse. Je n'ai pas manqué de conduire Chactas aux Açores, et de lui faire voir la fameuse statue que les premiers navigateurs prétendirent avoir trouvée sur ces rivages.

Des Açores, poussés par les vents sur le banc de Terre-Neuve, nous fûmes obligés de faire une seconde relâche à l'île Saint-Pierre. « T. et moi, dis-je
« encore dans l'*Essai historique*, nous allions courir dans les montagnes de
« cette île affreuse ; nous nous perdions au milieu des brouillards dont elle est
« sans cesse couverte, errant au milieu des nuages et des bouffées de vent, en-
« tendant les mugissements d'une mer que nous ne pouvions découvrir, égarés
« sur une bruyère laineuse et morte, et au bord d'un torrent rougeâtre qui
« coulait entre des rochers. »

Les vallées sont semées, dans différentes parties, de cette espèce de pin dont les jeunes pousses servent à faire une bière amère. L'île est environnée de plusieurs écueils, entre lesquels on remarque celui du *Colombier*, ainsi nommé parce que les oiseaux de mer y font leur nid au printemps. J'en ai donné la description dans le *Génie du Christianisme*.

L'île Saint-Pierre n'est séparée de celle de Terre-Neuve que par un détroit assez dangereux : de ses côtes désolées on découvre les rivages encore plus désolés de Terre-Neuve. En été, les grèves de ces îles sont couvertes de poissons qui sèchent au soleil, et en hiver, d'ours blancs qui se nourrissent des débris oubliés par les pêcheurs.

Lorsque j'abordai à Saint-Pierre, la capitale de l'île consistait, autant qu'il m'en souvient, dans une assez longue rue, bâtie le long de la mer. Les habitants, fort hospitaliers, s'empressèrent de nous offrir leur table et leur maison. Le gouverneur logeait à l'extrémité de la ville. Je dînai deux ou trois fois chez lui. Il cultivait dans un des fossés du fort quelques légumes d'Europe. Je me souviens qu'après le dîner il me montrait son *jardin;* nous allions ensuite nous asseoir au pied du mât du pavillon planté sur la forteresse. Le drapeau français flottait sur notre tête, tandis que nous regardions une mer sauvage et les côtes sombres de l'île de Terre-Neuve, en parlant de la patrie.

Après une relâche de quinze jours, nous quittâmes l'île Saint-Pierre, et le bâtiment, faisant route au midi, atteignit la latitude des côtes du Maryland et de la Virginie : les calmes nous arrêtèrent. Nous jouissions du plus beau ciel; les nuits, les couchers et les levers du soleil étaient admirables. Dans le chapitre du *Génie du Christianisme* déjà cité, intitulé *Deux perspectives de la nature,* j'ai rappelé une de ces pompes nocturnes et une de ces magnificences du couchant. « Le globe du soleil, prêt à se plonger dans les flots, apparaissait « entre les cordages du navire, au milieu des espaces sans bornes, etc. »

Il ne s'en fallut guère qu'un accident ne mît un terme à tous mes projets.

La chaleur nous accablait, le vaisseau, dans un calme plat, sans voile, et trop chargé de ses mâts, était tourmenté par le roulis. Brûlé sur le pont et fatigué du mouvement, je voulus me baigner, et quoique nous n'eussions point de chaloupe dehors, je me jetai du mât de beaupré à la mer. Tout alla d'abord à merveille, et plusieurs passagers m'imitèrent. Je nageais sans regarder le vaisseau ; mais quand je vins à tourner la tête, je m'aperçus que le courant l'avait déjà entraîné bien loin. L'équipage était accouru sur le pont; on avait filé un grelin aux autres nageurs. Des requins se montraient dans les eaux du navire, et on leur tirait du bord des coups de fusil pour les écarter. La houle était si grosse qu'elle retardait mon retour et épuisait mes forces. J'avais un abîme au-dessous de moi, et les requins pouvaient à tout moment m'emporter un bras ou une jambe. Sur le bâtiment, on s'efforçait de mettre un canot à la mer; mais il fallait établir un palan, et cela prenait un temps considérable.

Par le plus grand bonheur, une brise presque insensible se leva : le vaisseau, gouvernant un peu, se rapprocha de moi; je pus m'emparer du bout de la corde; mais les compagnons de ma témérité s'étaient accrochés à cette corde, et quand on nous attira au flanc du bâtiment, me trouvant à l'extrémité de la file, ils pesaient sur moi de tout leur poids. On nous repêcha ainsi un à un, ce qui fut long. Les roulis continuaient; à chacun d'eux nous plongions de dix ou douze pieds dans la vague, où nous étions suspendus en l'air à un même nombre de pieds, comme des poissons au bout d'une ligne. A la dernière immersion, je me sentis prêt à m'évanouir; un roulis de plus, et c'en était fait. Enfin, on me hissa sur le pont à demi mort : si je m'étais noyé, le bon débarras pour moi et pour les autres !

Quelques jours après cet accident, nous aperçûmes la terre : elle était dessinée par la cime de quelques arbres qui semblaient sortir du sein de l'eau : les palmiers de l'embouchure du Nil me découvrirent depuis le rivage de l'Égypte de la même manière. Un pilote vint à notre bord. Nous entrâmes dans la baie de Chesapeake, et le soir même on envoya une chaloupe chercher de l'eau et des vivres frais. Je me joignis au parti qui allait à terre et, une demi-heure après avoir quitté le vaisseau, je foulai le sol américain.

VOYAGE EN AMÉRIQUE.

Je restai quelque temps les bras croisés, promenant mes regards autour de moi dans un mélange de sentiments et d'idées que je ne pouvais débrouiller alors, et que je ne pourrais peindre aujourd'hui. Ce continent ignoré du reste du monde pendant toute la durée des temps anciens et pendant un grand nombre de siècles modernes; les premières destinées sauvages de ce continent, et ses secondes destinées depuis l'arrivée de Christophe Colomb; la domination des monarchies de l'Europe ébranlée dans ce Nouveau-Monde; la vieille société finissant dans la jeune Amérique; une république d'un genre inconnu jusqu'alors, annonçant un changement dans l'esprit humain et dans l'ordre politique; la part que ma patrie avait eue à ces événements; ces mers et ces rivages devant en partie leur indépendance au pavillon et au sang français; un grand homme sortant à la fois du milieu des discordes et des déserts, Washington habitant une ville florissante dans le même lieu où, un siècle auparavant, Guillaume Penn avait acheté un morceau de terre de quelques Indiens; les États-Unis renvoyant à la France, à travers l'Océan, la révolution et la liberté que la France avait soutenues de ses armes; enfin, mes propres desseins; les découvertes que je voulais tenter dans ces solitudes natives, qui étendaient encore leur vaste royaume derrière l'étroit empire d'une civilisation étrangère : voilà les choses qui occupaient confusément mon esprit.

Nous nous avançâmes vers une habitation assez éloignée pour y acheter ce qu'on voudrait nous vendre. Nous traversâmes quelques petits bois de baumiers et de cèdres de la Virginie qui parfumaient l'air. Je vis voltiger des oiseaux-moqueurs et des cardinaux, dont les chants et les couleurs m'annoncèrent un nouveau climat. Une négresse de quatorze ou quinze ans, d'une beauté extraordinaire, vint nous ouvrir la barrière d'une maison qui tenait à la fois de la ferme d'un Anglais et de l'habitation d'un colon. Des troupeaux de vaches paissaient dans les prairies artificielles entourées de palissades dans lesquelles se jouaient des écureuils gris, noirs et rayés : des nègres sciaient des pièces de bois, et d'autres cultivaient des plantations de tabac. Nous achetâmes des gâteaux de maïs, des poules, des œufs, du lait, et nous retournâmes au bâtiment mouillé dans la baie.

On leva l'ancre pour gagner la rade, et ensuite le port de Baltimore. Le trajet fut lent; le vent manquait. En approchant de Baltimore, les eaux se rétrécirent : elles étaient d'un calme parfait; nous avions l'air de remonter un fleuve bordé de longues avenues : Baltimore s'offrit à nous comme au fond d'un lac. En face de la ville s'élevait une colline ombragée d'arbres, au pied de laquelle on commençait à bâtir quelques maisons. Nous amarrâmes au quai du port. Je couchai à bord, et ne descendis à terre que le lendemain. J'allai loger à l'auberge où l'on porta mes bagages. Les séminaristes se retirèrent avec leur supérieur à l'établissement préparé pour eux, d'où ils se sont dispersés en Amérique.

Baltimore, comme toutes les autres métropoles des États-Unis, n'avait pas l'étendue qu'elle a aujourd'hui : c'était une jolie ville fort propre et fort animée. Je payai mon passage au capitaine et lui donnai un dîner d'adieu dans une très-bonne taverne auprès du port. J'arrêtai ma place au stage, qui faisait trois fois la semaine le voyage de Philadelphie. A quatre heures du matin je montai dans ce stage, et me voilà roulant sur les grands chemins du Nouveau-Monde, où je ne connaissais personne, où je n'étais connu de qui que ce soit : mes compagnons de voyage ne m'avaient jamais vu, et je ne devais jamais les revoir après notre arrivée à la capitale de la Pensylvanie. La route que nous parcourûmes était plutôt tracée que faite. Le pays était assez nu et assez plat : peu d'oiseaux, peu d'arbres, quelques maisons éparses, point de villages; voilà ce que présentait la campagne et ce qui me frappa désagréablement.

En approchant de Philadelphie nous rencontrâmes des paysans allant au marché, des voitures publiques et d'autres voitures fort élégantes. Philadelphie me parut une belle ville : les rues larges; quelques-unes, plantées d'arbres, se coupent à angle droit dans un ordre régulier du nord au sud et de l'est à l'ouest. La Delaware coule parallèlement à la rue qui suit son bord occidental : c'est une rivière qui serait considérable en Europe, mais dont on ne parle pas en Amérique. Ses rives sont basses et peu pittoresques.

Philadelphie, à l'époque de mon voyage (1791), ne s'étendait point encore jusqu'au Schuylkill; seulement le terrain, en avançant vers cet affluent, était divisé par lots, sur lesquels on construisait quelques maisons isolées.

L'aspect de Philadelphie est froid et monotone. En général, ce qui manque aux cités des États-Unis, ce sont les monuments et surtout les vieux monuments. Le protestantisme, qui ne sacrifie point à l'imagination, et qui est lui-même nouveau, n'a point élevé ces tours et ces dômes dont l'antique religion catholique a couronné l'Europe. Presque rien à Philadelphie, à New-York, à Boston, ne s'élève au-dessus de la masse des murs et des toits. L'œil est attristé de ce niveau.

Les États-Unis donnent plutôt l'idée d'une colonie que d'une nation-mère; on y trouve des usages plutôt que des mœurs. On sent que les habitants ne sont point nés du sol : cette société, si belle dans le présent, n'a point de passé; les villes sont neuves, les tombeaux sont d'hier. C'est ce qui m'a fait dire dans les *Natchez :* « Les Européens n'avaient point encore de tombeaux en Amérique, « qu'ils y avaient déjà des cachots. C'étaient les seuls monuments du passé « pour cette société sans aïeux et sans souvenirs. »

Il n'y a de vieux en Amérique que les bois, enfants de la terre, et la liberté, mère de toute société humaine : cela vaut bien des monuments et des aïeux.

Un homme débarqué, comme moi, aux États-Unis, plein d'enthousiasme pour les anciens, un Caton qui cherchait partout la rigidité des premières mœurs romaines, dut être fort scandalisé de trouver partout l'élégance des vêtements, le luxe des équipages, la frivolité des conversations, l'inégalité des fortunes, l'immoralité des maisons de banque et de jeu, le bruit des salles de bal et de spectacle. A Philadelphie, j'aurais pu me croire dans une ville anglaise : rien n'annonçait que j'eusse passé d'une monarchie à la république.

On a pu voir dans l'*Essai historique* qu'à cette époque de ma vie j'admirais beaucoup les républiques : seulement je ne les croyais pas possibles à l'âge du monde où nous étions parvenus, parce que je ne connaissais que la liberté à la manière des anciens, la liberté fille des mœurs dans une société naissante; j'ignorais qu'il y eût une autre liberté fille des lumières et d'une vieille civilisation; liberté dont la république représentative a prouvé la réalité. On n'est plus aujourd'hui obligé de labourer soi-même son petit champ, de repousser les arts et les sciences, d'avoir les ongles crochus et la barbe sale pour être libre.

Mon *désappointement* politique me donna sans doute l'humeur qui me fit écrire la note satirique contre les quakers, et même un peu contre tous les Américains, note que l'on trouve dans l'*Essai historique*. Au reste, l'apparence du peuple dans les rues de la capitale de la Pensylvanie était agréable; les hommes se montraient proprement vêtus; les femmes, surtout les quakeresses, avec leur chapeau uniforme, paraissaient extrêmement jolies.

Je rencontrai plusieurs colons de Saint-Domingue et quelques Français émigrés. J'étais impatient de commencer mon voyage au désert : tout le monde fut d'avis que je me rendisse à Albany, où, plus rapproché des défrichements et des nations indiennes, je serais à même de trouver des guides et d'obtenir des renseignements.

Lorsque j'arrivai à Philadelphie, le grand Washington n'y était pas. Je fus obligé de l'attendre une quinzaine de jours; il revint. Je le vis passer dans une voiture qu'emportaient avec rapidité quatre chevaux fringants, conduits à grandes guides. Washington, d'après mes idées d'alors, était nécessairement Cincinnatus; Cincinnatus en carrosse dérangeait un peu ma république de l'an de Rome 296. Le dictateur Washington pouvait-il être autre chose qu'un rustre piquant ses bœufs de l'aiguillon et tenant le manche de sa charrue? Mais quand j'allai porter ma lettre de recommandation à ce grand homme, je retrouvai la simplicité du vieux Romain.

Une petite maison dans le genre anglais, ressemblant aux maisons voisines, était le palais du président des États-Unis : point de garde, pas même de valets. Je frappai; une jeune servante ouvrit. Je lui demandai si le général était chez lui; elle me répondit qu'il y était. Je répliquai que j'avais une lettre à lui remettre. La servante me demanda mon nom, difficile à prononcer en anglais, et qu'elle ne put retenir. Elle me dit alors doucement : *Walk in, sir*, « Entrez, « monsieur; » et elle marcha devant moi dans un de ces étroits corridors qui servent de vestibule aux maisons anglaises : elle m'introduisit dans un parloir, où elle me pria d'attendre le général.

Je n'étais pas ému. La grandeur de l'âme ou celle de la fortune ne m'imposent point : j'admire la première sans en être écrasé; la seconde m'inspire plus de pitié que de respect. Visage d'homme ne me troublera jamais.

Au bout de quelques minutes le général entra. C'était un homme d'une grande taille, d'un air calme et froid plutôt que noble : il est ressemblant dans ses gravures. Je lui présentai ma lettre en silence; il l'ouvrit, courut à la signature, qu'il lut tout haut avec exclamation : « Le colonel Armand! » C'était ainsi qu'il appelait et qu'avait signé le marquis de La Rouairie.

Nous nous assîmes; je lui expliquai, tant bien que mal, le motif de mon voyage. Il me répondait par monosyllabes français ou anglais, et m'écoutait avec une sorte d'étonnement. Je m'en aperçus, et je lui dis avec un peu de vivacité : Mais « il est moins difficile de découvrir le passage du nord-ouest que de créer un « peuple comme vous l'avez fait. » *Well, well, young man!* s'écria-t-il en me tendant la main. Il m'invita à dîner pour le jour suivant, et nous nous quittâmes.

Je fus exact au rendez-vous : nous n'étions que cinq ou six convives. La conversation roula presque entièrement sur la révolution française. Le général nous montra une clef de la Bastille : ces clefs de la Bastille étaient des jouets assez niais qu'on se distribuait alors dans les deux mondes. Si Washington avait vu, comme moi, dans les ruisseaux de Paris, *les vainqueurs de la Bastille*, il aurait eu moins de foi dans sa relique. Le sérieux et la force de la révolution n'étaient pas dans ces orgies sanglantes. Lors de la révocation de l'édit de Nantes, en 1685, la même populace du faubourg Saint-Antoine démolit le temple protestant à Charenton avec autant de zèle qu'elle dévasta l'église de Saint-Denis en 1793.

Je quittai mon hôte à dix heures du soir, et je ne l'ai jamais revu ; il partit le lendemain pour la campagne, et je continuai mon voyage.

Telle fut ma rencontre avec cet homme qui a affranchi tout un monde. Washington est descendu dans la tombe avant qu'un peu de bruit se fût attaché à mes pas ; j'ai passé devant lui comme l'être le plus inconnu ; il était dans tout son éclat, et moi dans toute mon obscurité. Mon nom n'est peut-être pas demeuré un jour entier dans sa mémoire. Heureux pourtant que ses regards soient tombés sur moi ! je m'en suis senti échauffé le reste de ma vie : il y a une vertu dans les regards d'un grand homme.

J'ai vu depuis Buonaparte : ainsi la Providence m'a montré les deux personnages qu'elle s'était plu à mettre à la tête des destinées de leurs siècles.

Si l'on compare Washington et Buonaparte homme à homme, le génie du premier semble d'un vol moins élevé que celui du second. Washington n'appartient pas, comme Buonaparte, à cette race des Alexandre et des César, qui dépasse la stature de l'espèce humaine. Rien d'étonnant ne s'attache à sa personne ; il n'est point placé sur un vaste théâtre ; il n'est point aux prises avec les capitaines les plus habiles et les plus puissants monarques du temps ; il ne traverse point les mers ; il ne court point de Memphis à Vienne et de Cadix à Moscou : il se défend avec une poignée de citoyens sur une terre sans souvenirs et sans célébrité, dans le cercle étroit des foyers domestiques. Il ne livre point de ces combats qui renouvellent les triomphes sanglants d'Arbelles et de Pharsale ; il ne renverse point les trônes pour en recomposer d'autres avec leurs débris ; *il ne met point le pied sur le cou des rois ;* il ne leur fait point dire, sous les vestibules de son palais,

Qu'ils se font trop attendre, et qu'Attila s'ennuie.

Quelque chose de silencieux enveloppe les actions de Washington ; il agit avec lenteur : on dirait qu'il se sent le mandataire de la liberté de l'avenir, et qu'il craint de la compromettre. Ce ne sont pas ses destinées que porte ce héros d'une nouvelle espèce, ce sont celles de son pays ; il ne se permet pas de jouer ce qui ne lui appartient pas. Mais de cette profonde obscurité quelle lumière va jaillir ! Cherchez les bois inconnus où brilla l'épée de Washington, qu'y trouverez-vous ? des tombeaux ? non, un monde ! Washington a laissé les États-Unis pour trophée sur son champ de bataille.

Buonaparte n'a aucun trait de ce grave Américain : il combat sur une vieille terre, environné d'éclat et de bruit ; il ne veut créer que sa renommée ; il ne se charge que de son propre sort. Il semble savoir que sa mission sera courte, que le torrent qui descend de si haut s'écroulera promptement. Il se hâte de jouir et d'abuser de sa gloire comme d'une jeunesse fugitive. A l'instar des dieux d'Homère il veut arriver en quatre pas au bout du monde ; il paraît sur tous les rivages, il inscrit précipitamment son nom dans les fastes de tous les peuples, et jette en courant des couronnes à sa famille et à ses soldats ; il se dépêche dans ses monuments, dans ses lois, dans ses victoires. Penché sur le monde, d'une main il terrasse les rois, de l'autre il abat le géant révolutionnaire ; mais en écrasant l'anarchie il étouffe la liberté, et finit par perdre la sienne sur son dernier champ de bataille.

Chacun est récompensé selon ses œuvres : Washington élève une nation à l'indépendance : magistrat retiré il s'endort paisiblement sous son toit paternel, au milieu des regrets de ses compatriotes et de la vénération de tous les peuples.

Buonaparte ravit à une nation son indépendance : empereur déchu, il est précipité dans l'exil, où la frayeur de la terre ne le croit pas encore assez emprisonné sous la garde de l'Océan. Tant qu'il se débat contre la mort, faible et enchaîné sur un rocher, l'Europe n'ose déposer les armes. Il expire : cette nouvelle, publiée à la porte du palais devant laquelle le conquérant avait fait proclamer tant de funérailles, n'arrête ni n'étonne le passant : qu'avaient à pleurer les citoyens ?

La république de Washington subsiste, l'empire de Buonaparte est détruit : il s'est écoulé entre le premier et le second voyage d'un Français qui a trouvé une nation reconnaissante là où il avait combattu pour quelques colons opprimés.

Washington et Buonaparte sortirent du sein d'une république : nés tous deux de la liberté, le premier lui a été fidèle, le second l'a trahie. Leur sort, d'après leur choix, sera différent dans l'avenir.

Le nom de Washington se répandra avec la liberté d'âge en âge ; il marquera le commencement d'une nouvelle ère pour le genre humain.

Le nom de Buonaparte sera redit aussi par les générations futures ; mais il ne se rattachera à aucune bénédiction, et servira souvent d'autorité aux oppresseurs, grands ou petits.

Washington a été tout entier le représentant des besoins, des idées, des lumières, des opinions de son époque ; il a secondé, au lieu de contrarier, le mouvement des esprits ; il a voulu ce qu'il devait vouloir, la chose même à laquelle il était appelé : de là la cohérence et la perpétuité de son ouvrage. Cet homme, qui frappe peu, parce qu'il est naturel et dans des proportions justes, a confondu son existence avec celle de son pays ; sa gloire est le patrimoine commun de la civilisation croissante ; sa renommée s'élève comme un de ces sanctuaires où coule une source intarissable pour le peuple.

Buonaparte pouvait enrichir également le domaine public : il agissait sur la nation la plus civilisée, la plus intelligente, la plus brave, la plus brillante de la terre. Quel serait aujourd'hui le rang occupé par lui dans l'univers, s'il eût joint la magnanimité à ce qu'il avait d'héroïque, si, Washington et Buonaparte à la fois, il eût nommé la liberté héritière de sa gloire !

Mais ce géant démesuré ne liait point complétement ses destinées à celles de ses contemporains : son génie appartenait à l'âge moderne, son ambition était des vieux jours ; il ne s'aperçut pas que les miracles de sa vie dépassaient de beaucoup la valeur d'un diadème, et que cet ornement gothique lui siérait mal. Tantôt il faisait un pas avec le siècle, tantôt il reculait vers le passé ; et, soit qu'il remontât ou suivît le cours du temps, par sa force prodigieuse il entraînait ou repoussait les flots. Les hommes ne furent à ses yeux qu'un moyen de puissance ; aucune sympathie ne s'établit entre leur bonheur et le sien. Il avait promis de les délivrer, et il les enchaîna ; il s'isola d'eux ; ils s'éloignèrent de lui. Les rois d'Égypte plaçaient leurs pyramides funèbres non parmi les campagnes florissantes, mais au milieu des sables stériles ; ces grands tombeaux s'élèvent comme l'éternité dans la solitude : Buonaparte a bâti, à leur image, le monument de sa renommée.

Ceux qui, ainsi que moi, ont vu le conquérant de l'Europe et le législateur de l'Amérique, détournent aujourd'hui les yeux de la scène du monde : quelques histrions, qui font pleurer ou rire, ne valent pas la peine d'être regardés.

Un stage, semblable à celui qui m'avait amené de Baltimore à Philadelphie, me conduisit de Philadelphie à New-York, ville gaie, peuplée et commerçante, qui pourtant était bien loin d'être ce qu'elle est aujourd'hui. J'allai en pèlerinage à Boston, pour saluer le premier champ de bataille de la liberté américaine. « J'ai vu les champs de Lexington, je m'y suis arrêté en silence, comme
« le voyageur aux Thermopyles, à contempler la tombe de ces guerriers des
« deux mondes, qui moururent les premiers pour obéir aux lois de la patrie.
« En foulant cette terre philosophique qui me disait, dans sa muette éloquence,
« comment les empires se perdent et s'élèvent, j'ai confessé mon néant devant
« les voies de la Providence, et baissé mon front dans la poussière (1). »

Revenu à New-York, je m'embarquai sur le paquebot qui faisait voile pour Albany, en remontant la rivière d'Hudson, autrement appelée *la rivière du Nord*.

Dans une note de l'*Essai historique*, j'ai décrit une partie de ma navigation sur cette rivière, au bord de laquelle disparaît aujourd'hui, parmi les républicains de Washington, un des rois de Buonaparte, et quelque chose de plus, un de ses frères. Dans cette même note, j'ai parlé du major André, de cet infortuné jeune homme sur le sort duquel un ami, dont je ne cesse de déplorer la perte, a laissé tomber de touchantes et courageuses paroles lorsque Buonaparte était près de monter au trône où s'était assise Marie-Antoinette (2).

Arrivé à Albany, j'allai chercher un M. Swift pour lequel on m'avait donné une lettre à Philadelphie. Cet Américain faisait la traite des pelleteries avec les tribus indiennes enclavées dans le territoire cédé par l'Angleterre aux États-Unis ; car les puissances civilisées se partagent sans façon, en Amérique, des terres qui ne leur appartiennent pas. Après m'avoir entendu, M. Swift me fit des objections très-raisonnables : il me dit que je ne pouvais pas entreprendre de prime abord, seul, sans secours, sans appui, sans recommandation pour les postes anglais, américains, espagnols, où je serais forcé de passer, un voyage

(1) *Essai historique*, 1ʳᵉ part., chap. xxxiii.— (2) M. de Fontanes, *Éloge de Washington*.

VOYAGE EN AMÉRIQUE.

de cette importance; que, quand j'aurais le bonheur de traverser sans accident tant de solitudes, j'arriverais à des régions glacées où je périrais de froid ou de faim. Il me conseilla de commencer à m'acclimater en faisant une première course dans l'intérieur de l'Amérique, d'apprendre le sioux, l'iroquois et l'esquimau, de vivre quelque temps parmi les coureurs de bois canadiens et les agents de la compagnie de la baie d'Hudson. Ces expériences préliminaires faites, je pourrais alors, avec l'assistance du gouvernement français, poursuivre ma hasardeuse entreprise.

Ces conseils, dont je ne pouvais m'empêcher de reconnaître la justesse, me contrariaient; si je m'en étais cru, je serais parti pour aller tout droit au pôle, comme on va de Paris à Saint-Cloud. Je cachai cependant à M. Swift mon déplaisir. Je le priai de me procurer un guide et des chevaux, afin que je me rendisse à la cataracte de Niagara, et de là à Pittsbourg, d'où je pourrais descendre l'Ohio. J'avais toujours dans la tête le premier plan de route que je m'étais tracé.

M. Swift engagea à mon service un Hollandais qui parlait plusieurs dialectes indiens. J'achetai deux chevaux, et je me hâtai de quitter Albany.

Tout le pays qui s'étend aujourd'hui entre le territoire de cette ville et celui de Niagara est habité, cultivé, et traversé par le fameux canal de New-York; mais alors une grande partie de ce pays était déserte.

Lorsque après avoir passé le Mohawk, je me trouvai dans des bois qui n'avaient jamais été abattus, je tombai dans une sorte d'ivresse que j'ai encore rappelée dans l'*Essai historique* : « J'allais d'arbre en arbre, à droite et à gauche
« indifféremment, me disant en moi-même : Ici plus de chemin à suivre, plus
« de villes, plus d'étroites maisons, plus de présidents, de républiques, de
« rois. . . . . . . Et, pour essayer si j'étais enfin rétabli dans mes droits ori-
« ginels, je me livrais à mille actes de volonté qui faisaient enrager le grand
« Hollandais qui me servait de guide, et qui dans son âme me croyait fou (1).»

Nous entrions dans les anciens cantons des six nations iroquoises. Le premier Sauvage que nous rencontrâmes était un jeune homme qui marchait devant un cheval sur lequel était assise une Indienne parée à la manière de sa tribu. Mon guide leur souhaita le bonjour en passant.

On sait déjà que j'eus le bonheur d'être reçu par un de mes compatriotes sur la frontière de la solitude, par ce M. Violet, maître de danse chez les Sauvages. On lui payait ses leçons en peaux de castor et en jambons d'ours. « Au
« milieu d'une forêt, on voyait une espèce de grange ; je trouvai dans cette
« grange une vingtaine de Sauvages, hommes et femmes, barbouillés comme
« des sorciers, le corps demi-nu, les oreilles découpées, des plumes de corbeau
« sur la tête, et des anneaux passés dans les narines. Un petit Français, poudré
« et frisé comme autrefois, habit vert-pomme, veste de droguet, jabot et man-
« chettes de mousseline, raclait un violon de poche, et faisait danser Madelon
« Friquet à ces Iroquois. M. Violet, en me parlant des Indiens, me disait tou-
« jours : *Ces messieurs Sauvages et ces dames Sauvagesses.* Il se louait beau-
« coup de la légèreté de ses écoliers : en effet, je n'ai jamais vu faire de telles

(1) *Essai historique*, IIe part., chap. LVII.

« gambades. M. Violet, tenant son petit violon entre son menton et sa poitrine,
« accordait l'instrument fatal ; il criait en iroquois : *A vos places!* et toute la
« troupe sautait comme une bande de démons (1). »

C'était une chose assez étrange pour un disciple de Rousseau, que cette introduction à la vie sauvage par un bal que donnait à des Iroquois un ancien marmiton du général Rochambeau. Nous continuâmes notre route. Je laisse maintenant parler le manuscrit ; je le donne tel que je le trouve, tantôt sous la forme d'un *récit*, tantôt sous celle d'un *journal*, quelquefois en *lettres* ou en simples *annotations*.

LES ONONDAGAS.

Nous étions arrivés au bord du lac auquel les Onondagas, peuplade iroquoise, ont donné leur nom. Nos chevaux avaient besoin de repos. Je choisis avec mon Hollandais un lieu propre à établir notre camp. Nous en trouvâmes un dans une gorge de vallée, à l'endroit où une rivière sort en bouillonnant du lac. Cette rivière n'a pas couru cent toises au nord en directe ligne qu'elle se replie à l'est, et court parallèlement au rivage du lac, en dehors des rochers qui servent de ceinture à ce dernier.

Ce fut dans la courbe de la rivière que nous dressâmes notre appareil de nuit : nous fichâmes deux hauts piquets en terre ; nous plaçâmes horizontalement dans la fourche de ces piquets une longue perche ; appuyant des écorces de bouleau, un bout sur le sol, l'autre bout sur la gaule transversale, nous eûmes un toit digne de notre palais. Le bûcher de voyage fut allumé pour faire cuire notre souper et chasser les maringouins. Nos selles nous servaient d'oreiller sous l'*ajoupa*, et nos manteaux, de couverture.

Nous attachâmes une sonnette au cou de nos chevaux, et nous les lâchâmes dans les bois. Par un instinct admirable, ces animaux ne s'écartent jamais assez loin pour perdre de vue le feu que leurs maîtres allument la nuit, afin de chasser les insectes et de se défendre des serpents.

Du fond de notre hutte nous jouissions d'une vue pittoresque. Devant nous s'étendait le lac assez étroit et bordé de forêts et de rochers ; autour de nous la rivière, enveloppant notre presqu'île de ses ondes vertes et limpides, balayait ses rivages avec impétuosité.

Il n'était guère que quatre heures après midi lorsque notre établissement fut achevé. Je pris mon fusil et j'allai errer dans les environs. Je suivis d'abord le cours de la rivière ; mes recherches botaniques ne furent pas heureuses : les plantes étaient peu variées. Je remarquai des familles nombreuses de *plantago-virginica*, et de quelques autres beautés de prairies toutes assez communes ; je quittai les bords de la rivière pour les côtes du lac, et je ne fus pas plus chanceux. A l'exception d'une espèce de rhododendrum, je ne trouvai

(1) *Itinéraire.*

rien qui valût la peine de m'arrêter : les fleurs de cet arbuste, d'un rose vif, faisaient un effet charmant avec l'eau bleue du lac où elles se miraient, et le flanc brun du rocher dans lequel elles enfonçaient leurs racines.

Il y avait peu d'oiseaux; je n'aperçus qu'un couple solitaire qui voltigeait devant moi, et qui semblait se plaire à répandre le mouvement et l'amour sur l'immobilité et la froideur de ces sites. La couleur du mâle me fit reconnaître l'oiseau blanc, ou le *passer nivalis* des ornithologistes. J'entendis aussi la voix de cette espèce d'orfraie que l'on a fort bien caractérisée par cette définition, *strix exclamator*. Cet oiseau est inquiet comme tous les tyrans : je me fatiguai vainement à sa poursuite.

Le vol de cette orfraie m'avait conduit à travers les bois jusqu'à un vallon resserré par des collines nues et pierreuses. Dans ce lieu extrêmement retiré on voyait une méchante cabane de Sauvage bâtie à mi-côte entre les rochers : une vache maigre paissait dans un pré au-dessous.

J'ai toujours aimé ces petits abris : l'animal blessé se tapit dans un coin; l'infortuné craint d'étendre au dehors avec sa vue des sentiments que les hommes repoussent. Fatigué de ma course, je m'assis au haut du coteau que je parcourais, ayant en face la hutte indienne sur le coteau opposé. Je couchai mon fusil auprès de moi, et je m'abandonnai à ces rêveries dont j'ai souvent goûté le charme.

J'avais à peine passé ainsi quelques minutes, que j'entendis des voix au fon du vallon. J'aperçus trois hommes qui conduisaient cinq ou six vaches grasses. Après les avoir mis paître dans les prairies, ils marchèrent vers la vache maigre, qu'ils éloignèrent à coups de bâton.

L'apparition de ces Européens dans un lieu si désert me fut extrêmement désagréable; leur violence me les rendit encore plus importuns. Ils chassaient la pauvre bête parmi les roches en riant aux éclats, et en l'exposant à se rompre les jambes. Une femme sauvage, en apparence aussi misérable que sa vache, sortit de la hutte isolée, s'avança vers l'animal effrayé, l'appela doucement et lui offrit quelque chose à manger. La vache courut à elle en allongeant le cou avec un petit mugissement de joie. Les colons menacèrent de loin l'Indienne, qui revint à sa cabane. La vache la suivit. Elle s'arrêta à la porte, où son amie la flattait de la main, tandis que l'animal reconnaissant léchait cette main secourable. Les colons s'étaient retirés.

Je me levai, je descendis la colline, je traversai le vallon; et, remontant la colline opposée, j'arrivai à la hutte, résolu de réparer autant qu'il était en moi la brutalité des hommes blancs. La vache m'aperçut et fit un mouvement pour fuir; je m'avançai avec précaution, et je parvins, sans qu'elle s'en allât, jusqu'à l'habitation de sa maîtresse.

L'Indienne était rentrée chez elle. Je prononçai le salut qu'on m'avait appris : Siègoh! *Je suis venu!* L'Indienne, au lieu de me rendre mon salut par la répétition d'usage : *Vous êtes venu!* ne répondit rien. Je jugeai que la visite d'un de ses tyrans lui était importune. Je me mis alors à mon tour à caresser la vache. L'Indienne parut étonnée : je vis sur son visage jaune et attristé des signes d'attendrissement et presque de gratitude. Ces mystérieuses relations de l'infortune remplirent mes yeux de larmes : il y a de la douceur à pleurer sur des maux qui n'ont été pleurés de personne.

Mon hôtesse me regarda encore quelque temps avec un reste de doute, comme si elle craignait que je ne cherchasse à la tromper; elle fit ensuite quelques pas, et vint elle-même passer sa main sur le front de sa compagne de misère et de solitude.

Encouragé par cette marque de confiance, je dis en anglais, car j'avais épuisé mon indien : « Elle est bien maigre! » L'Indienne repartit aussitôt en mauvais anglais : « Elle mange fort peu. » *She eats very little.* « On l'a chassée rudement, » repris-je. Et la femme me répondit : « Nous sommes accoutumées à « cela toutes deux, *both*. » Je repris : « Cette prairie n'est donc pas à vous? » Elle répondit : « Cette prairie était à mon mari, qui est mort. Je n'ai point d'en- « fants, et les blancs mènent leurs vaches dans ma prairie. »

Je n'avais rien à offrir à cette indigente créature : mon dessein eût été de réclamer la justice en sa faveur; mais à qui m'adresser dans un pays où le mélange des Européens et des Indiens rendait les autorités confuses, où le droit de la force enlevait l'indépendance au Sauvage, et où l'homme policé, devenu à demi sauvage, avait secoué le joug de l'autorité civile?

Nous nous quittâmes, moi et l'Indienne, après nous être serré la main. Mon hôtesse me dit beaucoup de choses que je ne compris point, et qui étaient sans doute des souhaits de prospérité pour l'étranger. S'ils n'ont pas été entendus du ciel, ce n'est pas la faute de celle qui priait, mais la faute de celui pour qui la prière était offerte : toutes les âmes n'ont pas une égale aptitude au bonheur, comme toutes les terres ne portent pas également des moissons.

Je retournai à mon *ajoupa*, où je fis un assez triste souper. La soirée fut magnifique; le lac, dans un repos profond, n'avait pas une ride sur ses flots; la rivière baignait en murmurant notre presqu'île, que décoraient de faux ébéniers non encore défleuris; l'oiseau nommé *coucou des Carolines* répétait son chant monotone; nous l'entendions tantôt plus près, tantôt plus loin, suivant que l'oiseau changeait le lieu de ses appels amoureux.

Le lendemain j'allai avec mon guide rendre visite au premier sachem des Onondagas, dont le village n'était pas éloigné. Nous arrivâmes à ce village à dix heures du matin. Je fus environné aussitôt d'une foule de jeunes Sauvages qui me parlaient dans leur langue, en y mêlant des phrases anglaises et quelques mots français : ils faisaient grand bruit et avaient l'air fort joyeux. Ces tribus indiennes, enclavées dans les défrichements des blancs, ont pris quelque chose de nos mœurs : elles ont des chevaux et des troupeaux; leurs cabanes sont remplies de meubles et d'ustensiles achetés d'un côté à Québec, à Montréal, à Niagara, au Détroit; de l'autre dans les villes des États-Unis.

Le sachem des Onondagas était un vieil Iroquois dans toute la rigueur du mot : sa personne gardait le souvenir des anciens usages et des anciens temps du désert : grandes oreilles découpées, perle pendante au nez, visage bariolé de diverses couleurs, petite touffe de cheveux sur le sommet de la tête, tunique bleue, manteau de peau, ceinture de cuir, avec le couteau de scalpe et le casse-tête, bras tatoués, mocassines aux pieds, chapelet ou collier de porcelaine à la main.

Il me reçut bien et me fit asseoir sur sa natte. Les jeunes gens s'emparèrent de mon fusil ; ils en démontèrent la batterie avec une adresse surprenante, et replacèrent les pièces avec la même dextérité : c'était un simple fusil de chasse à deux coups.

Le sachem parlait anglais et entendait le français : mon interprète savait l'iroquois, de sorte que la conversation fut facile. Entre autres choses le vieillard me dit que, quoique sa nation eût toujours été en guerre avec la mienne, elle l'avait toujours estimée. Il m'assura que les Sauvages ne cessaient de regretter les Français ; il se plaignit des Américains, qui bientôt ne laisseraient pas aux peuples dont les ancêtres les avaient reçus, assez de terre pour couvrir leurs os.

Je parlai au sachem de la détresse de la veuve indienne : il me dit qu'en effet cette femme était persécutée, qu'il avait plusieurs fois sollicité à son sujet les commissaires américains, mais qu'il n'en avait pu obtenir justice ; il ajouta qu'autrefois les Iroquois se la seraient faite.

Les femmes indiennes nous servirent un repas. L'hospitalité est la dernière vertu sauvage qui soit restée aux Indiens au milieu des vices de la civilisation européenne. On sait quelle était autrefois cette hospitalité : une fois reçu dans une cabane on devenait inviolable : le foyer avait la puissance de l'autel ; il vous rendait sacré. Le maître de ce foyer se fût fait tuer avant qu'on touchât à un seul cheveu de votre tête.

Lorsqu'une tribu chassée de ses bois, ou lorsqu'un homme venait demander l'hospitalité, l'étranger commençait ce qu'on appelait la danse du suppliant. Cette danse s'exécutait ainsi :

Le suppliant avançait quelques pas, puis s'arrêtait en regardant le supplié, et reculait ensuite jusqu'à sa première position. Alors les hôtes entonnaient le chant de l'étranger : « Voici l'étranger, voici l'envoyé du Grand-Esprit. » Après le chant, un enfant allait prendre la main de l'étranger pour le conduire à la cabane. Lorsque l'enfant touchait le seuil de la porte, il disait : « Voici l'étran« ger ! » et le chef de la cabane répondait : « Enfant, introduis l'homme dans « ma cabane. » L'étranger, entrant alors sous la protection de l'enfant, allait, comme chez les Grecs, s'asseoir sur la cendre du foyer. On lui présentait le calumet de paix ; il fumait trois fois, et les femmes disaient le chant de la consolation : « L'étranger a retrouvé une mère et une femme : le soleil se lèvera et « se couchera pour lui comme auparavant. »

On remplissait d'eau d'érable une coupe consacrée : c'était une calebasse ou un vase de pierre qui reposait ordinairement dans le coin de la cheminée, et sur lequel on mettait une couronne de fleurs. L'étranger buvait la moitié de l'eau, et passait la coupe à son hôte qui achevait de la vider.

Le lendemain de ma visite au chef des Onondagas je continuai mon voyage. Ce vieux chef s'était trouvé à la prise de Québec : Il avait assisté à la mort du général Wolf. Et moi, qui sortais de la hutte d'un Sauvage, j'étais nouvellement échappé du palais de Versailles, et je venais de m'asseoir à la table de Washington.

A mesure que nous avancions vers Niagara, la route, plus pénible, était à peine tracée par des abatis d'arbres : les troncs de ces arbres servaient de ponts sur les ruisseaux ou de fascines dans les fondrières. La population américaine se portait alors vers les concessions de Génésée. Les gouvernements des États-Unis vendaient ces concessions plus ou moins cher, selon la bonté du sol, la qualité des arbres, le cours et la multitude des eaux.

Les défrichements offraient un curieux mélange de l'état de nature et de l'état civilisé. Dans le coin d'un bois qui n'avait jamais retenti que des cris du Sauvage et des bruits de la bête fauve, on rencontrait une terre labourée; on apercevait du même point de vue la cabane d'un Indien et l'habitation d'un planteur. Quelques-unes de ces habitations, déjà achevées, rappelaient la propreté des fermes anglaises et hollandaises; d'autres n'étaient qu'à demi terminées, et n'avaient pour toit que le dôme d'une futaie.

J'étais reçu dans ces demeures d'un jour; j'y trouvais souvent une famille charmante, avec tous les agréments et toutes les élégances de l'Europe; des meubles d'acajou, un piano, des tapis, des glaces; tout cela à quatre pas de la hutte d'un Iroquois. Le soir, lorsque les serviteurs étaient revenus des bois ou des champs, avec la cognée ou la charrue, on ouvrait les fenêtres; les jeunes filles de mon hôte chantaient, en s'accompagnant sur le piano, la musique de Paësiello et de Cimarosa, à la vue du désert, et quelquefois au murmure lointain d'une cataracte.

Dans les terrains les meilleurs s'établissaient des bourgades. On ne peut se faire une idée du sentiment et du plaisir qu'on éprouve en voyant s'élancer la flèche d'un nouveau clocher du sein d'une vieille forêt américaine. Comme les mœurs anglaises suivent partout les Anglais, après avoir traversé des pays où il n'y avait pas trace d'habitants, j'apercevais l'enseigne d'une auberge qui pendait à une branche d'arbre sur le bord du chemin, et que balançait le vent de la solitude. Des chasseurs, des planteurs, des Indiens se rencontraient à ces caravansérails; mais la première fois que je m'y reposai je jurai bien que ce serait la dernière.

Un soir, en entrant dans ces singulières hôtelleries, je restai stupéfait à l'aspect d'un lit immense bâti en rond autour d'un poteau : chaque voyageur venait prendre sa place dans ce lit, les pieds au poteau du centre, la tête à la circonférence du cercle, de manière que les dormeurs étaient rangés symétriquement comme les rayons d'une roue ou les bâtons d'un éventail. Après quelque hésitation, je m'introduisis pourtant dans cette machine, parce que je n'y voyais personne. Je commençais à m'assoupir lorsque je sentis la jambe d'un homme qui se glissait le long de la mienne : c'était celle de mon grand diable de Hollandais qui s'étendait auprès de moi. Je n'ai jamais éprouvé une plus grande horreur de ma vie. Je sautai dehors de ce cabas hospitalier, maudissant cordialement les bons usages de nos bons aïeux. J'allai dormir dans mon manteau au clair de la lune : cette compagne de la couche du voyageur n'avait rien du moins que d'agréable, de frais et de pur.

Le manuscrit manque ici, ou plutôt ce qu'il contenait a été inséré dans mes autres ouvrages. Après plusieurs jours de marche, j'arrive à la rivière Génésée; je vois de l'autre côté de cette rivière la merveille du serpent à sonnettes attiré par le son d'une flûte (1); plus loin je rencontre une famille sauvage, et je passe la nuit avec cette famille à quelque distance de la chute du Niagara. On retrouve l'histoire de cette rencontre et la description de cette nuit, dans l'*Essai historique* et dans le *Génie du Christianisme*.

Les Sauvages du saut de Niagara, dans la dépendance des Anglais, étaient chargés de la garde de la frontière du Haut-Canada de ce côté. Ils vinrent au-devant de nous armés d'arcs et de flèches, et nous empêchèrent de passer.

Je fus obligé d'envoyer le Hollandais au fort Niagara chercher une permission du commandant pour entrer sur les terres de la domination britannique : cela me serrait un peu le cœur, car je songeais que la France avait jadis commandé dans ces contrées. Mon guide revint avec la permission : je la conserve encore; elle est signée : Le capitaine *Gordon*. N'est-il pas singulier que j'aie retrouvé le même nom anglais sur la porte de ma cellule à Jérusalem (2) ?

Je restai deux jours dans le village des Sauvages. Le manuscrit offre en cet endroit la minute d'une lettre que j'écrivais à l'un de mes amis en France. Voici cette lettre :

Lettre écrite de chez les Sauvages de Niagara.

Il faut que je vous raconte ce qui s'est passé hier matin chez mes hôtes. L'herbe était encore couverte de rosée; le vent sortait des forêts tout parfumé, les feuilles du mûrier sauvage étaient chargées des cocons d'une espèce de ver à soie, et les plantes à coton du pays, renversant leurs capsules épanouies, ressemblaient à des rosiers blancs.

Les Indiennes s'occupaient de divers ouvrages, réunies ensemble au pied d'un gros hêtre pourpre. Leurs plus petits enfants étaient suspendus dans des réseaux aux branches de l'arbre : la brise des bois berçait ces couches aériennes d'un mouvement presque insensible. Les mères se levaient de temps en temps pour voir si leurs enfants dormaient, et s'ils n'avaient point été réveillés par une multitude d'oiseaux qui chantaient et voltigeaient alentour. Cette scène était charmante.

Nous étions assis à part, l'interprète et moi, avec les guerriers, au nombre de sept; nous avions tous une grande pipe à la bouche; deux ou trois de ces Indiens parlaient anglais.

A quelque distance de jeunes garçons s'ébattaient : mais, au milieu de leurs jeux, en sautant, en courant, en lançant des balles, ils ne prononçaient pas un mot. On n'entendait point l'étourdissante criaillerie des enfants européens; ces jeunes Sauvages bondissaient comme des chevreuils, et ils étaient muets comme eux. Un grand garçon de sept ou huit ans, se détachant quelquefois de la troupe, venait téter sa mère, et retournait jouer avec ses camarades.

L'enfant n'est jamais sevré de force; après s'être nourri d'autres aliments, il épuise le sein de sa mère comme la coupe que l'on vide à la fin d'un banquet. Quand la nation entière meurt de faim, l'enfant trouve encore au sein maternel

(1) *Génie du Christianisme.* — (2) *Itinéraire.*

une source de vie. Cette coutume est peut-être une des causes qui empêchent les tribus américaines de s'accroître autant que les familles européennes.

Les pères ont parlé aux enfants et les enfants ont répondu aux pères. Je me suis fait rendre compte du colloque par mon Hollandais. Voici ce qui s'est passé :

Un Sauvage d'une trentaine d'années a appelé son fils, et l'a invité à sauter moins fort; l'enfant a répondu : *C'est raisonnable.* Et, sans faire ce que le père lui disait, il est retourné au jeu.

Le grand-père de l'enfant l'a appelé à son tour, et lui a dit : *Fais cela;* et le petit garçon s'est soumis. Ainsi l'enfant a désobéi à son père qui le *priait*, et a obéi à son aïeul qui lui *commandait*. Le père n'est presque rien pour l'enfant.

On n'inflige jamais une punition à celui-ci; il ne reconnaît que l'autorité de l'âge et celle de sa mère. Un crime réputé affreux et sans exemple parmi les Indiens est celui d'un fils rebelle à sa mère. Lorsqu'elle est devenue vieille il la nourrit.

A l'égard du père, tant qu'il est jeune, l'enfant le compte pour rien, mais lorsqu'il avance dans la vie, son fils l'honore, non comme père, mais comme vieillard, c'est-à-dire comme un homme de bons conseils et d'expérience.

Cette manière d'élever les enfants dans toute leur indépendance devrait les rendre sujets à l'humeur et aux caprices; cependant les enfants des Sauvages n'ont ni caprices ni humeur, parce qu'ils ne désirent que ce qu'ils savent pouvoir obtenir. S'il arrive à un enfant de pleurer pour quelque chose que sa mère n'a pas, on lui dit d'aller prendre cette chose où il l'a vue : or, comme il n'est pas le plus fort, et qu'il sent sa faiblesse, il oublie l'objet de sa convoitise. Si l'enfant sauvage n'obéit à personne, personne ne lui obéit : tout le secret de sa gaieté ou de sa raison est là.

Les enfants indiens ne se querellent point, ne se battent point : ils ne sont ni bruyants, ni tracassiers, ni hargneux; ils ont dans l'air je ne sais quoi de sérieux comme le bonheur, de noble comme l'indépendance.

Nous ne pourrions pas élever ainsi notre jeunesse; il nous faudrait commencer par nous défaire de nos vices; or, nous trouvons plus aisé de les ensevelir dans le cœur de nos enfants, prenant soin seulement d'empêcher ces vices de paraître au dehors.

Quand le jeune Indien sent naître en lui le goût de la pêche, de la chasse, de la guerre, de la politique, il étudie et imite les arts qu'il voit pratiquer à son père : il apprend alors à coudre un canot, à tresser un filet, à manier l'arc, le fusil, le casse-tête, la hache; à couper un arbre, à bâtir une hutte, à expliquer les *colliers.* Ce qui est un amusement pour le fils devient une autorité pour le père : le droit de la force et de l'intelligence de celui-ci est reconnu, et ce droit le conduit peu à peu au pouvoir du sachem.

Les filles jouissent de la même liberté que les garçons : elles font à peu près ce qu'elles veulent, mais elles restent davantage avec leurs mères, qui leur enseignent les travaux du ménage. Lorsqu'une jeune Indienne a mal agi, sa mère se contente de lui jeter des gouttes d'eau au visage, et de lui dire : *Tu me déshonores.* Ce reproche manque rarement son effet.

Nous sommes restés jusqu'à midi à la porte de la cabane; le soleil était devenu brûlant. Un de nos hôtes s'est avancé vers les petits garçons et leur a dit : *Enfants, le soleil vous mangera la tête; allez dormir.* Ils se sont tous écriés : *C'est juste.* Et pour toute marque d'obéissance ils ont continué de jouer, après être convenus que le soleil leur *mangerait* la tête.

Mais les femmes se sont levées, l'une montrant de la sagamité dans un vase de bois, l'autre un fruit favori, une troisième déroulant une natte pour se coucher : elles ont appelé la troupe obstinée, en joignant à chaque nom un mot de tendresse. A l'instant les enfants ont volé vers leurs mères comme une couvée d'oiseaux. Les femmes les ont saisis en riant, et chacune d'elles a emporté avec assez de peine son fils, qui mangeait dans les bras maternels ce qu'on venait de lui donner.

Adieu, je ne sais si cette lettre écrite du milieu des bois vous arrivera jamais.

Je me rendis du village des Indiens à la cataracte de Niagara. La description de cette cataracte, placée à la fin d'*Atala*, est trop connue pour la reproduire; d'ailleurs elle fait encore partie d'une note sur l'*Essai historique;* mais il y a dans cette même note quelques détails si intimement liés à l'histoire de mon voyage, que je crois devoir les répéter ici.

A la cataracte de Niagara, l'échelle indienne qui s'y trouvait jadis étant rompue, je voulus, en dépit des représentations de mon guide, me rendre au bas de la chute par un rocher à pic d'environ deux cents pieds de hauteur. Je m'aventurai dans la descente. Malgré les rugissements de la cataracte et l'abîme effrayant qui bouillonnait au-dessous de moi, je conservai ma tête, et parvins à une quarantaine de pieds du fond. Mais ici le rocher lisse et vertical n'offrait plus ni racines ni fentes où pouvoir reposer mes pieds. Je demeurai suspendu par la main à toute ma longueur, ne pouvant ni remonter ni descendre, sentant mes doigts s'ouvrir peu à peu de lassitude sous le poids de mon corps, et voyant la mort inévitable. Il y a peu d'hommes qui aient passé dans leur vie deux minutes comme je les comptai alors, suspendu sur le gouffre de Niagara. Enfin mes mains s'ouvrirent et je tombai. Par le bonheur le plus inouï je me trouvai sur le roc vif, où j'aurais dû me briser cent fois, et cependant je ne me sentais pas grand mal; j'étais à un demi-pouce de l'abîme, et je n'y avais pas roulé; mais lorsque le froid de l'eau commença à me pénétrer, je m'aperçus que je n'en étais pas quitte à aussi bon marché que je l'avais cru d'abord. Je sentis une douleur insupportable au bras gauche; je l'avais cassé au-dessus du coude. Mon guide, qui me regardait d'en haut, et auquel je fis signe, courut chercher quelques Sauvages, qui, avec beaucoup de peine, me remontèrent avec des cordes de bouleau et me transportèrent chez eux.

Ce ne fut pas le seul risque que je courus à Niagara. En arrivant, je m'étais rendu à la chute, tenant la bride de mon cheval entortillée à mon bras. Tandis que je me penchais pour regarder en bas, un serpent à sonnettes remua dans les buissons voisins; le cheval s'effraie, recule en se cabrant et en approchant du gouffre. Je ne puis dégager mon bras des rênes, et le cheval, toujours plus effarouché, m'entraîne après lui. Déjà ses pieds de devant quittaient la terre, et, accroupi sur le bord de l'abîme, il ne s'y tenait plus que par force de reins. C'en était fait de moi, lorsque l'animal, étonné lui-même du nouveau péril, fait un nouvel effort, s'abat en dedans par une pirouette, et s'élance à dix pieds loin du bord (1).

Je n'avais qu'une fracture simple au bras : deux lattes, un bandage et une écharpe suffirent à ma guérison. Mon Hollandais ne voulut pas aller plus loin. Je le payai, et il retourna chez lui. Je fis un nouveau marché avec des Canadiens de Niagara, qui avaient une partie de leur famille à Saint-Louis des Illinois, sur le Mississipi.

Le manuscrit présente maintenant un aperçu général des lacs du Canada.

LACS DU CANADA.

Le trop plein des eaux du lac Érié se décharge dans le lac Ontario, après avoir formé la cataracte de Niagara. Les Indiens trouvaient autour du lac Ontario le baume blanc dans le baumier; le sucre dans l'érable, le noyer et le merisier; la teinture rouge dans l'écorce de la perousse; le toit de leurs chaumières dans l'écorce du bois blanc : ils trouvaient le vinaigre dans les grappes rouges du vinaigrier, le miel et le coton dans les fleurs de l'asperge sauvage; l'huile pour les cheveux dans le tournesol, et une panacée pour les blessures dans la *plante universelle*. Les Européens ont remplacé ces bienfaits de la nature par les productions de l'art : les Sauvages ont disparu.

Le lac Érié a plus de cent lieues de circonférence. Les nations qui peuplaient ses bords furent exterminées par les Iroquois il y a deux siècles; quelques hordes errantes infestèrent ensuite des lieux où l'on n'osait s'arrêter.

C'est une chose effrayante que de voir les Indiens s'aventurer dans des nacelles d'écorce sur ce lac où les tempêtes sont terribles. Ils suspendent leurs manitous à la poupe des canots, et s'élancent au milieu des tourbillons de neige, entre les vagues soulevées. Ces vagues, de niveau avec l'orifice des canots, ou les surmontant, semblent les aller engloutir. Les chiens des chasseurs, les pattes appuyées sur le bord, poussent des cris lamentables, tandis que leurs maîtres, gardant un profond silence, frappent les flots en mesure avec leurs pagaies. Les canots s'avancent à la file : à la proue du premier se tient debout un chef qui répète le monosyllabe oah, la première voyelle sur une note élevée et courte, la seconde sur une note sourde et longue; dans le dernier canot est encore un chef debout, manœuvrant une grande rame en forme de gouvernail. Les autres guerriers sont assis, les jambes croisées, au fond des canots : à travers le brouillard, la neige et les vagues, on n'aperçoit que les plumes dont la tête de ces Indiens est ornée, le cou allongé des dogues hurlant, et les épaules des deux sachems, pilote et augure : on dirait des dieux de ces eaux.

Le lac Érié est encore fameux par ses serpents. A l'ouest de ce lac, depuis les îles aux Couleuvres jusqu'aux rivages du continent, dans un espace de plus

(1) *Essai historique.*

de vingt milles, s'étendent de larges nénuphars : en été les feuilles de ces plantes sont couvertes de serpents entrelacés les uns aux autres. Lorsque les reptiles viennent à se mouvoir au rayon du soleil, on voit rouler leurs anneaux d'azur, de pourpre, d'or et d'ébène ; on ne distingue dans ces horribles nœuds, doublement, triplement formés, que des yeux étincelants, des langues à triple dard, des gueules de feu, des queues armées d'aiguillons ou de sonnettes, qui s'agitent en l'air comme des fouets. Un sifflement continuel, un bruit semblable au froissement des feuilles mortes dans une forêt, sortent de cet impur Cocyte.

Le détroit qui ouvre le passage du lac Huron au lac Érié tire sa renommée de ses ombrages et de ses prairies. Le lac Huron abonde en poisson ; on y pêche l'artikamègue et des truites qui pèsent deux cents livres. L'île de Matimoulin était fameuse ; elle renfermait le reste de la nation des Ontawais, que les Indiens faisaient descendre du grand Castor. On a remarqué que l'eau du lac Huron, ainsi que celle du lac Michigan, croît pendant sept mois et diminue dans la même proportion pendant sept autres. Tous ces lacs ont un flux et reflux plus ou moins sensibles.

Le lac Supérieur occupe un espace de plus de 4 degrés entre le 46ᵉ et le 50ᵉ de latitude nord, et non moins de 8 degrés entre le 87ᵉ et le 95ᵉ de longitude ouest, méridien de Paris ; c'est-à-dire que cette mer intérieure a cent lieues de large et environ deux cents de long, donnant une circonférence d'à peu près six cents lieues.

Quarante rivières réunissent leurs eaux dans cet immense bassin ; deux d'entre elles, l'Allinipigon et le Michipicroton, sont deux fleuves considérables ; le dernier prend sa source dans les environs de la baie d'Hudson.

Des îles ornent le lac, entre autres l'île Maurepas, sur la côte septentrionale ; l'île Pontchartrain, sur la rive orientale ; l'île Minong, vers la partie méridionale ; et l'île du Grand-Esprit, ou des Ames, à l'occident : celle-ci pourrait former le territoire d'un État en Europe ; elle mesure trente-cinq lieues de long et vingt de large.

Les caps remarquables du lac sont : la pointe Kioucounan, espèce d'isthme s'allongeant de deux lieues dans les flots ; le cap Minabeaujou, semblable à un phare ; le cap de Tonnerre, près de l'anse du même nom, et le cap Rochedebout, qui s'élève perpendiculairement sur les grèves comme un obélisque brisé.

Le rivage méridional du lac Supérieur est bas, sablonneux, sans abri ; les côtes septentrionales et orientales sont au contraire montagneuses, et présentent une succession de rochers taillés à pic. Le lac lui-même est creusé dans le roc. A travers son onde, verte et transparente, l'œil découvre à plus de trente et quarante pieds de profondeur des masses de granit de différentes formes, et dont quelques-unes paraissent comme nouvellement sciées par la main de l'ouvrier. Lorsque le voyageur, laissant dériver son canot, regarde, penché sur le bord, la crête de ces montagnes sous-marines, il ne peut jouir longtemps de ce spectacle ; ses yeux se troublent, et il éprouve des vertiges.

Frappée de l'étendue de ce réservoir des eaux, l'imagination s'accroît avec l'espace : selon l'instinct commun de tous les hommes, les Indiens ont attribué la formation de cet immense bassin à la même puissance qui arrondit la voûte du firmament; ils ont ajouté à l'admiration qu'inspire la vue du lac Supérieur la solennité des idées religieuses.

Ces Sauvages ont été entraînés à faire de ce lac l'objet principal de leur culte, par l'air de mystère que la nature s'est plu à attacher à l'un de ses plus grands ouvrages. Le lac Supérieur a un flux et un reflux irréguliers : ses eaux, dans les plus grandes chaleurs de l'été, sont froides comme la neige à un demi-pied au-dessous de leur surface; ces mêmes eaux gèlent rarement dans les hivers rigoureux de ces climats, alors même que la mer est gelée.

Les productions de la terre autour du lac varient selon les différents sols : sur la côte orientale on ne voit que des forêts d'érables rachitiques et déjetés qui croissent presque horizontalement dans du sable; au nord, partout où le roc vif laisse à la végétation quelque gorge, quelques revers de vallée, on aperçoit des buissons de groseilliers sans épines, et des guirlandes d'une espèce de vigne qui porte un fruit semblable à la framboise, mais d'un rose plus pâle. Çà et là s'élèvent des pins isolés.

Parmi le grand nombre de sites que présentent ces solitudes, deux se font particulièrement remarquer.

En entrant dans le lac Supérieur par le détroit de Sainte-Marie, on voit à gauche des îles qui se courbent en demi-cercle, et qui, toutes plantées d'arbres à fleurs, ressemblent à des bouquets dont le pied trempe dans l'eau; à droite, les caps du continent s'avancent dans les vagues : les uns sont enveloppés d'une pelouse qui marie sa verdure au double azur du ciel et de l'onde; les autres, composés d'un sable rouge et blanc, ressemblent, sur le fond du lac bleuâtre, à des rayons d'ouvrages de marqueterie. Entre ces caps longs et nus s'entre-mêlent de gros promontoires revêtus de bois qui se répètent invertis dans le cristal au-dessous. Quelquefois aussi les arbres serrés forment un épais rideau sur la côte, et quelquefois clair-semés, ils bordent la terre comme des avenues; alors leurs troncs écartés ouvrent des points d'optique miraculeux. Les plantes, les rochers, les couleurs, diminuent de proportion ou changent de teinte à mesure que le paysage s'éloigne ou se rapproche de la vue.

Ces îles au midi et ces promontoires à l'orient, s'inclinant par l'occident les uns sur les autres, forment et embrassent une vaste rade, tranquille quand l'orage bouleverse les autres régions du lac. Là se jouent des milliers de poissons et d'oiseaux aquatiques; le canard noir du Labrador se perche sur la pointe d'un brisant; les vagues environnent ce solitaire en deuil des festons de leur blanche écume; des plongeons disparaissent, se montrent de nouveau, disparaissent encore; l'oiseau des lacs plane à la surface des flots, et le martin-pêcheur agite rapidement ses ailes d'azur pour fasciner sa proie.

Par delà les îles et les promontoires enfermant cette rade au débouché du détroit de Sainte-Marie, l'œil découvre les plaines fluides et sans bornes du lac. Les surfaces mobiles de ces plaines s'élèvent et se perdent graduellement dans l'étendue; du vert d'émeraude elles passent au bleu pâle, puis à l'outremer, puis à l'indigo. Chaque teinte se fondant l'une dans l'autre, la dernière se termine à l'horizon, où elle se joint au ciel par une barre d'un sombre azur.

Ce site, sur le lac même, est proprement un site d'été; il faut en jouir lorsque la nature est calme et riante : le second paysage est au contraire un paysage d'hiver; il demande une saison orageuse et dépouillée.

Près de la rivière Allinipigon s'élève une roche énorme et isolée qui domine le lac. A l'occident se déploie une chaîne de rochers, les uns couchés, les autres plantés dans le sol, ceux-ci perçant l'air de leurs picsari des, ceux-là, de leurs sommets arrondis; leurs flancs verts, rouges et noirs, retiennent la neige dans leurs crevasses, et mêlent ainsi l'albâtre à la couleur des granits et des porphyres.

Là croissent quelques-uns de ces arbres de forme pyramidale que la nature entremêle à ses grandes architectures et à ses grandes ruines, comme les colonnes de ses édifices debout ou tombés : le pin se dresse sur les plinthes des rochers, et des herbes hérissées de glaçons pendent tristement de leurs corniches; on croirait voir les débris d'une cité dans les déserts de l'Asie, pompeux monuments, qui, avant leur chute, dominaient les bois, et qui portent maintenant des forêts sur leurs combles écroulés.

Derrière la chaîne de rochers que je viens de décrire se creuse comme un sillon une étroite vallée : la rivière du Tombeau passe au milieu. Cette vallée n'offre en été qu'une mousse flasque et jaune; des rayons de fongus, au chapeau de diverses couleurs, dessinent les interstices des rochers. En hiver, dans cette solitude remplie de neige, le chasseur ne peut découvrir les oiseaux et les quadrupèdes peints de la blancheur des frimas que par les becs colorés des premiers, les museaux noirs et les yeux sanglants des seconds. Au bout de la vallée, et loin par delà, on aperçoit la cime des montagnes hyperboréennes où Dieu a placé la source des quatre plus grands fleuves de l'Amérique septentrionale. Nés dans le même berceau, ils vont, après un cours de douze cents lieues, se mêler, aux quatre points de l'horizon, à quatre océans : le Mississipi se perd, au midi, dans le golfe Mexicain; le Saint Laurent se jette, au levant, dans l'Atlantique; l'Ontawais se précipite, au nord, dans les mers du Pôle, et le fleuve de l'Ouest porte au couchant le tribut de ses ondes à l'océan de Nontouka(1).

Après cet aperçu des lacs vient un commencement de journal qui ne porte que l'indication des heures.

JOURNAL SANS DATE.

Le ciel est pur sur ma tête, l'onde, limpide sous mon canot, qui fuit devant une légère brise. A ma gauche sont des collines taillées à pic et flanquées de rochers d'où pendent des convolvulus à fleurs blanches et bleues, des festons de bignonias, des longs graminées, des plantes saxatiles de toutes les couleurs; à ma droite règnent de vastes prairies. A mesure que le canot avance, s'ouvrent de nouvelles scènes et de nouveaux points de vue : tantôt ce sont des vallées solitaires et riantes, tantôt des collines nues; ici c'est une forêt de cyprès dont on aperçoit les portiques sombres; là c'est un bois léger d'érables, où le soleil se joue comme à travers une dentelle.

(1) C'était la géographie erronée du temps; elle n'est plus la même aujourd'hui.

Liberté primitive, je te retrouve enfin ! Je passe comme cet oiseau qui vole devant moi, qui se dirige au hasard, et n'est embarrassé que du choix des ombrages. Me voilà tel que le Tout-Puissant m'a créé, souverain de la nature, porté triomphant sur les eaux, tandis que les habitants des fleuves accompagnent ma course, que les peuples de l'air me chantent leurs hymnes, que les bêtes de la terre me saluent, que les forêts courbent leur cime sur mon passage. Est-ce sur le front de l'homme de la société, ou sur le mien, qu'est gravé le sceau immortel de notre origine? Courez vous enfermer dans vos cités, allez vous soumettre à vos petites lois; gagnez votre pain à la sueur de votre front, ou dévorez le pain du pauvre; égorgez-vous pour un mot, pour un maître; doutez de l'existence de Dieu, ou adorez-le sous des formes superstitieuses : moi j'irai errant dans mes solitudes; pas un seul battement de mon cœur ne sera comprimé, pas une seule de mes pensées ne sera enchaînée; je serai libre comme la nature; je ne reconnaîtrai de Souverain que celui qui alluma la flamme des soleils, et qui d'un seul coup de sa main fit rouler tous les mondes (1).

Sept heures du soir.

Nous avons traversé la fourche de la rivière et suivi la branche du sud-est. Nous cherchions le long du canal une anse où nous puissions débarquer. Nous sommes entrés dans une crique qui s'enfonce sous un promontoire chargé d'un bocage de tulipiers. Ayant tiré notre canot à terre, les uns ont amassé des branches sèches pour notre feu, les autres ont préparé l'ajoupa. J'ai pris mon fusil et je me suis enfoncé dans le bois voisin.

Je n'y avais pas fait cent pas que j'ai aperçu un troupeau de dindes occupées à manger des baies de fougères et des fruits d'aliziers. Ces oiseaux diffèrent assez de ceux de leur race naturalisés en Europe : ils sont plus gros; leur plumage est couleur d'ardoise, glacé sur le cou, sur le dos, et à l'extrémité des ailes d'un rouge de cuivre; selon les reflets de la lumière, ce plumage brille comme de l'or bruni. Ces dindes sauvages s'assemblent souvent en grandes troupes. Le soir elles se perchent sur les cimes des arbres les plus élevés. Le matin elles font entendre du haut de ces arbres leur cri répété; un peu après le lever du soleil leurs clameurs cessent, et elles descendent dans les forêts.

Nous nous sommes levés de grand matin pour partir à la fraîcheur; les bagages ont été rembarqués; nous avons déroulé notre voile. Des deux côtés nous avions de hautes terres chargées de forêts : le feuillage offrait toutes les nuances imaginables : l'écarlate fuyant sur le rouge, le jaune foncé sur l'or brillant, le brun ardent sur le brun léger, le vert, le blanc, l'azur, lavés en mille teintes plus ou moins faibles, plus ou moins éclatantes. Près de nous c'était toute la variété du prisme; loin de nous, dans les détours de la vallée, les couleurs se mêlaient et se perdaient dans des fonds veloutés. Les arbres harmoniaient ensemble leurs formes; les uns se déployaient en éventail, d'autres s'élevaient en cône, d'autres s'arrondissaient en boule, d'autres étaient taillés en pyramide :

(1) Je laisse toutes ces choses de la jeunesse : on voudra bien les pardonner.

mais il faut se contenter de jouir de ce spectacle sans chercher à le décrire.

Dix heures du matin.

Nous avançons lentement. La brise a cessé, et le canal commence à devenir étroit : le temps se couvre de nuages.

Midi.

Il est impossible de remonter plus haut un canot ; il faut maintenant changer notre manière de voyager, nous allons tirer notre canot à terre, prendre nos provisions, nos armes, nos fourrures pour la nuit, et pénétrer dans les bois.

Trois heures.

Qui dira le sentiment qu'on éprouve en entrant dans ces forêts aussi vieilles que le monde, et qui seules donnent une idée de la création telle qu'elle sortit des mains de Dieu? Le jour, tombant d'en haut à travers un voile de feuillage, répand dans la profondeur du bois une demi-lumière changeante et mobile, qui donne aux objets une grandeur fantastique. Partout il faut franchir des arbres abattus, sur lesquels s'élèvent d'autres générations d'arbres. Je cherche en vain une issue dans ces solitudes ; trompé par un jour plus vif, j'avance à travers les herbes, les orties, les mousses, les lianes, et l'épais humus composé des débris des végétaux ; mais je n'arrive qu'à une clairière formée par quelques pins tombés. Bientôt la forêt redevient plus sombre ; l'œil n'aperçoit que des troncs de chênes et de noyers qui se succèdent les uns les autres, et qui semblent se serrer en s'éloignant : l'idée de l'infini se présente à moi.

Six heures.

J'avais entrevu de nouveau une clarté, et j'avais marché vers elle. Me voilà au point de lumière : triste champ plus mélancolique que les forêts qui l'environnent ! Ce champ est un ancien cimetière indien. Que je me repose un instant dans cette double solitude de la mort et de la nature : est-il un asile où j'aimasse mieux dormir pour toujours ?

Sept heures.

Ne pouvant sortir de ces bois, nous y avons campé. La réverbération de notre bûcher s'étend au loin : éclairé en dessous par la lueur scarlatine, le feuillage paraît ensanglanté, les troncs des arbres les plus proches s'élèvent comme des colonnes de granit rouge, mais les plus distants, atteints à peine de la lumière, ressemblent, dans l'enfoncement du bois, à de pâles fantômes rangés en cercle au bord d'une nuit profonde.

Minuit.

Le feu commence à s'éteindre ; le cercle de sa lumière se rétrécit. J'écoute :

un calme formidable pèse sur ces forêts; on dirait que des silences succèdent à des silences. Je cherche vainement à entendre dans un tombeau universel quelque bruit qui décèle la vie. D'où vient ce soupir? d'un de mes compagnons : il se plaint, bien qu'il sommeille. Tu vis, donc tu souffres : voilà l'homme.

Minuit et demi.

Le repos continue; mais l'arbre décrépit se rompt : il tombe. Les forêts mugissent; mille voix s'élèvent. Bientôt les bruits s'affaiblissent; ils meurent dans des lointains presque imaginaires : le silence envahit de nouveau le désert.

Une heure du matin.

Voici le vent; il court sur la cime des arbres : il les secoue en passant sur ma tête. Maintenant c'est comme le flot de la mer qui se brise tristement sur le rivage.

Les bruits ont réveillé les bruits. La forêt est tout harmonie. Est-ce les sons graves de l'orgue que j'entends, tandis que des sons plus légers errent dans les voûtes de verdure? Un court silence succède; la musique aérienne recommence, partout de douces plaintes, des murmures qui renferment en eux-mêmes d'autres murmures; chaque feuille parle un différent langage, chaque brin d'herbe rend une note particulière.

Une voix extraordinaire retentit : c'est celle de cette grenouille qui imite les mugissements du taureau. De toutes les parties de la forêt les chauves-souris accrochées aux feuilles élèvent leurs chants monotones : on croit ouïr des glas continus, ou le tintement funèbre d'une cloche. Tout nous ramène à quelque idée de la mort, parce que cette idée est au fond de la vie.

Dix heures du matin.

Nous avons repris notre course : descendus dans un vallon inondé, des branches de chêne-saule étendues d'une racine de jonc à une autre racine nous ont servi de pont pour traverser le marais. Nous préparons notre dîner au pied d'une colline couverte de bois, que nous escaladerons bientôt pour découvrir la rivière que nous cherchons.

Une heure.

Nous nous sommes remis en marche; les gelinottes nous promettent pour ce soir un bon souper.

Le chemin s'escarpe, les arbres deviennent rares; une bruyère glissante couvre le flanc de la montagne.

Six heures.

Nous voilà au sommet : au-dessous de nous on n'aperçoit que la cime des arbres. Quelques rochers isolés sortent de cette mer de verdure, comme des écueils élevés au-dessus de la surface de l'eau. La carcasse d'un chien, suspendue à une branche de sapin, annonce le sacrifice indien offert au génie de ce désert. Un torrent se précipite à nos pieds, et va se perdre dans une petite rivière.

Quatre heures du matin.

La nuit a été paisible. Nous nous sommes décidés à retourner à notre bateau, parce que nous étions sans espérance de trouver un chemin dans ces bois.

Neuf heures.

Nous avons déjeuné sous un vieux saule tout couvert de convolvulus, et rongé par de larges potirons. Sans les maringouins, ce lieu serait fort agréable : il a fallu faire une grande fumée de bois vert pour chasser nos ennemis. Les guides ont annoncé la visite de quelques voyageurs qui pouvaient être encore à deux heures de marche de l'endroit où nous étions. Cette finesse de l'ouïe tient du prodige : il y a tel Indien qui entend les pas d'un autre Indien à quatre et cinq heures de distance, en mettant l'oreille à terre. Nous avons vu arriver en effet au bout de deux heures une famille sauvage ; elle a poussé le cri de bienvenue : nous y avons répondu joyeusement.

Midi.

Nos hôtes nous ont appris qu'ils nous entendaient depuis deux jours; qu'ils savaient que nous étions des *chairs blanches*, le bruit que nous faisions en marchant étant plus considérable que le bruit fait par les chairs rouges. J'ai demandé la cause de cette différence; on m'a répondu que cela tenait à la manière de rompre les branches et de se frayer un chemin. Le blanc révèle aussi sa race à la pesanteur de son pas; le bruit qu'il produit n'augmente pas progressivement : l'Européen tourne dans les bois; l'Indien marche en ligne droite.

La famille indienne est composée de deux femmes, d'un enfant et de trois hommes. Revenus ensemble au bateau, nous avons fait un grand feu au bord de la rivière. Une bienveillance mutuelle règne parmi nous : les femmes ont apprêté notre souper, composé de truites saumonées et d'une grosse dinde. Nous autres *guerriers*, nous fumons et devisons ensemble. Demain nos hôtes nous aideront à porter notre canot à un fleuve qui n'est qu'à cinq milles du lieu où nous sommes.

Le journal finit ici. Une page détachée qui se trouve à la suite nous transporte au milieu des Apalaches. Voici cette page :

Ces montagnes ne sont pas, comme les Alpes et les Pyrénées, des monts entassés régulièrement les uns sur les autres, élevant au-dessus des nuages leurs sommets couverts de neige. A l'ouest et au nord, elles ressemblent à des murs perpendiculaires de quelques mille pieds, du haut desquels se précipitent les fleuves qui tombent dans l'Ohio et le Mississipi. Dans cette espèce de grande fracture, on aperçoit des sentiers qui serpentent au milieu des précipices avec les torrents. Ces sentiers et ces torrents sont bordés d'une espèce de pin dont la cime est couleur de vert de mer, et dont le tronc presque lilas est marqué de taches obscures produites par une mousse rase et noire.

Mais du côté du sud et de l'est, les Apalaches ne peuvent presque plus porter le nom de montagnes : leurs sommets s'abaissent graduellement jusqu'au sol qui borde l'Atlantique; elles versent sur ce sol d'autres fleuves qui fécondent des forêts de chênes-verts, d'érables, de noyers, de mûriers, de marronniers, de pins, de sapins, de copalmes, de magnolias, et de mille espèces d'arbustes à fleurs.

Après ce court fragment vient un morceau assez étendu sur le cours de l'Ohio et du Mississipi, depuis Pittsbourg jusqu'aux Natchez. Le récit s'ouvre par la description des monuments de l'Ohio. Le *Génie du Christianisme* a un passage et une note sur ces monuments; mais ce que j'ai écrit dans ce passage et dans cette note diffère en beaucoup de points de ce que je dis ici (1).

Représentez-vous des restes de fortifications ou de monuments, occupant une étendue immense. Quatre espèces d'ouvrages s'y font remarquer : des bastions carrés, des lunes, des demi-lunes et des *tumuli*. Les bastions, les lunes et demi-lunes sont réguliers ; les fossés, larges et profonds ; les retranchements faits de terre avec des parapets à plan incliné : mais les angles des glacis correspondent à ceux des fossés, et ne s'inscrivent pas comme le parallélogramme dans le polygone.

Les *tumuli* sont des tombeaux de forme circulaire. On a ouvert quelques-uns de ces tombeaux; on a trouvé au fond un cercueil formé de quatre pierres, dans lequel il y avait des ossements humains. Ce cercueil était surmonté d'un autre cercueil contenant un autre squelette, et ainsi de suite jusqu'au haut de la pyramide, qui peut avoir de vingt à trente pieds d'élévation.

Ces constructions ne peuvent être l'ouvrage des nations actuelles de l'Amérique; les peuples qui les ont élevées devaient avoir une connaissance des arts, supérieure même à celle des Mexicains et des Péruviens.

Faut-il attribuer ces ouvrages aux Européens modernes? Je ne trouve que Ferdinand de Soto qui ait pénétré anciennement dans les Florides, et il ne s'est jamais avancé au delà d'un village de Chicassas, sur une des branches de

(1) Depuis l'époque où j'écrivais cette Dissertation, des hommes savants et des Sociétés archéologiques américaines ont publié des *Mémoires sur les ruines de l'Ohio*. Ils sont curieux sous deux rapports :

1° Ils rappellent les traditions des tribus indiennes ; ces tribus indiennes disent toutes qu'elles sont venues de l'ouest aux rivages de l'Atlantique, un siècle ou deux (autant qu'on en peut juger) avant la découverte de l'Amérique par les Européens ; qu'elles eurent dans leurs longues marches beaucoup de peuples à combattre, particulièrement sur les rives de l'Ohio, etc.

2° Les *Mémoires* des savants américains mentionnent la découverte de quelques idoles trouvées dans des tombeaux, lesquelles idoles ont un caractère purement asiatique. Il est très-certain qu'un peuple beaucoup plus civilisé que les Sauvages actuels de l'Amérique a fleuri dans la vallée de l'Ohio et du Mississipi. Quand et comment a-t-il péri? C'est ce qu'on ne saura peut-être jamais. Ces *Mémoires* dont je parle sont peu connus, et méritent de l'être. On les trouve dans le journal intitulé : *Nouvelles Annales des Voyages.*

la Mobile : d'ailleurs, avec une poignée d'Espagnols, comment aurait-il remué toute cette terre et à quel dessein?

Sont-ce les Carthaginois ou les Phéniciens qui jadis, dans leur commerce autour de l'Afrique et aux îles Cassitérides, ont été poussés aux régions américaines? Mais avant de pénétrer plus avant dans l'ouest, ils ont dû s'établir sur les côtes de l'Atlantique : pourquoi alors ne trouve-t-on pas la moindre trace de leur passage dans la Virginie, les Géorgies et les Florides? Ni les Phéniciens ni les Carthaginois n'enterraient leurs morts comme sont enterrés les morts des fortifications de l'Ohio. Les Égyptiens faisaient quelque chose de semblable; mais les momies étaient embaumées; et celles des tombes américaines ne le sont pas; on ne saurait dire que les ingrédients manquaient : les gommes, les résines, les camphres, les sels, sont ici de toutes parts.

L'Atlantide de Platon aurait-elle existé? l'Afrique, dans les siècles inconnus, tenait-elle à l'Amérique? Quoi qu'il en soit, une nation ignorée, une nation supérieure aux générations indiennes de ce moment, a passé dans ces déserts. Quelle était cette nation? Quelle révolution l'a détruite? Quand cet événement est-il arrivé? Questions qui nous jettent dans cette immensité du passé, où les siècles s'abîment comme des songes.

Les ouvrages dont je parle se trouvent à l'embouchure du grand Miamis, à celle de Muskingum, à la *Crique du Tombeau*, et sur une des branches du Scioto : ceux qui bordent cette rivière occupent un espace de plus de deux heures de marche en descendant vers l'Ohio. Dans le Kentucky, le long du Tennessé, chez les Siminoles, vous ne pouvez faire un pas sans apercevoir quelques vestiges de ces monuments.

Les Indiens s'accordent à dire que quand leurs pères vinrent de l'ouest, ils trouvèrent les ouvrages de l'Ohio tels qu'on les voit aujourd'hui. Mais la date de cette migration des Indiens d'occident en orient varie selon les nations. Les Chicassas, par exemple, arrivèrent dans les forts qui couvrent les fortifications il n'y a guère plus de deux siècles : ils mirent sept ans à accomplir leur voyage, ne marchant qu'une fois chaque année, et emmenant des chevaux dérobés aux Espagnols, devant lesquels ils se retiraient.

Une autre tradition veut que les ouvrages de l'Ohio aient été élevés par les Indiens *blancs*. Ces Indiens *blancs*, selon les Indiens *rouges*, devaient être venus de l'orient; et lorsqu'ils quittèrent le lac sans rivages (la mer), ils étaient vêtus comme les chairs blanches d'aujourd'hui.

Sur cette faible tradition, on a raconté que vers l'an 1170, Ogan, prince du pays de Galles, ou son fils Madoc, s'embarqua avec un grand nombre de ses sujets (1), et qu'il aborda à des pays inconnus, vers l'occident. Mais est-il possible d'imaginer que les descendants de ce Gallois aient pu construire les ouvrages de l'Ohio, et qu'en même temps, ayant perdu tous les arts, ils se soient trouvés réduits à une poignée de guerriers errants dans les bois comme les autres Indiens?

On a aussi prétendu qu'aux sources du Missouri, des peuples nombreux et

---

(1) C'est une altération des traditions islandaises et des poétiques histoires des Saggas.

civilisés vivent dans des enceintes militaires pareilles à celles des bords de l'Ohio : que ces peuples se servent de chevaux et d'autres animaux domestiques ; qu'ils ont des villes, des chemins publics, qu'ils sont gouvernés par des rois (1).

La tradition religieuse des Indiens sur les monuments de leurs déserts n'est pas conforme à leur tradition historique. Il y a, disent-ils, au milieu de ces ouvrages une caverne ; cette caverne est celle du Grand-Esprit. Le Grand-Esprit créa les Chicassas dans cette caverne. Le pays était alors couvert d'eau ; ce que voyant le Grand-Esprit, il bâtit des murs de terre pour mettre sécher dessus les Chicassas.

Passons à la description du cours de l'Ohio. L'Ohio est formé par la réunion de la Monongahela et de l'Alleghany : la première rivière prenant sa source au sud, dans les montagnes Bleues ou les Apalaches ; la seconde, dans une autre chaîne de ces montagnes au nord, entre le lac Érié et le lac Ontario : au moyen d'un court portage, l'Alleghany communique avec le premier lac. Les deux rivières se joignent au-dessous du fort, jadis appelé le fort Duquesne, aujourd'hui le fort Pitt, ou Pittsbourg : leur confluent est au pied d'une haute colline de charbon de terre ; en mêlant leurs ondes, elles perdent leurs noms, et ne sont plus connues que sous celui de l'Ohio, qui signifie, et à bon droit, *belle rivière*.

Plus de soixante rivières apportent leurs richesses à ce fleuve ; celles dont le cours vient de l'est et du midi sortent des hauteurs qui divisent les eaux tributaires de l'Atlantique, des eaux descendantes à l'Ohio et au Mississipi ; celles qui naissent à l'ouest et au nord, découlent des collines dont le double versant nourrit les lacs du Canada et alimente le Mississipi et l'Ohio.

L'espace où roule ce dernier fleuve offre dans son ensemble un large vallon bordé de collines d'égales hauteurs ; mais, dans les détails, à mesure que l'on voyage avec les eaux, ce n'est plus cela.

Rien d'aussi fécond que les terres arrosées par l'Ohio : elles produisent sur les coteaux des forêts de pins rouges, des bois de lauriers, de myrtes, d'érables à sucre, de chênes de quatre espèces : les vallées donnent le noyer, l'alizier, le frêne, le tupelo ; les marais portent le bouleau, le tremble, le peuplier et le cyprès chauve. Les Indiens font des étoffes avec l'écorce du peuplier ; ils mangent la seconde écorce du bouleau ; ils emploient la sève de la bourgène pour guérir la fièvre et pour chasser les serpents ; le chêne leur fournit des flèches ; le frêne, des canots.

Les herbes et les plantes sont très-variées ; mais celles qui couvrent toutes les campagnes sont : l'herbe à buffle, de sept à huit pieds de haut ; l'herbe à trois feuilles, la folle-avoine ou le riz sauvage, et l'indigo.

Sous un sol partout fertile, à cinq ou six pieds de profondeur, on rencontre

---

(1) Aujourd'hui les sources du Missouri sont connues : on n'a rencontré dans ces régions que des Sauvages. Il faut pareillement reléguer parmi les fables cette histoire d'un temple où on aurait trouvé une Bible, laquelle Bible ne pouvait être lue par des Indiens *blancs*, possesseurs du temple, et qui avaient perdu l'usage de l'écriture. Au reste, la colonisation des Russes au nord-ouest de l'Amérique aurait bien pu donner naissance à ces bruits d'un peuple blanc établi vers les sources du Missouri.

généralement un lit de pierre blanche, base d'un excellent humus; cependant en approchant du Mississipi, on trouve d'abord à la surface du sol une terre forte et noire, ensuite une couche de craie de diverses couleurs, et puis des bois entiers de cyprès chauves, engloutis dans la vase.

Sur le bord du Chanon, à deux cents pieds au-dessous de l'eau, on prétend avoir vu des caractères tracés aux parois d'un précipice : on en a conclu que l'eau coulait jadis à ce niveau, et que des nations inconnues écrivirent ces lettres mystérieuses en passant sur le fleuve.

Une transition subite de température et de climat se fait remarquer sur l'Ohio : aux environs du Canaway, le cyprès chauve cesse de croître, et les sassafras disparaissent; les forêts de chênes et d'ormeaux se multiplient. Tout prend une couleur différente : les verts sont plus foncés, leurs nuances, plus sombres.

Il n'y a, pour ainsi dire, que deux saisons sur le fleuve : les feuilles tombent tout à coup en novembre : les neiges les suivent de près; le vent du nord-ouest commence, et l'hiver règne. Un froid sec continue avec un ciel pur jusqu'au mois de mars, alors le vent tourne au nord-est, et en moins de quinze jours, les arbres chargés de givre apparaissent couverts de fleurs. L'été se confond avec le printemps.

La chasse est abondante. Les canards branchus, les linottes bleues, les cardinaux, les chardonnerets pourpres, brillent dans la verdure des arbres; l'oiseau *whet-shaw* imite le bruit de la scie ; l'oiseau-chat miaule, et les perroquets, qui apprennent quelques mots autour des habitations, les répètent dans les bois. Un grand nombre de ces oiseaux vivent d'insectes : la chenille verte à tabac, le ver d'une espèce de mûrier blanc, les mouches luisantes, l'araignée d'eau, leur servent principalement de nourriture ; mais les perroquets se réunissent en grandes troupes et dévastent les champs ensemencés. On accorde une prime pour chaque tête de ces oiseaux : on donne la même prime pour les têtes d'écureuil.

L'Ohio offre à peu près les mêmes poissons que le Mississipi. Il est assez commun d'y prendre des truites de trente à trente-cinq livres, et une espèce d'esturgeon dont la tête est faite comme la pelle d'une pagaie.

En descendant le cours de l'Ohio on passe une petite rivière appelée le Lic des grands os. On appelle *lic* en Amérique des bancs d'une terre blanche un peu glaiseuse, que les buffles se plaisent à lécher; ils y creusent avec leur langue des sillons. Les excréments de ces animaux sont si imprégnés de la terre du lic, qu'ils ressemblent à des morceaux de chaux. Les buffles recherchent les lics à cause des sels qu'ils contiennent : ces sels guérissent les animaux ruminants des tranchées que leur cause la crudité des herbes. Cependant les terres de la vallée de l'Ohio ne sont point salées au goût; elles sont au contraire extrêmement insipides.

Le lit de la rivière du Lic est un des plus grands que l'on connaisse ; les vastes chemins que les buffles ont tracés à travers les herbes pour y aborder seraient effrayants si l'on ne savait que ces taureaux sauvages sont les plus paisibles de toutes les créatures. On a découvert dans ce lic une partie du squelette d'un mamouth : l'os de la cuisse pesait soixante-dix livres, les côtes comptaient dans leur courbure sept pieds, et la tête trois pieds de long ; les dents mâchelières portaient cinq pouces de largeur et huit de hauteur ; les défenses, quatorze pouces de la racine à la pointe.

De pareilles dépouilles ont été rencontrées au Chili et en Russie. Les Tartares prétendent que le mamouth existe encore dans leur pays à l'embouchure des rivières : on assure aussi que des chasseurs l'ont poursuivi à l'ouest du Mississipi. Si la race de ces animaux a péri, comme il est à croire, quand cette destruction dans des pays si divers et dans des climats si différents est-elle arrivée? Nous ne savons rien, et pourtant nous demandons tous les jours à Dieu compte de ses ouvrages.

Le Lic des grands os est à environ trente milles de la rivière Kentucky, et à cent huit milles à peu près des rapides de l'Ohio. Les bords de la rivière Kentucky y sont taillés à pic, comme des murs. On remarque dans ce lieu un chemin fait par les buffles, qui descend du haut d'une colline, des sources de bitume qu'on peut brûler en guise d'huile, des grottes qu'embellissent des colonnes naturelles, et un lac souterrain qui s'étend à des distances inconnues.

Au confluent du Kentucky et de l'Ohio le paysage déploie une pompe extraordinaire : là, ce sont des troupeaux de chevreuils qui, de la pointe du rocher, vous regardent passer sur les fleuves ; ici des bouquets de vieux pins se projettent horizontalement sur les flots ; des plaines riantes se déroulent à perte de vue, tandis que des rideaux de forêts voilent la base de quelques montagnes dont la cime apparaît dans le lointain.

Ce pays si magnifique s'appelle pourtant le Kentucky, du nom de sa rivière, qui signifie *rivière de sang* : il doit ce nom funeste à sa beauté même : pendant plus de deux siècles les nations du parti des Chéroquois et du parti des nations iroquoises s'en disputèrent les chasses. Sur ce champ de bataille, aucune tribu indienne n'osait se fixer : les Sawanoes, les Miamis, les Piankiciawoes, les Wayoes, les Kaskasias, les Delawares, les Illinois, venaient tour à tour y combattre. Ce ne fut que vers l'an 1752 que les Européens commencèrent à savoir quelque chose de positif sur les vallées situées à l'ouest des monts Alleghany, appelés d'abord les *montagnes Endles* (sans fin) ou *Kittaniny*, ou *montagnes Bleues*. Cependant Charlevoix, en 1720, avait parlé du cours de l'Ohio ; et le fort Duquesne, aujourd'hui fort Pitt (Pitt's-Burgh), avait été tracé par les Français à la jonction des deux rivières, mères de l'Ohio. En 1752, Louis Evant publia une carte du pays situé sur l'Ohio et le Kentucky ; Jacques Macbrive fit une course dans ce désert en 1754 ; Jones Finley y pénétra en 1757 ; le colonel Boone le découvrit entièrement en 1769, et s'y établit avec sa famille en 1775. On prétend que le docteur Wood et Simon Kenton furent les premiers Européens qui descendirent l'Ohio en 1773, depuis le fort Pitt jusqu'au Mississipi. L'orgueil national des Américains les porte à s'attribuer le mérite de la plupart des découvertes à l'occident des États-Unis ; mais il ne faut pas oublier que les Français du Canada et de la Louisiane, arrivant par le nord et par le midi, avaient parcouru ces régions longtemps avant les Américains qui venaient du côté de l'orient, et que gênaient dans leur route la confédération des Creeks et les Espagnols des Florides.

Cette terre commence (1791) à se peupler par les colonies de la Pensylvanie, de la Virginie et de la Caroline, et par quelques-uns de mes malheureux compatriotes fuyant devant les premiers orages de la révolution.

Les générations européennes seront-elles plus vertueuses et plus libres sur ces bords que les générations américaines qu'elles auront exterminées? des esclaves ne laboureront-ils point la terre sous le fouet de leur maître, dans ces déserts où l'homme promenait son indépendance? des prisons et des gibets ne remplaceront-ils point la cabane ouverte, et le haut chêne qui ne porte que le nid des oiseaux? la richesse du sol ne fera-t-elle point naître de nouvelles guerres? le Kentucky cessera-t-il d'être la *terre du sang*, et les édifices des hommes embelliront-ils mieux les bords de l'Ohio que les monuments de la nature!

Du Kentucky aux Rapides de l'Ohio on compte à peu près quatre-vingts milles. Ces Rapides sont formés par une roche qui s'étend sous l'eau dans le lit de la rivière; la descente de ces Rapides n'est ni dangereuse, ni difficile, la chute moyenne n'étant guère que de quatre à cinq pieds dans l'espace d'un tiers de lieue. La rivière se divise en deux canaux par des îles groupées au milieu des Rapides. Lorsqu'on s'abandonne au courant, on peut passer sans alléger les bateaux ; mais il est impossible de les remonter sans diminuer leur charge.

Le fleuve, à l'endroit des Rapides, a un mille de large. Glissant sur le magnifique canal, la vue est arrêtée à quelque distance au-dessous de sa chute par une île couverte d'un bois d'ormes enguirlandés de lianes et de vigne vierge.

Au nord, se dessinent les collines de la *Crique d'Argent :* la première de ces collines trempe perpendiculairement dans l'Ohio ; sa falaise taillée à grandes facettes rouges est décorée de plantes ; d'autres collines parallèles, couronnées de forêts, s'élèvent derrière la première colline, fuient en montant de plus en plus dans le ciel, jusqu'à ce que leur sommet, frappé de lumière, devienne de la couleur du ciel, et s'évanouisse.

Au midi sont des savanes parsemées de bocages et couvertes de buffles, les uns couchés, les autres errants, ceux-ci paissant l'herbe, ceux-là arrêtés en groupe, et opposant les uns aux autres leurs têtes baissées. Au milieu de ce tableau les Rapides, selon qu'ils sont frappés des rayons du soleil, rebroussés par le vent, ou ombrés par les nuages, s'élèvent en bouillons d'or, blanchissent en écume, ou roulent à flots brunis.

Au bas des Rapides est un îlot où les corps se pétrifient. Cet îlot est couvert d'eau au temps des débordements ; on prétend que la vertu pétrifiante confinée à ce petit coin de terre ne s'étend pas au rivage voisin.

Des Rapides à l'embouchure du Wabash on compte trois cent seize milles. Cette rivière communique, au moyen d'un portage de neuf milles, avec le Miamis du lac qui se décharge dans l'Érié. Les rivages du Wabash sont élevés ; on y a découvert une mine d'argent.

A quatre-vingt-quatorze milles au-dessous de l'embouchure du Wabash commence une cyprière. De cette cyprière aux bancs Jaunes, toujours en descendant l'Ohio, il y a cinquante-six milles: on laisse à gauche les embouchures de deux rivières qui ne sont qu'à dix-huit milles de distance l'une de l'autre.

La première rivière s'appelle le Chéroquois ou le Tennessé ; elle sort des monts qui séparent les Carolines et les Géorgies de ce qu'on appelle les terres de l'Ouest; elle roule d'abord d'orient en occident au pied des monts : dans cette première partie de son cours, elle est rapide et tumultueuse; ensuite elle tourne subitement au nord, grossie de plusieurs affluents, elle épand et retient ses ondes, comme pour se délasser, après une fuite précipitée de quatre cents lieues. A son embouchure, elle a six cents toises de large, et dans un endroit nommé le Grand-Détour, elle présente une nappe d'eau d'une lieue d'étendue.

La seconde rivière, le Shanawon ou le Cumberland, est la compagne du Chéroquois ou du Tennessé. Elle passe avec lui son enfance dans les mêmes montagnes, et descend avec lui dans les plaines. Vers le milieu de sa carrière, obligée de quitter le Tennessé, elle se hâte de parcourir des lieux déserts, et les deux jumeaux, se rapprochant vers la fin de leur vie, expirent à quelque distance l'un de l'autre dans l'Ohio, qui les réunit.

Le pays que ces rivières arrose est généralement entrecoupé de collines et de vallées rafraîchies par une multitude de ruisseaux; cependant il y a quelques plaines de cannes sur le Cumberland, et plusieurs grandes cyprières. Le buffle et le chevreuil abondent dans ce pays qu'habitent encore des nations sauvages, particulièrement les Chéroquois. Les cimetières indiens sont fréquents, triste preuve de l'ancienne population de ces déserts.

De la grande cyprière sur l'Ohio, aux bancs Jaunes, j'ai dit que la route estimée est d'environ cinquante-six milles. Les bancs Jaunes sont ainsi nommés de leur couleur : placés sur la rive septentrionale de l'Ohio, on les rase de près, parce que l'eau est profonde de ce côté. L'Ohio a presque partout un double rivage, l'un pour la saison des débordements, l'autre pour les temps de sécheresse.

Des bancs Jaunes à l'embouchure de l'Ohio dans le Mississipi, par les 36° 51' de latitude, on compte à peu près trente-cinq milles.

Pour bien juger du confluent des deux fleuves, il faut supposer que l'on part d'une petite île sous la rive orientale du Mississipi, et que l'on veut entrer dans l'Ohio : à gauche vous apercevez le Mississipi, qui coule dans cet endroit presque est et ouest, et qui présente une grande eau troublée et tumultueuse; à droite, l'Ohio, plus transparent que le cristal, plus paisible que l'air, vient lentement du nord au sud, décrivant une courbe gracieuse : l'une et l'autre, dans les saisons moyennes, ont à peu près deux milles de large au moment de leur rencontre. Le volume de leur fluide est presque le même; les deux fleuves s'opposant une résistance égale, ralentissent leurs cours, et paraissent dormir ensemble pendant quelques lieues dans leur lit commun.

La pointe où ils marient leurs flots est élevée d'une vingtaine de pieds au-dessus d'eux : composé de limon et de sable, ce cap marécageux se couvre de chanvre sauvage, de vigne qui rampe sur le sol ou qui grimpe le long des tuyaux de l'herbe à buffle; des chênes-saules croissent aussi sur cette langue de terre, qui disparaît dans les grandes inondations. Les fleuves, débordés et réunis ressemblent alors à un vaste lac.

Le confluent du Missouri et du Mississipi présente peut-être encore quelque chose de plus extraordinaire. Le Missouri est un fleuve fougueux; aux eaux blanches et limoneuses, qui se précipite dans le pur et tranquille Mississipi avec violence. Au printemps, il détache de ses rives de vastes morceaux de terre : ces îles flottantes descendant le cours du Missouri avec leurs arbres couverts de feuilles ou de fleurs, les uns encore debout, les autres à moitié tombés, offrent un spectacle merveilleux.

De l'embouchure de l'Ohio aux mines de fer sur la côte orientale du Mississipi, il n'y a guère plus de quinze milles; des mines de fer à l'embouchure de la rivière de Chicassas, on marque soixante-sept milles. Il faut faire cent quatre milles pour arriver aux collines de Margette qu'arrose la petite rivière de ce nom ; c'est un lieu rempli de gibier.

Pourquoi trouve-t-on tant de charme à la vie sauvage! pourquoi l'homme le plus accoutumé à exercer sa pensée s'oublie-t-il joyeusement dans le tumulte d'une chasse? Courir dans les bois, poursuivre des bêtes sauvages, bâtir sa hutte, allumer son feu, apprêter soi-même son repas auprès d'une source, est certainement un très-grand plaisir. Mille Européens ont connu ce plaisir, et n'en ont plus voulu d'autre, tandis que l'Indien meurt de regret si on l'enferme dans nos cités. Cela prouve que l'homme est plutôt un être actif qu'un être contemplatif; que dans sa condition naturelle il lui faut peu de chose, et que la simplicité de l'âme est une source inépuisable de bonheur.

De la rivière Margette à celle de Saint-François on parcourt soixante-dix milles. La rivière de Saint-François a reçu son nom des Français, et elle est encore pour eux un rendez-vous de chasse.

On compte cent huit milles de la rivière Saint-François aux Akansas ou Arkansas. Les Akansas nous sont encore fort attachés. De tous les Européens, mes compatriotes sont les plus aimés des Indiens. Cela tient à la gaieté des Français, à leur valeur brillante, à leur goût de la chasse, et même de la vie sauvage ; comme si la plus grande civilisation se rapprochait de l'état de nature.

La rivière d'Akansas est navigable en canot pendant plus de quatre cent cinquante milles : elle coule à travers une belle contrée; sa source paraît être cachée dans les montagnes du Nouveau-Mexique.

De la rivière des Akansas à celle des Yazous, cent cinquante-huit milles. Cette dernière rivière a cent toises de largeur à son embouchure. Dans la saison des pluies, les grands bateaux peuvent remonter le Yazou à plus de quatre-vingts milles; une petite cataracte oblige seulement à un portage. Les Yazous, les Chactas et les Chicassas habitaient autrefois les diverses branches de cette rivière. Les Yazous ne faisaient qu'un peuple avec les Natchez.

La distance des Yazous aux Natchez par le fleuve se divise ainsi : des côtes des Yazous au Bayouk-Noir, trente-neuf milles ; du Bayouk-Noir à la rivière des Pierres, trente milles ; de la rivière des Pierres aux Natchez, dix milles.

Depuis les côtes des Yazous jusqu'au Bayouk-Noir, le Mississipi est rempli d'îles et fait de longs détours; sa largeur est d'environ deux milles, sa profondeur de huit à dix brasses. Il serait facile de diminuer les distances en coupant des pointes. La distance de la Nouvelle-Orléans à l'embouchure de l'Ohio, qui n'est que de quatre cent soixante milles en ligne droite, est de huit cent cinquante-six sur le fleuve. On pourrait raccourcir ce trajet de deux cent cinquante milles au moins.

Du Bayouk-Noir à la rivière des Pierres, on remarque des carrières de pierres. Ce sont les premières que l'on rencontre à partir de l'embouchure du Mississipi jusqu'à la petite rivière qui a pris le nom de ces carrières.

Le Mississipi est sujet à deux inondations périodiques, l'une au printemps, l'autre en automne : la première est la plus considérable ; elle commence en mai et finit en juin. Le courant du fleuve file alors cinq milles à l'heure, et l'ascension des contre-courants est à peu près de la même vitesse : admirable prévoyance de la nature ! car, sans ces contre-courants, les embarcations pourraient à peine remonter le fleuve (1). A cette époque, l'eau s'élève à une grande hauteur, noie ses rivages, et ne retourne point au fleuve dont elle est sortie, comme l'eau du Nil ; elle reste sur la terre ou filtre à travers le sol, sur lequel elle dépose un sédiment fertile.

La seconde crue a lieu aux pluies d'octobre ; elle n'est pas aussi considérable que celle du printemps. Pendant ces inondations, le Mississipi charrie des trains de bois énormes, et pousse des mugissements. La vitesse ordinaire du cours du fleuve est d'environ deux milles à l'heure.

Les terres un peu élevées qui bordent le Mississipi, depuis la Nouvelle-Orléans jusqu'à l'Ohio, sont presque toutes sur la rive gauche ; mais ces terres s'éloignent ou se rapprochent plus ou moins du canal, laissant quelquefois, entre elles et le fleuve, des savanes de plusieurs milles de largeur. Les collines ne courent pas toujours parallèlement au rivage ; tantôt elles divergent en rayons à de grandes distances, et présentent, dans les perspectives qu'elles ouvrent, des vallées plantées de mille sortes d'arbres ; tantôt elles viennent converger au fleuve, et forment une multitude de caps qui se mirent dans l'onde. La rive droite du Mississipi est rase, marécageuse, uniforme, à quelques exceptions près : au milieu des hautes cannes vertes ou dorées qui la décorent, on voit bondir des buffles, ou étinceler les eaux d'une multitude d'étangs remplis d'oiseaux aquatiques.

Les poissons du Mississipi sont la perche, le brochet, l'esturgeon et les colles ; on y pêche aussi des crabes énormes.

Le sol autour du fleuve fournit la rhubarbe, le coton, l'indigo, le safran, l'arbre ciré, le sassafras, le lin sauvage : un ver du pays file une assez forte soie ; la drague, dans quelques ruisseaux, amène de grandes huîtres à perles, mais dont l'eau n'est pas belle. On connaît une mine de vif-argent, une autre de lapislazuli, et quelques mines de fer.

La suite du manuscrit contient la description du pays des Natchez et celle du cours du Mississipi jusqu'à la Nouvelle-Orléans. Ces descriptions sont complétement transportées dans *Atala* et dans les *Natchez*.

Immédiatement après la description de la Louisiane, viennent dans le manuscrit quelques extraits des voyages de Bartram, que j'avais traduits avec assez de soin. A ces extraits sont entremêlées mes rectifications, mes observations, mes réflexions, mes additions, mes propres descriptions, à peu près comme les notes de M. Ramond à sa traduction du *Voyage de Coxe en Suisse*. Mais,

(1) Les bateaux à vapeur ont fait disparaître la difficulté de la navigation d'amont.

dans mon travail, le tout est beaucoup plus enchevêtré, de sorte qu'il est presque impossible de séparer ce qui est de moi de ce qui est de Bartram, ni souvent même de le reconnaître. Je laisse donc le morceau tel qu'il est sous ce titre :

Description de quelques sites dans l'intérieur des Florides.

Nous étions poussés par un vent frais. La rivière allait se perdre dans un lac qui s'ouvrait devant nous, et qui formait un bassin d'environ neuf lieues de circonférence. Trois îles s'élevaient du milieu de ce lac; nous fîmes voile vers la plus grande, où nous arrivâmes à huit heures du matin.

Nous débarquâmes à l'orée d'une plaine de forme circulaire ; nous mîmes notre canot à l'abri sous un groupe de marronniers qui croissaient presque dans l'eau. Nous bâtîmes notre hutte sur une petite éminence. La brise de l'est soufflait, et rafraîchissait le lac et les forêts. Nous déjeunâmes avec nos galettes de maïs, et nous nous dispersâmes dans l'île, les uns pour chasser, les autres pour pêcher ou pour cueillir des plantes.

Nous remarquâmes une espèce d'hibiscus. Cette herbe énorme, qui croît dans les lieux bas et humides, monte à plus de dix ou douze pieds, et se termine en un cône extrêmement aigu : les feuilles lisses, légèrement sillonnées, sont ravivées par de belles fleurs cramoisies, que l'on aperçoit à une grande distance.

L'agavé vivipare s'élevait encore plus haut dans les criques salées, et présentait une forêt d'herbes de trente pieds perpendiculaires. La graine mûre de cette herbe germe quelquefois sur la plante même, de sorte que le jeune plant tombe à terre tout formé. Comme l'agavé vivipare croît souvent au bord des eaux courantes, ses graines nues emportées du flot étaient exposées à périr : la nature les a développées pour ces cas particuliers sur la vieille plante, afin qu'elles pussent se fixer par leurs petites racines en s'échappant du sein maternel.

Le souchet d'Amérique était commun dans l'île. Le tuyau de ce souchet ressemble à celui d'un jonc noueux, et sa feuille, à celle du poireau. Les Sauvages l'appellent *apoya matsi*. Les filles indiennes de mauvaise vie broient cette plante entre deux pierres, et s'en frottent le sein et les bras.

Nous traversâmes une prairie semée de jacobée à fleurs jaunes, d'alcée à panaches roses, et d'obélia, dont l'aigrette est pourpre. Des vents légers se jouant sur la cime de ces plantes, brisaient leurs flots d'or, de rose et de pourpre, ou creusaient dans la verdure de longs sillons.

La sénéka, abondante dans les terrains marécageux, ressemblait, par la forme et par la couleur, à des scions d'osier rouge; quelques branches rampaient à terre, d'autres s'élevaient dans l'air : la sénéka a un petit goût amer et aromatique. Auprès d'elle croissait le convolvulus des Carolines, dont la feuille imite la pointe d'une flèche. Ces deux plantes se trouvent partout où il y a des serpents à sonnettes : la première guérit de leur morsure ; la seconde est si puissante, que les Sauvages, après s'en être frotté les mains, manient impunément ces redoutables reptiles. Les Indiens racontent que le Grand-Esprit a eu pitié des guerriers de la chair rouge *aux jambes nues*, et qu'il a semé lui-même ces herbes salutaires, malgré la réclamation des âmes des serpents.

Nous reconnûmes la serpentaire sur les racines des grands arbres ; l'arbre pour le mal de dents, dont le tronc et les branches épineuses sont chargés de protubérances grosses comme des œufs de pigeon ; l'arctosta ou canneberge, dont la cerise rouge croît parmi les mousses, et guérit du flux hépatique. La bourgène, qui a la propriété de chasser les couleuvres, poussait vigoureusement dans les eaux stagnantes couvertes de rouille.

Un spectacle inattendu frappa nos regards : nous découvrîmes une ruine indienne : elle était située sur un monticule au bord du lac ; on remarquait sur la gauche un cône de terre de quarante à quarante-cinq pieds de haut ; de ce cône partait un ancien chemin tracé à travers un magnifique bocage de magnolias et de chênes verts, et qui venait aboutir à une savane. Des fragments de vases et d'ustensiles divers étaient dispersés çà et là, agglomérés avec des fossiles, des coquillages, des pétrifications de plantes et des ossements d'animaux.

Le contraste de ces ruines et de la jeunesse de la nature, ces monuments des hommes dans un désert où nous croyions avoir pénétré les premiers, causaient un grand saisissement de cœur et d'esprit. Quel peuple avait habité cette île ? Son nom, sa race, le temps de son existence, tout est inconnu ; il vivait peut-être lorsque le monde qui le cachait dans son sein était encore ignoré des trois autres parties de la terre. Le silence de ce peuple est peut-être contemporain du bruit que faisaient de grandes nations européennes tombées à leur tour dans le silence, et qui n'ont laissé elles-mêmes que des débris.

Nous examinâmes les ruines : des anfractuosités sablonneuses du tumulus sortait une espèce de pavot à fleur rose, pesant au bout d'une tige inclinée d'un vert pâle. Les Indiens tirent de la racine de ce pavot une boisson soporifique ; la tige et la fleur ont une odeur agréable qui reste attachée à la main lorsqu'on y touche. Cette plante était faite pour orner le tombeau d'un Sauvage : ses racines procurent le sommeil, et le parfum de sa fleur, qui survit à cette fleur même, est une assez douce image du souvenir qu'une vie innocente laisse dans la solitude.

Continuant notre route et observant les mousses, les graminées pendantes, les arbustes échevelés, et tout ce train de plantes au port mélancolique qui se plaisent à décorer les ruines, nous observâmes une espèce d'œnothère pyramidale, haute de sept à huit pieds, à feuilles oblongues, dentelées, et d'un vert noir ; sa fleur est jaune. Le soir, cette fleur commence à s'entr'ouvrir ; elle s'épanouit pendant la nuit ; l'aurore la trouve dans tout son éclat ; vers la moitié du matin elle se fane ; elle tombe à midi : elle ne vit que quelques heures, mais elle passe ses heures sous un ciel serein. Qu'importe alors la brièveté de sa vie ?

A quelques pas de là s'étendait une lisière de mimosa ou de sensitive : dans les chansons des Sauvages, l'âme d'une jeune fille est souvent comparée à cette plante (1).

En retournant à notre camp, nous traversâmes un ruisseau tout bordé de dionées ; une multitude d'éphémères bourdonnaient alentour. Il y avait aussi sur ce parterre trois espèces de papillons : l'un blanc comme l'albâtre, l'autre

(1) Tous ces divers passages sont de moi ; mais je dois à la vérité historique de dire que si je voyais aujourd'hui ces ruines indiennes de l'Alabama, je rabattrais de leur antiquité.

noir comme le jais avec des ailes traversées de bandes jaunes, le troisième portant une queue fourchue, quatre ailes d'or barrées de bleu et semées d'yeux de pourpre. Attirés par les dionées, ces insectes se posaient sur elles; mais ils n'en avaient pas plutôt touché les feuilles qu'elles se refermaient et enveloppaient leur proie.

De retour à notre ajoupa, nous allâmes à la pêche pour nous consoler du peu de succès de la chasse. Embarqués dans le canot, avec les filets et les lignes, nous côtoyâmes la partie orientale de l'île, au bord des algues et le long des caps ombragés : la truite était si vorace que nous la prenions à des hameçons sans amorce; le poisson appelé le poisson d'or était en abondance. Il est impossible de voir rien de plus beau que ce petit roi des ondes : il a environ cinq pouces de long; sa tête est couleur d'outremer; ses côtés et son ventre étincellent comme le feu; une barre brune longitudinale traverse ses flancs; l'iris de ses larges yeux brille comme de l'or bruni. Ce poisson est carnivore.

A quelque distance du rivage, à l'ombre d'un cyprès chauve, nous remarquâmes de petites pyramides limoneuses qui s'élevaient sous l'eau et montaient jusqu'à sa surface. Une légion de poissons d'or faisait en silence les approches de ces citadelles. Tout à coup l'eau bouillonnait; les poissons d'or fuyaient. Des écrevisses armées de ciseaux, sortant de la place insultée, culbutaient leurs brillants ennemis. Mais bientôt les bandes éparses revenaient à la charge, faisaient plier à leur tour les assiégés, et la brave, mais lente garnison, rentrait à reculons pour se réparer dans la forteresse.

Le crocodile, flottant comme le tronc d'un arbre, la truite, le brochet, la perche, le cannelet, la basse, la brême, le poisson tambour, le poisson d'or; tous ennemis mortels les uns des autres, nageaient pêle-mêle dans le lac, et semblaient avoir fait une trêve afin de jouir en commun de la beauté de la soirée : le fluide azuré se peignait de leurs couleurs changeantes. L'onde était si pure, que l'on eût cru pouvoir toucher du doigt les acteurs de cette scène, qui se jouaient à vingt pieds de profondeur dans leur grotte de cristal.

Pour regagner l'anse où nous avions notre établissement, nous n'eûmes qu'à nous laisser dériver au gré de l'eau et des brises. Le soleil approchait de son couchant : sur le premier plan de l'île paraissaient des chênes-verts, dont les branches horizontales formaient le parasol, et des azaléas qui brillaient comme des réseaux de corail.

Derrière ce premier plan s'élevaient les plus charmants de tous les arbres, les papayas : leur tronc droit, grisâtre et guilloché, de la hauteur de vingt à vingt-cinq pieds, soutient une touffe de longues feuilles à côtes, qui se dessinent comme l'S gracieuse d'un vase antique. Les fruits, en forme de poire, sont rangés autour de la tige, on les prendrait pour des cristaux de verre; l'arbre entier ressemble à une colonne d'argent ciselé, surmontée d'une urne corinthienne.

Enfin, au troisième plan, montaient graduellement dans l'air les magnolias et les liquidambars.

Le soleil tomba derrière le rideau d'arbres de la plaine; à mesure qu'il descendait, les mouvements de l'ombre et de la lumière répandaient quelque chose de magique sur le tableau : là, un rayon se glissait à travers le dôme d'une futaie, et brillait comme une escarboucle enchâssée dans le feuillage sombre ; ici, la lumière divergeait entre les troncs et les branches, et projetait sur les gazons des colonnes croissantes et des treillages mobiles. Dans les cieux, c'étaient des nuages de toutes les couleurs, les uns fixes, imitant de gros promontoires ou de vieilles tours près d'un torrent ; les autres flottant en fumée de rose ou en flocons de soie blanche. Un moment suffisait pour changer la scène aérienne : on voyait alors des gueules de four enflammées, de grands tas de braise, des rivières de laves, des paysages ardents. Les mêmes teintes se répétaient sans se confondre ; le feu se détachait du feu, le jaune pâle du jaune pâle, le violet du violet : tout était éclatant, tout était enveloppé, pénétré, saturé de lumière.

Mais la nature se joue du pinceau des hommes : lorsqu'on croit qu'elle a atteint sa plus grande beauté, elle sourit et s'embellit encore.

A notre droite étaient les ruines indiennes ; à notre gauche, notre camp de chasseurs : l'île déroulait devant nous ses paysages gravés ou modelés dans les ondes. A l'orient, la lune, touchant l'horizon, semblait reposer immobile sur les côtes lointaines ; à l'occident, la voûte du ciel paraissait fondue en une mer de diamants et de saphirs, dans laquelle le soleil, à demi plongé, avait l'air de se dissoudre.

Les animaux de la création étaient, comme nous, attentifs à ce grand spectacle : le crocodile, tourné vers l'astre du jour, lançait par sa gueule béante l'eau du lac en gerbes colorées ; perché sur un rameau desséché, le pélican louait à sa manière le Maître de la nature, tandis que la cigogne s'envolait pour le bénir au-dessus des nuages !

Nous te chanterons aussi, Dieu de l'univers, toi qui prodigues tant de merveilles ! la voix d'un homme s'élèvera avec la voix du désert : tu distingueras les accents du faible fils de la femme, au milieu du bruit des sphères que ta main fait rouler, du mugissement de l'abîme dont tu as scellé les portes.

A notre retour dans l'île, j'ai fait un repas excellent ; des truites fraîches, assaisonnées avec des cimes de canneberges, étaient un mets digne de la table d'un roi : aussi étais-je bien plus qu'un roi. Si le sort m'avait placé sur le trône, et qu'une révolution m'en eût précipité, au lieu de traîner ma misère dans l'Europe comme Charles et Jacques, j'aurais dit aux amateurs : « Ma place « vous fait envie : eh bien ! essayez du métier ; vous verrez qu'il n'est pas si « bon. Égorgez-vous pour mon vieux manteau ; je vais jouir dans les forêts de « l'Amérique de la liberté que vous m'avez rendue. »

Nous avions un voisin à notre souper : un trou semblable à la tanière d'un blaireau était la demeure d'une tortue : la solitaire sortit de sa grotte et se mit à marcher gravement au bord de l'eau. Ces tortues diffèrent peu des tortues de mer ; elles ont le cou plus long. On ne tua point la paisible reine de l'île.

Après le souper, je me suis assis à l'écart sur la rive : on n'entendait que le bruit du flux et du reflux du lac, prolongé le long des grèves ; des mouches luisantes brillaient dans l'ombre et s'éclipsaient lorsqu'elles passaient sous les rayons de la lune. Je suis tombé dans cette espèce de rêverie connue de tous les voyageurs : nul souvenir distinct de moi ne me restait : je me sentais vivre comme partie du grand tout, et végéter avec les arbres et les fleurs. C'est peut-être la disposition la plus douce pour l'homme, car, alors même qu'il est heureux, il y a dans ses plaisirs un certain fond d'amertume, un je ne sais quoi qu'on pourrait appeler la tristesse du bonheur. La rêverie du voyageur est une sorte de plénitude de cœur et de vide de tête, qui vous laisse jouir en repos de votre existence : c'est par la pensée que nous troublons la félicité que Dieu nous donne : l'âme est paisible; l'esprit est inquiet.

Les Sauvages de la Floride racontent qu'il y a au milieu d'un lac une île où vivent les plus belles femmes du monde. Les Muscogulges ont voulu plusieurs fois tenter la conquête de l'île magique; mais les retraites élyséennes fuyant devant leurs canots, finissaient par disparaître : naturelle image du temps que nous perdons à la poursuite de nos chimères. Dans ce pays était aussi une fontaine de Jouvence : qui voudrait rajeunir?

Le lendemain, avant le lever du soleil, nous avons quitté l'île, traversé le lac, et rentré dans la rivière par laquelle nous y étions descendus. Cette rivière était remplie de caïmans. Ces animaux ne sont dangereux que dans l'eau, surtout au moment d'un débarquement. A terre, un enfant peut aisément les devancer en marchant d'un pas ordinaire. Pour éviter leurs embûches, on met le feu aux herbes et aux roseaux : c'est alors un spectacle curieux que de voir de grands espaces d'eau surmontés d'une chevelure de flamme.

Lorsque le crocodile de ces régions a pris toute sa croissance, il mesure environ vingt à vingt-quatre pieds de la tête à la queue. Son corps est gros comme celui d'un cheval : ce reptile aurait exactement la forme du lézard commun, si sa queue n'était comprimée des deux côtés comme celle d'un poisson. Il est couvert d'écailles à l'épreuve de la balle, excepté auprès de la tête et entre les pattes. Sa tête a environ trois pieds de long; les naseaux sont larges; la mâchoire supérieure de l'animal est la seule qui soit mobile; elle s'ouvre à angle droit sur la mâchoire inférieure : au-dessous de la première sont placées deux grosses dents comme les défenses d'un sanglier, ce qui donne au monstre un air terrible.

La femelle du caïman pond à terre des œufs blanchâtres qu'elle recouvre d'herbes et de vase. Ces œufs, quelquefois au nombre de cent, forment avec le limon dont ils sont recouverts, de petites meules de quatre pieds de haut et de cinq pieds de diamètre à leur base : le soleil et la fermentation de l'argile font éclore ces œufs. Une femelle ne distingue point ses propres œufs des œufs d'une autre femelle; elle prend sous sa garde toutes les couvées du soleil. N'est-il pas singulier de trouver chez des crocodiles les enfants communs de la république de Platon?

La chaleur était accablante; nous naviguions au milieu des marais; nos canots prenaient l'eau : le soleil avait fait fondre la poix du bordage. Il nous venait souvent des bouffées brûlantes du nord; nos coureurs de bois prédisaient un orage, parce que le rat des savanes montait et descendait incessamment le long des branches du chêne-vert; les maringouins nous tourmentaient affreusement. On apercevait des feux errants sur les lieux bas.

Nous avons passé la nuit fort mal à l'aise, sans ajoupa, sur une presqu'île formée par des marais; la lune et tous les objets étaient noyés dans un brouillard rouge. Ce matin la brise a manqué, et nous nous sommes rembarqués pour tâcher de gagner un village indien à quelques milles de distance; mais il nous a été impossible de remonter longtemps la rivière; et nous avons été obligés de débarquer sur la pointe d'un cap couvert d'arbres, d'où nous commandons une vue immense. Des nuages sortent tour à tour de dessous l'horizon du nord-ouest, et montent lentement dans le ciel. Nous nous faisons, du mieux que nous pouvons, un abri avec des branches.

Le soleil se couvre, les premiers roulements du tonnerre se font entendre; les crocodiles y répondent par un sourd rugissement, comme un tonnerre répond à un autre tonnerre. Une immense colonne de nuages s'étend au nord-est et au sud-est; le reste du ciel est d'un cuivre sale, demi-transparent et teint de la foudre. Le désert éclairé d'un jour faux, l'orage suspendu sur nos têtes et près d'éclater, offrent un tableau plein de grandeur.

Voilà l'orage! qu'on se figure un déluge de feu sans vent et sans eau; l'odeur du soufre remplit l'air; la nature est éclairée comme à la lueur d'un embrasement.

A présent les cataractes de l'abîme s'ouvrent; les grains de pluie ne sont point séparés : un voile d'eau unit les nuages à la terre.

Les Indiens disent que le bruit du tonnerre est causé par des oiseaux immenses qui se battent dans l'air, et par les efforts que fait un vieillard pour vomir une couleuvre de feu. En preuve de cette assertion, ils montrent des arbres où la foudre a tracé l'image d'un serpent. Souvent les orages mettent le feu aux forêts; elles continuent de brûler jusqu'à ce que l'incendie soit arrêté par le cours de quelque fleuve : ces forêts brûlées se changent en lacs et en marais.

Le courlis, dont nous entendons la voix dans le ciel au milieu de la pluie et du tonnerre, nous annonce la fin de l'ouragan. Le vent déchire les nuages qui volent brisés à travers le ciel; le tonnerre et les éclairs attachés à leurs flancs les suivent; l'air devient froid et sonore : il ne reste plus de ce déluge que des gouttes d'eau qui tombent en perles du feuillage des arbres. Nos filets et nos provisions de voyage flottent dans les canots remplis d'eau jusqu'à l'échancrure des avirons.

Le pays habité par les Creeks (la confédération des Muscogulges, des Siminoles et des Chéroquois) est enchanteur. De distance en distance, la terre est percée par une multitude de bassins qu'on appelle des *puits*, et qui sont plus ou moins larges, plus ou moins profonds; ils communiquent par des routes souterraines aux lacs, aux marais et aux rivières. Tous ces puits sont placés au centre d'un monticule planté des plus beaux arbres, et dont les flancs creusés ressemblent aux parois d'un vase rempli d'une eau pure. De brillants poissons nagent au fond de cette eau.

Dans la saison des pluies, les savanes deviennent des espèces de lacs au-dessus desquels s'élèvent, comme des îles, les monticules dont nous venons de parler.

Cuscowilla, village siminole, est situé sur une chaîne de collines graveleuses, à quatre cents toises d'un lac; des sapins écartés les uns des autres, et se touchant seulement par la cime, séparent la ville et le lac : entre leurs troncs, comme entre des colonnes, on aperçoit des cabanes, le lac et ses rivages attachés d'un côté à des forêts, de l'autre à des prairies : c'est à peu près ainsi que la mer, la plaine et les ruines d'Athènes se montrent, dit-on (1), à travers les colonnes isolées du temple de Jupiter Olympien.

Il serait difficile d'imaginer rien de plus beau que les environs d'Apalachucla, la ville de la paix. A partir du fleuve Chata-Uche, le terrain s'élève en se retirant à l'horizon du couchant; ce n'est pas par une pente uniforme, mais par des espèces de terrasses posées les unes sur les autres.

A mesure que vous gravissez de terrasse en terrasse, les arbres changent selon l'élévation du sol : au bord de la rivière ce sont des chênes-saules, des lauriers et des magnolias; plus haut des sassafras et des platanes; plus haut encore des ormes et des noyers; enfin la dernière terrasse est plantée d'une forêt de chênes, parmi lesquels on remarque l'espèce qui traîne de longues mousses blanches. Des rochers nus et brisés surmontent cette forêt.

Des ruisseaux descendent en serpentant de ces rochers, coulent parmi les fleurs et la verdure, ou tombent en nappes de cristal. Lorsque, placé de l'autre côté de la rivière Chata-Uche, on découvre ces vastes degrés couronnés par l'architecture des montagnes, on croirait voir le temple de la nature et le magnifique perron qui conduit à ce monument.

Au pied de cet amphithéâtre est une plaine où paissent des troupeaux de taureaux européens, des escadrons de chevaux de race espagnole, des hordes de daims et de cerfs, des bataillons de grues et de dindes, qui marbrent de blanc et de noir le fond vert de la savane. Cette association d'animaux domestiques et sauvages, les huttes siminoles où l'on remarque les progrès de la civilisation à travers l'ignorance indienne, achèvent de donner à ce tableau un caractère que l'on ne retrouve nulle part.

Ici finit, à proprement parler, l'*Itinéraire* ou le mémoire des lieux parcourus; mais il reste dans les diverses parties du manuscrit une multitude de détails sur les mœurs et les usages des Indiens. J'ai réuni ces détails dans des chapitres communs, après les avoir soigneusement revus et amené ma narration jusqu'à l'époque actuelle. Trente-six ans écoulés depuis mon voyage ont apporté bien des lumières et changé bien des choses dans l'Ancien et dans le Nouveau-Monde; ils ont dû modifier les idées et rectifier les jugements de l'écrivain. Avant de passer aux *mœurs des Sauvages*, je mettrai sous les yeux des lecteurs quelques esquisses de l'*histoire naturelle* de l'Amérique septentrionale.

HISTOIRE NATURELLE.

CASTORS.

Quand on voit pour la première fois les ouvrages des castors, on ne peut

(1) Je les ai vues depuis.

s'empêcher d'admirer celui qui enseigna à une pauvre petite bête l'art des architectes de Babylone, et qui souvent envoie l'homme, si fier de son génie, à l'école d'un insecte.

Ces étonnantes créatures ont-elles rencontré un vallon où coule un ruisseau, elles barrent ce ruisseau par une chaussée; l'eau monte et remplit bientôt l'intervalle qui se trouve entre les deux collines : c'est dans ce réservoir que les castors bâtissent leurs habitations. Détaillons la construction de la chaussée.

Des deux flancs opposés des collines qui forment la vallée, commence un rang de palissades entrelacées de branches et revêtues de mortier. Ce premier rang est fortifié d'un second rang placé à quinze pieds en arrière du premier. L'espace entre les deux palissades est comblé avec de la terre.

La levée continue de venir ainsi des deux cotés de la vallée, jusqu'à ce qu'il ne reste plus qu'une ouverture d'une vingtaine de pieds au centre, mais à ce centre l'action du courant, opérant dans toute son énergie, les ingénieurs changent de matériaux : ils renforcent le milieu de leurs substructions hydrauliques de troncs d'arbres entassés les uns sur les autres, et liés ensemble par un ciment semblable à celui des palissades. Souvent la digue entière a cent pieds de long, quinze de haut et douze de large à la base; diminuant d'épaisseur dans une proportion mathématique à mesure qu'elle s'élève, elle n'a plus que trois pieds de surface au plan horizontal qui la termine.

Le côté de la chaussée opposé à l'eau se retire graduellement en talus; le côté extérieur garde un parfait aplomb.

Tout est prévu : le castor sait par la hauteur de la levée combien il doit bâtir d'étages à sa maison future; il sait qu'au delà d'un certain nombre de pieds il n'a plus d'inondation à craindre, parce que l'eau passerait alors par-dessus la digue. En conséquence, une chambre qui surmonte cette digue lui fournit une retraite dans les grandes crues; quelquefois il pratique une écluse de sûreté dans la chaussée, écluse qu'il ouvre et ferme à son gré.

La manière dont les castors abattent les arbres est très-curieuse : ils les choisissent toujours au bord d'une rivière. Un nombre de travailleurs proportionné à l'importance de la besogne ronge incessamment les racines : on n'incise point l'arbre du côté de la terre, mais du côté de l'eau, pour qu'il tombe sur le courant. Un castor, placé à quelque distance, avertit les bûcherons par un sifflement, quand il voit pencher la cime de l'arbre attaqué, afin qu'ils se mettent à l'abri de la chute. Les ouvriers traînent le tronc abattu à l'aide du flottage jusqu'à leurs villes, comme les Égyptiens, pour embellir leurs métropoles, faisaient descendre sur le Nil les obélisques taillés dans les carrières d'Éléphantine.

Les palais de la Venise de la solitude, construits dans le lac artificiel, ont deux, trois, quatre et cinq étages, selon la profondeur du lac. L'édifice, bâti sur pilotis, sort des deux tiers de sa hauteur hors de l'eau : les pilotis sont au nombre de six; ils supportent le premier plancher, fait de brins de bouleau croisés. Sur ce plancher s'élève le vestibule du monument : les murs de ce vestibule se courbent et s'arrondissent en voûte recouverte d'une glaise polie comme un stuc. Dans le plancher du portique est ménagée une trappe par laquelle les castors descendent au bain ou vont chercher les branches de tremble pour leur nourriture : ces branches sont entassées sous l'eau dans un magasin commun, entre les pilotis des diverses habitations. Le premier étage du palais est surmonté de trois autres, construits de la même manière, mais divisés en autant d'appartements qu'il y a de castors. Ceux-ci sont ordinairement au nombre de dix ou douze, partagés en trois familles : ces familles s'assemblent dans le vestibule déjà décrit, et y prennent leur repas en commun : la plus grande propreté règne de toute part. Outre le passage du bain, il y a des issues pour les divers besoins des habitants ; chaque chambre est tapissée de jeunes branches de sapin, et l'on n'y souffre pas la plus petite ordure. Lorsque les propriétaires vont à leur maison des champs, bâtie au bord du lac et construite comme celle de la ville, personne ne prend leur place, leur appartement demeure vide jusqu'à leur retour. A la fonte des neiges, les citoyens se retirent dans les bois.

Comme il y a une écluse pour le trop plein des eaux, il y a une route secrète pour l'évacuation de la cité : dans les châteaux gothiques un souterrain creusé sous les tours aboutissait dans la campagne.

Il y a des infirmeries pour les malades. Et c'est un animal faible et informe qui achève tous ces travaux, qui fait tous ces calculs!

Vers le mois de juillet, les castors tiennent un conseil général : ils examinent s'il est expédient de réparer l'ancienne ville et l'ancienne chaussée, ou s'il est bon de construire une cité nouvelle et une nouvelle digue. Les vivres manquent-ils dans cet endroit, les eaux et les chasseurs ont-ils trop endommagé les ouvrages, on se décide à former un autre établissement. Juge-t-on au contraire que le premier peut subsister, on remet à neuf les vieilles demeures, et l'on s'occupe des provisions d'hiver.

Les castors ont un gouvernement régulier : des édiles sont choisis pour veiller à la police de la république. Pendant le travail commun, des sentinelles préviennent toute surprise. Si quelque citoyen refuse de porter sa part des charges publiques, on l'exile ; il est obligé de vivre honteusement seul dans un trou. Les Indiens disent que ce paresseux puni est maigre, et qu'il a le dos pelé en signe d'infamie. Que sert à ces sages animaux tant d'intelligence? L'homme laisse vivre les bêtes féroces et extermine les castors, comme il souffre les tyrans et persécute l'innocence et le génie.

La guerre n'est malheureusement point inconnue aux castors : il s'élève quelquefois entre eux des discordes civiles, indépendamment des contestations étrangères qu'ils ont avec les rats musqués. Les Indiens racontent que si un castor est surpris en maraude sur le territoire d'une tribu qui n'est pas la sienne, il est conduit devant le chef de cette tribu, et puni correctionnellement ; à la récidive, on lui coupe cette utile queue qui est à la fois sa charrette et sa truelle : il retourne ainsi mutilé chez ses amis, qui s'assemblent pour venger son injure. Quelquefois le différend est vidé par un duel entre les deux chefs des deux troupes, ou par un combat singulier de trois contre trois, de trente contre trente, comme le combat des Curiaces et des Horaces, ou des trente Bretons contre les trente Anglais. Les batailles générales sont sanglantes : les Sauvages qui surviennent pour dépouiller les morts en ont souvent trouvé plus de quinze couchés au lit d'honneur. Les castors vainqueurs s'emparent de la ville des castors vaincus, et, selon les circonstances, ils y établissent une colonie ou y entretiennent une garnison.

La femelle du castor porte deux, trois, et jusqu'à quatre petits ; elle les nourrit et les instruit pendant une année. Quand la population devient trop nombreuse, les jeunes castors vont former un nouvel établissement, comme un essaim d'abeilles échappé de la ruche. Le castor vit chastement avec une seule femelle ; il est jaloux, et tue quelquefois sa femme pour cause ou soupçon d'infidélité.

La longueur moyenne du castor est de deux pieds et demi à trois pieds ; sa largeur, d'un flanc à l'autre, d'environ quatorze pouces ; il peut peser quarante-cinq livres ; sa tête ressemble à celle du rat ; ses yeux sont petits, ses oreilles, courtes, nues en dedans, velues en dehors ; ses pattes de devant n'ont guère que trois pouces de long, et sont armées d'ongles creux et aigus ; ses pattes de derrière, palmées comme celles du cygne, lui servent à nager ; la queue est plate, épaisse d'un pouce, recouverte d'écailles hexagones, disposées en tuiles comme celles des poissons ; il use de cette queue en guise de truelle et de traîneau. Ses mâchoires, extrêmement fortes, se croisent ainsi que les branches des ciseaux ; chaque mâchoire est garnie de dix dents, dont deux incisives de deux pouces de longueur : c'est l'instrument avec lequel le castor coupe les arbres, équarrit leurs troncs, arrache leur écorce, et broie les bois tendres dont il se nourrit.

L'animal est noir, rarement blanc ou brun ; il a deux poils, le premier long, creux et luisant ; le second, espèce de duvet qui pousse sous le premier, est le seul employé dans le feutre. Le castor vit vingt ans. La femelle est plus grosse que le mâle, et son poil est plus grisâtre sous le ventre. Il n'est pas vrai que le castor se mutile lorsqu'il tombe vivant entre les mains des chasseurs, afin de soustraire sa postérité à l'esclavage. Il faut chercher une autre étymologie à son nom.

La chair des castors ne vaut rien, de quelque manière qu'on l'apprête. Les Sauvages la conservent cependant après l'avoir fait boucaner à la fumée : ils la mangent lorsque les vivres viennent à leur manquer.

La peau du castor est fine sans être chaude ; aussi la chasse du castor n'avait autrefois aucun renom chez les Indiens : celle de l'ours, où ils trouvaient avantage et péril, était la plus honorable. On se contentait de tuer quelques castors pour en porter la dépouille comme parure ; mais on n'immolait pas des peuplades entières. Le prix que les Européens ont mis à cette dépouille a seul amené dans le Canada l'extermination de ces quadrupèdes, qui tenaient par leur instinct le premier rang chez les animaux.

Il faut cheminer très-loin vers la baie d'Hudson pour trouver maintenant des castors ; encore ne montrent-ils plus la même industrie, parce que le climat est trop froid : diminués en nombre, ils ont baissé en intelligence, et ne développent plus les facultés qui naissent de l'association (1).

(1) On a retrouvé des castors entre le Missouri et le Mississipi ; ils sont surtout extrêmement nombreux au delà des montagnes Rocheuses, sur les branches de la Colombie ; mais les Européens ayant pénétré dans ces régions, les castors seront bientôt exterminés. Déjà l'année dernière (1826) on a vendu à Saint-Louis, sur le Mississipi, cent paquets de peaux de castor, chaque paquet pesant cent livres, et chaque livre de cette précieuse marchandise vendue au prix de cinq gourdes.

Ces républiques comptaient autrefois cent et cent cinquante citoyens; quelques-unes étaient encore plus populeuses. On voyait auprès de Québec un étang formé par des castors, qui suffisait à l'usage d'un moulin à scie. Les réservoirs de ces amphibies étaient souvent utiles, en fournissant de l'eau aux pirogues qui remontaient les rivières pendant l'été. Des castors faisaient ainsi pour des Sauvages, dans la Nouvelle-France, ce qu'un esprit ingénieux, un grand roi et un grand ministre ont fait dans l'ancienne pour des hommes policés.

OURS.

Les ours sont de trois espèces en Amérique : l'ours brun ou jaune, l'ours noir, et l'ours blanc. L'ours brun est petit et frugivore; il grimpe aux arbres.

L'ours noir est le plus grand; il se nourrit de chair, de poisson et de fruits; il pêche avec une singulière adresse. Assis au bord d'une rivière, de sa patte droite il saisit dans l'eau le poisson qu'il voit passer, et le jette sur le bord. Si, après avoir assouvi sa faim, il lui reste quelque chose de son repas, il le cache. Il dort une partie de l'hiver dans les tanières ou dans les arbres creux où il se retire. Lorsqu'aux premiers jours de mars il sort de son engourdissement, son premier soin est de se purger avec des simples.

Il vivait de régime et mangeait à ses heures.

L'ours blanc ou l'ours marin fréquente les côtes de l'Amérique septentrionale, depuis les parages de Terre-Neuve jusqu'au fond de la baie de Baffin, gardien féroce de ces déserts glacés.

CERF.

Le cerf du Canada est une espèce de renne que l'on peut apprivoiser. Sa femelle, qui n'a point de bois, est charmante; et si elle avait les oreilles plus courtes, elle ressemblerait assez bien à une légère jument anglaise.

ORIGNAL.

L'orignal a le muffle du chameau, le bois plat du daim, les jambes du cerf. Son poil est mêlé de gris, de blanc, de rouge et de noir; sa course est rapide.

Selon les Sauvages, les orignaux ont un roi surnommé *le grand orignal;* ses sujets lui rendent toutes sortes de devoirs. Ce grand orignal a les jambes si hautes, que huit pieds de neige ne l'embarrassent point du tout. Sa peau est invulnérable; il a un bras qui lui sort de l'épaule, et dont il use de la même manière que les hommes se servent de leurs bras.

Les jongleurs prétendent que l'orignal a dans le cœur un petit os qui, réduit en poudre, apaise les douleurs de l'enfantement; ils disent aussi que la corne du pied gauche de ce quadrupède appliquée sur le cœur des épileptiques les guérit radicalement. L'orignal, ajoutent-ils, est lui-même sujet à l'épilepsie; lorsqu'il sent approcher l'attaque, il se tire du sang de l'oreille gauche avec la corne de son pied gauche, et se trouve soulagé.

BISON.

Le bison porte basses ses cornes noires et courtes; il a une longue barbe de crin; un toupet pareil pend échevelé entre ses deux cornes jusque sur ses yeux. Son poitrail est large; sa croupe, effilée; sa queue, épaisse et courte : ses jambes sont grosses et tournées en dehors; une bosse d'un poil roussâtre et long s'élève sur ses épaules comme la première bosse du dromadaire. Le reste de son corps est couvert d'une laine noire que les Indiennes filent pour en faire des sacs à blé et des couvertures. Cet animal a l'air féroce, et il est fort doux.

Il y a des variétés dans les bisons, ou, si l'on veut, dans les *buffaloes*, mot espagnol *anglicisé*. Les plus grands sont ceux que l'on rencontre entre le Missouri et le Mississipi; ils approchent de la taille d'un moyen éléphant. Ils tiennent du lion par la crinière, du chameau par la bosse, de l'hippopotame ou du rhinocéros par la queue et la peau de l'arrière-train, du taureau par les cornes et par les jambes.

Dans cette espèce, le nombre des femelles surpasse de beaucoup celui des mâles. Le taureau fait sa cour à la génisse en galopant en rond autour d'elle. Immobile au milieu du cercle, elle mugit doucement. Les Sauvages imitent dans leurs jeux propitiatoires ce manége, qu'ils appellent *la danse du bison*.

Le bison a des temps irréguliers de migration : on ne sait trop où il va; mais il paraît qu'il remonte beaucoup au nord en été, puisqu'on le retrouve au bord du lac de l'Esclave, et qu'on l'a rencontré jusque dans les îles de la mer Polaire. Peut-être aussi gagne-t-il les vallées des montagnes Rocheuses à l'ouest, et les plaines du Nouveau-Mexique au midi. Les bisons sont si nombreux dans les steppes verdoyants du Missouri, que quand ils émigrent leur troupe met quelquefois plusieurs jours à défiler comme une immense armée : on entend leur marche à plusieurs milles de distance, et l'on sent trembler la terre.

Les Indiens tannent supérieurement la peau du bison avec l'écorce du bouleau : l'os de l'épaule de la bête tuée leur sert de grattoir.

La viande du bison, coupée en tranches larges et minces, séchée au soleil ou à la fumée, est très-savoureuse; elle se conserve plusieurs années, comme du jambon : les bosses et les langues des vaches sont les parties les plus friandes à manger fraîches. La fiente du bison brûlée donne une braise ardente; elle est d'une grande ressource dans les savanes, où l'on manque de bois. Cet utile animal fournit à la fois les aliments et le feu du festin. Les Sioux trouvent dans sa dépouille la couche et le vêtement. Le bison et le Sauvage, placés sur le même sol, sont le taureau et l'homme dans l'état de nature : ils ont l'air de n'attendre tous les deux qu'un sillon, l'un pour devenir domestique, l'autre pour se civiliser.

FOUINE.

La fouine américaine porte auprès de la vessie un petit sac rempli d'une liqueur roussâtre : lorsque la bête est poursuivie, elle lâche cette eau en s'enfuyant; l'odeur en est telle que les chasseurs et les chiens même abandonnent la proie : elle s'attache aux vêtements et fait perdre la vue. Cette odeur est une sorte de musc pénétrant qui donne des vertiges : les Sauvages prétendent qu'elle est souveraine pour les maux de tête.

RENARDS.

Les renards du Canada sont de l'espèce commune; ils ont seulement l'extrémité du poil d'un noir lustré. On sait la manière dont ils prennent les oiseaux aquatiques : La Fontaine, le premier des naturalistes, ne l'a pas oublié dans ses immortels tableaux.

Le renard canadien fait donc au bord d'un lac ou d'un fleuve mille sauts et gambades. Les oies et les canards, charmés qu'ils sont, s'approchent pour le mieux considérer. Il s'assied alors sur son derrière, et remue doucement la queue. Les oiseaux, de plus en plus satisfaits, abordent au rivage, s'avancent en dandinant vers le futé quadrupède, qui affecte autant de bêtise qu'ils en montrent. Bientôt la sotte volatile s'enhardit au point de venir becqueter la queue du *maître-passé*, qui s'élance sur sa proie.

LOUPS.

Il y a en Amérique diverses sortes de loups : celui qu'on appelle *cervier* vient pendant la nuit aboyer autour des habitations. Il ne hurle jamais qu'une fois au même lieu ; sa rapidité est si grande, qu'en moins de quelques minutes on entend sa voix à une distance prodigieuse de l'endroit où il a poussé son premier cri.

RAT MUSQUÉ.

Le rat musqué vit au printemps de jeunes pousses d'arbrisseaux, et en été de fraises et de framboises; il mange des baies de bruyères en automne, et se nourrit en hiver de racines d'orties. Il bâtit et travaille comme le castor. Quand les Sauvages ont tué un rat musqué, ils paraissent fort tristes : ils fument autour de son corps et l'environnent de manitous, en déplorant leur parricide : on sait que la femelle du rat musqué est la mère du genre humain.

CARCAJOU.

Le carcajou est une espèce de tigre ou de grand chat. La manière dont il chasse l'orignal avec ses alliés les renards est célèbre. Il monte sur un arbre, se couche à plat sur une branche abaissée, et s'enveloppe d'une queue touffue qui fait trois fois le tour de son corps. Bientôt on entend des glapissements lointains, et l'on voit paraître un orignal rabattu par trois renards, qui manœuvrent de manière à le diriger vers l'embuscade du carcajou. Au moment où la bête lancée passe sous l'arbre fatal, le carcajou tombe sur elle, lui serre le cou avec sa queue, et cherche à lui couper avec les dents la veine jugulaire. L'orignal bondit, frappe l'air de son bois, brise la neige sous ses pieds : il se traîne sur ses genoux, fuit en ligne directe, recule, s'accroupit, marche par sauts, secoue sa tête. Ses forces s'épuisent, ses flancs battent, son sang ruisselle le long de son cou, ses jarrets tremblent, plient. Les trois renards arrivent à la curée : tyran équitable, le carcajou divise également la proie entre lui et ses satellites. Les

Sauvages n'attaquent jamais le carcajou et les renards dans ce moment : ils disent qu'il serait injuste d'enlever à ces autres chasseurs le fruit de leurs travaux.

OISEAUX.

Les oiseaux sont plus variés et plus nombreux en Amérique qu'on ne l'avait cru d'abord : il en a été ainsi pour l'Afrique et pour l'Asie. Les premiers voyageurs n'avaient été frappés en arrivant que de ces grands et brillants volatiles qui sont comme des fleurs sur les arbres; mais on a découvert depuis une foule de petits oiseaux chanteurs, dont le ramage est aussi doux que celui de nos fauvettes.

POISSONS.

Les poissons dans les lacs du Canada, et surtout dans les lacs de la Floride, sont d'une beauté et d'un éclat admirable.

SERPENTS.

L'Amérique est comme la patrie des serpents. Le serpent d'eau ressemble au serpent à sonnettes; mais il n'en a ni la sonnette ni le venin. On le trouve partout.

J'ai parlé plusieurs fois dans mes ouvrages du serpent à sonnettes : on sait que les dents dont il se sert pour répandre son poison ne sont point celles avec lesquelles il mange. On peut lui arracher les premières, et il ne reste plus alors qu'un assez beau serpent plein d'intelligence et qui aime passionnément la musique. Aux ardeurs du midi, dans le plus profond silence des forêts, il fait entendre sa sonnette pour appeler sa femelle : ce signal d'amour est le seul bruit qui frappe alors l'oreille du voyageur.

La femelle porte quelquefois vingt petits; quand ceux-ci sont poursuivis, ils se retirent dans la gueule de leur mère, comme s'ils rentraient dans le sein maternel.

Les serpents en général, et surtout le serpent à sonnettes, sont en grande vénération chez les indigènes de l'Amérique, qui leur attribuent un esprit divin : ils les apprivoisent au point de les faire venir coucher l'hiver dans des boîtes au foyer d'une cabane. Ces singuliers pénates sortent de leurs habitacles au printemps, pour retourner dans les bois.

Un serpent noir qui porte un anneau jaune au cou est assez malfaisant; un autre serpent tout noir, sans poison, monte sur les arbres et donne la chasse aux oiseaux et aux écureuils. Il charme l'oiseau par ses regards, c'est-à-dire qu'il l'effraie. Cet effet de la peur, qu'on a voulu nier, est aujourd'hui mis hors de doute : la peur casse les jambes à l'homme; pourquoi ne briserait-elle pas les ailes à l'oiseau?

Le serpent ruban, le serpent vert, le serpent piqué, prennent leurs noms de leurs couleurs et des dessins de leur peau; ils sont parfaitement innocents et d'une beauté remarquable.

Le plus admirable de tous est le serpent appelé de *verre*, à cause de la fragilité de son corps, qui se brise au moindre contact. Ce reptile est presque transparent, et reflète les couleurs comme un prisme. Il vit d'insectes et ne fait aucun mal : sa longueur est celle d'une petite couleuvre.

Le serpent à épines est court et gros. Il porte à la queue un dard dont la blessure est mortelle.

Le serpent à deux têtes est peu commun : il ressemble assez à la vipère; toutefois ses têtes ne sont pas comprimées.

Le serpent siffleur est fort multiplié dans la Géorgie et dans les Florides. Il a dix-huit pouces de long ; sa peau est sablée de noir sur un fond vert. Lorsqu'on approche de lui, il s'aplatit, devient de différentes couleurs, et ouvre la gueule en sifflant. Il se faut bien garder d'entrer dans l'atmosphère qui l'environne ; il a le pouvoir de décomposer l'air autour de lui. Cet air imprudemment respiré fait tomber en langueur. L'homme attaqué dépérit, ses poumons se vicient, et, au bout de quelques mois, il meurt de consomption : c'est le dire des habitants du pays.

ARBRES ET PLANTES.

Les arbres, les arbrisseaux, les plantes, les fleurs, transportés dans nos bois, dans nos champs, dans nos jardins, annoncent la variété et la richesse du règne végétal en Amérique. Qui ne connaît aujourd'hui le laurier couronné de roses appelé *Magnolia*, le marronnier qui porte une véritable hyacinthe, le catalpa qui reproduit la fleur de l'oranger, le tulipier qui prend le nom de sa fleur, l'érable à sucre, le hêtre pourpre, le sassafras, et parmi les arbres verts et résineux, le pin du lord Weymouth, le cèdre de la Virginie, le baumier de Gilead, et ce cyprès de la Louisiane, aux racines noueuses, au tronc énorme, dont la feuille ressemble à une dentelle de mousse ? Les lilas, les azaléas, les pompadouras ont enrichi nos printemps; les aristoloches, les ustérias, les bignonias, les décumarias, les célastris, ont mêlé leurs fleurs, leurs fruits et leurs parfums à la verdure de nos lierres.

Les plantes à fleurs sont sans nombre : l'éphémère de Virginie, l'hélonias, le lis du Canada, le lis appelé *superbe*, la tigridie panachée, l'achillée rose, le dahlia, l'hellénie d'automne, les phlox de toutes les espèces se confondent aujourd'hui avec nos fleurs natives.

Enfin, nous avons exterminé presque partout la population sauvage ; et l'Amérique nous a donné la pomme de terre, qui prévient à jamais la disette parmi les peuples destructeurs des Américains.

ABEILLES.

Tous ces végétaux nourrissent de brillants insectes. Ceux-ci ont reçu dans leurs tribus notre mouche à miel, qui est venue à la découverte de ces savanes et de ces forêts embaumées dont on racontait tant de merveilles. On a remarqué que les colons sont souvent précédés dans les bois du Kentucky et du Tennessée par des abeilles : avant-garde des laboureurs, elles sont le symbole de l'industrie et de la civilisation, qu'elles annoncent. Étrangères à l'Amérique, arrivées à la suite des voiles de Colomb, ces conquérantes pacifiques n'ont ravi à un nouveau monde de fleurs que des trésors dont les indigènes ignoraient l'usage ; elles ne se sont servies de ces trésors que pour enrichir le sol dont elles les avaient tirés. Qu'il faudrait se féliciter, si toutes les invasions et toutes les conquêtes ressemblaient à celles de ces filles du ciel!

Les abeilles ont pourtant eu à repousser des myriades de moustiques et de maringouins, qui attaquaient leurs essaims dans le tronc des arbres; leur génie a triomphé de ces envieux, méchants et laids ennemis. Les abeilles ont été reconnues reines du désert, et leur monarchie administrative s'est établie dans les bois auprès de la république de Washington.

MOEURS DES SAUVAGES.

Il y a deux manières également fidèles et infidèles de peindre les Sauvages de l'Amérique septentrionale : l'une est de ne parler que de leurs lois et de leurs mœurs, sans entrer dans le détail de leurs coutumes bizarres, de leurs habitudes souvent dégoûtantes pour les hommes civilisés. Alors on ne verra que des Grecs et des Romains; car les lois des Indiens sont graves et les mœurs souvent charmantes.

L'autre manière consiste à ne représenter que les habitudes et les coutumes des Sauvages, sans mentionner leurs lois et leurs mœurs; alors on n'aperçoit plus que des cabanes enfumées et infectes dans lesquelles se retirent des espèces de singes à parole humaine. Sidoine Apollinaire se plaignait d'être obligé *d'entendre le rauque langage du Germain et de fréquenter le Bourguignon qui se frottait les cheveux avec du beurre.*

Je ne sais si la chaumine du vieux Caton, dans le pays des Sabins, était beaucoup plus propre que la hutte d'un Iroquois. Le malin Horace pourrait sur ce point nous laisser des doutes.

Si l'on donne aussi les mêmes traits à tous les Sauvages de l'Amérique septentrionale, on altérera la ressemblance; les Sauvages de la Louisiane et de la Floride différaient en beaucoup de points des Sauvages du Canada. Sans faire l'histoire particulière de chaque tribu, j'ai rassemblé tout ce que j'ai su des Indiens sous ces titres :

Mariages, enfants, funérailles; Moissons, fêtes, danses et jeux; Année, division et règlement du temps, calendrier naturel; Médecine; Langues indiennes; Chasses; Guerres; Religion; Gouvernement. Une conclusion générale fait voir l'Amérique telle qu'elle s'offre aujourd'hui.

MARIAGES, ENFANTS, FUNÉRAILLES.

Il y a deux espèces de mariages parmi les Sauvages : le premier se fait par le simple accord de la femme et de l'homme; l'engagement est pour un temps plus ou moins long, et tel qu'il a plu au couple qui se marie de le fixer. Le terme de l'engagement expiré, les deux époux se séparent : tel était à peu près le concubinage légal en Europe, dans le huitième et le neuvième siècle.

Le second mariage se fait pareillement en vertu du consentement de l'homme et de la femme, mais les parents interviennent. Quoique ce mariage ne soit point limité, comme le premier, à un certain nombre d'années, il peut toujours se rompre. On a remarqué que, chez les Indiens, le second mariage, le mariage légitime, était préféré par les jeunes filles et les vieillards, et le premier par les vieilles femmes et les jeunes gens.

Lorsqu'un Sauvage s'est résolu au mariage légal, il va avec son père faire la demande aux parents de la femme. Le père revêt des habits qui n'ont point encore été portés; il orne sa tête de plumes nouvelles, lave l'ancienne peinture de son visage, met un nouveau fard, et change l'anneau pendant à son nez ou à ses oreilles; il prend dans sa main droite un calumet dont le fourneau est blanc, le tuyau, bleu, et empenné avec des queues d'oiseaux; dans sa main gauche il tient son arc détendu en guise de bâton. Son fils le suit chargé de peaux d'ours, de castors et d'orignaux; il porte en outre deux colliers de porcelaine à quatre branches, et une tourterelle vivante dans une cage.

Les prétendants vont d'abord chez le plus vieux parent de la jeune fille; ils entrent dans sa cabane, s'asseyent devant lui sur une natte, et le père du jeune guerrier, prenant la parole, dit : « Voilà des peaux. Les deux colliers, le ca-« lumet bleu et la tourterelle demandent ta fille en mariage. »

Si les présents sont acceptés, le mariage est conclu, car le consentement de l'aïeul ou du plus ancien sachem de la famille l'emporte sur le consentement paternel. L'âge est la source de l'autorité chez les Sauvages: plus un homme est vieux, plus il a d'empire. Ces peuples font dériver la puissance divine de l'éternité du Grand-Esprit.

Quelquefois le vieux parent, tout en acceptant les présents, met à son consentement quelque restriction. On est averti de cette restriction si, après avoir aspiré trois fois la vapeur du calumet, le fumeur laisse échapper la première bouffée au lieu de l'avaler, comme dans un consentement absolu.

De la cabane du vieux parent on se rend au foyer de la mère et de la jeune fille. Quand les songes de celle-ci ont été néfastes, sa frayeur est grande. Il faut que les songes, pour être favorables, n'aient représenté ni les esprits, ni les aïeux, ni la patrie, mais qu'ils aient montré des berceaux, des oiseaux et des biches blanches. Il y a pourtant un moyen infaillible de conjurer les rêves funestes, c'est de suspendre un collier rouge au cou d'un marmouset de bois de chêne : chez les hommes civilisés l'espérance a aussi ses colliers rouges et ses marmousets.

Après cette première demande, tout a l'air d'être oublié; un temps considérable s'écoule avant la conclusion du mariage : la vertu de prédilection du Sauvage est la patience. Dans les périls les plus imminents, tout se doit passer comme à l'ordinaire : lorsque l'ennemi est aux portes, un guerrier qui négligerait de fumer tranquillement sa pipe, assis les jambes croisées au soleil, passerait pour une *vieille femme*.

Quelle que soit donc la passion du jeune homme, il est obligé d'affecter un air d'indifférence, et d'attendre les ordres de la famille. Selon la coutume ordinaire, les deux époux doivent demeurer d'abord dans la cabane de leur plus vieux parent; mais souvent des arrangements particuliers s'opposent à l'observation de cette coutume. Le futur mari bâtit alors sa cabane : il en choisit presque toujours l'emplacement dans quelque vallon solitaire, auprès d'un ruisseau ou d'une fontaine, et sous le bois qui la peuvent cacher.

Les Sauvages sont tous, comme les héros d'Homère, des médecins, des cuisiniers et des charpentiers. Pour construire la hutte du mariage, on enfonce dans la terre quatre poteaux; ayant un pied de circonférence et douze pieds de haut: ils sont destinés à marquer les quatre angles d'un parallélogramme de vingt pieds de long sur dix-huit de large. Des mortaises creusées dans ces poteaux reçoivent des traverses, lesquelles forment, quand leurs intervalles sont remplis avec de la terre, les quatre murailles de la cabane.

Dans les deux murailles longitudinales, on pratique deux ouvertures : l'une sert d'entrée à tout l'édifice, l'autre conduit dans une seconde chambre semblable à la première, mais plus petite.

On laisse le prétendu poser seul les fondements de sa demeure; mais il est aidé dans la suite du travail par ses compagnons. Ceux-ci arrivent chantant et dansant; ils apportent des instruments de maçonnerie faits de bois; l'omoplate de quelque grand quadrupède leur sert de truelle. Ils frappent dans la main de leur ami, sautent sur ses épaules, font des railleries sur son mariage, et achèvent la cabane. Montés sur les poteaux et les murs commencés, ils élèvent le toit d'écorce de bouleau ou de chaume de maïs; mêlant du poil de bête fauve et de la paille de folle-avoine hachée dans de l'argile rouge, ils enduisent de ce mastic les murailles à l'extérieur et l'intérieur. Au centre ou à l'une des extrémités de la grande salle, les ouvriers plantent cinq longues perches, qu'ils entourent d'herbe sèche et de mortier : cette espèce de cône devient la cheminée, et laisse échapper la fumée par une ouverture ménagée dans le toit. Tout ce travail se fait au milieu des brocards et des chants satiriques : la plupart de ces chants sont grossiers; quelques-uns ne manquent pas d'une certaine grâce :

« La lune cache son front sous un nuage; elle est honteuse, elle rougit; c'est
« qu'elle sort du lit du soleil. Ainsi se cachera et rougira... le lendemain de
« ses noces, et nous lui dirons : Laisse-nous donc voir tes yeux. »

Les coups de marteau, le bruit des truelles, le craquement des branches rompues, les ris, les cris, les chansons, se font entendre au loin, et les familles sortent de leurs villages pour prendre part à ces ébattements.

La cabane étant terminée en dehors, on la lambrisse en dedans avec du plâtre quand le pays en fournit, avec de la terre glaise au défaut de plâtre. On pèle le gazon resté dans l'intérieur de l'édifice : les ouvriers, dansant sur le sol humide, l'ont bientôt pétri et égalisé. Des nattes de roseaux tapissent ensuite cette aire ainsi que les parois du logis. Dans quelques heures est achevée une hutte qui cache souvent sous un toit d'écorce plus de bonheur que n'en recouvrent les voûtes d'un palais.

Le lendemain on remplit la nouvelle habitation de tous les meubles et comestibles du propriétaire : nattes, escabelles, vases de terre et de bois, chaudières, seaux, jambons d'ours et d'orignaux, gâteaux secs, gerbes de maïs, plantes pour nourriture ou remèdes : ces divers objets s'accrochent aux murs ou s'étalent sur des planches; dans un trou garni de cannes éclatées, on jette le maïs et la folle-avoine. Les instruments de pêche, de chasse, de guerre et d'agriculture, la crosse du labourage, les piéges, les filets faits avec la moelle intérieure du faux palmier, les hameçons de dents de castor, les arcs, les flèches, les casse-têtes, les haches, les couteaux, les armes à feu, les cornes pour porter la poudre, les chichikoués, les tambourins, les fifres, les calumets, le fil de nerfs de chevreuil, la toile de mûrier ou de bouleau, les plumes, les perles, les colliers, le noir, l'azur et le vermillon pour la parure, une multitude de peaux, les unes tannées, les autres avec leurs poils; tels sont les trésors dont on enrichit la cabane.

Huit jours avant la célébration du mariage, la jeune femme se retire à la cabane des purifications, lieu séparé où les femmes entrent et restent trois ou quatre jours par mois, et où elles vont faire leurs couches. Pendant les huit jours de retraite, le guerrier engagé chasse : il laisse le gibier dans l'endroit où il le tue; les femmes le ramassent et le portent à la cabane des parents pour le festin des noces. Si la chasse a été bonne, on en tire un augure favorable.

Enfin le grand jour arrive. Les jongleurs et les principaux sachems sont invités à la cérémonie. Une troupe de jeunes guerriers va chercher le marié chez lui; une troupe de jeunes filles va pareillement chercher la mariée à sa cabane. Le couple promis est orné de ce qu'il a de plus beau en plumes, en colliers, en fourrures, et de plus éclatant en couleurs.

Les deux troupes, par des chemins opposés, surviennent en même temps à la hutte du plus vieux parent. On pratique une seconde porte à cette hutte, en face de la porte ordinaire : environné de ses compagnons, l'époux se présente à l'une des portes; l'épouse, entourée de ses compagnes, se présente à l'autre. Tous les sachems de la fête sont assis dans la cabane, le calumet à la bouche. La bru et le gendre vont se placer sur des rouleaux de peaux à l'une des extrémités de la cabane.

Alors commence en dehors la danse nuptiale entre les deux chœurs restés à la porte. Les jeunes filles, armées d'une crosse recourbée, imitent les divers ouvrages du labour; les jeunes guerriers font la garde autour d'elles, l'arc à la main. Tout à coup un parti ennemi sortant de la forêt s'efforce d'enlever les femmes, celles-ci jettent leur hoyau et s'enfuient; leurs frères volent à leur secours. Un combat simulé s'engage; les ravisseurs sont repoussés.

A cette pantomime succèdent d'autres tableaux tracés avec une vivacité naturelle : c'est la peinture de la vie domestique, le soin du ménage, l'entretien de la cabane, les plaisirs et les travaux du foyer; touchantes occupations d'une mère de famille. Ce spectacle se termine par une ronde où les jeunes filles tournent à rebours du cours du soleil, et les jeunes guerriers, selon le mouvement apparent de cet astre.

Le repas suit : il est composé de soupes, de gibier, de gâteaux de maïs, de canneberges, espèce de légumes; de pommes de mai, sorte de fruit porté par une herbe; de poissons, de viandes grillées et d'oiseaux rôtis. On boit dans les grandes calebasses le suc de l'érable ou du sumac, et dans de petites tasses de hôtre une préparation de cassine, boisson chaude que l'on sert comme du café. La beauté du repas consiste dans la profusion des mets.

Après le festin, la foule se retire. Il ne reste dans la cabane du plus vieux parent que douze personnes, six sachems de la famille du mari, six matrones de la famille de la femme. Ces douze personnes, assises à terre, forment deux cercles concentriques ; les hommes décrivent le cercle extérieur. Les conjoints se placent au centre des deux cercles : ils tiennent horizontalement, chacun par un bout, un roseau de six pieds de long. L'époux porte dans la main droite un pied de chevreuil ; l'épouse élève de la main gauche une gerbe de maïs. Le roseau est peint de différents hiéroglyphes qui marquent l'âge du couple uni et la lune où se fait le mariage. On dépose aux pieds de la femme les présents du mari et de sa famille, savoir : une parure complète, le jupon d'écorce de mûrier, le corset pareil, la mante de plumes d'oiseau ou de peaux de martre, les mocassines brodées en poil de porc-épic, les bracelets de coquillages, les anneaux ou les perles pour le nez et pour les oreilles.

A ces vêtements sont mêlés un berceau de jonc, un morceau d'agaric, des pierres à fusil pour allumer le feu, la chaudière pour faire bouillir les viandes, le collier de cuir pour porter les fardeaux, et la bûche du foyer. Le berceau fait palpiter le cœur de l'épouse, la chaudière et le collier ne l'effraient point : elle regarde avec soumission ces marques de l'esclavage domestique.

Le mari ne demeure pas sans leçons : un casse-tête, un arc, une pagaie, lui annoncent ses devoirs : combattre, chasser et naviguer. Chez quelques tribus, un lézard vert, de cette espèce dont les mouvements sont si rapides que l'œil peut à peine les saisir, des feuilles mortes entassées dans une corbeille, font entendre au nouvel époux que le temps fuit et que l'homme tombe. Ces peuples enseignent par des emblèmes la morale de la vie, et rappellent la part des soins que la nature a distribués à chacun de ses enfants.

Les deux époux enfermés dans le double cercle des douze parents, ayant déclaré qu'ils veulent s'unir, le plus vieux parent prend le roseau de six pieds ; il le sépare en douze morceaux, lesquels il distribue aux douze témoins : chaque témoin est obligé de représenter sa portion de roseau pour être réduite en cendre si les époux demandent un jour le divorce.

Les jeunes filles qui ont amené l'épouse à la cabane du plus vieux parent l'accompagnent avec des chants à la hutte nuptiale : les jeunes guerriers y conduisent de leur côté le nouvel époux. Les conviés à la fête retournent à leurs villages : ils jettent, en sacrifice aux manitous, des morceaux de leurs habits dans les fleuves, et brûlent une part de leur nourriture.

En Europe, afin d'échapper aux lois militaires, on se marie : parmi les Sauvages de l'Amérique septentrionale, nul ne se pouvait marier qu'après avoir combattu pour la patrie. Un homme n'était jugé digne d'être père que quand il avait prouvé qu'il saurait défendre ses enfants. Par une conséquence de cette mâle coutume, un guerrier ne commençait à jouir de la considération publique que du jour de son mariage.

La pluralité des femmes est permise ; un abus contraire livre quelquefois une femme à plusieurs maris : des hordes plus grossières offrent leurs femmes et leurs filles aux étrangers. Ce n'est pas une dépravation, mais le sentiment profond de leur misère, qui pousse ces Indiens à cette sorte d'infamie; ils pensent rendre leur famille plus heureuse, en changeant le sang paternel.

Les Sauvages du nord-ouest voulurent avoir de la race du premier nègre qu'ils aperçurent : ils le prirent pour un mauvais esprit ; ils espérèrent qu'en le naturalisant chez eux, ils se ménageraient des intelligences et des protecteurs parmi les génies noirs.

L'adultère dans la femme était autrefois puni chez les Hurons par la mutilation du nez : on voulait que la faute restât gravée sur le visage.

En cas de divorce, les enfants sont adjugés à la femme : chez les animaux, disent les Sauvages, c'est la femelle qui nourrit les petits.

On taxe d'incontinence une femme qui devient grosse la première année de son mariage; elle prend quelquefois le suc d'une espèce de rue pour détruire son fruit trop hâtif : cependant (inconséquences naturelles aux hommes), une femme n'est estimée qu'au moment où elle devient mère. Comme mère, elle est appelée aux délibérations publiques ; plus elle a d'enfants, et surtout de fils, plus on la respecte.

Un mari qui perd sa femme épouse la sœur de sa femme quand elle a une sœur; de même qu'une femme qui perd son mari épouse le frère de ce mari s'il a un frère : c'était à peu près la loi athénienne. Une veuve chargée de beaucoup d'enfants est fort recherchée.

Aussitôt que les premiers symptômes de la grossesse se déclarent, tous rapports cessent entre les époux. Vers la fin du neuvième mois, la femme se retire à la hutte des purifications, où elle est assistée par les matrones. Les hommes, sans en excepter le mari, ne peuvent entrer dans cette hutte. La femme y demeure trente ou quarante jours après ses couches, selon qu'elle a mis au monde une fille ou un garçon.

Lorsque le père a reçu la nouvelle de la naissance de son enfant, il prend un calumet de paix dont il entoure le tuyau avec des pampres de vigne vierge, et court annoncer l'heureuse nouvelle aux divers membres de la famille. Il se rend d'abord chez les parents maternels, parce que l'enfant appartient exclusivement à la mère. S'approchant du sachem le plus âgé, après avoir fumé vers les quatre points cardinaux, il lui présente sa pipe, en disant : « Ma femme est « mère. » Le sachem prend la pipe, fume à son tour, et dit en ôtant le calumet de sa bouche : « Est-ce un guerrier ? »

Si la réponse est affirmative, le sachem fume trois fois vers le soleil ; si la réponse est négative, le sachem ne fume qu'une fois. Le père est reconduit en cérémonie plus ou moins loin, selon le sexe de l'enfant. Un Sauvage devenu père prend une toute autre autorité dans la nation ; sa dignité d'homme commence avec sa paternité.

Après les trente ou quarante jours de purification, l'accouchée se dispose à revenir à sa cabane : les parents s'y rassemblent pour imposer un nom à l'enfant : on éteint le feu ; on jette au vent les anciennes cendres du foyer ; on prépare un bûcher composé de bois odorants : le prêtre ou jongleur, une mèche à la main, se tient prêt à allumer le feu nouveau : on purifie les lieux d'alentour en les aspergeant avec de l'eau de fontaine. Bientôt s'avance la jeune mère : elle vient seule, vêtue d'une robe nouvelle; elle ne doit rien porter de ce qui lui a servi autrefois. Sa mamelle gauche est découverte; elle y suspend son enfant complétement nu ; elle pose un pied sur le seuil de sa porte.

Le prêtre met le feu au bûcher : le mari s'avance et reçoit son enfant des mains de sa femme. Il le reconnaît d'abord et l'avoue à haute voix. Chez quelques tribus les parents du même sexe que l'enfant assistent seuls aux relevailles. Après avoir baisé les lèvres de son enfant, le père le remet au plus vieux sachem; le nouveau-né passe ainsi entre les bras de toute sa famille : il reçoit la bénédiction du prêtre et les vœux des matrones.

On procède ensuite au choix d'un nom : la mère reste toujours sur le seuil de la cabane. Chaque famille a ordinairement trois ou quatre noms qui reviennent tour à tour; mais il n'est jamais question que de ceux du côté maternel. Selon l'opinion des Sauvages, c'est le père qui crée l'âme de l'enfant, la mère n'en engendre que le corps (1) : on trouve juste que le corps ait un nom qui vienne de la mère.

Quand on veut faire un grand honneur à l'enfant, on lui confère le nom le plus ancien dans sa famille : celui de son aïeule, par exemple. Dès ce moment l'enfant occupe la place de la femme dont il a recueilli le nom; on lui donne en lui parlant le degré de parenté que son nom fait revivre : ainsi un oncle peut saluer un neveu du titre de *grand'mère;* coutume qui prêterait au rire, si elle n'était infiniment touchante. Elle rend, pour ainsi dire, la vie aux aïeux; elle reproduit dans la faiblesse des premiers ans la faiblesse du vieil âge; elle lie et rapproche les deux extrémités de la vie, le commencement et la fin de la famille; elle communique une espèce d'immortalité aux ancêtres, en les supposant présents au milieu de leur postérité; elle augmente les soins que la mère a pour l'enfance par le souvenir des soins qu'on prit de la sienne : la tendresse filiale redouble l'amour maternel.

Après l'imposition du nom, la mère entre dans la cabane; on lui rend son enfant qui n'appartient plus qu'à elle. Elle le met dans un berceau. Ce berceau est une petite planche du bois le plus léger, qui porte un lit de mousse ou de coton sauvage : l'enfant est déposé tout nu sur cette couche; deux bandes d'une peau moelleuse l'y retiennent et préviennent sa chute, sans lui ôter le mouvement. Au-dessus de la tête du nouveau-né est un cerceau sur lequel on étend un voile pour éloigner les insectes, et pour donner de la fraîcheur et de l'ombre à la petite créature. J'ai parlé ailleurs (2) de la mère indienne; j'ai raconté comment elle porte ses enfants; comment elle les suspend aux branches des arbres; comment elle leur chante; comment elle les pare, les endort, et les réveille; comment, après leur mort, elle les pleure; comment elle va répandre son lait sur le gazon de leur tombe, ou recueillir leur âme sur les fleurs (3).

Après le mariage et la naissance, il conviendrait de parler de la mort, qui termine les scènes de la vie; mais j'ai si souvent décrit les funérailles des Sauvages, que la matière est presque épuisée.

(1) Voyez les *Natchez.* — (2) *Atala,* le *Génie du Christianisme,* les *Natchez,* etc.
(3) Voyez, pour l'éducation des enfants, la lettre ci-dessus, pag. 453.

Je ne répéterai donc point ce que j'ai dit dans *Atala* et dans les *Natchez* relativement à la manière dont on habille le décédé, dont on le peint, dont on s'entretient avec lui, etc. J'ajouterai seulement que, parmi toutes les tribus, il est d'usage de se ruiner pour les morts : la famille distribue ce qu'elle possède aux convives du repas funèbre; il faut manger et boire tout ce qui se trouve dans la cabane. Au lever du soleil, on pousse de grands hurlements sur le cercueil d'écorce où gît le cadavre; au coucher du soleil, les hurlements recommencent : cela dure trois jours, au bout desquels le défunt est enterré. On le recouvre du mont du tombeau; s'il fut guerrier renommé, un poteau peint en rouge marque sa sépulture.

Chez plusieurs tribus les parents du mort se font des blessures aux jambes et aux bras. Un mois de suite, on continue les cris de douleur au coucher et au lever du soleil, et pendant plusieurs années on accueille par des mêmes cris l'anniversaire de la perte que l'on a faite.

Quand un Sauvage meurt l'hiver à la chasse, son corps est conservé sur les branches des arbres, on ne lui rend les derniers honneurs qu'après le retour des guerriers au village de sa tribu. Cela se pratiquait jadis ainsi chez les Moscovites.

Non-seulement les Indiens ont des prières, des cérémonies différentes, selon le degré de parenté, la dignité, l'âge et le sexe de la personne décédée, mais ils ont encore des temps d'exhumation publique (1), de commémoration générale.

Pourquoi les Sauvages de l'Amérique sont-ils de tous les peuples ceux qui ont le plus de vénération pour les morts? Dans les calamités nationales, la première chose à laquelle on pense, c'est à sauver les trésors de la tombe : on ne reconnaît la propriété légale que là où sont ensevelis les ancêtres. Quand les Indiens ont plaidé leurs droits de possession, ils se sont toujours servis de cet argument qui leur paraissait sans réplique : « Dirons-nous aux os de nos pères : « Levez-vous et suivez-nous dans une terre étrangère? » Cet argument n'étant point écouté, qu'ont-ils fait? ils ont emporté les ossements qui ne les pouvaient suivre.

Les motifs de cet attachement extraordinaire à de saintes reliques se trouvent facilement. Les peuples civilisés ont, pour conserver les souvenirs de leur patrie, les monuments des lettres et des arts; ils ont des cités, des palais, des tours, des colonnes, des obélisques; ils ont la trace de la charrue dans les champs par eux cultivés; leurs noms sont gravés sur l'airain et le marbre; leurs actions conservées dans les chroniques.

Les Sauvages n'ont rien de tout cela : leur nom n'est point écrit sur les arbres de leurs forêts; leur hutte, bâtie dans quelques heures, périt dans quelques instants; la simple crosse de leur labour, qui n'a fait qu'effleurer la terre, n'a pu même élever un sillon; leurs chansons traditionnelles s'évanouissent avec la dernière mémoire qui les retient, avec la dernière voix qui les répète. Il n'y a donc pour les tribus du Nouveau-Monde qu'un seul monument : la tombe. Enlevez à des Sauvages les os de leurs pères, vous leur enlevez leur histoire, leur loi et jusqu'à leurs dieux; vous ravissez à ces hommes dans la postérité la preuve de leur existence comme celle de leur néant.

(1) *Atala.*

MOISSONS, FÊTES, RÉCOLTE DE SUCRE D'ÉRABLE, PÊCHES, DANSES ET JEUX.

MOISSONS.

On a cru et on a dit que les Sauvages ne tiraient pas parti de la terre : c'est une erreur. Ils sont principalement chasseurs, à la vérité, mais tous s'adonnent à quelque genre de culture, tous savent employer les plantes et les arbres aux besoins de la vie. Ceux qui occupaient le beau pays qui forme aujourd'hui les États de la Géorgie, du Tennessée, de l'Alabama, du Mississipi, étaient sous ce rapport plus civilisés que les naturels du Canada.

Chez les Sauvages, tous les travaux publics sont des fêtes : lorsque les derniers froids étaient passés, les femmes siminoles, chicassaises, natchez, s'armaient d'une crosse de noyer, mettaient sur leur tête des corbeilles à compartiments remplies de semailles de maïs, de graine de melon d'eau, de féveroles et de tournesols. Elles se rendaient au champ commun, ordinairement placé dans une position facile à défendre, comme sur une langue de terre entre deux fleuves ou dans un cercle de collines.

A l'une des extrémités du champ, les femmes se rangeaient en ligne, et commençaient à remuer la terre avec leur crosse, en marchant à reculons.

Tandis qu'elles rafraîchissaient ainsi l'ancien labourage sans former de sillon, d'autres Indiennes les suivaient ensemençant l'espace préparé par leurs compagnes. Les féveroles et le grain de maïs étaient jetés ensemble sur le guéret; les quenouilles du maïs étant destinées à servir de tuteurs ou de rames au légume grimpant.

Des jeunes filles s'occupaient à faire des couches d'une terre noire et lavée : elles répandaient sur ces couches des graines de courge et de tournesol; on allumait autour de ces lits de terre des feux de bois vert, pour hâter la germination au moyen de la fumée.

Les sachems et les jongleurs présidaient au travail; les jeunes hommes rôdaient autour du champ commun et chassaient les oiseaux par leurs cris.

FÊTES.

La fête du blé vert arrivait au mois de juin : on cueillait une certaine quantité de maïs tandis que le grain était encore en lait. De ce grain, alors excellent, on pétrissait le tassomanony, espèce de gâteau qui sert de provisions de guerre ou de chasse.

Les quenouilles de maïs, mises bouillir dans de l'eau de fontaine, sont retirées à moitié cuites et présentées à un feu sans flamme. Lorsqu'elles ont acquis une couleur roussâtre, on les égrène dans un *poutagan* ou mortier de bois. On pile le grain en l'humectant. Cette pâte, coupée en tranches et séchée au soleil, se conserve un temps infini. Lorsqu'on veut en user, il suffit de la plonger dans de l'eau, du lait de noix ou du jus d'érable; ainsi détrempée, elle offre une nourriture saine et agréable.

La plus grande fête des Natchez était la fête du feu nouveau, espèce de jubilé en l'honneur du soleil, à l'époque de la grande moisson : le soleil était la divinité principale de tous les peuples voisins de l'empire mexicain.

Un crieur public parcourait les villages, annonçant la cérémonie au son d'une conque. Il faisait entendre ces paroles :

« Que chaque famille prépare des vases vierges, des vêtements qui n'ont point « été portés; qu'on lave les cabanes; que les vieux grains, les vieux habits, les « vieux ustensiles, soient jetés et brûlés dans un feu commun au milieu de « chaque village; que les malfaiteurs reviennent : les sachems oublient leurs « crimes. »

Cette amnistie des hommes, accordée aux hommes au moment où la terre leur prodigue ses trésors, cet appel général des heureux et des infortunés, des innocents et des coupables au grand banquet de la nature, étaient un reste touchant de la simplicité primitive de la race humaine.

Le crieur reparaissait le second jour, prescrivait un jeûne de soixante-douze heures, une abstinence rigoureuse de tout plaisir, et ordonnait en même temps la *médecine des purifications*. Tous les Natchez prenaient aussitôt quelques gouttes d'une racine qu'ils appelaient *la racine de sang*. Cette racine appartient à une espèce de plantin; elle distille une liqueur rouge, violent émétique. Pendant les trois jours d'abstinence et de prières, on gardait un profond silence; on s'efforçait de se détacher des choses terrestres pour s'occuper uniquement de CELUI qui mûrit le fruit sur l'arbre et le blé dans l'épi.

A la fin du troisième jour, le crieur proclamait l'ouverture de la fête, fixée au lendemain.

A peine l'aube avait-elle blanchi le ciel, qu'on voyait s'avancer, par les chemins brillants de rosée, les jeunes filles, les jeunes guerriers, les matrones et les sachems. Le temple du soleil, grande cabane qui ne recevait le jour que par deux portes, l'une du côté de l'occident et l'autre du côté de l'orient, était le lieu du rendez-vous; on ouvrait la porte orientale, le plancher et les parois intérieures du temple étaient couverts de nattes fines, peintes et ornées de différents hiéroglyphes. Des paniers rangés en ordre dans le sanctuaire renfermaient les ossements des plus anciens chefs de la nation, comme les tombeaux dans nos églises gothiques.

Sur un autel, placé en face de la porte orientale de manière à recevoir les premiers rayons du soleil levant, s'élevait une idole représentant un chouchouacha. Cet animal, de la grosseur d'un cochon de lait, a le poil du blaireau, la queue du rat, les pattes du singe; la femelle porte sous le ventre une poche où elle nourrit ses petits. A droite de l'image du chouchouacha était la figure d'un serpent à sonnettes, à gauche un marmouset grossièrement sculpté. On entretenait dans un vase de pierre, devant les symboles, un feu d'écorce de chêne qu'on ne laissait jamais éteindre, excepté la veille de la fête du feu nouveau ou de la moisson : les prémices des fruits étaient suspendues autour de l'autel, les assistants ordonnés ainsi dans le temple :

Le Grand-Chef ou le *Soleil*, à droite de l'autel; à gauche, la Femme-Chef, qui, seule de toutes les femmes, avait le droit de pénétrer dans le sanctuaire ; auprès du *Soleil* se rangeaient successivement les deux chefs de guerre, les deux officiers pour les traités, et les principaux sachems ; à côté de la Femme-Chef s'asseyaient l'édile ou l'inspecteur des travaux publics, les quatre hérauts des festins, et ensuite les jeunes guerriers. A terre, devant l'autel, des tronçons de cannes séchées, couchés obliquement les uns sur les autres jusqu'à la hauteur de dix-huit pouces, traçaient des cercles concentriques dont les différentes révolutions embrassaient, en s'éloignant du centre, un diamètre de douze à treize pieds.

Le grand-prêtre debout, au seuil du temple, tenait les yeux attachés sur l'orient. Avant de présider à la fête, il s'était plongé trois fois dans le Mississipi. Une robe blanche d'écorce de bouleau l'enveloppait et se rattachait autour de ses reins par une peau de serpent. L'ancien hibou empaillé, qu'il portait sur sa tête, avait fait place à la dépouille d'un jeune oiseau de cette espèce. Ce prêtre frottait lentement, l'un contre l'autre, deux morceaux de bois sec, et prononçait à voix basse des paroles magiques. A ses côtés, deux acolytes soulevaient par les anses deux coupes remplies d'une espèce de sorbet noir. Toutes les femmes, le dos tourné à l'orient, appuyées d'une main sur leur crosse de labour, de l'autre tenant leurs petits enfants, décrivaient en dehors un grand cercle à la porte du temple.

Cette cérémonie avait quelque chose d'auguste : le vrai Dieu se fait sentir jusque dans les fausses religions ; l'homme qui prie est respectable ; la prière qui s'adresse à la Divinité est si sainte de sa nature, qu'elle donne quelque chose de sacré à celui-là même qui la prononce, innocent, coupable ou malheureux. C'était un touchant spectacle que celui d'une nation assemblée dans un désert à l'époque de la moisson, pour remercier le Tout-Puissant de ses bienfaits, pour chanter ce Créateur qui perpétue le souvenir de la création, en ordonnant chaque matin au soleil de se lever sur le monde.

Cependant un profond silence régnait dans la foule. Le grand-prêtre observait attentivement les variations du ciel. Lorsque les couleurs de l'aurore, muées du rose au pourpre, commençaient à être traversées des rayons d'un feu pur, et devenaient de plus en plus vives, le prêtre accélérait la collision des deux morceaux de bois sec. Une mèche soufrée de moelle de sureau était préparée afin de recevoir l'étincelle. Les deux maîtres de cérémonies s'avançaient à pas mesurés, l'un vers le Grand-Chef, l'autre vers la Femme-Chef. De temps en temps ils s'inclinaient; et s'arrêtant enfin devant le Grand-Chef et devant la Femme-Chef, ils demeuraient complétement immobiles.

Des torrents de flamme s'échappaient de l'orient, et la portion supérieure du disque du soleil se montrait au-dessus de l'horizon. A l'instant le grand-prêtre pousse l'oah sacré, le feu jaillit du bois échauffé par le frottement, la mèche soufrée s'allume, les femmes, en dehors du temple, se retournent subitement et élèvent toutes à la fois vers l'astre du jour leurs enfants nouveaux-nés et la crosse du labourage.

Le Grand-Chef et la Femme-Chef boivent le sorbet noir que leur présentent les maîtres de cérémonies ; le jongleur communique le feu aux cercles de roseau : la flamme serpente en suivant leur spirale. Les écorces de chêne sont allumées sur l'autel, et ce feu nouveau donne ensuite une nouvelle semence aux foyers éteints du village. Le Grand-Chef entonne l'hymne au soleil.

Les cercles de roseau étant consumés et le cantique achevé, la Femme-Chef sortait du temple, se mettait à la tête des femmes, qui, toutes rangées à la file, se rendaient au champ commun de la moisson. Il n'était pas permis aux hommes de les suivre. Elles allaient cueillir les premières gerbes de maïs pour les offrir au temple, et pétrir avec le surplus les pains azymes du banquet de la nuit.

Arrivées aux cultures, les femmes arrachaient dans le carré attribué à leur famille un certain nombre des plus belles gerbes de maïs, plante superbe, dont les roseaux de sept pieds de hauteur, environnés de feuilles vertes et surmontés d'un rouleau de grains dorés, ressemblent à ces quenouilles entourées de rubans que nos paysannes consacrent dans les églises de village. Des milliers de grives bleues, de petites colombes de la grosseur d'un merle, des oiseaux de rizière, dont le plumage gris est mêlé de brun, se posent sur la tige des gerbes, et s'envolent à l'approche des moissonneuses américaines, entièrement cachées dans les avenues des grands épis. Les renards noirs font quelquefois des ravages considérables dans ces champs.

Les femmes revenaient au temple, portant les prémices en faisceau sur leur tête ; le grand-prêtre recevait l'offrande, et la déposait sur l'autel. On fermait la porte orientale du sanctuaire, et l'on ouvrait la porte occidentale.

Rassemblée à cette dernière porte lorsque le jour allait clore, la foule dessinait un croissant dont les deux pointes étaient tournées vers le soleil ; les assistants, le bras droit levé, présentaient les pains azymes à l'astre de la lumière. Le jongleur chantait l'hymne du soir ; c'était l'éloge du soleil à son coucher : ses rayons naissants avaient fait croître le maïs, ses rayons mourants avaient sanctifié les gâteaux formés du grain de la gerbe moissonnée.

La nuit venue, on allumait des feux, on faisait rôtir des oursons, lesquels, engraissés de raisins sauvages, offraient à cette époque de l'année un mets excellent. On mettait griller sur des charbons des dindes de savanes, des perdrix noires, des espèces de faisans plus gros que ceux d'Europe. Ces oiseaux ainsi préparés s'appelaient la *nourriture des hommes blancs*. Les boissons et les fruits servis à ces repas étaient l'eau de smilax, d'érable, de plane, de noyer blanc, les pommes de mai, les plankmines, les noix. La plaine resplendissait de la flamme des bûchers ; on entendait de toutes parts les sons du chichikoué, du tambourin et du fifre, mêlés aux voix des danseurs et aux applaudissements de la foule.

Dans ces fêtes, si quelque infortuné retiré à l'écart promenait ses regards sur les jeux de la plaine, un sachem l'allait chercher, et s'informait de la cause de sa tristesse ; il guérissait ses maux, s'ils n'étaient pas sans remède, ou les soulageait du moins, s'ils étaient de nature à ne pouvoir finir.

La moisson du maïs se fait en arrachant les gerbes, ou en les coupant à deux pieds de hauteur sur leur tige. Le grain se conserve dans des outres ou dans des fosses garnies de roseaux. On garde aussi les gerbes entières; on les égrène à mesure que l'on en a besoin. Pour réduire le maïs en farine, on le pile dans un mortier ou on l'écrase entre deux pierres. Les Sauvages usent aussi de moulins à bras achetés des Européens.

La moisson de la folle-avoine ou de riz sauvage suit immédiatement celle du maïs. J'ai parlé ailleurs de cette moisson (1).

RÉCOLTE DU SUCRE D'ÉRABLE.

La récolte du suc d'érable se faisait et se fait encore parmi les Sauvages deux fois l'année. La première récolte a lieu vers la fin de février, de mars ou d'avril, selon la latitude du pays où croît l'érable à sucre. L'eau recueillie après les légères gelées de la nuit se convertit en sucre, en la faisant bouillir sur un grand feu. La quantité de sucre obtenue par ce procédé varie selon les qualités de l'arbre. Ce sucre, léger de digestion, est d'une couleur verdâtre, d'un goût agréable et un peu acide.

La seconde récolte a lieu quand la sève de l'arbre n'a pas assez de consistance pour se changer en suc. Cette sève se condense en une espèce de mélasse, qui, étendue dans de l'eau de fontaine, offre une liqueur fraîche pendant les chaleurs de l'été.

On entretient avec grand soin le bois d'érable de l'espèce rouge et blanche. Les érables les plus productifs sont ceux dont l'écorce paraît noire et galeuse. Les Sauvages ont cru observer que ces accidents sont causés par le pivert noir à tête rouge, qui perce l'érable dont la sève est la plus abondante. Ils respectent ce pivert comme un oiseau intelligent et un bon génie.

A quatre pieds de terre environ, on ouvre dans le tronc de l'érable deux trous de trois quarts de pouce de profondeur, et perforés du haut en bas pour faciliter l'écoulement de la sève.

Ces deux premières incisions sont tournées au midi ; on en pratique deux autres semblables du côté du nord. Ces quatre taillades sont ensuite creusées, à mesure que l'arbre donne sa sève, jusqu'à la profondeur de deux pouces et demi.

Deux auges de bois sont placées aux deux faces de l'arbre au nord et au midi, et des tuyaux de sureau introduits dans les fentes servent à diriger la sève dans ces auges.

Toutes les vingt-quatre heures on enlève le suc écoulé ; on le porte sous des bangars couverts d'écorce ; on le fait bouillir dans un bassin de pierre en l'écumant. Lorsqu'il est réduit à moitié par l'action d'un feu clair, on le transvase dans un autre bassin, où l'on continue à le faire bouillir jusqu'à ce qu'il ait pris la consistance d'un sirop. Alors, retiré du feu, il repose pendant douze heures. Au bout de ce temps on le précipite dans un troisième bassin, prenant soin de ne pas remuer le sédiment tombé au fond de la liqueur.

Ce troisième bassin est à son tour remis sur des charbons demi-brûlés et sans flamme. Un peu de graisse est jetée dans le sirop pour l'empêcher de surmonter les bords du vase. Lorsqu'il commence à filer, il faut se hâter de le

---

(1) Dans les *Natchez*.

verser dans un quatrième et dernier bassin de bois, appelé *le refroidisseur*. Une femme vigoureuse le remue en rond, sans discontinuer, avec un bâton de cèdre, jusqu'à ce qu'il ait pris le grain du sucre. Alors elle le coule dans des moules d'écorce qui donnent au fluide coagulé la forme de petits pains coniques : l'opération est terminée.

Quand il ne s'agit que des mélasses, le procédé finit au second feu.

L'écoulement des érables dure quinze jours, et ces quinze jours sont une fête continuelle. Chaque matin on se rend au bois d'érables, ordinairement arrosé par un courant d'eau. Des groupes d'Indiens et d'Indiennes sont dispersés aux pieds des arbres; des jeunes gens dansent et jouent à différents jeux; des enfants se baignent sous les yeux des sachems. A la gaieté de ces Sauvages, à leur demi-nudité, à la vivacité des danses, aux luttes non moins bruyantes des baigneurs, à la mobilité et à la fraîcheur des eaux, à la vieillesse des ombrages, on croirait assister à l'une de ces scènes de Faunes et de Dryades décrites par les poëtes.

> Tum vero in numerum Faunosque ferasque videres
> Ludere.

PÊCHES.

Les Sauvages sont aussi habiles à la pêche qu'adroits à la chasse : ils prennent le poisson avec des hameçons et des filets; ils savent aussi épuiser les viviers. Mais ils ont de grandes pêches publiques. La plus célèbre de toutes ces pêches était celle de l'esturgeon, qui avait lieu sur le Mississipi et sur ses affluents.

Elle s'ouvrait par le mariage du filet. Six guerriers et six matrones portant ce filet s'avançaient au milieu des spectateurs sur la place publique, et demandaient en mariage pour leur fils, le filet, deux jeunes filles qu'ils désignaient.

Les parents des jeunes filles donnaient leur consentement, et les jeunes filles et le filet étaient mariés par le jongleur avec les cérémonies d'usage : le doge de Venise épousait la mer !

Des danses de caractère suivaient le mariage. Après les noces du filet on se rendait au fleuve au bord duquel étaient assemblés les canots et les pirogues. Les nouvelles épouses enveloppées dans le filet étaient portées à la tête du cortége : on s'embarquait après s'être muni de flambeaux de pin, et de pierres pour battre le feu. Le filet, ses femmes, le jongleur, le Grand-Chef, quatre sachems, huit guerriers pour manier les rames, montaient une grande pirogue qui prenait le devant de la flotte.

La flotte cherchait quelque baie fréquentée par l'esturgeon. Chemin faisant, on pêchait toutes les autres sortes de poissons; la truite, avec la seine, le poisson armé, avec l'hameçon. On frappe l'esturgeon d'un dard attaché à une corde, laquelle est nouée à la barre intérieure du canot. Le poisson frappé fuit en entraînant le canot; mais peu à peu sa fuite se ralentit et il vient expirer à la surface de l'eau. Les différentes attitudes des pêcheurs, le jeu des rames, le mouvement des voiles, la position des pirogues groupées ou dispersées montrant le flanc, la poupe ou la proue, tout cela compose un spectacle très-pittoresque : les paysages de la terre forment le fond immobile de ce mobile tableau.

A l'entrée de la nuit, on allumait dans les pirogues des flambeaux dont la lueur se répétait à la surface de l'onde. Les canots pressés jetaient des masses d'ombres sur les flots rougis; on eût pris les pêcheurs indiens qui s'agitaient dans ces embarcations, pour leurs manitous, pour ces êtres fantastiques, création de la superstition et des rêves du Sauvage.

A minuit, le jongleur donnait le signal de la retraite, déclarant que le filet voulait se retirer avec ses deux épouses. Les pirogues se rangeaient sur deux lignes. Un flambeau était symétriquement et horizontalement placé entre chaque rameur sur le bord des pirogues : ces flambeaux, parallèles à la surface du fleuve, paraissaient, disparaissaient à la vue par le balancement des vagues, et ressemblaient à des rames enflammées plongeant dans l'onde pour faire voguer les canots.

On chantait alors l'épithalame du filet : le filet, dans toute la gloire d'un nouvel époux, était déclaré vainqueur de l'esturgeon qui porte une couronne et qui a douze pieds de long. On peignait la déroute de l'armée entière des poissons : le lencornet, dont les barbes servent à entortiller son ennemi ; le chaousaron, pourvu d'une lance dentelée, creuse et percée par le bout; l'artimègue, qui déploie un pavillon blanc ; les écrevisses, qui précèdent les guerriers-poissons, pour leur frayer le chemin ; tout cela était vaincu par le filet.

Venaient des strophes qui disaient la douleur des veuves des poissons. « En vain ces veuves apprennent à nager, elles ne reverront plus ceux avec qui elles aimaient à errer dans les forêts sous les eaux ; elles ne se reposeront plus avec eux sur des couches de mousse que recouvrait une voûte transparente. » Le filet est invité, après tant d'exploits, à dormir dans les bras de ses deux épouses.

DANSES.

La danse chez les Sauvages, comme chez les anciens Grecs et chez la plupart des peuples enfants, se mêle à toutes les actions de la vie. On danse pour les mariages, et les femmes font partie de cette danse ; on danse pour recevoir un hôte, pour fumer un calumet ; on danse pour les moissons ; on danse pour la naissance d'un enfant; on danse surtout pour les morts. Chaque chasse a sa danse, laquelle consiste dans l'imitation des mouvements, des mœurs et des cris de l'animal dont la poursuite est décidée : on grimpe comme un ours, on bâtit comme un castor, on galope en rond comme un bison, on bondit comme un chevreuil, on hurle comme un loup, et l'on glapit comme un renard.

Dans la danse des braves ou de la guerre, les guerriers, complétement armés, se rangent sur deux lignes; un enfant marche devant eux, un chichikoué à la main ; c'est l'*enfant des songes*, l'enfant qui a *rêvé* sous l'inspiration des bons ou des mauvais manitous. Derrière les guerriers vient le jongleur, le prophète ou l'augure interprète des songes de l'enfant.

Les danseurs forment bientôt un double cercle en mugissant sourdement, tandis que l'enfant, demeuré au centre de ce cercle prononce, les yeux baissés, quelques mots inintelligibles. Quand l'enfant lève la tête, les guerriers sautent et mugissent plus fort : ils se vouent à Athaënsic, manitou de la haine et de la vengeance. Une espèce de coryphée marque la mesure en frappant sur un tambourin. Quelquefois les danseurs attachent à leurs pieds de petites sonnettes achetées des Européens.

Si l'on est au moment de partir pour une expédition, un chef prend la place de l'enfant, harangue les guerriers, frappe à coups de massue l'image d'un homme ou celle du matinou de l'ennemi, dessinées grossièrement sur la terre. Les guerriers recommençant à danser, assaillent également l'image, imitent les attitudes de l'homme qui combat, brandissent leurs massues ou leurs haches, manient leurs mousquets ou leurs arcs, agitent leurs couteaux avec des convulsions et des hurlements.

Au retour de l'expédition, la danse de la guerre est encore plus affreuse : des têtes, des cœurs, des membres mutilés, des crânes avec leurs chevelures sanglantes sont suspendus à des piques plantées en terre. On danse autour de ces trophées, et les prisonniers qui doivent être brûlés assistent au spectacle de ces horribles joies. Je parlerai de quelques autres danses de cette nature à l'article de la guerre.

JEUX.

Le jeu est une action commune à l'homme ; il a trois sources : la nature, la société, les passions. De là trois espèces de jeux : les jeux de l'enfance, les jeux de la virilité, les jeux de l'oisiveté ou des passions.

Les jeux de l'enfance, inventés par les enfants eux-mêmes, se retrouvent sur toute la terre. J'ai vu le petit Sauvage, le petit Bédouin, le petit Nègre, le petit Français, le petit Anglais, le petit Allemand, le petit Italien, le petit Espagnol, le petit Grec opprimé, le petit Turc oppresseur, lancer la balle et rouler le cerceau. Qui a montré à ces enfants si divers par leurs langues, si différents par leurs races, leurs mœurs et leurs pays, qui leur a montré ces mêmes jeux? Le maître des hommes, le Père de la grande et même famille : il enseigna à l'innocence ces amusements, développement des forces, besoin de la nature.

La seconde espèce de jeux est celle qui, servant à apprendre un art, est un besoin de la société. Il faut ranger dans cette espèce les jeux gymnastiques, les courses de char, la naumachie chez les anciens, les joutes, les castilles, les pas d'armes, les tournois dans le moyen âge, la paume, l'escrime, les courses de chevaux, et les jeux d'adresse chez les modernes. Le théâtre avec ses pompes est une chose à part, et le génie le réclame comme une de ses récréations : il en est de même de quelques combinaisons de l'esprit, comme le jeu de dames et des échecs.

La troisième espèce de jeux, les jeux de hasard, est celle où l'homme expose sa fortune, son honneur, quelquefois sa liberté et sa vie avec une fureur qui tient du délire ; c'est un besoin des passions. Les dés chez les anciens, les cartes chez les modernes, les osselets chez les Sauvages de l'Amérique septentrionale, sont au nombre de ces récréations funestes.

On retrouve les trois espèces de jeux dont je viens de parler chez les Indiens.

Les jeux de leurs enfants sont ceux de nos enfants; il ont la balle et la paume (1), la course, le tir de l'arc pour la jeunesse, et de plus le *jeu des plumes*, qui rappelle un ancien jeu de chevalerie.

Les guerriers et les jeunes filles dansent autour de quatre poteaux, sur lesquels sont attachées des plumes de différentes couleurs : de temps en temps un jeune homme sort des quadrilles et enlève une plume de la couleur que porte sa maîtresse : il attache cette plume dans ses cheveux, et rentre dans les chœurs de danse. Par la disposition de la plume et la forme des pas, l'Indienne devine le lieu que son amant lui indique pour rendez-vous. Il y a des guerriers qui prennent des plumes d'une couleur dont aucune danseuse n'est parée : cela veut dire que ce guerrier n'aime point ou n'est point aimé. Les femmes mariées ne sont admises que comme spectatrices à ce jeu.

Parmi les jeux de la troisième espèce, les jeux de l'oisiveté ou des passions, je ne décrirai que celui des osselets.

A ce jeu, les Sauvages pleigent leurs femmes, leurs enfants, leur liberté; et lorsqu'ils ont joué sur promesse et qu'ils ont perdu, ils tiennent leur promesse. Chose étrange! l'homme, qui manque souvent aux serments les plus sacrés, qui se rit des lois, qui trompe sans scrupule son voisin et quelquefois son ami, qui se fait un mérite de la ruse et de la duplicité, met son honneur à remplir les engagements de ses passions, à tenir sa parole au crime, à être sincère envers les auteurs, souvent coupables, de sa ruine et les complices de sa dépravation.

Au jeu des osselets, appelé aussi le *jeu du plat*, deux joueurs seuls tiennent la main; le reste des joueurs parie pour ou contre : les deux adversaires ont chacun leur marqueur. La partie se joue sur une table ou simplement sur le gazon.

Les deux joueurs qui tiennent la main sont pourvus de six ou huit dés ou osselets, ressemblant à des noyaux d'abricot taillés à six faces inégales : les deux plus larges faces sont peintes, l'une en blanc, l'autre en noir.

Les osselets se mêlent dans un plat de bois un peu concave ; le joueur fait pirouetter ce plat ; puis, frappant sur la table ou sur le gazon, il fait sauter en l'air les osselets.

Si tous les osselets, en tombant, présentent la même couleur, celui qui a joué gagne cinq points : si cinq osselets, sur six ou huit, amènent la même couleur, le joueur ne gagne qu'un point pour la première fois ; mais si le même joueur répète le même coup, il fait rafle de tout et gagne la partie, qui est en quarante.

A mesure que l'on prend des points, on en défalque autant sur la partie de l'adversaire.

Le gagnant continue de tenir la main; le perdant cède sa place à l'un des parieurs de son côté, appelé à volonté par le marqueur de sa partie : les marqueurs sont les personnages principaux de ce jeu : on les choisit avec de grandes précautions, et l'on préfère surtout ceux à qui l'on croit le manitou le plus fort et le plus habile.

La désignation des marqueurs amène de violents débats : si un parti a nommé

(1) Voyez les *Natchez*.

un marqueur dont le manitou, c'est-à-dire la fortune, passe pour redoutable, l'autre parti s'oppose à cette nomination : on a quelquefois une très-grande idée de la puissance du manitou d'un homme qu'on déteste; dans ce cas l'intérêt l'emporte sur la passion, et l'on adopte cet homme pour marqueur, malgré la haine qu'on lui porte.

Le marqueur tient à la main une petite planche sur laquelle il note les coups en craie rouge : les Sauvages se pressent en foule autour des joueurs; tous les yeux sont attachés sur le plat et sur les osselets; chacun offre des vœux et fait des promesses aux bons génies. Quelquefois les valeurs engagées sur le coup de dés sont immenses pour des Indiens; les uns y ont mis leur cabane; les autres se sont dépouillés de leurs vêtements, et les jouent contre les vêtements des parieurs du parti opposé; d'autres enfin qui ont déjà perdu tout ce qu'ils possèdent, proposent contre un faible enjeu leur liberté; ils offrent de servir pendant un certain nombre de mois ou d'années celui qui gagnerait le coup contre eux.

Les joueurs se préparent à leur ruine par des observances religieuses : ils jeûnent, ils veillent, ils prient; les garçons s'éloignent de leurs maîtresses, les hommes mariés, de leurs femmes; les songes sont observés avec soin. Les intéressés se munissent d'un sachet où ils mettent toutes les choses auxquelles ils ont rêvé, de petits morceaux de bois, des feuilles d'arbres, des dents de poissons, et cent autres manitous supposés propices. L'anxiété est peinte sur les visages pendant la partie; l'assemblée ne serait pas plus émue s'ils s'agissait du sort de la nation. On se presse autour du marqueur; on cherche à le toucher, à se mettre sous son influence; c'est une véritable frénésie; chaque coup est précédé d'un profond silence et suivi d'une vive acclamation. Les applaudissements de ceux qui gagnent, les imprécations de ceux qui perdent, sont prodigués aux marqueurs; et des hommes, ordinairement chastes et modérés dans leurs propos, vomissent des outrages d'une grossièreté et d'une atrocité incroyable.

Quand le coup doit être décisif, il est souvent arrêté avant d'être joué : des parieurs de l'un ou de l'autre parti déclarent que le moment est fatal, qu'il ne faut pas encore faire sauter les osselets. Un joueur, apostrophant ces osselets, leur reproche leur méchanceté et les menace de les brûler : un autre ne veut pas que l'affaire soit décidée avant qu'il ait jeté un morceau de petun dans le fleuve; plusieurs demandent à grands cris le saut des osselets; mais il suffit qu'une seule voix s'y oppose pour que le coup soit de droit suspendu. Lorsqu'on se croit au moment d'en finir un assistant s'écrie : « Arrêtez! arrêtez! ce sont « les meubles de ma cabane qui me portent malheur! » Il court à sa cabane, brise et jette tous les meubles à la porte, et revient en disant : « Jouez! jouez! »

Souvent un parieur se figure que tel homme lui porte malheur; il faut que cet homme s'éloigne du jeu s'il n'y est pas mêlé, ou que l'on trouve un autre homme dont le manitou, au jugement du parieur, puisse vaincre celui de l'homme qui porte malheur. Il est arrivé que des commandants français au Canada, témoins de ces déplorables scènes, se sont vus forcés de se retirer pour satisfaire aux caprices d'un Indien. Et il ne s'agit pas de traiter légèrement ces caprices; toute la nation prendrait fait et cause pour le joueur; la religion se mêlerait de l'affaire, et le sang coulerait.

Enfin, quand le coup décisif se joue, peu d'Indiens ont le courage d'en supporter la vue ; la plupart se précipitent à terre, ferment les yeux, se bouchent les oreilles, et attendent l'arrêt de la fortune comme on attendrait une sentence de vie ou de mort.

ANNÉE. DIVISION ET RÈGLEMENT DU TEMPS. CALENDRIER NATUREL.

ANNÉE.

Les Sauvages divisent l'année en douze lunes, division qui frappe tous les hommes ; car la lune disparaissant et reparaissant douze fois, coupe visiblement l'année en douze parties, tandis que l'année solaire, véritable année, n'est point indiquée par des variations dans le disque du soleil.

DIVISION DU TEMPS.

Les douze lunes tirent leurs noms des labeurs, des biens et des maux des Sauvages, des dons et des accidents de la nature ; conséquemment ces noms varient selon le pays et les usages des diverses peuplades. Charlevoix en cite un grand nombre. Un voyageur moderne (1) donne ainsi les mois des Sioux et les mois des Cipawais.

MOIS DES SIOUX.		LANGUE SIOUSE.
Mars,	la lune du mal des yeux.	Wisthociasia-oni.
Avril,	la lune du gibier.	Mograhoandi-oni.
Mai,	la lune des nids.	Mograhochanda-oui.
Juin,	la lune des fraises.	Wojusticiascia-oni.
Juillet,	la lune des cerises.	Champascia-oui.
Août,	la lune des buffaloes.	Tantankakiocu-oui.
Septembre,	la lune de la folle-avoine.	Wasipi-oni.
Octobre,	la lune de la fin de la folle-avoine.	Sciwostapi-oni.
Novembre,	la lune du chevreuil.	Takiouka-oni.
Décembre,	la lune du chevreuil qui jette ses cornes.	Ah osciakiouska-oni
Janvier,	la lune de valeur.	Ouwikari-oui.
Février,	la lune des chats sauvages.	Owiciata-oni.

MOIS DES CIPAWAIS.		LANGUE ALGONQUINE.
Juin,	la lune des fraises.	Hode r min-quisis.
Juillet,	la lune des fruits brûlés.	Mikin-quisis.

(1) Beltrami.

Août,	la lune des feuilles jaunes. . . .	Wathebaqui-quisis.
Septembre,	la lune des feuilles tombantes. .	Inaqui-quisis.
Octobre,	la lune du gibier qui passe. . . .	Bina-hauno-quisis.
Novembre,	la lune de la neige.	Kaskadinu-quisis.
Décembre,	la lune du Petit-Esprit.	Manito-quisis.
Janvier,	la lune du Grand-Esprit.	Kitci-manito-quisis.
Février,	la lune des aigles qui arrivent. . .	Wamebiuni-quisis.
Mars,	la lune de la neige durcie. . . .	Ouabanni quisis.
Avril,	la lune des raquettes aux pieds. .	Pokaodaquimi-quisis.
Mai,	la lune des fleurs.	Wabigon-quisis.

Les années se comptent par neiges ou par fleurs : le vieillard et la jeune fille trouvent ainsi le symbole de leurs âges dans le nom de leurs années.

CALENDRIER NATUREL.

En astronomie, les Indiens ne connaissent guère que l'étoile polaire; ils l'appellent l'*étoile immobile;* elle leur sert pour se guider pendant la nuit. Les Osages ont observé et nommé quelques constellations. Le jour, les Sauvages n'ont pas besoin de boussole; dans les savanes, la pointe de l'herbe qui penche du côté du sud; dans les forêts, la mousse qui s'attache au tronc des arbres du côté du nord, leur indiquent le septentrion et le midi. Ils savent dessiner sur des écorces des cartes géographiques où les distances sont désignées par les nuits de marche.

Les diverses limites de leur territoire sont des fleuves, des montagnes, un rocher où l'on aura conclu un traité, un tombeau au bord d'une forêt, une grotte du Grand-Esprit dans une vallée.

Les oiseaux, les quadrupèdes, les poissons, servent de baromètre, de thermomètre, de calendrier aux Sauvages : ils disent que le castor leur a appris à bâtir et à se gouverner, le carcajou à chasser avec des chiens, parce qu'il chasse avec des loups, l'épervier d'eau à pêcher avec une huile qui attire le poisson.

Les pigeons, dont les volées sont innombrables, les bécasses américaines, dont le bec est d'ivoire, annoncent l'automne aux Indiens; les perroquets et les piverts prédisent la pluie par des sifflements tremblotants.

Quand le maukawis, espèce de caille, fait entendre son chant au mois d'avril depuis le lever jusqu'au coucher du soleil, le Siminole se tient assuré que les froids sont passés; les femmes sèment les grains d'été : mais quand le maukawis se perche la nuit sur une cabane, l'habitant de cette cabane se prépare à mourir.

Si l'oiseau blanc se joue au haut des airs, il annonce un orage; s'il vole le soir au-devant du voyageur; en se jetant d'une aile sur l'autre, comme effrayé, il prédit des dangers.

Dans les grands événements de la patrie, les jongleurs affirment que Kitchi-Manitou se montre au-dessus des nuages porté par son oiseau favori, le walkon, espèce d'oiseau de paradis aux ailes brunes, et dont la queue est ornée de quatre longues plumes vertes et rouges.

Les moissons, les jeux, les chasses, les danses, les assemblées des sachems, les cérémonies du mariage, de la naissance et de la mort, tout se règle par quelques observations tirées de l'histoire de la nature. On sent combien ces usages doivent répandre de grâce et de poésie dans le langage ordinaire de ces peuples. Les nôtres se réjouissent à la Grenouillère, grimpent au mât de cocagne, moissonnent à la mi-août, plantent des ognons à la Saint-Fiacre, et se marient à la Saint-Nicolas.

MÉDECINE.

La science du médecin est une espèce d'initiation chez les Sauvages : elle s'appelle la *grande médecine;* on y est affilié comme à une franc-maçonnerie ; elle a ses secrets, ses dogmes, ses rites.

Si les Indiens pouvaient bannir du traitement des maladies les coutumes superstitieuses et les jongleries des prêtres, ils connaîtraient tout ce qu'il y a d'essentiel dans l'art de guérir; on pourrait même dire que cet art est presque aussi avancé chez eux que chez les peuples civilisés.

Ils connaissent une multitude de simples propres à fermer les blessures; ils ont l'usage du *garentoguen,* qu'ils appellent encore *abasout-chenza,* à cause de sa forme : c'est le *ginseng* des Chinois. Avec la seconde écorce du sassafras, ils coupent les fièvres intermittentes : les racines du lycnis à feuilles de lierre leur servent pour faire passer les enflures du ventre ; ils emploient le *bellis* du Canada, haut de six pieds, dont les feuilles sont grasses et cannelées, contre la gangrène ; il nettoie complétement les ulcères, soit qu'on le réduise en poudre, soit qu'on l'applique cru et broyé.

L'hédisaron à trois feuilles, dont les fleurs rouges sont disposées en épi, a la même vertu que le bellis.

Selon les Indiens, la forme des plantes a des analogies et des ressemblances avec les différentes parties du corps humain que ces plantes sont destinées à guérir, ou avec les animaux malfaisants dont elles neutralisent le venin. Cette observation mériterait d'être suivie : les peuples simples, qui dédaignent moins que nous les indications de la Providence, sont moins sujets que nous à s'y tromper.

Un des grands moyens employés par les Sauvages dans beaucoup de maladies, ce sont les bains de vapeur. Ils bâtissent à cet effet une cabane qu'ils appellent la *cabane des sueurs.* Elle est construite avec des branches d'arbres plantées en rond et attachées ensemble par la cime, de manière à former un cône; on les garnit en dehors de peaux de différents animaux : on y ménage une très-petite ouverture pratiquée contre terre, et par laquelle on entre en se traînant sur les genoux et sur les mains. Au milieu de cette étuve est un bassin plein d'eau que l'on fait bouillir en y jetant des cailloux rougis au feu ; la vapeur qui s'élève de ce bassin est brûlante, et en moins de quelques minutes le malade se couvre de sueur.

La chirurgie n'est pas à beaucoup près aussi avancée que la médecine parmi les Indiens. Cependant ils sont parvenus à suppléer à nos instruments par des inventions ingénieuses. Ils entendent très-bien les bandages applicables aux fractures simples : ils ont des os aussi pointus que des lancettes pour saigner et pour scarifier les membres rhumatisés ; ils sucent le sang à l'aide d'une corne, et en tirent la quantité prescrite. Des courges pleines de matières combustibles auxquelles ils mettent le feu leur tiennent lieu de ventouses. Ils ouvrent des ustions avec des nerfs de chevreuil ; ils font des siphons avec les vessies des divers animaux.

Les principes de la boîte fumigatoire employée quelque temps en Europe, dans le traitement des noyés, sont connus des Indiens. Ils se servent, à cet effet, d'un large boyau fermé à l'une des extrémités, ouvert à l'autre par un petit tube de bois ; on enfle ce boyau avec de la fumée, et l'on fait entrer cette fumée dans les intestins du noyé.

Dans chaque famille on conserve ce qu'on appelle *le sac de médecine ;* c'est un sac rempli de manitous et de différents simples d'une grande puissance. On porte ce sac à la guerre : dans les camps, c'est un palladium, dans les cabanes un dieu Lare.

Les femmes pendant leurs couches se retirent à la cabane des purifications ; elles y sont assistées par des matrones. Celles-ci, dans les accouchements ordinaires, ont les connaissances suffisantes ; mais dans les accouchements difficiles, elles manquent d'instruments. Lorsque l'enfant se présente mal et qu'elles ne le peuvent retourner, elles suffoquent la mère, qui, se débattant contre la mort, délivre son fruit par l'effort d'une dernière convulsion. On avertit toujours la femme en travail avant de recourir à ce moyen ; elle n'hésite jamais à se sacrifier. Quelquefois la suffocation n'est pas complète ; on sauve à la fois l'enfant et son héroïque mère.

La pratique est encore, dans ces cas désespérés, de causer une grande frayeur à la femme en couches ; une troupe de jeunes gens s'approchent en silence de la cabane des purifications, et poussent tout à coup un cri de guerre : ces clameurs échouent auprès des femmes courageuses, et il y en a beaucoup.

Quand un Sauvage tombe malade, tous ses parents se rendent à sa hutte. On ne prononce jamais le mot de mort devant un ami du malade : l'outrage le plus sanglant qu'on puisse faire à un homme, c'est de lui dire : « Ton père « est mort. »

Nous avons vu le côté sérieux de la médecine des Sauvages, nous allons en voir le côté plaisant, le côté qu'aurait peint un Molière indien, si ce qui rappelle les infirmités morales et physiques de notre nature n'avait quelque chose de triste.

Le malade a-t-il des évanouissements, dans les intervalles où on peut le supposer mort, les parents, assis selon les degrés de parenté autour de la natte du moribond, poussent des hurlements qu'on entendrait d'une demi-lieue. Quand le malade reprend ses sens les hurlements cessent pour recommencer à la première crise.

Cependant le jongleur arrive ; le malade lui demande s'il reviendra à la vie :

le jongleur ne manque pas de répondre qu'il n'y a que lui, jongleur, qui puisse lui rendre la santé. Alors le malade, qui se croit près d'expirer, harangue ses parents, les console, les invite à bannir la tristesse et à bien manger.

On couvre le patient d'herbes, de racines et de morceaux d'écorce ; on souffle avec un tuyau de pipe sur les parties de son corps où le mal est censé résider ; le jongleur lui parle dans la bouche pour conjurer, s'il en est temps encore, l'esprit infernal.

Le malade ordonne lui-même le repas funèbre : tout ce qui reste de vivres dans la cabane se doit consommer. On commence à égorger les chiens, afin qu'ils aillent avertir le Grand-Esprit de la prochaine arrivée de leur maître. A travers ces puérilités, la simplicité avec laquelle un Sauvage accomplit le dernier acte de la vie, a pourtant quelque chose de grand.

En déclarant que le malade va mourir, le jongleur met sa science à l'abri des événements, et fait admirer son art si le malade recouvre la santé.

Quand il s'aperçoit que le danger est passé, il n'en dit rien, et commence ses abjurations.

Il prononce d'abord des mots que personne ne comprend; puis il s'écrie : « Je découvrirai le maléfice; je forcerai Kitchi-Manitou à fuir devant moi. »

Il sort de la hutte; les parents le suivent; il court s'enfoncer dans la *cabane des sueurs* pour recevoir l'inspiration divine. Rangés dans une muette terreur autour de l'étuve, les parents entendent le prêtre qui hurle, chante, crie en s'accompagnant d'un chichikoué. Bientôt il sort tout nu par le soupirail de la hutte, l'écume aux lèvres, et les yeux tors : il se plonge, dégouttant de sueur, dans une eau glacée, se roule par terre, fait le mort, ressuscite, vole à la hutte en ordonnant aux parents d'aller l'attendre à celle du malade.

Bientôt on le voit revenir tenant un charbon à moitié allumé dans sa bouche, et un serpent dans sa main.

Après de nouvelles contorsions autour du malade, il laisse tomber le charbon et s'écrie : « Réveille-toi, je te promets la vie, le Grand-Esprit m'a fait con« naître le sort qui te faisait mourir. » Le forcené se jette sur le bras de sa dupe, le déchire avec les dents, et ôtant de sa bouche un petit os qu'il y tenait caché : « Voilà, s'écrie-t-il, le maléfice que j'ai arraché de ta chair ! » Alors le prêtre demande un chevreuil et des truites pour en faire un repas, sans quoi le malade ne pourrait guérir : les parents sont obligés d'aller sur-le-champ à la chasse et à la pêche.

Le médecin mange le dîner; cela ne suffit pas. Le malade est menacé d'une rechute, si l'on n'obtient, dans une heure, le manteau d'un chef qui réside à deux ou trois journées de marche du lieu de la scène. Le jongleur le sait; mais comme il prescrit à la fois la règle et donne les dispenses, moyennant quatre ou cinq manteaux profanes fournis par les parents, il les tient quittes du manteau sacré réclamé par le ciel.

Les fantaisies du malade, qui revient tout naturellement à la vie, augmentent la bizarrerie de cette cure : le malade s'échappe de son lit, se traîne sur les pieds et sur les mains derrière les meubles de la cabane. Vainement on l'interroge; il continue sa ronde et pousse des cris étranges. On le saisit : on le remet sur sa natte; on le croit en proie à une attaque de son mal : il reste tranquille un moment, puis il se relève à l'improviste, et va se plonger dans un vivier; on l'en retire avec peine; on lui présente un breuvage : « Donne-le à cet ori- « gnal, » dit-il en désignant un de ses parents.

La médecin cherche à pénétrer la cause du nouveau délire du malade. « Je « me suis endormi, répond gravement celui-ci et j'ai rêvé que j'avais un bison « dans l'estomac. » La famille semble consternée; mais soudain les assistants s'écrient qu'ils sont aussi possédés d'un animal : l'un imite le cri d'un caribou, l'autre l'aboiement d'un chien, un troisième, le hurlement d'un loup; le malade contrefait à son tour le mugissement de son bison : c'est un charivari épouvantable. On fait transpirer le songeur sur une infusion de sauge et de branches de sapin; son imagination est guérie par la complaisance de ses amis, et il déclare que le bison lui est sorti du corps. Ces folies, mentionnées par Charlevoix, se renouvellent tous les jours chez les Indiens.

Comment le même homme, qui s'élevait si haut lorsqu'il se croyait au moment de mourir, tombe-t-il si bas lorsqu'il est sûr de vivre? Comment de sages vieillards, des jeunes gens raisonnables, des femmes sensées, se soumettent-ils aux caprices d'un esprit déréglé? Ce sont là les mystères de l'homme, la double preuve de sa grandeur et de sa misère.

LANGUES INDIENNES.

Quatre langues principales paraissent se partager l'Amérique septentrionale : l'algonquin et le huron au nord et à l'est, le sioux à l'ouest, et le chicassais au midi; mais les dialectes diffèrent pour ainsi dire de tribu à tribu. Les Creeks actuels parlent le chicassais mêlé d'algonquin.

L'ancien natchez n'était qu'un dialecte plus doux du chicassais.

Le natchez, comme le huron et l'algonquin, ne connaissait que deux genres, le masculin et le féminin; il rejetait le neutre. Cela est naturel chez des peuples qui prêtent des sens à tout, qui entendent des voix dans tous les murmures, qui donnent des haines et des amours aux plantes, des désirs à l'onde, des esprits immortels aux animaux, des âmes aux rochers. Les noms en natchez ne se déclinaient point ; ils prenaient seulement au pluriel la lettre *k* ou le monosyllabe *ki*, si le nom finissait par une consonne.

Les verbes se distinguaient par la caractéristique, la terminaison et l'augment. Ainsi les Natchez disaient, *T-ija*, je marche; *ni Tija-ban*, je marchais; *ni-ga Tija*, je marcherai; *ni-ki Tija*, je marchai ou j'ai marché.

Il y avait autant de verbes qu'il y avait de substantifs exposés à la même action; ainsi *manger* du maïs était un autre verbe que *manger* du chevreuil, se *promener* dans une forêt, se disait d'une autre manière que se promener sur une colline; *aimer son ami* se rendait par le verbe *napitilima*, qui signifie j'estime ; *aimer sa maîtresse* s'exprimait par le verbe *nisikia*, qu'on peut traduire par *je suis heureux*. Dans les langues des peuples près de la nature, les verbes sont ou très-multipliés, ou peu nombreux, mais surchargés d'une multitude de lettres qui en varient les significations : le père, la mère, le fils, la femme, le mari, pour exprimer leurs divers sentiments, ont cherché des expressions diverses ; ils ont modifié d'après les passions humaines la parole primitive que Dieu a donnée à l'homme avec l'existence. Le verbe était un et renfermait tout : l'homme en a tiré les langues avec leurs variations et leurs richesses, langues où l'on trouve pourtant quelques mots radicalement les mêmes, restés comme type ou preuve d'une commune origine.

Le chicassais, racine du natchez, est privé de la lettre *r*, excepté dans les mots dérivés de l'algonquin, comme *arrego, je fais la guerre*, qui se prononce avec une sorte de déchirement de son. Le chicassais a des aspirations fréquentes pour le langage des passions violentes, telles que la haine, la colère, la jalousie ; dans les sentiments tendres, dans les descriptions de la nature, ses expressions sont pleines de charme et de pompe.

Les Sioux, que leur tradition fait venir du Mexique sur le haut Mississipi, ont étendu l'empire de leur langue depuis ce fleuve jusqu'aux montagnes Rocheuses, à l'ouest, et jusqu'à la rivière Rouge, au nord : là se trouvent les Cypawais qui parlent un dialecte de l'algonquin, et qui sont ennemis des Sioux.

La langue siouse siffle d'une manière assez désagréable à l'oreille : c'est elle qui a nommé presque tous les fleuves et tous les lieux à l'ouest du Canada, le Mississipi, le Missouri, l'Osage, etc. On ne sait rien encore, ou presque rien de sa grammaire.

L'algonquin et le huron sont des langues mères de tous les peuples de la partie de l'Amérique septentrionale comprise entre les sources du Mississipi, la baie d'Hudson et l'Atlantique, jusqu'à la côte de la Caroline. Un voyageur qui saurait ces deux langues pourrait parcourir plus de dix huit cents lieues de pays sans interprète, et se faire entendre de plus de cent peuples.

La langue algonquine commençait à l'Acadie et au golfe Saint-Laurent ; tournant du sud-est par le nord jusqu'au sud-ouest, elle embrassait une étendue de douze cents lieues. Les indigènes de la Virginie la parlaient ; au delà, dans les Carolines, au midi, dominait la langue chicassaise. L'idiome algonquin, au nord, venait finir chez les Cypawais. Plus loin encore, au septentrion, paraît la langue des Esquimaux ; à l'ouest, la langue algonquine touchait la rive gauche du Mississipi : sur la rive droite règne la langue siouse.

L'algonquin a moins d'énergie que le huron ; mais il est plus doux, plus élégant et plus clair : on l'emploie ordinairement dans les traités ; il passe pour la langue polie ou la langue classique du désert. Le huron était parlé par le peuple qui lui a donné son nom, et par les Iroquois, colonie de ce peuple.

Le huron est une langue complète, ayant ses verbes, ses noms, ses pronoms et ses adverbes. Les verbes simples ont une double conjugaison, l'une absolue, l'autre réciproque ; les troisièmes personnes ont les deux genres, et les nombres et les temps suivent le mécanisme de la langue grecque. Les verbes actifs se multiplient à l'infini, comme dans la langue chicassaise.

Le huron est sans labiales ; on le parle du gosier, et presque toutes les syllabes sont aspirées. La diphthongue *ou* forme un son extraordinaire qui s'exprime sans faire aucun mouvement des lèvres. Les missionnaires ne sachant comment l'indiquer, l'ont écrit par le chiffre 8.

Le génie de cette noble langue consiste surtout à personnifier l'action, c'est-à-dire à tourner le passif par l'actif. Ainsi l'exemple est cité par le père Rasle : « Si vous demandiez à un Européen pourquoi Dieu l'a créé, il vous dirait : C'est « pour le connaître, l'aimer, le servir, et par ce moyen mériter la gloire éter- « nelle. »

Un Sauvage vous répondrait dans la langue huronne : « Le Grand-Esprit a « pensé de nous : qu'ils me connaissent, qu'ils m'aiment, qu'ils me servent, « alors je les ferai entrer dans mon illustre félicité. »

La langue huronne ou iroquoise a cinq principaux dialectes.

Cette langue n'a que quatre voyelles *a*, *e*, *i*, *o*, et la diphthongue 8, qui tient un peu de la consonne et de la valeur du *w* anglais ; elle a six consonnes, *h*, *k*, *n*, *r*, *s*, *t*.

Dans le huron presque tous les noms sont verbes. Il n'y a point d'infinitif ; la racine du verbe est la première personne du présent de l'indicatif.

Il y a trois temps primitifs dont se forment tous les autres : le présent de l'indicatif, le prétérit indéfini, et le futur simple affirmatif.

Il n'y a presque pas de substantifs abstraits ; si on en trouve quelques-uns, ils ont été évidemment formés après coup du verbe concret, en modifiant une de ses personnes.

Le huron a un duel comme le grec, et deux premières personnes plurielles et duelles. Point d'auxiliaire pour conjuguer les verbes ; point de participes ; point de verbes passifs ; on tourne par l'actif : *Je suis aimé*, dites : *On m'aime*, etc. Point de pronoms pour exprimer les relations dans les verbes : elles se connaissent seulement par l'initiale du verbe que l'on modifie autant de différentes fois et d'autant de différentes manières qu'il y a de relations possibles entre les différentes personnes des trois nombres, ce qui est énorme. Aussi ces relations sont-elles la clef de la langue. Lorsqu'on les comprend (elles ont des règles fixes), on n'est plus arrêté.

Une singularité, c'est que, dans les verbes, les impératifs ont une première personne.

Tous les mots de la langue huronne peuvent se composer entre eux. Il est général, à quelques exceptions près, que l'objet du verbe, lorsqu'il n'est pas un nom propre, s'inclut dans le verbe même, et ne fait plus qu'un seul mot ; mais alors le verbe prend la conjugaison du nom ; car tous les noms appartiennent à une conjugaison. Il y en a cinq.

Cette langue a un grand nombre de particules explétives qui seules ne signifient rien, mais qui, répandues dans le discours, lui donnent une grande force et une grande clarté. Les particules ne sont pas toujours les mêmes pour les hommes et pour les femmes. Chaque genre a les siennes propres.

Il y a deux genres, le genre noble, pour les hommes, et le genre non noble, pour les femmes et les animaux mâles ou femelles. En disant d'un lâche qu'il est une femme, on masculinise le mot *femme;* en disant d'une femme qu'elle est un homme, on féminise le mot *homme.*

La marque du genre noble et du genre non noble, du singulier, du duel et du pluriel, est la même dans les noms que dans les verbes, lesquels ont tous, à chaque temps et à chaque nombre, deux troisièmes personnes noble et non noble.

Chaque conjugaison est absolue, réfléchie, réciproque et relative. J'en mettrai ici un exemple.

Conjugaison absolue.

SING. PRÉS. DE L'INDICATIF.

Iks8ens. — Je hais, etc.

DUEL.

Tenis8ens. — Toi et moi, etc.

PLUR.

Te8as8ens. — Vous et nous, etc.

Conjugaison réfléchie.

SING.

Katats8ens. — Je me hais, etc.

DUEL.

Tiatats8ens. — Nous nous, etc.

PLUR.

Te8atats8ens. — Vous et nous, etc.

Pour la conjugaison réciproque on ajoute *te* à la conjugaison réfléchie, en changeant *r* en *h* dans les troisièmes personnes du singulier et du pluriel. On aura donc :

Tekatats8ens. — Je me hais, *mutuo,* avec quelqu'un.

Conjugaison relative du même verbe, du même temps.

SINGULIER.

Relation de la première personne aux autres.

Kons8ens. — *Ego te odi,* etc.

Relation de la seconde personne aux autres.

Taks8ens. — *Tu me.*

Relation de la troisième masculine aux autres.

Raks8ens. — *Ille me.*

Relation de la troisième personne féminine aux autres.

8aks8ens. — *Illa me,* etc.

Relation de la troisième personne indéfinie on.

Ionks8ens. — On me hait.

DUEL.

La relation du duel au duel et au pluriel devient plurielle. On ne mettra donc que la relation du duel au singulier.

Relation du duel aux autres personnes.

Kenis8ens. — *Nos 2 te,* etc.

Les troisièmes personnes duelles aux autres sont les mêmes que les plurielles.

PLURIEL.

Relation de la première plurielle aux autres.
K8as8ens. — *Nos te*, etc.

Relation de la seconde plurielle aux autres.
Tak8as8ens. — *Vos me.*

Relation de la troisième plur. masc. aux autres.
Ronks8ens. — *Illi me.*

Relation de la troisième fém. plur. aux autres.
Ionsks8ens. — *Illæ me.*

Conjugaison d'un nom.

SINGULIER.

Hieronke. — Mon corps.
Tsieronke. — Ton corps.
Raieronke. — Son — à lui.
Raieronke. — Son — à elle.
Ieronke. — Le corps de quelqu'un.

DUEL.

Tenieronke. — Notre (*meum et tuum*).
Iakeniieronke. — Notre (*meum et illum*).
Seniieronke. — Votre 2.
Niieronke. — Leur 2 à eux.
Kaniieronke. — Leur 2 à elles.

PLURIEL.

Te8aieronke. — Notre (*nost. et vest.*).
Iak8aieronke. — Notre (*nost. et illor.*).

Et ainsi de tous les noms. En comparant la conjugaison de ce nom avec la conjugaison absolue du verbe *iks8ens*, je hais, on voit que ce sont absolument les mêmes modifications aux trois nombres : *k* pour la première personne, *s* pour la seconde ; *r* pour la troisième noble, *ka* pour la troisième non noble ; *ni* pour le duel. Pour le pluriel, on redouble *te8a*, *se8a rati*, *konti*, changeant *k* en *te8a*, *s* en *se8a*, *ra* en *rati*, *ka* en *konti*, etc.

La relation dans la parenté est toujours du plus grand au plus petit. Exemple :

Mon père, *rakenika*, celui qui m'a pour fils. (Relation de la troisième personne à la première.)
Mon fils, *rienha*, celui que j'ai pour fils. (Relation de la première à la troisième personne.)
Mon oncle, *rakenchaa, rak.....* (Relation de la troisième personne à la première.)
Mon neveu, *rion8atenha, ri.....* (Relation de la première à la troisième personne, comme dans le verbe précédent.)

Le verbe *vouloir* ne se peut traduire en iroquois. On se sert de *ikire, penser ;* ainsi :

Je veux aller là.
Ikere etho iake.
Je pense aller là.

Les verbes qui expriment une chose qui n'existe plus au moment où l'on parle n'ont point de parfait, mais seulement un imparfait, comme *ronnhek8e*, imparfait, il a vécu, il ne vit plus. Par analogie à cette règle : si *j'ai aimé* quelqu'un et si je l'*aime encore*, je me servirai du parfait *kenon8ehon*. Si je ne l'aime plus, je me servirai de l'imparfait *kenon8esk8e* : je l'*aimais*, mais je *ne l'aime plus :* voilà pour les temps.

Quant aux personnes, les verbes qui expriment une chose que l'on ne fait pas volontairement n'ont pas de premières personnes, mais seulement une troisième relative aux autres. Ainsi, j'éternue, *te8akitsionh8a*, relation de la troisième à la première : cela m'*éternue* ou me fait éternuer.

Je bâille, *te8akskara8ata*, même relation de la troisième non noble à la première 8*ak*, cela m'*ouvre la bouche*. La seconde personne, *tu bâilles, tu éternues*, sera la relation de la même troisième personne non noble à la seconde *tesatsionk8a, tesaskara8ata*, etc.

Pour les termes des verbes, ou régimes indirects, il y a une variété suffisante de modifications aux finales qui les expriment intelligiblement ; et ces modifications sont soumises à des règles fixes.

Kninons, j'achète. *Kehninonse*, j'achète pour quelqu'un. *Kehninon*, j'achète de quelqu'un. — *Katennietha*, j'envoie. *Kehnieta*, j'envoie par quelqu'un. *Keiatennietennis*, j'envoie à quelqu'un.

Du seul examen de ces langues, il résulte que des peuples, par nous surnommés *Sauvages*, étaient fort avancés dans cette civilisation qui tient à la combinaison des idées. Les détails de leur gouvernement confirmeront de plus en plus cette vérité (1).

CHASSE.

Quand les vieillards ont décidé la chasse du castor ou de l'ours, un guerrier va de porte en porte dans les villages, disant : « Les chefs vont partir ; que ceux « qui veulent les suivre se peignent de noir et jeûnent, pour apprendre de « l'Esprit des songes où les ours et les castors se tiennent cette année. »

A cet avertissement tous les guerriers se barbouillent de noir de fumée dé-

(1) J'ai puisé la plupart des renseignements curieux que je viens de donner sur la langue huronne, dans une petite grammaire iroquoise manuscrite qu'a bien voulu m'envoyer M. Marcoux, missionnaire au Saut Saint-Louis, district de Montréal, dans le bas Canada. Au reste, les Jésuites ont laissé des travaux considérables sur les langues sauvages du Canada. Le père Chaumont, qui avait passé cinquante ans parmi les Hurons, a composé une grammaire de leur langue. Nous devons au père Rasle, enfermé dix ans dans un village d'Abénakis, de précieux documents. Un dictionnaire français-iroquois est achevé ; nouveau trésor pour les philologues. On a aussi le manuscrit d'un dictionnaire iroquois et anglais ; malheureusement le premier volume, depuis la lettre A jusqu'à la lettre L, a été perdu.

trempé avec de l'huile d'ours; le jeûne de huit nuits commence : il est si rigoureux qu'on ne doit pas même avaler une goutte d'eau et, il faut chanter incessamment, afin d'avoir d'heureux songes.

Le jeûne accompli, les guerriers se baignent : on sert un grand festin. Chaque Indien fait le récit de ses songes : si le plus grand nombre de ces songes désigne un même lieu pour la chasse, c'est là qu'on se résout d'aller.

On offre un sacrifice expiatoire aux âmes des ours tués dans les chasses précédentes, et on les conjure d'être favorables aux nouveaux chasseurs, c'est-à-dire qu'on prie les ours défunts de laisser assommer les ours vivants. Chaque guerrier chante ses anciens exploits contre les bêtes fauves.

Les chansons finies, on part complétement armé. Arrivés au bord d'un fleuve, les guerriers, tenant une pagaie à la main, s'asseyent deux à deux dans le fond des canots. Au signal donné par le chef, les canots se rangent à la file : celui qui tient la tête sert à rompre l'effort de l'eau lorsqu'on navigue contre le cours du fleuve. A ces expéditions, on mène des meutes, et l'on porte des lacets, des piéges, des raquettes à neige.

Lorsqu'on est parvenu au rendez-vous, les canots sont tirés à terre et environnés d'une palissade revêtue de gazon. Le chef divise les Indiens en compagnies composées d'un même nombre d'individus. Après le partage des chasseurs, on procède au partage du pays de chasse. Chaque compagnie bâtit une hutte au centre du lot qui lui est échu.

La neige est déblayée, des piquets sont enfoncés en terre, et des écorces de bouleau appuyées contre ces piquets : sur ces écorces, qui forment les murs de la hutte, s'élèvent d'autres écorces inclinées l'une vers l'autre; c'est le toit de l'édifice : un trou ménagé dans ce toit laisse échapper la fumée du foyer. La neige bouche en dehors les vides de la bâtisse, et lui sert de ravalement ou de crépi. Un brasier est allumé au milieu de la cabane; des fourrures couvrent le sol; les chiens dorment sur les pieds de leurs maîtres; loin de souffrir du froid, on étouffe. La fumée remplit tout : les chasseurs, assis ou couchés, tâchent de se placer au-dessous de cette fumée.

On attend que les neiges soient tombées, que le vent du nord-est, en rasérénant le ciel, ait amené un froid sec, pour commencer la chasse du castor. Mais, pendant les jours qui précèdent cette nuaison, on s'occupe de quelques chasses intermédiaires, telles que celles des loutres, des renards et des rats musqués.

Les trappes employées contre ces animaux sont des planches plus ou moins épaisses, plus ou moins larges. On fait un trou dans la neige : une des extrémités des planches est posée à terre, l'autre extrémité est élevée sur trois morceaux de bois agencés dans la forme du chiffre 4. L'amorce s'attache à l'un des jambages de ce chiffre; l'animal qui la veut saisir s'introduit sous la planche, tire à soi l'appât, abat la trappe, est écrasé.

Les amorces diffèrent selon les animaux auxquels elles sont destinées : au castor on présente un morceau de bois de tremble, au renard et au loup un lambeau de chair, au rat musqué des noix et divers fruits secs.

On tend les trappes pour les loups à l'entrée des passes, au débouché d'un fourré; pour les renards, au penchant des collines, à quelque distance des garennes; pour le rat musqué, dans les taillis de frênes; pour les loutres, dans les fossés des prairies et dans les joncs des étangs.

On visite les trappes le matin : on part de la hutte deux heures avant le jour.

Les chasseurs marchent sur la neige avec des raquettes : ces raquettes ont dix-huit pouces de long sur huit de large ; de forme ovale par devant, elles se terminent en pointe par derrière ; la courbe de l'ellipse est de bois de bouleau, plié et durci au feu. Les cordes transversales et longitudinales sont faites de lanières de cuir; elles ont six lignes en tous sens ; on les renforce avec des scions d'osier. La raquette est assujettie aux pieds au moyen de trois bandelettes. Sans ces machines ingénieuses il serait impossible de faire un pas l'hiver dans ces climats; mais elles blessent et fatiguent d'abord, parce qu'elles obligent à tourner les genoux en dedans et à écarter les jambes.

Lorsqu'on procède à la visite et à la levée des piéges, dans les mois de novembre et de décembre, c'est ordinairement au milieu des tourbillons de neige, de grêle et de vent : on voit à peine à un demi-pied devant soi. Les chasseurs marchent en silence; mais les chiens, qui sentent la proie, poussent des hurlements. Il faut toute la sagacité du Sauvage pour retrouver les trappes ensevelies, avec les sentiers, sous les frimas.

A un jet de pierre des piéges, le chasseur s'arrête, afin d'attendre le lever du jour ; il demeure debout, immobile au milieu de la tempête, le dos tourné au vent, les doigts enfoncés dans la bouche : à chaque poil des peaux dont il est enveloppé se forme une aiguille de givre, et la touffe de cheveux qui couronne sa tête devient un panache de glace.

A la première lueur du jour, lorsqu'on aperçoit les trappes tombées, on court aux fins de la bête. Un loup ou un renard, les reins à moitié cassés, montre aux chasseurs ses dents blanches et sa gueule noire : les chiens font raison du blessé.

On balaie la nouvelle neige, on relève la machine; on y met une pâture fraîche, observant de dresser l'embûche sous le vent. Quelquefois les piéges sont détendus sans que le gibier y soit resté : cet accident est l'effet de la matoiserie des renards ; ils attaquent l'amorce en avançant la patte par le côté de la planche, au lieu de s'engager sous la trappe ; ils emportent sains et saufs la picorée.

Si la première levée des piéges a été bonne, les chasseurs retournent triomphants à la hutte; le bruit qu'ils font alors est incroyable : ils racontent les captures de la matinée ; ils invoquent les manitous ; ils crient sans s'entendre; ils déraisonnent de joie, et les chiens ne sont pas muets. De ce premier succès on tire les présages les plus heureux pour l'avenir.

Lorsque les neiges ont cessé de tomber, que le soleil brille sur leur surface durcie, la chasse du castor est proclamée. On fait d'abord au Grand-Castor une prière solennelle, et on lui présente une offrande de pétun. Chaque Indien s'arme d'une massue pour briser la glace, d'un filet pour envelopper la proie. Mais quelle que soit la rigueur de l'hiver, certains petits étangs ne gèlent jamais dans le Haut-Canada ; ce phénomène tient à l'abondance de quelques sources chaudes, ou à l'exposition particulière du sol.

Ces réservoirs d'eau non congélables sont souvent formés par les castors eux-mêmes, comme je l'ai dit à l'article de l'histoire naturelle. Voici comment on détruit les paisibles créatures de Dieu :

On pratique, à la chaussée de l'étang où vivent les castors, un trou assez large pour que l'eau se perde et pour que la ville merveilleuse demeure à sec. Debout sur la chaussée, un assommoir à la main, les chiens derrière eux, les chasseurs sont attentifs : ils voient les habitations se découvrir à mesure que l'eau baisse. Alarmé de cet écoulement rapide, le peuple amphibie, jugeant, sans en connaître la cause, qu'une brèche s'est faite à la chaussée, s'occupe aussitôt à la fermer. Tous nagent à l'envi : les uns s'avancent pour examiner la nature du dommage; les autres abordent au rivage pour chercher des matériaux; d'autres se rendent aux maisons de campagne pour avertir les citoyens. Les infortunés sont environnés de toute part : à la chaussée, la massue étend raide mort l'ouvrier qui s'efforçait de réparer l'avarie; l'habitant réfugié dans sa maison champêtre n'est pas plus en sûreté : le chasseur lui jette une poudre qui l'aveugle, et les dogues l'étranglent. Les cris des vainqueurs font retentir les bois, l'eau s'épuise, et l'on marche à l'assaut de la cité.

La manière de prendre les castors dans les viviers gelés est différente : des percées sont ménagées dans la glace; emprisonnés sous leur voûte de cristal, les castors s'empressent de venir respirer à ces ouvertures. Les chasseurs ont soin de recouvrir l'endroit brisé avec de la bourre de roseau; sans cette précaution, les castors découvriraient l'embuscade que leur cache la moelle du jonc répandue sur l'eau. Ils approchent donc du soupirail; le remole qu'ils font en nageant les trahit : le chasseur plonge son bras dans l'issue; saisit l'animal par une patte, le jette sur la glace, où il est entouré d'un cercle d'assassins, dogues et hommes. Bientôt attaché à un arbre, un Sauvage l'écorche à moitié vivant, afin que son poil aille envelopper au delà des mers la tête d'un habitant de Londres ou de Paris.

L'expédition contre les castors terminée, on revient à la hutte des chasses, en chantant des hymnes au Grand-Castor, au bruit du tambour et du chichikoué.

L'écorchement se fait en commun. On plante des poteaux : deux chasseurs se placent à chaque poteau, qui porte deux castors suspendus par les jambes de derrière. Au commandement du chef, on ouvre le ventre des animaux tués, et on les dépouille. S'il se trouve une femelle parmi les victimes, la consternation est grande : non-seulement c'est un crime religieux de tuer les femelles du castor, mais c'est encore un délit politique, une cause de guerre entre les tribus. Cependant l'amour du gain, la passion des liqueurs fortes, le besoin d'armes à feu l'ont emporté sur la force de la superstition et sur le droit établi; des femelles en grande quantité ont été traquées, ce qui produira tôt ou tard l'extinction de leur race.

La chasse finit par un repas composé de la chair des castors. Un orateur prononce l'éloge des défunts comme s'il n'avait pas contribué à leur mort : il raconte tout ce que j'ai rapporté de leurs mœurs, il loue leur esprit et leur sagesse : « Vous n'entendrez plus, dit-il, la voix des chefs qui vous commandaient
« et que vous aviez choisis entre tous les guerriers castors pour vous donner
« des lois. Votre langage, que les jongleurs savent parfaitement, ne sera plus

« parlé au fond du lac ; vous ne livrerez plus de batailles aux loutres, vos cruels
« ennemis. Non, castors ! mais vos peaux serviront à acheter des armes, nous
« porterons vos jambons fumés à nos enfants, nous empêcherons nos chiens de
« briser vos os, qui sont si durs. »

Tous les discours, toutes les chansons des Indiens, prouvent qu'ils s'associent aux animaux, qu'ils leur prêtent un caractère et un langage, qu'ils les regardent comme des instituteurs, comme des êtres doués d'une âme intelligente. L'Écriture offre souvent l'instinct des animaux en exemple à l'homme.

La chasse de l'ours est la chasse la plus renommée chez les Sauvages. Elle commence par de longs jeûnes, des purgations sacrées et des festins ; elle a lieu en hiver. Les chasseurs suivent des chemins affreux, le long des lacs, entre des montagnes dont les précipices sont cachés dans la neige. Dans les défilés dangereux, ils offrent le sacrifice réputé le plus puissant auprès du génie du désert : ils suspendent un chien vivant aux branches d'un arbre, et l'y laissent mourir enragé. Des huttes élevées chaque soir à la hâte ne donnent qu'un mauvais abri : on y est glacé d'un côté et brûlé de l'autre ; pour se défendre contre la fumée, on n'a d'autre ressource que de se coucher sur le ventre, le visage enseveli dans des peaux. Les chiens affamés hurlent, passent et repassent sur le corps de leurs maîtres : lorsque ceux-ci croient aller prendre un chétif repas, le dogue, plus alerte, l'engloutit.

Après des fatigues inouïes, on arrive à des plaines couvertes de forêts de pins, retraite des ours. Les fatigues et les périls sont oubliés, l'action commence.

Les chasseurs se divisent et embrassent, en se plaçant à quelque distance les uns des autres, un grand espace circulaire. Rendus aux différents points du cercle, ils marchent, à l'heure fixée, sur un rayon qui tend au centre, examinant avec soin sur ce rayon les vieux arbres qui recèlent les ours : l'animal se trahit par la marque que son haleine laisse dans la neige.

Aussitôt que l'Indien a découvert les traces qu'il cherche, il appelle ses compagnons, grimpe sur le pin, et, à dix ou douze pieds de terre, trouve l'ouverture par laquelle le solitaire s'est retiré dans sa cellule : si l'ours est endormi, on lui fend la tête ; deux autres chasseurs, montant à leur tour sur l'arbre, aident le premier à retirer le mort de sa niche et à le précipiter.

Le guerrier explorateur et vainqueur se hâte alors de descendre : il allume sa pipe, la met dans la gueule de l'ours, et soufflant dans le fourneau du calumet, remplit de fumée le gosier du quadrupède. Il adresse ensuite des paroles à l'âme du trépassé ; il le prie de lui pardonner sa mort, de ne point lui être contraire dans les chasses qu'il pourrait entreprendre. Après cette harangue, il coupe le filet de la langue de l'ours, pour le brûler au village, afin de découvrir, par la manière dont il pétillera dans la flamme, si l'esprit de l'ours est ou n'est pas apaisé.

L'ours n'est pas toujours renfermé dans le tronc d'un pin ; il habite souvent une tanière dont il a bouché l'entrée. Cet ermite est quelquefois si replet, qu'il peut à peine marcher, quoiqu'il ait vécu une partie de l'hiver sans nourriture.

Les guerriers partis des différents points du cercle, et dirigés vers le centre, s'y rencontrent enfin, apportant, traînant ou chassant leur proie : on voit quelquefois arriver ainsi de jeunes Sauvages qui poussent devant eux, avec une baguette, un gros ours trottant pesamment sur la neige. Quand ils sont las de ce jeu, ils enfoncent un couteau dans le cœur du pauvre animal.

La chasse de l'ours, comme toutes les autres chasses, finit par un repas sacré. L'usage est de faire rôtir un ours tout entier, et de le servir aux convives, assis en rond sur la neige, à l'abri des pins, dont les branches étagées sont aussi couvertes de neige. La tête de la victime, peinte de rouge et de bleu, est exposée au haut d'un poteau. Des orateurs lui adressent la parole ; ils prodiguent les louanges au mort, tandis qu'ils dévorent ses membres. « Comme tu montais au haut des « arbres ! quelle force dans tes étreintes ! quelle constance dans tes entreprises ! « quelle sobriété dans tes jeûnes ! Guerrier à l'épaisse fourrure, au printemps « les jeunes ourses brûlaient d'amour pour toi. Maintenant tu n'es plus ; mais ta « dépouille fait encore les délices de ceux qui la possèdent. »

On voit souvent assis pêle-mêle avec les Sauvages à ces festins, des dogues, des ours et des loutres apprivoisés.

Les Indiens prennent, pendant cette chasse, des engagements qu'ils ont de la peine à remplir. Ils jurent, par exemple, de ne point manger avant d'avoir porté la patte du premier ours qu'ils tueront à leur mère ou à leur femme, et quelquefois leur mère et leur femme sont à trois ou quatre cents milles de la forêt où ils ont assommé la bête. Dans ce cas on consulte le jongleur, lequel, au moyen d'un présent, accommode l'affaire. Les imprudents faiseurs de vœux en sont quittes pour brûler en l'honneur du Grand-Lièvre la partie de l'animal qu'ils avaient dévouée à leurs parents.

La chasse de l'ours finit vers la fin de février, et c'est à cette époque que commence celle de l'orignal. On trouve de grandes troupes de ces animaux dans les jeunes semis de sapins.

Pour les prendre, on enferme un terrain considérable dans deux triangles de grandeur inégale, et formés de pieux hauts et serrés. Ces deux triangles se communiquent par un de leurs angles, à l'issue duquel on tend des lacets. La base du plus grand triangle reste ouverte, et les guerriers s'y rangent sur une seule ligne. Bientôt ils s'avancent poussant de grands cris, frappant sur une espèce de tambour. Les orignaux prennent la fuite dans l'enclos cerné par les pieux. Ils cherchent en vain un passage, arrivent au détroit fatal, et demeurent embarrassés dans les filets. Ceux qui les franchissent se précipitent dans le petit triangle, où ils sont aisément percés de flèches.

La chasse du bison a lieu pendant l'été dans les savanes qui bordent le Missouri ou ses affluents. Les Indiens, battant la plaine, poussent les troupeaux vers le courant d'eau. Quand ils refusent de fuir, on embrase les herbes, et les bisons se trouvent resserrés entre l'incendie et le fleuve. Quelques milliers de ces pesants animaux, mugissant à la fois, traversant la flamme ou l'onde, tombant atteints par la balle ou percés par l'épieu, offrent un spectacle étonnant.

Les Sauvages emploient encore d'autres moyens d'attaque contre les bisons : tantôt ils se déguisent en loups, afin de les approcher ; tantôt ils attirent les vaches, en imitant le mugissement du taureau. Aux derniers jours de l'automne, lorsque les rivières sont à peine gelées, deux ou trois tribus réunies dirigent les troupeaux vers ces rivières. Un Sioux, revêtu de la peau d'un bison, franchit le fleuve sur la glace mince ; les bisons trompés le suivent, le pont fragile se rompt sous le lourd bétail, que l'on massacre au milieu des débris flottants. Dans ces occasions les chasseurs emploient la flèche : le coup muet de cette arme n'épouvante point le gibier, et le trait est repris par l'archer quand l'animal est abattu. Le mousquet n'a pas cet avantage : il y a perte et bruit dans l'usage du plomb et de la poudre.

On a soin de prendre les bisons sous le vent, parce qu'ils flairent l'homme à une grande distance. Le taureau blessé revient sur le coup ; il défend la génisse et meurt souvent pour elle.

Les Sioux errant dans les savanes, sur la rive droite du Mississipi, depuis les sources de ce fleuve jusqu'au Saut Saint-Antoine, élèvent des chevaux de race espagnole, avec lesquels ils lancent les bisons.

Ils ont quelquefois de singuliers compagnons dans cette chasse : ce sont les loups. Ceux-ci se mettent à la suite des Indiens afin de profiter de leurs restes, et dans la mêlée ils emportent les veaux égarés.

Souvent aussi ces loups chassent pour leur propre compte. Trois d'entre eux amusent une vache par leurs folâtreries : tandis que, naïvement attentive, elle regarde les jeux de ces traîtres, un loup tapi dans l'herbe la saisit aux mamelles ; elle tourne la tête pour s'en débarrasser, et les trois complices du brigand lui sautent à la gorge.

Sur le théâtre de cette chasse s'exécute, quelques mois après, une chasse non moins cruelle, mais plus paisible, celle des colombes : on les prend la nuit au flambeau, sur les arbres isolés où elles se reposent pendant leur migration du nord au midi.

Le retour des guerriers au printemps, quand la chasse a été bonne, est une grande fête. On revient chercher les canots, on les radoube avec de la graisse d'ours et de la résine de térébinthe : les pelleteries, les viandes fumées, les bagages sont embarqués, et l'on s'abandonne au cours des rivières dont les rapides et les cataractes ont disparu sous la crue des eaux.

En approchant des villages, un Indien, mis à terre, court avertir la nation. Les femmes, les enfants, les vieillards, les guerriers restés aux cabanes se rendent au fleuve. Ils saluent la flotte par un cri, auquel la flotte répond par un autre cri. Les pirogues rompent leur file, se rangent bord à bord et présentent la proue. Les chasseurs sautent sur la rive, et rentrent aux villages dans l'ordre observé au départ. Chaque Indien chante sa propre louange : « Il faut « être homme pour attaquer les ours comme je l'ai fait ; il faut être homme « pour apporter de telles fourrures et des vivres en si grande abondance. » Les tribus applaudissent. Les femmes suivent portant le produit de la chasse.

On partage les peaux et les viandes sur la place publique ; on allume le feu du retour ; on y jette les filets de langues d'ours : s'ils sont charnus et pétillent bien, c'est l'augure le plus favorable ; s'ils sont secs et brûlent sans bruit, la nation est menacée de quelque malheur.

Après la danse du calumet, on sert le dernier repas de la chasse : il consiste en un ours amené vivant de la forêt : on le met cuire tout entier avec la peau et les entrailles dans une énorme chaudière. Il ne faut rien laisser de l'animal, ne point briser ses os, coutume judaïque ; il faut boire jusqu'à la dernière goutte de l'eau dans laquelle il a bouilli : le Sauvage dont l'estomac repousse l'aliment appelle à son secours ses compagnons. Ce repas dure huit ou dix heures : les festoyants en sortent dans un état affreux ; quelques-uns paient de leur vie l'horrible plaisir que la superstition impose. Un sachem clôt la cérémonie :

« Guerriers, le Grand-Lièvre a regardé nos flèches ; vous avez montré la
« sagesse du castor, la prudence de l'ours, la force du bison, la vitesse de
« l'orignal. Retirez-vous et passez la lune de feu à la pêche et aux jeux. » Ce discours se termine par un OAH ! cri religieux trois fois répété.

Les bêtes qui fournissent la pelleterie aux Sauvages sont : le blaireau, le renard gris, jaune et rouge, le pécan, le gopher, le racoon, le lièvre gris et blanc, le castor, l'hermine, la martre, le rat musqué, le chat tigre ou carcajou, la loutre, le loup-cervier, la bête puante, l'écureuil noir, gris et rayé, l'ours, et le loup de plusieurs espèces.

Les peaux à tanner se tirent de l'orignal, de l'élan, de la brebis de montagne, du chevreuil, du daim, du cerf et du bison.

LA GUERRE.

Chez les Sauvages tout porte les armes, hommes, femmes et enfants, mais le corps des combattants se compose en général du cinquième de la tribu.

Quinze ans est l'âge légal du service militaire. La guerre est la grande affaire des Sauvages et tout le fond de leur politique ; elle a quelque chose de plus légitime que la guerre chez les peuples civilisés, parce qu'elle est presque toujours déclarée pour l'existence même du peuple qui l'entreprend : il s'agit de conserver des pays de chasse ou des terrains propres à la culture. Mais, par la raison même que l'Indien ne s'applique que pour vivre à l'art qui lui donne la mort, il en résulte des fureurs implacables entre les tribus : c'est la nourriture de la famille qu'on se dispute. Les haines deviennent individuelles : comme les armées sont peu nombreuses, comme chaque ennemi connaît le nom et le visage de son ennemi, on se bat encore avec acharnement par des antipathies de caractère, et par des ressentiments particuliers ; ces enfants du même désert portent dans leurs querelles étrangères quelque chose de l'animosité des troubles civils.

A cette première et générale cause de guerre parmi les Sauvages, viennent se mêler d'autres raisons de prises d'armes, tirées de quelque motif superstitieux, de quelques dissensions domestiques, de quelque intérêt du commerce des Européens. Ainsi, tuer des femelles de castors était devenu chez les hordes du nord de l'Amérique un sujet légitime de guerre.

La guerre se dénonce d'une manière extraordinaire et terrible. Quatre guerriers, peints en noir de la tête aux pieds, se glissent dans les plus profondes ténèbres, chez le peuple menacé : parvenus aux portes des cabanes, ils jettent au foyer de ces cabanes un casse-tête peint en rouge, sur le pied duquel sont marqués, par des signes connus des sachems, les motifs des hostilités : les premiers Romains lançaient une javeline sur le territoire ennemi. Ces hérauts d'armes indiens disparaissent aussitôt dans la nuit comme des fantômes, en poussant le fameux cri ou *woop* de guerre. On le forme en appuyant une main sur la bouche et frappant les lèvres, de manière à ce que le son échappé en tremblotant, tantôt plus sourd, tantôt plus aigu, se termine par une espèce de rugissement dont il est impossible de se faire une idée.

La guerre dénoncée, si l'ennemi est trop faible pour la soutenir, il fuit; s'il se sent fort il l'accepte : commencent aussitôt les préparatifs et les cérémonies d'usage.

Un grand feu est allumé sur la place publique, et la chaudière de la guerre placée sur le bûcher : c'est la marmite du janissaire. Chaque combattant y jette quelque chose de ce qui lui appartient. On plante aussi deux poteaux où l'on suspend des flèches, des casse-têtes et des plumes, le tout peint en rouge. Les poteaux sont placés au septentrion, à l'orient, au midi ou à l'occident de la place publique, selon le point géographique d'où la bataille doit venir.

Cela fait, on présente aux guerriers la *médecine* de la guerre, vomitif violent, délayé dans deux pintes d'eau qu'il faut avaler d'un trait. Les jeunes gens se dispersent aux environs, mais sans trop s'écarter. Le chef, qui doit les commander, après s'être frotté le cou et le visage de graisse d'ours et de charbon pilé, se retire à l'étuve, où il passe deux jours entiers à suer, à jeûner, et à observer ses songes. Pendant ces deux jours, il est défendu aux femmes d'approcher des guerriers; mais elles peuvent parler au chef de l'expédition, qu'elles visitent, afin d'obtenir de lui une part du butin fait sur l'ennemi, car les Sauvages ne doutent jamais du succès de leurs entreprises.

Ces femmes portent différents présents qu'elles déposent aux pieds du chef. Celui-ci note avec des graines ou des coquillages les prières particulières : une sœur réclame un prisonnier pour lui tenir lieu d'un frère mort dans les combats; une matrone exige des chevelures pour se consoler de la perte de ses parents : une veuve requiert un captif pour mari, ou une veuve étrangère pour esclave; une mère demande un orphelin pour remplacer l'enfant qu'elle a perdu.

Les deux jours de retraite écoulés, les jeunes guerriers se rendent à leur tour auprès du chef de guerre : ils lui déclarent le dessein de prendre part à l'expédition ; car, bien que le conseil ait résolu la guerre, cette résolution ne lie personne; l'engagement est purement volontaire.

Tous les guerriers se barbouillent de noir et de rouge de la manière la plus capable, selon eux, d'épouvanter l'ennemi. Ceux-ci se font des barres longitudinales ou transversales sur les joues; ceux-là, des marques rondes ou triangulaires; d'autres y tracent des figures de serpents. La poitrine découverte et les bras nus d'un guerrier offrent l'histoire de ses exploits; des chiffres particuliers expriment le nombre des chevelures qu'il a enlevées, les combats où il s'est trouvé, les dangers qu'il a courus. Ces hiéroglyphes, imprimés dans la peau en points bleus, restent ineffaçables : ce sont des piqûres fines, brûlées avec de la gomme de pin.

Les combattants, entièrement nus ou vêtus d'une tunique sans manches, ornent de plumes la seule touffe de cheveux qu'ils conservent sur le sommet de la tête. A leur ceinture de cuir est passé le couteau pour découper le crâne; le casse-tête pend à la même ceinture : dans la main droite ils tiennent l'arc ou la carabine; sur l'épaule gauche ils portent le carquois garni de flèches, ou la corne remplie de poudre et de balles. Les Cimbres, les Teutons et les Francs essayaient ainsi de se rendre formidables aux yeux des Romains.

Le chef de guerre sort de l'étuve, un collier de porcelaine rouge à la main, et adresse un discours à ses frères d'armes : « Le Grand-Esprit ouvre ma bouche.
« Le sang de nos proches tués dans la dernière guerre n'a point été essuyé;
« leurs corps n'ont point été recouverts : il faut aller les garantir des mouches.
« Je suis résolu de marcher par le sentier de la guerre; j'ai vu des ours dans
« mes songes; les bons manitous m'ont promis de m'assister, et les mauvais
« ne me seront pas contraires : j'irai donc manger les ennemis, boire leur
« sang, faire des prisonniers. Si je péris, ou si quelques-uns de ceux qui con-
« sentent à me suivre perdent la vie, nos âmes seront reçues dans la contrée
« des esprits; nos corps ne resteront pas couchés dans la poussière ou dans la
« boue, car ce collier rouge appartiendra à celui qui couvrira les morts. »

Le chef jette le collier à terre; les guerriers les plus renommés se précipitent pour le ramasser : ceux qui n'ont point encore combattu, ou qui n'ont qu'une gloire commune, n'osent disputer le collier. Le guerrier qui le relève devient le lieutenant général du chef; il le remplace dans le commandement si ce chef périt dans l'expédition.

Le guerrier possesseur du collier fait un discours. On apporte de l'eau chaude dans un vase. Les jeunes gens lavent le chef de guerre et lui enlèvent la couleur noire dont il est couvert; ensuite ils lui peignent les joues, le front, la poitrine, avec des craies et des argiles de différentes teintes, et le revêtent de sa plus belle robe.

Pendant cette ovation, le chef chante à demi-voix cette fameuse chanson de mort que l'on entonne lorsqu'on va subir le supplice du feu.

« Je suis brave, je suis intrépide, je ne crains point la mort; je me ris des
« tourments; qu'ils sont lâches ceux qui les redoutent! des femmes, moins
« que des femmes! Que la rage suffoque mes ennemis! puissé-je les dévorer et
« boire leur sang jusqu'à la dernière goutte! »

Quand le chef a achevé la chanson de mort, son lieutenant général commence la chanson de guerre.

« Je combattrai pour la patrie; j'enlèverai des chevelures : je boirai dans le
« crâne de mes ennemis, etc. »

Chaque guerrier, selon son caractère, ajoute à sa chanson des détails plus ou moins atroces. Les uns disent : « Je couperai les doigts de mes ennemis avec les
« dents; je leur brûlerai les pieds et ensuite les jambes. » Les autres disent :
« Je laisserai les vers se mettre dans leurs plaies; je leur enlèverai la peau du

« crâne; je leur arracherai le cœur, et je le leur enfoncerai dans la bouche. »

Ces infernales chansons n'étaient guère hurlées que par les hordes septentrionales. Les tribus du midi se contentaient d'étouffer les prisonniers dans la fumée.

Le guerrier ayant répété sa chanson de guerre, redit sa chanson de famille : elle consiste dans l'éloge des aïeux. Les jeunes gens qui vont au combat pour la première fois gardent le silence.

Ces premières cérémonies achevées, le chef se rend au conseil des sachems, qui sont assis en rond, une pipe rouge à la bouche : il leur demande s'ils persistent à vouloir lever la hache. La délibération recommence, et presque toujours la première résolution est confirmée. Le chef de guerre revient sur la place publique, annonce aux jeunes gens la décision des vieillards, et les jeunes gens y répondent par un cri.

On délie le chien sacré qui était attaché à un poteau; on l'offre à Areskoui, dieu de la guerre. Chez les nations canadiennes, on égorge ce chien, et, après l'avoir fait bouillir dans une chaudière, on le sert aux hommes rassemblés. Aucune femme ne peut assister à ce festin mystérieux. A la fin du repas, le chef déclare qu'il se mettra en marche tel jour, au lever ou au coucher du soleil.

L'indolence naturelle des Sauvages est tout à coup remplacée par une activité extraordinaire; la gaieté et l'ardeur martiale des jeunes gens se communiquent à la nation. Il s'établit des espèces d'ateliers pour la fabrique des traîneaux et des canots.

Les traîneaux employés au transport des bagages, des malades et des blessés, sont faits de deux planches fort minces, d'un pied et demi de long, sur sept pouces de large, relevés sur le devant. Ils ont des rebords où s'attachent des courroies pour fixer les fardeaux. Les Sauvages tirent ce char sans roues à l'aide d'une double bande de cuir, appelée *metump*, qu'ils se passent sur la poitrine, et dont les bouts sont liés à l'avant-train du traîneau.

Les canots sont de deux espèces : les uns plus grands, les autres plus petits. On les construit de la manière suivante :

Des pièces courbes s'unissent par leur extrémité, de façon à former une ellipse d'environ huit pieds et demi dans le court diamètre, de vingt dans le diamètre long. Sur ces maîtresses pièces on attache des côtes minces de bois de cèdre rouge, ces côtes sont renforcées par un treillage d'osier. On recouvre ce squelette du canot de l'écorce enlevée, pendant l'hiver, aux ormes et aux bouleaux, en jetant de l'eau bouillante sur le tronc de ces arbres. On assemble ces écorces avec des racines de sapin extrêmement souples, et qui sèchent difficilement. La couture est enduite en dedans et en dehors d'une résine dont les Sauvages gardent le secret. Lorsque le canot est fini, et qu'il est garni de ses pagaies d'érable, il ressemble assez à une araignée d'eau, élégant et léger insecte qui marche avec rapidité sur la surface des lacs et des fleuves.

Un combattant doit porter avec lui dix livres de maïs ou d'autres grains, sa natte, son manitou et son *sac de médecine*.

Le jour qui précède celui du départ, et qu'on appelle le jour des adieux, est consacré à une cérémonie touchante, chez les nations des langues huronne et algonquine. Les guerriers, qui jusqu'alors ont campé sur la place publique ou sur une espèce de Champ de Mars, se dispersent dans les villages, et vont faire leurs adieux de cabane en cabane. On les reçoit avec des marques du plus tendre intérêt; on veut avoir quelque chose qui leur ait appartenu; on leur ôte leur manteau pour leur en donner un meilleur; on échange avec eux un calumet : ils sont obligés de manger ou de vider une coupe. Chaque hutte a pour eux un vœu particulier, et il faut qu'ils répondent par un souhait semblable à leurs hôtes.

Lorsque le guerrier fait ses adieux à sa propre cabane, il s'arrête, debout, sur le seuil de la porte. S'il a une mère, cette mère s'avance la première : il lui baise les yeux, la bouche et les mamelles. Ses sœurs viennent ensuite, et il leur touche le front : sa femme se prosterne devant lui, il la recommande aux bons génies. De tous ses enfants on ne lui présente que ses fils; il étend sur eux sa hache ou son casse-tête sans prononcer un mot. Enfin, son père paraît le dernier. Le sachem, après lui avoir frappé l'épaule, lui fait un discours pour l'inviter à honorer ses aïeux; il lui dit : « Je suis derrière toi comme tu « es derrière ton fils : si on vient à moi, on fera du bouillon de ma chair en « insultant ta mémoire. »

Le lendemain du jour des adieux est le jour même du départ. A la première blancheur de l'aube, le chef de guerre sort de sa hutte et pousse le cri de mort. Si le moindre nuage a obscurci le ciel, si un songe funeste est survenu, si quelque oiseau ou quelque animal de mauvais augure a été vu, le jour du départ est différé. Le camp, réveillé par le cri de mort, se lève et s'arme.

Les chefs des tribus haussent les étendards formés de morceaux d'écorce ronds, attachés au bout d'un long dard, et sur lesquels se voient, grossièrement dessinés, des manitous, une tortue, un ours, un castor, etc. Les chefs des tribus sont des espèces de maréchaux de camp, sous le commandement du général et de son lieutenant. Il y a, de plus, des capitaines non reconnus par le gros de l'armée : ce sont des partisans que suivent les aventuriers.

Le recensement ou le dénombrement de l'armée s'opère : chaque guerrier donne au chef, en passant devant lui, un petit morceau de bois marqué d'un sceau particulier. Jusqu'au moment de la remise de leur symbole, les guerriers se peuvent retirer de l'expédition; mais, après cet engagement, quiconque recule est déclaré infâme.

Bientôt arrive le prêtre suprême, suivi du collége des jongleurs ou médecins. Ils apportent des corbeilles de jonc en forme d'entonnoir, des sacs de peau remplis de racines et de plantes. Les guerriers s'asseyent à terre, les jambes croisées, formant un cercle; les prêtres se tiennent debout au milieu.

Le grand jongleur appelle les combattants par leurs noms : le guerrier appelé se lève, et donne son manitou au jongleur, qui le met dans une des corbeilles de jonc, en chantant ces mots algonquins : *Ajouh-oyah-alluya!*

Les manitous varient à l'infini, parce qu'ils représentent les caprices et les songes des Sauvages : ce sont des peaux de souris rembourrées avec du foin ou du coton, de petits cailloux blancs, des oiseaux empaillés, des dents de quadrupèdes ou de poissons, des morceaux d'étoffe rouge, des branches d'arbre, des verroteries, ou quelques parures européennes, enfin toutes les formes que les bons génies sont censés avoir prises pour se manifester aux possesseurs de ces manitous : heureux du moins de se rassurer à si peu de frais, et de se croire, sous un fétu, à l'abri des coups de la fortune! Sous le régime féodal on prenait acte d'un droit acquis par le don d'une baguette, d'une paille, d'un anneau, d'un couteau, etc.

Les manitous, distribués en trois corbeilles, sont confiés à la garde du chef de guerre et des chefs de tribus.

De la collection des manitous, on passe à la bénédiction des plantes médicinales et des instruments de la chirurgie. Le grand jongleur les tire tour à tour du fond d'un sac de cuir ou de poil de buffle; il les dépose à terre, danse alentour avec les autres jongleurs, se frappe les cuisses, se démonte le visage, hurle, et prononce des mots inconnus. Il finit par déclarer qu'il a communiqué aux simples une vertu surnaturelle, et qu'il a la puissance de rendre à la vie les guerriers expirés. Il s'ouvre les lèvres avec les dents, applique une poudre sur la blessure dont il a sucé le sang avec adresse, et paraît subitement guéri. Quelquefois on lui présente un chien réputé mort; mais, à l'application d'un instrument, le chien se relève sur ses pattes, et l'on crie au miracle. Ce sont pourtant des hommes intrépides qui se laissent enchanter par des prestiges aussi grossiers. Le Sauvage n'aperçoit dans les jongleries de ses prêtres que l'intervention du Grand-Esprit; il ne rougit point d'invoquer à son aide celui qui a fait la plaie, et qui peut la guérir.

Cependant les femmes ont préparé le festin du départ; ce dernier repas est composé de chair de chien comme le premier. Avant de toucher au mets sacré, le chef s'adresse à l'assemblée :

« MES FRÈRES,

« Je ne suis pas encore un homme, je le sais; cependant on n'ignore pas
« que j'ai vu quelquefois l'ennemi. Nous avons été tués dans la dernière guerre;
« les os de nos compagnons n'ont point été garantis des mouches; il les faut
« aller couvrir. Comment avons-nous pu rester si longtemps sur nos nattes?
« Le manitou de mon courage m'ordonne de venger l'homme. Jeunesse, ayez
« du cœur. »

Le chef entonne la chanson du manitou des combats (1); les jeunes gens en répètent le refrain. Après le cantique, le chef se retire au sommet d'une éminence, se couche sur une peau, tenant à la main un calumet rouge dont le fourneau est tourné du côté du pays ennemi. On exécute les danses et les pantomimes de la guerre. La première s'appelle la *danse de la découverte*.

Un Indien s'avance seul et à pas lents au milieu des spectateurs; il représente le départ des guerriers : on le voit marcher, et puis camper au déclin du jour. L'ennemi est découvert; on se traîne sur les mains pour arriver jusqu'à lui : attaque, mêlée, prise de l'un, mort de l'autre, retraite précipitée ou tranquille, retour douloureux ou triomphant.

(1) Voyez les *Natchez*.

Le guerrier qui exécute cette pantomime y met fin par un chant en son honneur et à la gloire de sa famille.

« Il y a vingt neiges que je fis douze prisonniers : il y a dix neiges que je « sauvai le chef. Mes ancêtres étaient braves et fameux. Mon grand-père était « la sagesse de la tribu et le rugissement de la bataille ; mon père était un pin « dans sa force. Ma trisaïeule fut mère de cinq guerriers ; ma grand'mère « valait seule un conseil de sachems, ma mère fait de la sagamité excellente. « Moi je suis plus fort, plus sage que tous mes aïeux. » C'est la chanson de Sparte : *Nous avons été jadis jeunes, vaillants et hardis.*

Après ce guerrier, les autres se lèvent et chantent pareillement leurs hauts faits ; plus ils se vantent, plus on les félicite : rien n'est noble, rien n'est beau comme eux ; ils ont toutes les qualités et toutes les vertus. Celui qui se disait au-dessus de tout le monde applaudit à celui qui déclare le surpasser en mérite. Les Spartiates avaient encore cette coutume : ils pensaient que l'homme qui se donne en public des louanges prend un engagement de les mériter. Peu à peu tous les guerriers quittent leur place pour se mêler aux danses ; on exécute des marches au bruit du tambourin, du fifre et du chichikoué. Le mouvement augmente ; on imite les travaux d'un siége, l'attaque d'une palissade : les uns sautent comme pour franchir un fossé, les autres semblent se jeter à la nage ; d'autres présentent la main à leurs compagnons pour les aider à monter à l'assaut. Les casse-têtes retentissent contre les casse-têtes ; le chichikoué précipite la marche ; les guerriers tirent leurs poignards ; ils commencent à tourner sur eux-mêmes, d'abord lentement, ensuite plus vite, et bientôt avec une telle rapidité, qu'ils disparaissent dans le cercle qu'ils décrivent : d'horribles cris percent la voûte du ciel. Le poignard que ces hommes féroces se portent à la gorge avec une adresse qui fait frémir, leur visage noir ou bariolé, leurs habits fantastiques, leurs longs hurlements, tout ce tableau d'une guerre sauvage inspire la terreur.

Épuisés, haletants, couverts de sueur, les acteurs terminent la danse, et l'on passe à l'épreuve des jeunes gens. On les insulte, on leur fait des reproches outrageants, on répand des cendres brûlantes sur leurs cheveux, on les frappe avec des fouets, on leur jette des tisons à la tête ; il leur faut supporter ces traitements avec la plus parfaite insensibilité. Celui qui laisserait échapper le moindre signe d'impatience serait déclaré indigne de lever la hache.

Le troisième et dernier banquet du chien sacré couronne ces diverses cérémonies : il ne doit durer qu'une demi-heure. Les guerriers mangent en silence ; le chef les préside ; bientôt il quitte le festin. A ce signal les convives courent aux bagages, et prennent les armes. Les parents et les amis les environnent sans prononcer une parole ; la mère suit des regards son fils occupé à charger les paquets sur les traîneaux ; on voit couler des larmes muettes. Des familles sont assises à terre ; quelques-unes se tiennent debout ; toutes sont attentives aux occupations du départ ; on lit, écrite sur tous les fronts, cette même question faite intérieurement par diverses tendresses : « Si je n'allais plus le « revoir ? »

Enfin le chef de guerre sort, complétement armé, de sa cabane. La troupe se forme dans l'ordre militaire : le grand jongleur, portant les manitous, paraît à la tête; le chef de guerre marche derrière lui ; vient ensuite le porte-étendard de la première tribu, levant en l'air son enseigne; les hommes de cette tribu suivent leur symbole. Les autres tribus défilent après la première, et tirent les traîneaux chargés des chaudières, des nattes et des sacs de maïs; des guerriers portent sur leurs épaules, quatre à quatre ou huit à huit, les petits et les grands canots : *les filles peintes* ou les courtisanes, avec leurs enfants, accompagnent l'armée. Elles sont aussi attelées aux traîneaux; mais au lieu d'avoir le *metump* passé par la poitrine, elles l'ont appliqué sur le front. Le lieutenant général marche seul sur le flanc de la colonne.

Le chef de guerre, après quelques pas faits sur la route, arrête les guerriers et leur dit :

« Bannissons la tristesse : quand on va mourir on doit être content. Soyez
« dociles à mes ordres. Celui qui se distinguera recevra beaucoup de petun.
« Je donne ma natte à porter à....., puissant guerrier. Si moi et mon lieutenant
« nous sommes mis dans la chaudière, ce sera..... qui vous conduira. Allons,
« frappez-vous les cuisses, et hurlez trois fois. »

Le chef remet alors son sac de maïs et sa natte au guerrier qu'il a désigné, ce qui donne à celui-ci le droit de commander la troupe si le chef et son lieutenant périssent.

La marche recommence : l'armée est ordinairement accompagnée de tous les habitants des villages jusqu'au fleuve ou au lac où l'on doit lancer les canots. Alors se renouvelle la scène des adieux : les guerriers se dépouillent et partagent leurs vêtements entre les membres de leur famille. Il est permis, dans ce dernier moment, d'exprimer tout haut sa douleur : chaque combattant est entouré de ses parents qui lui prodiguent des caresses, le pressent dans leurs bras, l'appellent par les plus doux noms qui soient entre les hommes. Avant de se quitter, peut-être pour jamais, on se pardonne les torts qu'on a pu avoir réciproquement. Ceux qui restent prient les manitous d'abréger la longueur de l'absence, ceux qui partent invitent la rosée à descendre sur la hutte natale; ils n'oublient pas même, dans leurs souhaits de bonheur, les animaux domestiques, hôtes du foyer paternel. Les canots sont lancés sur le fleuve; on s'y embarque, et la flotte s'éloigne. Les femmes, demeurées au rivage, font de loin les derniers signes de l'amitié à leurs époux, à leurs pères et à leurs fils.

Pour se rendre au pays ennemi, on ne suit pas toujours la route directe; on prend quelquefois le chemin le plus long comme le plus sûr. La marche est réglée par le jongleur, d'après les bons ou les mauvais présages : s'il a observé un chat-huant, on s'arrête. La flotte entre dans une crique; on descend à terre, on dresse une palissade; après quoi, les feux étant allumés, on fait bouillir les chaudières. Le souper fini, le camp est mis sous la garde des esprits. Le chef recommande aux guerriers de tenir auprès d'eux leur casse-tête, et de ne pas ronfler trop fort. On suspend aux palissades les manitous, c'est-à-dire les souris empaillées, les petits cailloux blancs, les brins de paille, les morceaux d'étoffe rouge, et le jongleur commence la prière :

« Manitous, soyez vigilants : ouvrez les yeux et les oreilles. Si les guerriers

« étaient surpris, cela tournerait à votre déshonneur. Comment! diraient les
« sachems, les manitous de notre nation se sont laissé battre par les manitous
« de l'ennemi! Vous sentez combien cela serait honteux, personne ne vous
« donnerait à manger; les guerriers rêveraient pour obtenir d'autres esprits
« plus puissants que vous. Il est de votre intérêt de faire bonne garde; si on
« enlevait notre chevelure pendant notre sommeil, ce ne serait pas nous qui
« serions blâmables, mais vous qui auriez tort. »

Après cette admonition aux manitous, chacun se retire dans la plus parfaite sécurité, convaincu qu'il n'a pas la moindre chose à craindre.

Des Européens qui ont fait la guerre avec les Sauvages, étonnés de cette étrange confiance, demandaient à leurs compagnons de natte s'ils n'étaient jamais surpris dans leurs campements : « Très-souvent, » répondaient ceux-ci. « Ne feriez-vous pas mieux, dans ce cas, disaient les étrangers, de poser des « sentinelles? — Cela serait fort bien, » répondait le Sauvage en se tournant pour dormir. L'Indien se fait une vertu de son imprévoyance et de sa paresse, en se mettant sous la seule protection du ciel.

Il n'a point d'heure fixe pour le repos ou pour le mouvement : que le jongleur s'écrie à minuit qu'il a vu une araignée sur une feuille de saule, il faut partir.

Quand on se trouve dans un pays abondant en gibier, la troupe se disperse; les bagages et ceux qui les portent restent à la merci du premier parti hostile; mais deux heures avant le coucher du soleil, tous les chasseurs reviennent au camp avec une justesse et une précision dont les Indiens sont seuls capables.

Si l'on tombe dans le *sentier blazed*, ou le *sentier du commerce*, la dispersion des guerriers est encore plus grande : ce sentier est marqué, dans les forêts, sur le tronc des arbres entaillés à la même hauteur. C'est le chemin que suivent les diverses nations rouges pour trafiquer les unes avec les autres, ou avec les nations blanches. Il est de droit public que ce chemin demeure neutre; on ne trouble point ceux qui s'y trouvent engagés.

La même neutralité est observée dans le *sentier du sang;* ce sentier est tracé par le feu que l'on a mis aux buissons. Aucune cabane ne s'élève sur ce chemin consacré au passage des tribus dans leurs expéditions lointaines. Les partis même ennemis s'y rencontrent, mais ne s'y attaquent jamais. Violer le *sentier du commerce*, ou celui *du sang*, est une cause immédiate de guerre contre la nation coupable du sacrilège.

Si une troupe trouve endormie une autre troupe avec laquelle elle a des alliances, elle reste debout, en dehors des palissades du camp, jusqu'au réveil des guerriers. Ceux-ci étant sortis de leur sommeil, leur chef s'approche de la troupe voyageuse, lui présente quelques chevelures destinées pour ces occasions, et lui dit : « *Vous avez coup ici;* » ce qui signifie : « Vous pouvez pas« ser, vous êtes nos frères, votre honneur est à couvert. » Les alliés répondent : « Nous avons coup ici ; » et ils poursuivent leur chemin. Quiconque prendrait pour ennemie une tribu amie, et la réveillerait, s'exposerait à un reproche d'ignorance et de lâcheté.

Si l'on doit traverser le territoire d'une nation neutre, il faut demander le passage. Une députation se rend, avec le calumet, au principal village de cette nation. L'orateur déclare que l'arbre de paix a été planté par les aïeux : que son ombrage s'étend sur les deux peuples ; que la hache est enterrée au pied de l'arbre ; qu'il faut éclaircir la chaîne d'amitié et fumer la pipe sacrée. Si le chef de la nation neutre reçoit le calumet et fume, le passage est accordé. L'ambassadeur s'en retourne, toujours dansant, vers les siens.

Ainsi l'on avance vers la contrée où l'on porte la guerre, sans plan, sans précaution, comme sans crainte. C'est le hasard qui donne ordinairement les premières nouvelles de l'ennemi : un chasseur reviendra en hâte déclarer qu'il a rencontré des traces d'homme. On ordonne aussitôt de cesser toute espèce de travaux, afin qu'aucun bruit ne se fasse entendre. Le chef part avec les guerriers les plus expérimentés pour examiner les traces. Les Sauvages, qui entendent les sons à des distances infinies, reconnaissent des empreintes sur d'arides bruyères, sur des rochers nus, où tout autre œil que le leur ne verrait rien. Non-seulement ils découvrent ces vestiges, mais ils peuvent dire quelle tribu indienne les a laissés, et de quelle date ils sont. Si la disjonction des deux pieds est considérable, ce sont des Illinois qui ont passé là ; si la marque du talon est profonde et l'impression de l'orteil large, on reconnaît les Outchipouois ; si le pied a porté de côté, on est sûr que les Pontonétamis sont en course ; si l'herbe est à peine foulée, si son pli est à la cime de la plante et non près de la terre, ce sont les traces fugitives des Hurons ; si les pas sont tournés en dehors, s'ils tombent à trente-six pouces l'un de l'autre, des Européens ont marqué leur route ; les Indiens marchent la pointe du pied en dedans : les deux pieds sur la même ligne. On juge de l'âge des guerriers par la pesanteur ou la légèreté, le raccourci ou l'allongement du pas.

Quand la mousse ou l'herbe n'est plus humide, les traces sont de la veille ; ces traces comptent quatre ou cinq jours quand les insectes courent déjà dans l'herbe ou dans la mousse foulée ; elles ont huit ou douze jours lorsque la force végétale du sol a reparu, et que des feuilles nouvelles ont poussé : ainsi quelques insectes, quelques brins d'herbe et quelques jours effacent les pas de l'homme et de sa gloire.

Les traces ayant été bien reconnues, on met l'oreille à terre, et l'on juge, par des murmures que l'ouïe européenne ne peut saisir, à quelle distance est l'ennemi.

Rentré au camp, le chef fait éteindre les feux : il défend la parole, il interdit la chasse ; les canots sont tirés à terre et cachés dans les buissons. On fait un grand repas en silence, après quoi on se couche.

La nuit qui suit la première découverte de l'ennemi s'appelle *la nuit des songes*. Tous les guerriers sont obligés de rêver et de raconter le lendemain ce qu'ils ont rêvé, afin que l'on puisse juger du succès de l'entreprise.

Le camp offre alors un singulier spectacle : des Sauvages se lèvent et marchent dans les ténèbres, en murmurant leur chanson de mort, à laquelle ils ajoutent quelques paroles nouvelles, comme celles-ci : « J'avalerai quatre serpents blancs, « et j'arracherai les ailes à un aigle roux. » C'est le rêve que le guerrier vient de faire et qu'il entremêle à sa chanson. Ses compagnons sont tenus de deviner ce songe, ou le songeur est dégagé du service. Ici les quatre serpents blancs peuvent être pris pour quatre Européens que le songeur doit tuer, et l'aigle roux, pour un Indien auquel il enlèvera la chevelure.

Un guerrier, dans la *nuit des songes*, augmenta sa chanson de mort de l'histoire d'un chien qui avait des oreilles de feu ; il ne put jamais obtenir l'explication de son rêve, et il partit pour sa cabane. Ces usages, qui tiennent du caractère de l'enfance, pourraient favoriser la lâcheté chez l'Européen ; mais chez le Sauvage du nord de l'Amérique ils n'avaient point cet inconvénient : on n'y reconnaissait qu'un acte de cette volonté libre et bizarre dont l'Indien ne se départ jamais, quel que soit l'homme auquel il se soumet un moment par raison ou par caprice.

Dans la *nuit des songes*, les jeunes gens craignent beaucoup que le jongleur n'ait mal rêvé, c'est-à-dire qu'il n'ait eu peur ; car le jongleur, par un seul songe, peut faire rebrousser chemin à l'armée, eût-elle marché deux cents lieues. Si quelque guerrier a cru voir les esprits de ses pères ou s'il s'est figuré entendre leur voix, il oblige aussi le camp à la retraite. L'indépendance absolue et la religion sans lumières gouvernent les actions des Sauvages.

Aucun rêve n'ayant dérangé l'expédition, elle se remet en route. Les *femmes peintes* sont laissées derrière avec les canots; on envoie en avant une vingtaine de guerriers choisis entre ceux qui ont fait le serment des amis (1). Le plus grand ordre et le plus profond silence règnent dans la troupe : les guerriers cheminent à la file, de manière que celui qui suit pose le pied dans l'endroit quitté par le pied de celui qui précède : on évite ainsi la multiplicité des traces. Pour plus de précaution, le guerrier qui ferme la marche répand des feuilles mortes et de la poussière derrière lui. Le chef est à la tête de la colonne. Guidé par les vestiges de l'ennemi, il parcourt leurs sinuosités à travers les buissons, comme un limier sagace. De temps en temps on fait halte et l'on prête une oreille attentive. Si la chasse est l'image de la guerre parmi les Européens, chez les Sauvages la guerre est l'image de la chasse : l'Indien apprend, en poursuivant les hommes, à découvrir les ours. Le plus grand général dans l'état de nature, est le plus fort et le plus vigoureux chasseur; les qualités intellectuelles, les combinaisons savantes, l'usage perfectionné du jugement, font, dans l'état social, les grands capitaines.

Les coureurs envoyés à la découverte rapportent quelquefois des paquets de roseaux nouvellement coupés ; ce sont des défis ou des cartels. On compte les roseaux : leur nombre indique celui des ennemis. Si les tribus qui portaient autrefois ces défis étaient connues, comme celle des Hurons, pour leur franchise militaire, les paquets de joncs disaient exactement la vérité ; si, au contraire, elles étaient renommées, comme celle des Iroquois, pour leur génie politique, les roseaux augmentaient ou diminuaient la force numérique des combattants.

L'emplacement d'un camp que l'ennemi a occupé la veille vient-il à s'offrir, on l'examine avec soin : selon la construction des huttes, les chefs reconnaissent les différentes tribus de la même nation et leurs différents alliés. Les

(1) Voyez les *Natchez*.

huttes qui n'ont qu'un seul poteau à l'entrée sont celles des Illinois. L'addition d'une seule perche, son inclinaison plus ou moins forte, devient un indice. Les ajoupas ronds sont ceux des Outouois. Une hutte dont le toit est plat et exhaussé annonce des *Chairs blanches*. Il arrive quelquefois que les ennemis, avant d'être rencontrés par la nation qui les cherche, ont battu un parti allié de cette nation : pour intimider ceux qui sont à leur poursuite, ils laissent derrière eux un monument de leur victoire. On trouva un jour un large bouleau dépouillé de son écorce. Sur l'aubier nu et blanc était tracé un ovale où se détachaient, en noir et en rouge, les figures suivantes : un ours, une feuille de bouleau rongée par un papillon, dix cercles et quatre nattes, un oiseau volant, une lune sur des gerbes de maïs, un canot et trois ajoupas, un pied d'homme et vingt huttes, un hibou et un soleil à son couchant, un hibou, trois cercles et un homme couché, un casse-tête et trente têtes rangées sur une ligne droite, deux hommes debout sur un petit cercle, trois têtes dans un arc avec trois lignes.

L'ovale avec des hiéroglyphes désignait un chef illinois appelé Atabou ; on le reconnaissait par les marques particulières qui étaient celles qu'il avait au visage ; l'ours était le manitou de ce chef ; la feuille de bouleau rongée par un papillon représentait le symbole national des Illinois ; les dix cercles nombraient mille guerriers, chaque cercle étant posé pour cent ; les quatre nattes proclamaient quatre avantages obtenus ; l'oiseau volant marquait le départ des Illinois ; la lune sur des gerbes de maïs signifiait que ce départ avait eu lieu dans la lune du blé vert ; le canot et les trois ajoupas racontaient que les mille guerriers avaient voyagé trois jours par eau ; le pied d'homme et les vingt huttes dénotaient vingt jours de marche par terre ; le hibou était le symbole des Chicassas ; le soleil à son couchant montrait que les Illinois étaient arrivés à l'ouest du camp des Chicassas ; le hibou, les trois cercles et l'homme couché, disaient que trois cents Chicassas avaient été surpris pendant la nuit ; le casse-tête et les trente têtes rangées sur une ligne droite déclaraient que les Illinois avaient tué trente Chicassas. Les deux hommes debout sur un petit cercle annonçaient qu'ils emmenaient vingt prisonniers ; les trois têtes dans l'arc comptaient trois morts du côté des Illinois, et les trois lignes indiquaient trois blessés.

Un chef de guerre doit savoir expliquer avec rapidité et précision ces emblèmes ; et par les connaissances qu'il a de la force et des alliances de l'ennemi, il doit juger du plus ou moins d'exactitude historique de ces trophées. S'il prend le parti d'avancer, malgré les victoires vraies ou prétendues de l'ennemi, il se prépare au combat.

De nouveaux investigateurs sont dépêchés. Ils s'avancent en se courbant le long des buissons, et quelquefois en se traînant sur les mains. Ils montent sur les plus hauts arbres ; quand ils ont découvert les huttes hostiles, ils se hâtent de revenir au camp, et de rendre compte au chef de la position de l'ennemi. Si cette position est forte, on examine par quel stratagème on pourra la lui faire abandonner.

Un des stratagèmes les plus communs est de contrefaire le cri des bêtes fauves. Des jeunes gens se dispersent dans les taillis, imitant le bramement des cerfs, le mugissement des buffles, le glapissement des renards. Les Sauvages sont accoutumés à cette ruse; mais telle est leur passion pour la chasse, et telle est la parfaite imitation de la voix des animaux, qu'ils sont continuellement pris à ce leurre. Ils sortent de leur camp, et tombent dans des embuscades. Ils se rallient, s'ils le peuvent, sur un terrain défendu par des obstacles naturels, tels qu'une chaussée dans un marais, une langue de terre entre deux lacs.

Cernés dans ce poste, on les voit alors, au lieu de chercher à se faire jour, s'occuper paisiblement de différents jeux, comme s'ils étaient dans leurs villages. Ce n'est jamais qu'à la dernière extrémité que deux troupes d'Indiens se déterminent à une attaque de vive force ; elles aiment mieux lutter de patience et de ruse ; et comme ni l'une ni l'autre n'a de provisions, ou ceux qui bloquent un défilé sont contraints à la retraite, ou ceux qui y sont enfermés sont obligés de s'ouvrir un passage.

La mêlée est épouvantable ; c'est un grand duel comme dans les combats antiques : l'homme voit l'homme. Il y a dans le regard humain animé par la colère quelque chose de contagieux, de terrible qui se communique. Les cris de mort, les chansons de guerre, les outrages mutuels font retentir le champ de bataille; les guerriers s'insultent comme les héros d'Homère ; ils se connaissent tous par leur nom : « Ne te souvient-il plus, se disent-ils, du jour où tu dési-
« rais que tes pieds eussent la vitesse du vent pour fuir devant ma flèche? Vieille
« femme! te ferai-je apporter de la sagamité nouvelle, et de la cassine brû-
« lante dans le nœud du roseau? — Chef babillard, à la large bouche! ré-
« pondent les autres, on voit bien que tu es accoutumé à porter le jupon, ta
« langue est comme la feuille du tremble; elle remue sans cesse. »

Les combattants se reprochent aussi leurs imperfections naturelles : ils se donnent le nom de boiteux, de louche, de petit ; ces blessures faites à l'amour-propre augmentent leur rage. L'affreuse coutume de scalper l'ennemi augmente la férocité du combat. On met le pied sur le cou du vaincu : de la main gauche on saisit le toupet de cheveux que les Indiens gardent sur le sommet de la tête; de la main droite on trace, à l'aide d'un étroit couteau, un cercle dans le crâne, autour de la chevelure : ce trophée est souvent enlevé avec tant d'adresse, que la cervelle reste à découvert sans avoir été entamée par la pointe de l'instrument.

Lorsque deux partis ennemis se présentent en rase campagne, et que l'un est plus faible que l'autre, le plus faible creuse des trous dans la terre, il y descend et s'y bat, ainsi que dans ces villes de guerre dont les ouvrages, presque de niveau avec le sol, présentent peu de surface au boulet. Les assiégeants lancent leurs flèches comme des bombes, avec tant de justesse, qu'elles retombent sur la tête des assiégés.

Des honneurs militaires sont décernés à ceux qui ont abattu le plus d'ennemis : on leur permet de porter les plumes de killiou. Pour éviter les injustices, les flèches de chaque guerrier portent une marque particulière : en les retirant du corps de la victime, on connaît la main qui les a lancées.

L'arme à feu ne peut rendre témoignage de la gloire de son maître. Lorsque l'on tue avec la balle, le casse-tête ou la hache, c'est par le nombre des chevelures enlevées que les exploits sont comptés.

Pendant le combat, il est rare que l'on obéisse au chef de guerre, qui lui-même ne cherche qu'à se distinguer personnellement. Il est rare que les vainqueurs poursuivent les vaincus : ils restent sur le champ de bataille à dépouiller les morts, à lier les prisonniers, à célébrer le triomphe par des danses et des chants : on pleure les amis que l'on a perdus : leurs corps sont exposés avec de grandes lamentations sur les branches des arbres : les corps des ennemis demeurent étendus dans la poussière.

Un guerrier détaché du camp porte à la nation la nouvelle de la victoire et du retour de l'armée (1) : les vieillards s'assemblent; le chef de guerre fait au conseil le rapport de l'expédition : d'après ce rapport on se détermine à continuer la guerre ou à négocier la paix.

Si l'on se décide à la paix, les prisonniers sont conservés comme moyen de la conclure : si l'on s'obstine à la guerre, les prisonniers sont livrés au supplice. Qu'il me soit permis de renvoyer les lecteurs à l'épisode d'*Atala* et aux *Natchez* pour le détail. Les femmes se montrent ordinairement cruelles dans ces vengeances : elles déchirent les prisonniers avec leurs ongles, les percent avec les instruments des travaux domestiques, et apprêtent le repas de leur chair. Ces chairs se mangent grillées ou bouillies; et les cannibales connaissent les parties les plus succulentes de la victime. Ceux qui ne dévorent pas leurs ennemis, du moins boivent leur sang, et s'en barbouillent la poitrine et le visage.

Mais les femmes ont aussi un beau privilége : elles peuvent sauver les prisonniers en les adoptant pour frères ou pour maris, surtout si elles ont perdu des frères ou des maris dans le combat. L'adoption confère les droits de la nature : il n'y a point d'exemple qu'un prisonnier adopté ait trahi la famille dont il est devenu membre, et il ne montre pas moins d'ardeur que ses nouveaux compatriotes en portant les armes contre son ancienne nation; de là les aventures les plus pathétiques. Un père se trouve assez souvent en face d'un fils : si le fils terrasse le père, il le laisse aller une première fois; mais il lui dit : « Tu m'as « donné la vie, je te la rends : nous voilà quittes. Ne te présente plus devant « moi, car je t'enlèverais la chevelure. »

Toutefois les prisonniers adoptés ne jouissent pas d'une sûreté complète. S'il arrive que la tribu où ils servent fasse quelque perte, on les massacre : telle femme qui avait pris soin d'un enfant, le coupe en deux d'un coup de hache.

Les Iroquois, renommés d'ailleurs pour leur cruauté envers les prisonniers de guerre, avaient un usage qu'on aurait dit emprunté des Romains, et qui annonçait le génie d'un grand peuple : ils incorporaient la nation vaincue dans leur nation sans la rendre esclave; ils ne la forçaient même pas d'adopter leurs lois; ils ne la soumettaient qu'à leurs mœurs.

Toutes les tribus ne brûlaient pas leurs prisonniers; quelques-unes se contentaient de les réduire en servitude. Les sachems, rigides partisans des vieilles coutumes, déploraient cette humanité, dégénération, selon eux, de l'ancienne vertu. Le christianisme, en se répandant chez les Indiens, avait contribué à adoucir des caractères féroces. C'était au nom d'un Dieu sacrifié par les hommes, que les missionnaires obtenaient l'abolition des sacrifices humains :

---

(1) Ce retour est décrit dans le xi° livre des *Natchez*.

ils plantaient la croix à la place du poteau du supplice, et le sang de Jésus-Christ rachetait le sang du prisonnier.

RELIGION.

Lorsque les Européens abordèrent en Amérique, ils trouvèrent parmi les Sauvages des croyances religieuses presque effacées aujourd'hui. Les peuples de la Floride et de la Louisiane adoraient presque tous le soleil, comme les Péruviens et les Mexicains. Ils avaient des temples, des prêtres ou jongleurs, des sacrifices; ils mêlaient seulement à ce culte du Midi le culte et les traditions de quelque divinité du Nord.

Les sacrifices publics avaient lieu au bord des fleuves; ils se faisaient aux changements de saison, ou à l'occasion de la paix ou de la guerre. Les sacrifices particuliers s'accomplissaient dans les huttes. On jetait au vent les cendres profanes, et l'on allumait un feu nouveau. L'offrande aux bons et aux mauvais génies consistait en peaux de bêtes, ustensiles de ménage, armes, colliers, le tout de peu de valeur.

Mais une superstition commune à tous les Indiens, et pour ainsi dire la seule qu'ils aient conservée, c'était celle des *Manitous*. Chaque Sauvage a son manitou, comme chaque Nègre a son fétiche : c'est un oiseau, un poisson, un quadrupède, un reptile, une pierre, un morceau de bois, un lambeau d'étoffe, un objet coloré, un ornement américain ou européen. Le chasseur prend soin de ne tuer ni blesser l'animal qu'il a choisi pour manitou : quand ce malheur lui arrive, il cherche par tous les moyens possibles à apaiser les mânes du dieu mort; mais il n'est parfaitement rassuré que quand il a *rêvé* un autre manitou.

Les songes jouent un grand rôle dans la religion du Sauvage; leur interprétation est une science, et leurs illusions sont tenues pour des réalités. Chez les peuples civilisés c'est souvent le contraire : les réalités sont des illusions.

Parmi les nations indigènes du Nouveau-Monde le dogme de l'immortalité de l'âme n'est pas distinctement exprimé, mais elles en ont toutes une idée confuse, comme le témoignent leurs usages, leurs fables, leurs cérémonies funèbres, leur piété envers les morts. Loin de nier l'immortalité de l'âme, les Sauvages la multiplient : ils semblent l'accorder aux âmes des bêtes, depuis l'insecte, le reptile, le poisson et l'oiseau, jusqu'au plus grand quadrupède. En effet, des peuples qui voient et qui entendent partout des *esprits* doivent naturellement supposer qu'ils en portent un en eux-mêmes, et que les êtres animés, compagnons de leur solitude, ont aussi leurs intelligences divines.

Chez les nations du Canada, il existait un système complet de fables religieuses, et l'on remarquait, non sans étonnement, dans ces fables, des traces des fictions grecques et des vérités bibliques.

Le Grand-Lièvre assembla un jour sur les eaux sa cour composée de l'orignal, du chevreuil, de l'ours et des autres quadrupèdes. Il tira un grain de sable du fond du grand lac, et il en forma la terre. Il créa ensuite les hommes des corps morts des divers animaux.

Une autre tradition fait d'Areskoui ou d'Agresgoué, dieu de la guerre, l'Être suprême ou le Grand-Esprit.

Le Grand-Lièvre fut traversé dans ses desseins; le dieu des eaux, Michabou, surnommé le Grand-Chat-Tigre, s'opposa à l'entreprise du Grand-Lièvre; celui-ci ayant à combattre Michabou, ne put créer que six hommes : un de ces hommes monta au ciel; il eut commerce avec la belle Athaënsic, divinité des vengeances. Le Grand-Lièvre s'apercevant qu'elle était enceinte, la précipita d'un coup de pied sur la terre : elle tomba sur le dos d'une tortue.

Quelques jongleurs prétendent qu'Athaënsic eut deux fils, dont l'un tua l'autre; mais on croit généralement qu'elle ne mit au monde qu'une fille, laquelle devint mère de Tahouet-Saron et de Jouskeka. Jouskeka tua Tahouet-Saron.

Athaënsic est quelquefois prise pour la lune, et Jouskeka pour le soleil. Areskoui, dieu de la guerre, devient aussi le soleil. Parmi les Natchez, Athaënsic, déesse de la vengeance, était la *femme-chef* des mauvais manitous, comme Jouskeka était la *femme-chef* des bons.

A la troisième génération, la race de Jouskeka s'éteignit presque tout entière : le Grand-Esprit envoya un déluge. Messou, autrement Saketchak, voyant ce débordement, députa un corbeau pour s'enquérir de l'état des choses, mais le corbeau s'acquitta mal de sa commission; alors Messou fit partir le rat musqué, qui lui apporta un peu de limon. Messou rétablit la terre dans son premier état; il lança des flèches contre le tronc des arbres qui restaient encore debout, et ces flèches devinrent des branches. Il épousa ensuite, par reconnaissance, une femelle du rat musqué : de ce mariage naquirent tous les hommes qui peuplent aujourd'hui le monde.

Il y a des variantes à ces fables : selon quelques autorités, ce ne fut pas Messou qui fit cesser l'inondation, mais la tortue sur laquelle Athaënsic tomba du ciel : cette tortue, en nageant, écarta les eaux avec ses pattes, et découvrit la terre. Ainsi c'est la vengeance qui est la mère de la nouvelle race des hommes.

Le Grand-Castor est, après le Grand-Lièvre, le plus puissant des manitous : c'est lui qui a formé le lac Nipissingue : les cataractes que l'on trouve dans la rivière des Ontaouois, qui sort du Nipissingue, sont les restes des chaussées que le Grand-Castor avait construites pour former ce lac; mais il mourut au milieu de son entreprise. Il est enterré au haut d'une montagne à laquelle il a donné sa forme. Aucune nation ne passe au pied de son tombeau sans fumer en son honneur.

Michabou, dieu des eaux, est né à Méchillinakinac, sur le détroit qui joint le lac Huron au lac Michigan. De là il se transporta au détroit, jeta une digue au Saut Sainte-Marie, et arrêtant les eaux du lac Alimipigon, il fit le lac Supérieur pour prendre des castors. Michabou apprit de l'araignée à tisser des filets, et il enseigna ensuite le même art aux hommes.

Il y a des lieux où les génies se plaisent particulièrement. A deux journées au-dessous du Saut Saint-Antoine, on voit la grande Wakon-Teebe (la caverne du Grand-Esprit) : elle renferme un lac souterrain d'une profondeur inconnue ; lorsqu'on jette une pierre dans ce lac, le Grand-Lièvre fait entendre une voix redoutable. Des caractères sont gravés par les esprits sur la pierre de la voûte.

Au soleil couchant du lac Supérieur sont des montagnes formées de pierres qui brillent comme la glace des cataractes en hiver. Derrière ces montagnes s'étend un lac bien plus grand que le lac Supérieur. Michabou aime particulièrement ce lac et ces montagnes (1). Mais c'est au lac Supérieur que le Grand-Esprit a fixé sa résidence, on l'y voit se promener au clair de la lune : il se plaît aussi à cueillir le fruit d'un groseillier qui couvre la rive méridionale du lac. Souvent, assis sur la pointe d'un rocher, il déchaîne les tempêtes. Il habite dans le lac une île qui porte son nom : c'est là que les âmes des guerriers tombés sur le champ de bataille se rendent pour jouir du plaisir de la chasse.

Autrefois, du milieu du lac Sacré émergeait une montagne de cuivre que le Grand-Esprit a enlevée et transportée ailleurs depuis longtemps; mais il a semé sur le rivage des pierres du même métal qui ont une vertu singulière : elles rendent invisibles ceux qui les portent. Le Grand-Esprit ne veut pas qu'on touche à ces pierres. Un jour des Algonquins furent assez téméraires pour en enlever une ; à peine étaient-ils rentrés dans leurs canots, qu'un manitou de plus de soixante coudées de hauteur, sortant du fond d'une forêt, les poursuivit : les vagues lui allaient à peine à la ceinture ; il obligea les Algonquins de jeter dans les flots le trésor qu'ils avaient ravi.

Sur les bords du lac Huron, le Grand-Esprit a fait chanter le lièvre blanc comme un oiseau, et donné la voix d'un chat à l'oiseau bleu.

Athaënsic a planté dans les îles du lac Érié *l'herbe à la puce :* si un guerrier regarde cette herbe, il est saisi de la fièvre ; s'il la touche, un feu subtil court sur sa peau. Athaënsic planta encore au bord du lac Érié le cèdre blanc pour détruire la race des hommes : la vapeur de l'arbre fait mourir l'enfant dans le sein de la jeune mère, comme la pluie fait couler la grappe sur la vigne.

Le Grand-Lièvre a donné la sagesse au chat-huant du lac Érié. Cet oiseau fait la chasse aux souris pendant l'été ; il les mutile et les emporte toutes vivantes dans sa demeure, où il prend soin de les engraisser pour l'hiver. Cela ne ressemble pas trop mal aux maîtres des peuples.

A la cataracte du Niagara habite le Génie redoutable des Iroquois.

Auprès du lac Ontario, des ramiers mâles se précipitent le matin dans la rivière Gennessé; le soir ils sont suivis d'un pareil nombre de femelles ; ils vont chercher la belle Endaé, qui fut retirée de la contrée des âmes par le chant de son époux.

Le petit oiseau du lac Ontario fait la guerre au serpent noir. Voici ce qui a donné lieu à cette guerre.

Hondioun était un fameux chef des Iroquois constructeurs de cabanes. Il vit la jeune Almilao, et il fut étonné. Il dansa trois fois de colère, car Almilao

---

(1) Cette ancienne tradition d'une chaîne de montagnes et d'un lac immense situé au nord-ouest du lac Supérieur indique assez les montagnes Rocheuses et l'océan Pacifique.

était fille de la nation des Hurons, ennemis des Iroquois. Hondioun retourna à sa hutte en disant : « C'est égal ; » mais l'âme du guerrier ne parlait pas ainsi.

Il demeura couché sur la natte pendant deux soleils, et il ne put dormir : au troisième soleil il ferma les yeux, et vit un ours dans ses songes. Il se prépara à la mort.

Il se lève, prend ses armes, traverse les forêts, et arrive à la hutte d'Almilao, dans le pays des ennemis. Il faisait nuit.

Almilao entend marcher dans sa cabane; elle dit : « Akouessan, assieds-toi « sur ma natte. » Hondioun s'assit sans parler sur la natte. Athaënsic et sa rage étaient dans son cœur. Almilao jette un bras autour du guerrier iroquois sans le connaître, et cherche ses lèvres. Hondioun l'aima comme la lune.

Akouessan l'Abénaquis, allié des Hurons, arrive; il s'approche dans les ténèbres : les amants dormaient. Il se glisse auprès d'Almilao, sans apercevoir Hondioun roulé dans les peaux de la couche. Akouessan enchanta le sommeil de sa maîtresse.

Hondioun s'éveille, étend la main, touche la chevelure d'un guerrier. Le cri de guerre ébranle la cabane. Les sachems des Hurons accourent. Akouessan l'Abénaquis n'était plus.

Hondioun, le chef iroquois, est attaché au poteau des prisonniers, et chante sa chanson de mort; il appelle Almilao au milieu du feu, et invite la fille huronne à lui dévorer le cœur. Celle-ci pleurait et souriait; la vie et la mort étaient sur ses lèvres.

Le Grand-Lièvre fit entrer l'âme d'Hondioun dans le serpent noir, et celle d'Almilao dans le petit oiseau du lac Ontario. Le petit oiseau attaque le serpent noir, et l'étend mort d'un coup de bec. Akouessan fut changé en homme marin.

Le Grand-Lièvre fit une grotte de marbre noir et vert dans le pays des Abénaquis; il planta un arbre dans le lac salé (la mer) à l'entrée de la grotte. Tous les efforts des chairs blanches n'ont jamais pu arracher cet arbre. Lorsque la tempête souffle sur le lac sans rivage, le Grand-Lièvre descend du rocher bleu, et vient pleurer sous l'arbre Hondioun, Almilao et Akouessan.

C'est ainsi que les fables des Sauvages amènent le voyageur du fond des lacs du Canada aux rivages de l'Atlantique. Moïse, Lucrèce et Ovide semblaient avoir légué à ces peuples, le premier sa tradition, le second sa mauvaise physique, le troisième ses métamorphoses. Il y avait dans tout cela assez de religion, de mensonge et de poésie pour s'instruire, s'égarer et se consoler.

GOUVERNEMENT.

LES NATCHEZ.

DESPOTISME DANS L'ÉTAT DE NATURE.

Presque toujours on a confondu l'état de nature avec l'état sauvage : de cette méprise il est arrivé qu'on s'est figuré que les Sauvages n'avaient point de gouvernement, que chaque famille était simplement conduite par son chef ou par son père; qu'une chasse ou une guerre réunissait occasionnellement les familles dans un intérêt commun ; mais que cet intérêt satisfait, les familles retournaient à leur isolement et à leur indépendance.

Ce sont là de notables erreurs. On retrouve parmi les Sauvages le type de tous les gouvernements connus des peuples civilisés, depuis le despotisme jusqu'à la république, en passant par la monarchie limitée ou absolue, élective ou héréditaire.

Les Indiens de l'Amérique septentrionale connaissent les monarchies et les républiques représentatives; le fédéralisme était une des formes politiques les plus communes employées par eux : l'étendue de leur désert avait fait pour la science de leurs gouvernements ce que l'excès de la population a produit pour les nôtres. L'erreur où l'on est tombé relativement à l'existence politique du gouvernement sauvage est d'autant plus singulière, que l'on aurait dû être éclairé par l'histoire des Grecs et des Romains : à la naissance de leur empire ils avaient des institutions très-compliquées.

Les lois politiques naissent chez les hommes avant les lois civiles, qui sembleraient néanmoins devoir précéder les premières; mais il est de fait que le *pouvoir* s'est réglé avant le *droit*, parce que les hommes ont besoin de se défendre contre l'arbitraire avant de fixer les rapports qu'ils ont entre eux.

Les lois politiques naissent spontanément avec l'homme, et s'établissent sans antécédents; on les rencontre chez les hordes les plus barbares.

Les lois civiles, au contraire, se forment par les usages : ce qui était une coutume religieuse pour le mariage d'une fille et d'un garçon, pour la naissance d'un enfant, pour la mort d'un chef de famille, se transforme en loi par le laps de temps. La propriété particulière, inconnue des peuples chasseurs, est encore une source de lois civiles qui manquent à l'état de nature. Aussi n'existait-il point chez les Indiens de l'Amérique septentrionale de code de délits et de peines. Les crimes contre les choses et les personnes étaient punis par la famille, non par la loi. La vengeance était la justice : le droit naturel poursuivait, chez l'homme sauvage, ce que le droit public atteint chez l'homme policé.

Rassemblons d'abord les traits communs à tous les gouvernements des Sauvages; puis nous entrerons dans le détail de chacun de ces gouvernements.

Les nations indiennes sont divisées en tribus; chaque tribu a un chef héréditaire différent du chef militaire, qui tire son droit de l'élection, comme chez les anciens Germains.

Les tribus portent un nom particulier : la tribu de l'Aigle, de l'Ours, du Castor, etc. Les emblèmes qui servent à distinguer les tribus deviennent des enseignes à la guerre, des sceaux au bas des traités.

Les chefs des tribus et des divisions de tribus tirent leurs noms de quelques qualités, de quelque défaut de leur esprit ou de leur personne, de quelque circonstance de leur vie. Ainsi l'un s'appelle *le bison blanc*, l'autre *la jambe cassée*, *la bouche plate*, *le jour sombre*, *le dardeur*, *la belle voix*, *le tueur de castors*, *le cœur de feu*, etc.

Il en fut ainsi dans la Grèce : à Rome, Coclès tira son nom de ses yeux rapprochés, ou de la perte de son œil, et Cicéron, de la verrue ou de l'industrie de son aïeul. L'histoire moderne compte ses rois et ses guerriers, *Chauve*, *Bègue*, *Roux*, *Boiteux*, *Martel* ou *marteau*, *Capet* ou *grosse-tête*, etc.

Les conseils des nations indiennes se composent des chefs de tribus, des chefs militaires, des matrones, des orateurs, de prophètes ou jongleurs, des médecins; mais ces conseils varient selon la constitution des peuples.

Le spectacle d'un conseil de Sauvages est très-pittoresque. Quand la cérémonie du calumet est achevée, un orateur prend la parole. Les membres du conseil sont assis ou couchés à terre dans diverses attitudes : les uns, tout nus, n'ont pour s'envelopper qu'une peau de buffle; les autres, tatoués de la tête aux pieds, ressemblent à des statues égyptiennes; d'autres entremêlent à des ornements sauvages, à des plumes, à des becs d'oiseau, à des griffes d'ours, à des cornes de buffle, à des os de castors, à des dents de poisson, entremêlent, dis-je, des ornements européens. Les visages sont bariolés de diverses couleurs, ou peinturés de blanc ou de noir. On écoute attentivement l'orateur; chacune de ses pauses est accueillie par le cri d'applaudissement, *oah! oah!*

Des nations aussi simples ne devraient avoir rien à débattre en politique; cependant il est vrai qu'aucun peuple civilisé ne traite plus de choses à la fois. C'est une ambassade à envoyer à une tribu pour la féliciter de ses victoires, un pacte d'alliance à conclure ou à renouveler, une explication à demander sur la violation d'un territoire, une députation à faire partir pour aller pleurer sur la mort d'un chef, un suffrage à donner dans une diète, un chef à élire, un compétiteur à écarter, une médiation à offrir ou à accepter pour faire poser les armes à deux peuples, une balance à maintenir, afin que telle nation ne devienne pas trop forte et ne menace pas la liberté des autres. Toutes ces affaires sont discutées avec ordre; les raisons pour et contre sont déduites avec clarté. On a connu des sachems qui possédaient à fond toutes ces matières, et qui parlaient avec une profondeur de vue et de jugement dont peu d'hommes d'État en Europe seraient capables.

Les délibérations du conseil sont marquées dans des colliers de diverses couleurs, archives de l'État qui renferment les traités de guerre, de paix et d'alliance, avec toutes les conditions et clauses de ces traités. D'autres colliers contiennent les harangues prononcées dans les divers conseils. J'ai mentionné ailleurs la mémoire artificielle dont usaient les Iroquois pour retenir un long discours. Le travail se partageait entre des guerriers qui, au moyen de quelques osselets, apprenaient par cœur, ou plutôt écrivaient dans leur mémoire la partie du discours qu'ils étaient chargés de reproduire (1).

Les arrêtés des sachems sont quelquefois gravés sur des arbres en signes énigmatiques. Le temps, qui ronge nos vieilles chroniques, détruit également celles des Sauvages, mais d'une autre manière; il étend une nouvelle écorce sur le papyrus qui garde l'histoire de l'Indien : au bout d'un petit nombre d'années, l'Indien et son histoire ont disparu à l'ombre du même arbre.

---

(1) On peut voir dans les *Natchez* la description d'un conseil de Sauvages, tenu sur le rocher du Lac : les détails en sont rigoureusement historiques.

Passons maintenant à l'histoire des institutions particulières des gouvernements indiens, en commençant par le despotisme.

Il faut remarquer d'abord que partout où le despotisme est établi, règne une espèce de civilisation *physique*, telle qu'on la trouve chez la plupart des peuples de l'Asie, et telle qu'elle existait au Pérou et au Mexique. L'homme qui ne peut plus se mêler des affaires publiques, et qui livre sa vie à un maître comme une brute ou comme un enfant, a tout le temps de s'occuper de son bien-être matériel. Le système de l'esclavage soumettant à cet homme d'autres bras que les siens, ces machines labourent son champ, embellissent sa demeure, fabriquent ses vêtements et préparent son repas. Mais, parvenue à un certain degré, cette civilisation du despotisme reste stationnaire; car le tyran supérieur, qui veut bien permettre quelques tyrannies particulières, conserve toujours le droit de vie et de mort sur ses sujets, et ceux-ci ont soin de se renfermer dans une médiocrité qui n'excite ni la cupidité ni la jalousie du pouvoir.

Sous l'empire du despotisme, il y a donc commencement de luxe et d'administration, mais dans une mesure qui ne permet pas à l'industrie de se développer, ni au génie de l'homme d'arriver à la liberté par les lumières.

Ferdinand de Soto trouva des peuples de cette nature dans les Florides, et vint mourir au bord du Mississipi. Sur ce grand fleuve s'étendait la domination des Natchez. Ceux-ci étaient originaires du Mexique, qu'ils ne quittèrent qu'après la chute du trône de Montezume. L'époque de l'émigration des Natchez concorde avec celle des Chicassais, qui venaient du Pérou, également chassés de leur terre natale par l'invasion des Espagnols.

Un chef surnommé *le Soleil* gouvernait les Natchez : ce chef prétendait descendre de l'astre du jour. La succession au trône avait lieu par les femmes : ce n'était pas le fils même du Soleil qui lui succédait, mais le fils de sa sœur ou de sa plus proche parente. Cette *Femme-Chef*, tel était son nom, avait avec le Soleil une garde de jeunes gens appelés *Allouez*.

Les dignitaires au-dessous du Soleil étaient les deux chefs de guerre, les deux prêtres, les deux officiers pour les traités, l'inspecteur des ouvrages et des greniers publics, homme puissant, appelé le *Chef de la farine*, et les quatre maîtres des cérémonies.

La récolte, faite en commun et mise sous la garde du Soleil, fut dans l'origine la cause principale de l'établissement de la tyrannie. Seul dépositaire de la fortune publique, le monarque en profita pour se faire des créatures : il donnait aux uns aux dépens des autres; il inventa cette hiérarchie de places qui intéressent une foule d'hommes au pouvoir, par la complicité dans l'oppression. Le Soleil s'entoura de satellites prêts à exécuter ses ordres. Au bout de quelques générations, des classes se formèrent dans l'État : ceux qui descendaient des généraux ou des officiers des Allouez se prétendirent nobles; on les crut. Alors furent inventées une multitude de lois : chaque individu se vit obligé de porter au Soleil une partie de sa chasse ou de sa pêche. Si celui-ci commandait tel ou tel travail, on était tenu de l'exécuter sans en recevoir de salaire. En imposant la corvée, le Soleil s'empara du droit de juger. « Qu'on me défasse de ce chien, » disait-il; et ses gardes obéissaient.

Le despótisme du Soleil enfanta celui de la Femme-Chef, et ensuite celui des nobles. Quand une nation devient esclave, il se forme une chaîne de tyrans depuis la première classe jusqu'à la dernière. L'arbitraire du pouvoir de la Femme-Chef prit le caractère du sexe de cette souveraine; il se porta du côté des mœurs. La Femme-Chef se crut maîtresse de prendre autant de maris et d'amants qu'elle le voulut; elle faisait ensuite étrangler les objets de ses caprices. En peu de temps, il fut admis que le jeune Soleil, en parvenant au trône, pouvait faire étrangler son père, lorsque celui-ci n'était pas noble.

Cette corruption de la mère de l'héritier du trône descendit aux autres femmes. Les nobles pouvaient abuser des vierges, et même des jeunes épouses, dans toute la nation. Le Soleil avait été jusqu'à ordonner une prostitution générale des femmes, comme cela se pratiquait à certaines initiations babyloniennes.

A tous ces maux il n'en manquait plus qu'un, la superstition : les Natchez en furent accablés. Les prêtres s'étudièrent à fortifier la tyrannie par la dégradation de la raison du peuple. Ce devint un honneur insigne, une action méritoire pour le ciel que de se tuer sur le tombeau d'un noble; il y avait des chefs dont les funérailles entraînaient le massacre de plus de cent victimes. Ces oppresseurs semblaient n'abandonner le pouvoir absolu dans la vie que pour hériter de la tyrannie de la mort : on obéissait encore à un cadavre, tant on était façonné à l'esclavage! Bien plus, on sollicitait quelquefois, dix ans d'avance, l'honneur d'accompagner le Soleil au pays des âmes. Le ciel permettait une justice : ces mêmes Allouez, par qui la servitude avait été fondée, recueillaient le fruit de leurs œuvres; l'opinion les obligeait de se percer de leur poignard aux obsèques de leur maître; le suicide devenait le digne ornement de la pompe funèbre du despotisme. Mais que servait au souverain des Natchez d'emmener sa garde au delà de la vie? pouvait-elle le défendre contre l'éternel vengeur des opprimés?

Une Femme-Chef étant morte, son mari, qui n'était pas noble, fut étouffé. La fille aînée de la Femme-Chef, qui lui succédait en dignité, ordonna l'étranglement de douze enfants : ces douze corps furent rangés autour de ceux de l'ancienne Femme-Chef et de son mari. Ces quatorze cadavres étaient déposés sur un brancard pompeusement décoré.

Quatorze Allouez enlevèrent le lit funèbre. Le convoi se mit en marche : les pères et mères des enfants étranglés ouvraient la marche, marchant lentement deux à deux, et portant leurs enfants morts dans leurs bras. Quatorze victimes qui s'étaient dévouées à la mort suivaient le lit funèbre, tenant dans leurs mains le cordon fatal qu'elles avaient filé elles-mêmes. Les plus proches parents de ces victimes les environnaient. La famille de la Femme-Chef fermait le cortége.

De dix pas en dix pas, les pères et les mères qui précédaient la Théorie laissaient tomber les corps de leurs enfants; les hommes qui portaient le brancard marchaient sur ces corps, de sorte que quand on arriva au temple les chairs de ces tendres hosties tombaient en lambeaux.

Le convoi s'arrêta au lieu de la sépulture. On déshabilla les quatorze personnes dévouées; elles s'assirent à terre; un Allouez s'assit sur les genoux de chacune d'elles, un autre leur tint les mains par derrière; on leur fit avaler trois morceaux de tabac et boire un peu d'eau : on leur passa le lacet au cou.

et les parents de la Femme-Chef tirèrent, en chantant, sur les deux bouts du lacet.

On a peine à comprendre comment un peuple chez lequel la propriété individuelle était inconnue, et qui ignorait la plupart des besoins de la société, avait pu tomber sous un pareil joug. D'un côté des hommes nus, la liberté de la nature; de l'autre des exactions sans exemples, un despotisme qui passe ce qu'on a vu de plus formidable au milieu des peuples civilisés ; l'innocence et les vertus primitives de l'état politique à son berceau, la corruption et les crimes d'un gouvernement décrépit : quel monstrueux assemblage !

Une révolution simple, naturelle, presque sans effort, délivra en partie les Natchez de leurs chaînes. Accablés du joug des nobles et du Soleil, ils se contentèrent de se retirer dans les bois ; la solitude leur rendit la liberté. Le Soleil demeuré au *grand village*, n'ayant plus rien à donner aux Allouez, puisqu'on ne cultivait plus le champ commun, fut abandonné de ces mercenaires. Ce Soleil eut pour successeur un prince raisonnable. Celui-ci ne rétablit point les gardes ; il abolit les usages tyranniques, rappela ses sujets et leur fit aimer son gouvernement. Un conseil de vieillards formé par lui détruisit le principe de la tyrannie, en réglant d'une manière nouvelle la propriété commune.

Les nations sauvages, sous l'empire des idées primitives, ont un invincible éloignement pour la propriété particulière, fondement de l'ordre social. De là, chez quelques Indiens, cette propriété commune, ce champ public des moissons, ces récoltes déposées dans des greniers où chacun vient puiser selon ses besoins; mais de là aussi la puissance des chefs qui veillent à ces trésors, et qui finissent par les distribuer au profit de leur ambition.

Les Natchez régénérés trouvèrent un moyen de se mettre à l'abri de la propriété particulière, sans tomber dans l'inconvénient de la propriété commune. Le champ public fut divisé en autant de lots qu'il y avait de familles. Chaque famille emportait chez elle la moisson contenue dans un de ces lots. Ainsi le grenier public fut détruit, en même temps que le champ commun resta ; et comme chaque famille ne recueillait pas précisément le produit du carré qu'elle avait labouré et semé, elle ne pouvait pas dire qu'elle avait un droit particulier à la jouissance de ce qu'elle avait reçu. Ce ne fut plus la communauté de la terre, mais la communauté du travail qui fit la propriété commune.

Les Natchez conservèrent l'extérieur et les formes de leurs anciennes institutions : ils ne cessèrent point d'avoir une monarchie absolue, un Soleil, une Femme-Chef, et différents ordres ou différentes classes d'hommes ; mais ce n'était plus que des souvenirs du passé, souvenirs utiles aux peuples, chez lesquels il n'est jamais bon de détruire l'autorité des aïeux. On entretint toujours le feu perpétuel dans le temple ; on ne toucha pas même aux cendres des anciens chefs déposées dans cet édifice, parce qu'il y a crime à violer l'asile des morts, et qu'après tout la poussière des tyrans donne d'aussi grandes leçons que celle des autres hommes.

LES MUSCOGULGES.

MONARCHIE LIMITÉE DANS L'ÉTAT DE NATURE.

A l'orient du pays des Natchez accablés par le despotisme, les Muscogulges présentaient dans l'échelle des gouvernements des Sauvages la monarchie constitutionnelle ou limitée. Les Muscogulges forment avec les Siminoles, dans l'ancienne Floride, la confédération des Creeks. Ils ont un chef appelé Mico, roi ou magistrat.

Le Mico, reconnu pour le premier homme de la nation, reçoit toutes sortes de marques de respect. Lorsqu'il préside le conseil, on lui rend des hommages presque abjects; lorsqu'il est absent, son siége reste vide.

Le Mico convoque le conseil pour délibérer sur la paix et sur la guerre; à lui s'adressent les ambassadeurs et les étrangers qui arrivent chez la nation.

La royauté du Mico est élective et inamovible. Les vieillards nomment le Mico; le corps des guerriers confirme la nomination. Il faut avoir versé son sang dans les combats, ou s'être distingué par sa raison, son génie, son éloquence, pour aspirer à la place de Mico. Ce souverain, qui ne doit sa puissance qu'à son mérite, s'élève sur la confédération des Creeks, comme le soleil pour animer et féconder la terre.

Le Mico ne porte aucune marque de distinction : hors du conseil, c'est un simple sachem qui se mêle à la foule, cause, fume, boit la coupe avec tous les guerriers : un étranger ne pourrait le reconnaître. Dans le conseil même, où il reçoit tant d'honneurs, il n'a que sa voix; toute son influence est dans sa sagesse : son avis est généralement suivi, parce que son avis est presque toujours le meilleur.

La vénération des Muscogulges pour le Mico est extrême. Si un jeune homme est tenté de faire une chose déshonnête, son compagnon lui dit : « Prends garde, le Mico te voit; » le jeune homme s'arrrête : c'est l'action du despotisme invisible de la vertu.

Le Mico jouit cependant d'une prérogative dangereuse. Les moissons, chez les Muscogulges, se font en commun. Chaque famille, après avoir reçu son lot, est obligée d'en porter une partie dans un grenier public, où le Mico puise à volonté. L'abus d'un pareil privilége produisait la tyrannie des Soleils des Natchez, comme nous venons de le voir.

Après le Mico, la plus grande autorité de l'État réside dans le conseil des vieillards. Ce conseil décide de la paix et de la guerre, et applique les ordres du Mico : institution politique singulière. Dans la monarchie des peuples civilisés, le roi est le pouvoir exécutif, et le conseil ou l'assemblée nationale, le pouvoir législatif; ici, c'est l'opposé : le monarque fait les lois et le conseil les exécute. Ces Sauvages ont peut-être pensé qu'il y avait moins de péril à investir un conseil de vieillards du pouvoir exécutif, qu'à remettre ce pouvoir aux mains d'un seul homme. D'un autre côté, l'expérience ayant prouvé qu'un seul homme d'un âge mûr, d'un esprit réfléchi, élabore mieux des lois qu'un corps délibérant, les Muscogulges ont placé le pouvoir législatif dans le roi.

Mais le conseil des Muscogulges a un vice capital : il est sous la direction immédiate du grand jongleur, qui le conduit par la crainte des sortiléges et par la divination des songes. Les prêtres forment chez cette nation un collége redoutable qui menace de s'emparer des divers pouvoirs. Le chef de guerre, indépendant du Mico, exerce une puissance absolue sur la jeunesse armée. Néanmoins, si la nation est dans un péril imminent, le Mico devient, pour un temps limité, général au dehors, comme il est magistrat au dedans.

Tel est, ou plutôt tel était le gouvernement muscogulge, considéré en lui-même et à part. Il a d'autres rapports comme gouvernement fédératif.

Les Muscogulges, nation fière et ambitieuse, vinrent de l'ouest et s'emparèrent de la Floride après avoir extirpé les Yamases, ses premiers habitants (1). Bientôt après, les Siminoles, arrivant de l'est, firent alliance avec les Muscogulges.

Ceux-ci étant les plus forts, forcèrent ceux-là d'entrer dans une confédération, en vertu de laquelle les Siminoles envoient des députés au grand village des Muscogulges, et se trouvent ainsi gouvernés en partie par le Mico de ces derniers.

Les deux nations réunies furent appelées par les Européens la nation des Creeks, et divisées par eux en Creeks supérieurs, les Muscogulges, et en Creeks inférieurs, les Siminoles. L'ambition des Muscogulges n'étant pas satisfaite, ils portèrent la guerre chez les Chéroquois et chez les Chicassais, et les obligèrent d'entrer dans l'alliance commune ; confédération aussi célèbre dans le midi de l'Amérique septentrionale que celle des Iroquois dans le nord. N'est-il pas singulier de voir des Sauvages tenter la réunion des Indiens dans une république fédérative, au même lieu où les Européens devaient établir un gouvernement de cette nature ?

Les Muscogulges, en faisant des traités avec les blancs, ont stipulé que ceux-ci ne vendraient point d'eau-de-vie aux nations alliées. Dans les villages des Creeks on ne souffrait qu'un seul marchand européen : il y résidait sous la sauvegarde publique. On ne violait jamais à son égard les lois de la plus exacte probité ; il allait et venait, en sûreté de sa fortune comme de sa vie.

Les Muscogulges sont enclins à l'oisiveté et aux fêtes ; ils cultivent la terre ; ils ont des troupeaux et des chevaux de race espagnole ; ils ont aussi des esclaves. Le serf travaille aux champs, cultive dans le jardin les fruits et les fleurs, tient la cabane propre et prépare les repas. Il est logé, vêtu et nourri comme ses maîtres. S'il se marie, ses enfants sont libres ; ils rentrent dans leur droit naturel par la naissance. Le malheur du père et de la mère ne passe point à leur postérité ; les Muscogulges n'ont point voulu que la servitude fût héréditaire : belle leçon que les Sauvages sont donnée aux hommes civilisés !

Tel est néanmoins l'esclavage : quelle que soit sa douceur, il dégrade les vertus. Le Muscogulge, hardi, bruyant, impétueux, supportant à peine la moindre contradiction, est servi par le Yamase, timide, silencieux, patient, ab-

(1) Ces traditions des migrations indiennes sont obscures et contradictoires. Quelques hommes instruits regardent les tribus des Florides comme un débris de la grande nation des Allighewis, qui habitaient les vallées du Mississipi et de l'Ohio, et que chassèrent, vers les douzième et treizième siècles, les Lennilénaps (les Iroquois et les Sauvages Delawares), horde nomade et belliqueuse, venue du nord et de l'ouest, c'est-à-dire des côtes voisines du détroit de Behring.

ject. Ce Yamase, ancien maître des Florides, est cependant de race indienne : il combattit en héros pour sauver son pays de l'invasion des Muscogulges; mais la fortune le trahit. Qui a mis entre le Yamase d'autrefois et le Yamase d'aujourd'hui, entre ce Yamase vaincu et ce Muscogulge vainqueur, une si grande différence! deux mots : liberté et servitude.

Les villages muscogulges sont bâtis d'une manière particulière : chaque famille a presque toujours quatre maisons ou quatre cabanes pareilles. Ces quatre cabanes se font face les unes aux autres, et forment entre elles une cour carrée d'environ un demi-arpent : on entre dans cette cour par les quatre angles. Les cabanes, construites en planches, sont enduites en dehors et en dedans d'un mortier rouge qui ressemble à de la terre de brique. Des morceaux d'écorce de cyprès, disposés comme des écailles de tortue, servent de toiture aux bâtiments.

Au centre du principal village, et dans l'endroit le plus élevé, est une place publique environnée de quatre longues galeries. L'une de ces galeries est la salle du conseil, qui se tient tous les jours pour l'expédition des affaires. Cette salle se divise en deux chambres par une cloison longitudinale : l'appartement du fond est ainsi privé de lumière; on n'y entre que par une ouverture surbaissée, pratiquée au bas de la cloison. Dans ce sanctuaire sont déposés les trésors de la religion et de la politique : les chapelets de corne de cerf, la coupe à médecine, les chichikoués, le calumet de paix, l'étendard national, fait d'une queue d'aigle. Il n'y a que le Mico, le chef de guerre et le grand-prêtre, qui puissent entrer dans ce lieu redoutable.

La chambre extérieure de la salle du conseil est coupée en trois parties par trois petites cloisons transversales, à hauteur d'appui. Dans ces trois balcons s'élèvent trois rangs de gradins appuyés contre les parois du sanctuaire. C'est sur ces bancs couverts de nattes que s'asseyent les sachems et les guerriers.

Les trois autres galeries, qui forment, avec la galerie du conseil, l'enceinte de la place publique, sont pareillement divisées chacune en trois parties; mais elles n'ont point de cloison longitudinale. Ces galeries se nomment *galeries du banquet :* on y trouve toujours une foule bruyante occupée de divers jeux.

Les murs, les cloisons, les colonnes de bois de ces galeries, sont chargés d'ornements hiéroglyphiques qui renferment les secrets sacerdotaux et politiques de la nation. Ces peintures représentent des hommes dans diverses attitudes, des oiseaux et des quadrupèdes à tête d'hommes, des hommes à tête d'animaux. Le dessin de ces monuments est tracé avec hardiesse et dans les proportions naturelles; la couleur en est vive, mais appliquée sans art. L'ordre d'architecture des colonnes varie dans les villages selon la tribu qui habite ces villages : à Otasses, les colonnes sont tournées en spirale, parce que les Muscogulges d'Otasses sont de la tribu du Serpent.

Il y a chez cette nation une ville de paix et une ville de sang. La ville de paix est la capitale même de la confédération des Creeks, et se nomme *Apalachucla*. Dans cette ville on ne verse jamais le sang; et quand il s'agit d'une paix générale, les députés des Creeks y sont convoqués.

La ville de sang est appelée *Coweta*; elle est située à douze milles d'Apalachucla : c'est là que l'on délibère de la guerre.

On remarque, dans la confédération des Creeks, les Sauvages qui habitent le beau village d'Uche, composé de deux mille habitants, et qui peut armer cinq cents guerriers. Ces Sauvages parlent la langue *savanna* ou *savantica*, langue radicalement différente de la langue muscogulge. Les alliés du village d'Uche sont ordinairement, dans le conseil, d'un avis différent des autres alliés, qui les voient avec jalousie; mais on est assez sage de part et d'autre pour n'en pas venir à une rupture.

Les Siminoles, moins nombreux que les Muscogulges, n'ont guère que neuf villages, tous situés sur la rivière Flint. Vous ne pouvez faire un pas dans leur pays sans découvrir des savanes, des lacs, des fontaines, des rivières de la plus belle eau.

Le Siminole respire la gaieté, le contentement, l'amour; sa démarche est légère, son abord, ouvert et serein; ses gestes décèlent l'activité de la vie : il parle beaucoup et avec volubilité; son langage est harmonieux et facile. Ce caractère aimable et volage est si prononcé chez ce peuple, qu'il peut à peine prendre un maintien digne dans les assemblées politiques de la confédération.

Les Siminoles et les Muscogulges sont d'une assez grande taille, et, par un contraste extraordinaire, leurs femmes sont la plus petite race de femmes connue en Amérique : elles atteignent rarement la hauteur de quatre pieds deux ou trois pouces; leurs mains et leurs pieds ressemblent à ceux d'une Européenne de neuf ou dix ans. Mais la nature les a dédommagées de cette espèce d'injustice : leur taille est élégante et gracieuse; leurs yeux sont noirs, extrêmement longs, pleins de langueur et de modestie. Elles baissent leurs paupières avec une sorte de pudeur voluptueuse : si on ne les voyait pas lorsqu'elles parlent, on croirait entendre des enfants qui ne prononcent que des mots à moitié formés.

Les femmes creeks travaillent moins que les autres femmes indiennes : elles s'occupent de broderies, de teinture et d'autres petits ouvrages. Les esclaves leur épargnent le soin de cultiver la terre; mais elles aident pourtant, ainsi que les guerriers, à recueillir la moisson.

Les Muscogulges sont renommés pour la poésie et pour la musique. La troisième nuit de la fête du maïs nouveau, on s'assemble dans la galerie du conseil; on se dispute le prix du chant. Ce prix est décerné, à la pluralité des voix, par le Mico; c'est une branche de chêne vert : les Hellènes briguaient une branche d'olivier. Les femmes concourent, et souvent obtiennent la couronne; une de leurs odes est restée célèbre :

Chanson de la chair blanche.

« La chair blanche vint de la Virginie. Elle était riche; elle avait des étoffes bleues, de la poudre, des armes et du poison français (1). La chair blanche vit Tibeïma l'ikouessen (2).

« Je t'aime, dit-elle à la fille peinte : quand je m'approche de toi, je sens fondre la moelle de mes os; mes yeux se troublent; je me sens mourir.

(1) Eau-de-vie. — (2) Courtisane.

« La fille peinte, qui voulait les richesses de la chair blanche, lui répondit : Laisse-moi graver mon nom sur tes lèvres; presse mon sein contre ton sein.

« Tibeïma et la chair blanche bâtirent une cabane. L'ikouessen dissipa les grandes richesses de l'étranger, et fut infidèle. La chair blanche le sut; mais elle ne put cesser d'aimer. Elle allait de porte en porte mendier des grains de maïs pour faire vivre Tibeïma. Lorsque la chair blanche pouvait obtenir un peu de feu liquide (1), elle buvait pour oublier sa douleur.

« Toujours aimant Tibeïma, toujours trompé par elle, l'homme blanc perdit l'esprit et se mit à courir dans les bois. Le père de la fille peinte, illustre sachem, lui fit des réprimandes : le cœur d'une femme qui a cessé d'aimer est plus dur que le fruit du papaya.

« La chair blanche revint à sa cabane. Elle était nue; elle portait une longue barbe hérissée : ses yeux étaient creux, ses lèvres pâles : elle s'assit sur une natte pour demander l'hospitalité dans sa propre cabane. L'homme blanc avait faim : comme il était devenu insensé, il se croyait un enfant, et prenait Tibeïma pour sa mère.

« Tibeïma, qui avait retrouvé des richesses avec un autre guerrier dans l'ancienne cabane de la chair blanche, eut horreur de celui qu'elle avait aimé. Elle le chassa. La chair blanche s'assit sur un tas de feuilles à la porte, et mourut. Tibeïma mourut aussi. Quand le Siminole demande quelles sont les ruines de cette cabane recouverte de grandes herbes, on ne lui répond point. »

Les Espagnols avaient placé, dans les beaux déserts de la Floride, une fontaine de Jouvence. N'étais-je donc pas autorisé à choisir ces déserts, pour le pays de quelques autres illusions?

On verra bientôt ce que sont devenus les Creeks, et quel sort menace ce peuple qui marchait à grands pas vers la civilisation.

LES HURONS ET LES IROQUOIS.

RÉPUBLIQUE DANS L'ÉTAT DE NATURE.

Si les Natchez offrent le type du despotisme dans l'état de nature, les Creeks, le premier trait de la monarchie limitée, les Hurons et les Iroquois présentaient dans le même état de nature, la forme du gouvernement républicain. Ils avaient, comme les Creeks, outre la constitution de la nation proprement dite, une assemblée générale représentative et un pacte fédératif.

Le gouvernement des Hurons différait un peu de celui des Iroquois. Auprès du conseil des tribus s'élevait un chef héréditaire dont la succession se continuait par les femmes, ainsi que chez les Natchez. Si la ligne de ce chef venait à manquer, c'était la plus noble matrone de la tribu qui choisissait un chef nouveau. L'influence des femmes devait être considérable chez une nation dont la politique et la nature leur donnaient tant de droits. Les historiens attribuent à cette influence une partie des bonnes et des mauvaises qualités du Huron.

(1) Eau-de-vie.

VOYAGE EN AMÉRIQUE.

Chez les nations de l'Asie, les femmes sont esclaves, et n'ont aucune part au gouvernement; mais, chargées des soins domestiques, elles sont soustraites, en général, aux plus rudes travaux de la terre.

Chez les nations d'origine germanique, les femmes étaient libres, mais elles restaient étrangères aux actes de la politique, sinon à ceux du courage et de l'honneur.

Chez les tribus du nord de l'Amérique, les femmes participaient aux affaires de l'État, mais elles étaient employées à ces pénibles ouvrages qui sont dévolus aux hommes dans l'Europe civilisée. Esclaves et bêtes de somme dans les champs et à la chasse, elles devenaient libres et reines dans les assemblées de la famille et dans les conseils de la nation. Il faut remonter aux Gaulois pour retrouver quelque chose de cette condition des femmes chez un peuple.

Les Iroquois ou les Cinq nations (1), appelés, dans la langue algonquine, les *Agannonsioni*, étaient une colonie des Hurons. Ils se séparèrent de ces derniers à une époque ignorée; ils abandonnèrent les bords du lac Huron, et se fixèrent sur la rive méridionale du fleuve Hochelaga (le Saint-Laurent), non loin du lac Champlain. Dans la suite, ils remontèrent jusqu'au lac Ontario, et occupèrent le pays situé entre le lac Érié et les sources de la rivière d'Albany.

Les Iroquois offrent un grand exemple du changement que l'oppression et l'indépendance peuvent opérer dans le caractère des hommes. Après avoir quitté les Hurons, ils se livrèrent à la culture des terres, devinrent une nation agricole et paisible, d'où ils tirèrent leur nom d'*Agannonsioni*.

Leurs voisins, les *Adirondacs*, dont nous avons fait les *Algonquins*, peuple guerrier et chasseur qui étendait sa domination sur un pays immense, méprisèrent les Hurons émigrants dont ils achetaient les récoltes. Il arriva que les Algonquins invitèrent quelques jeunes Iroquois à une chasse; ceux-ci s'y distinguèrent de telle sorte que les Algonquins jaloux les massacrèrent.

Les Iroquois coururent aux armes pour la première fois : battus d'abord, ils résolurent de périr jusqu'au dernier, ou d'être libres. Un génie guerrier, dont ils ne s'étaient point doutés, se déploya tout à coup en eux. Ils défirent à leur tour les Algonquins qui s'allièrent avec les Hurons, dont les Iroquois tiraient leur origine. Ce fut au moment le plus chaud de cette querelle que Jacques Cartier et ensuite Champlain, abordèrent au Canada. Les Algonquins s'unirent aux étrangers, et les Iroquois eurent à lutter contre les Français, les Algonquins et les Hurons.

Bientôt les Hollandais arrivèrent à Manhatte (New-York). Les Iroquois recherchèrent l'amitié de ces nouveaux Européens, se procurèrent des armes à feu, et devinrent, en peu de temps, plus habiles au maniement de ces armes que les blancs eux-mêmes. Il n'y a point chez les peuples civilisés d'exemple d'une guerre aussi longue et aussi implacable que celle que firent les Iroquois aux Algonquins et aux Hurons. Elle dura plus de trois siècles. Les Algonquins furent exterminés et les Hurons réduits à une tribu réfugiée sous la protection du canon de Québec. La colonie française du Canada, au moment de succomber

---

(1) Six, selon la division des Anglais.

elle-même aux attaques des Iroquois, ne fut sauvée que par un calcul de la politique de ces Sauvages extraordinaires (1).

Il est probable que les Indiens du nord de l'Amérique furent gouvernés d'abord par des rois, comme les habitants de Rome et d'Athènes, et que ces monarchies se changèrent ensuite en républiques aristocratiques : on retrouvait, dans les principales bourgades huronnes et iroquoises, des familles nobles, ordinairement au nombre de trois. Ces familles étaient la souche des trois tribus principales : l'une de ces tribus jouissait d'une sorte de prééminence ; les membres de cette première tribu se traitaient de *frères*, et les membres des deux autres tribus de *cousins*.

Ces trois tribus portaient le nom des tribus huronnes : la tribu du Chevreuil, celle du Loup, celle de la Tortue. La dernière se partageait en deux branches, la grande et la petite Tortue.

Le gouvernement, extrêmement compliqué, se composait de trois conseils : le conseil des assistants, le conseil des vieillards, le conseil des guerriers en état de porter les armes, c'est-à-dire du corps de la nation.

Chaque famille fournissait un député au conseil des assistants ; ce député était nommé par les femmes, qui choisissaient souvent une femme pour les représenter. Le conseil des assistants était le conseil suprême : ainsi la première puissance appartenait aux femmes, dont les hommes ne se disaient que les lieutenants ; mais le conseil des vieillards prononçait en dernier ressort, et devant lui étaient portées en appel les délibérations du conseil des assistants.

Les Iroquois avaient pensé qu'on ne se devait pas priver de l'assistance d'un sexe dont l'esprit délié et ingénieux est fécond en ressources, et sait agir sur le cœur humain ; mais ils avaient aussi pensé que les arrêts d'un conseil de femmes pourraient être passionnés ; ils avaient voulu que ces arrêts fussent tempérés et comme refroidis par le jugement des vieillards. On retrouvait ce conseil des femmes chez nos pères les Gaulois.

Le second conseil ou le conseil des vieillards était le modérateur entre le conseil des assistants et le conseil composé du corps des jeunes guerriers.

Tous les membres de ces trois conseils n'avaient pas le droit de prendre la parole : des orateurs choisis par chaque tribu traitaient devant les conseils des affaires de l'État : ces orateurs faisaient une étude particulière de la politique et de l'éloquence.

Cette coutume, qui serait un obstacle à la liberté chez les peuples civilisés de l'Europe, n'était qu'une mesure d'ordre chez les Iroquois. Parmi ces peuples, on ne sacrifiait rien de la liberté particulière à la liberté générale. Aucun membre des trois conseils ne se regardait lié individuellement par la délibération des conseils. Toutefois il était sans exemple qu'un guerrier eût refusé de s'y soumettre.

La nation iroquoise se divisait en cinq cantons : ces cantons n'étaient point

(1) D'autres traditions, comme on l'a vu, font des Iroquois une colonne de cette grande migration des Lennilénaps, venus des bords de l'océan Pacifique. Cette colonne des Iroquois et des Hurons aurait chassé les peuplades du nord du Canada, parmi lesquelles se trouvaient les Algonquins, tandis que les Indiens Delawares, plus au midi, auraient descendu jusqu'à l'Atlantique, en dispersant les peuples primitifs établis à l'est et à l'ouest des Alleghanys.

dépendants les uns des autres ; ils pouvaient faire la paix et la guerre séparément. Les cantons neutres leur offraient dans ces cas leurs bons offices.

Les cinq cantons nommaient de temps en temps des députés qui renouvelaient l'alliance générale. Dans cette diète, tenue au milieu des bois, on traitait de quelques grandes entreprises pour l'honneur et la sûreté de toute la nation. Chaque député faisait un rapport relatif au canton qu'il représentait, et l'on délibérait sur des moyens de prospérité commune.

Les Iroquois étaient aussi fameux par leur politique que par leurs armes. Placés entre les Anglais et les Français, ils s'aperçurent bientôt de la rivalité de ces deux peuples. Ils comprirent qu'ils seraient recherchés par l'un et par l'autre : ils firent alliance avec les Anglais qu'ils n'aimaient pas, contre les Français qu'ils estimaient, mais qui s'étaient unis aux Algonquins et aux Hurons. Cependant ils ne voulaient pas le triomphe complet d'un des deux partis étrangers : ainsi les Iroquois étaient prêts à disperser la colonie française du Canada, lorsqu'un ordre du conseil des sachems arrêta l'armée et la força de revenir ; ainsi les Français se voyaient au moment de conquérir la Nouvelle-Jersey, et d'en chasser les Anglais, lorsque les Iroquois firent marcher leur cinq nations au secours des Anglais, et les sauvèrent.

L'Iroquois ne conservait de commun avec le Huron que le langage : le Huron, gai, spirituel, volage, d'une valeur brillante et téméraire, d'une taille haute et élégante, avait l'air d'être né pour être l'allié des Français.

L'Iroquois était au contraire d'une forte stature : poitrine large, jambes musculaires, bras nerveux. Les grands yeux ronds de l'Iroquois étincellent d'indépendance ; tout son air était celui d'un héros ; on voyait reluire sur son front les hautes combinaisons de la pensée et les sentiments élevés de l'âme. Cet homme intrépide ne fut point étonné des armes à feu, lorsque, pour la première fois, on en usa contre lui ; il tint ferme au sifflement des balles et au bruit du canon, comme s'il les eût entendus toute sa vie ; il n'eut pas l'air d'y faire plus d'attention qu'à un orage. Aussitôt qu'il se put procurer un mousquet, il s'en servit mieux qu'un Européen. Il n'abandonna pas pour cela le casse-tête, le couteau, l'arc et la flèche ; mais il y ajouta la carabine, le pistolet, le poignard et la hache ; il semblait n'avoir jamais assez d'armes pour sa valeur. Doublement paré des instruments meurtriers de l'Europe et de l'Amérique, avec sa tête ornée de panaches, ses oreilles découpées, son visage barbouillé de noir, ses bras teints de sang, le noble champion du Nouveau-Monde devint aussi redoutable à voir qu'à combattre sur le rivage qu'il défendit pied à pied contre l'étranger.

C'était dans l'éducation que les Iroquois plaçaient la source de leur vertu. Un jeune homme ne s'asseyait jamais devant un vieillard : le respect pour l'âge était pareil à celui que Lycurgue avait fait naître à Lacédémone. On accoutumait la jeunesse à supporter les plus grandes privations, ainsi qu'à braver les plus grands périls. De longs jeûnes commandés par la politique au nom de la religion, des chasses dangereuses, l'exercice continuel des armes, des jeux mâles et virils, avaient donné au caractère de l'Iroquois quelque chose d'indomptable. Souvent de petits garçons s'attachaient les bras ensemble, mettaient un charbon ardent sur leurs bras liés, et luttaient à qui soutiendrait plus longtemps la douleur.

Si une jeune fille commettait une faute, et que sa mère lui jetât de l'eau au visage, cette seule réprimande portait quelquefois la jeune fille à s'étrangler.

L'Iroquois méprisait la douleur comme la vie : un sachem de cent années affrontait les flammes du bûcher ; il excitait les ennemis à redoubler de cruauté ; il les défiait de lui arracher un soupir. Cette magnanimité de la vieillesse n'avait pour but que de donner un exemple aux jeunes guerriers, et de leur apprendre à devenir dignes de leurs pères.

Tout se ressentait de cette grandeur chez ce peuple : sa langue, presque tout aspirée, étonnait l'oreille. Quand un Iroquois parlait, on eût cru ouïr un homme qui, s'exprimant avec effort, passait successivement des intonations les plus sourdes aux intonations les plus élevées.

Tel était l'Iroquois avant que l'ombre et la destruction de la civilisation européenne se fussent étendues sur lui.

Bien que j'aie dit que le droit civil et le droit criminel sont à peu près inconnus des Indiens ; l'usage en quelques lieux a suppléé à la loi.

Le meurtre, qui chez les Francs se rachetait par une composition pécuniaire en rapport avec l'état des personnes, ne se compense chez les Sauvages que par la mort du meurtrier. Dans l'Italie du moyen âge, les familles respectives prenaient fait et cause pour tout ce qui concernait leurs membres : de là ces vengeances héréditaires qui divisaient la nation lorsque les familles ennemies étaient puissantes.

Chez les peuplades du nord de l'Amérique, la famille de l'homicide ne vient pas à son secours, mais les parents de l'homicidé se font un devoir de le venger. Le criminel que la loi ne menace pas, que ne défend pas la nature, ne rencontrant d'asile, ni dans les bois où les alliés du mort le poursuivent, ni chez les tribus étrangères qui le livreraient, ni à son foyer domestique qui ne le sauverait pas, devient si misérable, qu'un tribunal vengeur lui serait un bien. Là au moins il y aurait une forme, une manière de le condamner ou de l'acquitter : car, si la loi frappe, elle conserve, comme le temps qui sème et moissonne. Le meurtrier indien, las d'une vie errante, ne trouvant pas de famille publique pour le punir, se remet entre les mains d'une famille particulière qui l'immole : au défaut de la force armée, le crime conduit le criminel aux pieds du juge et du bourreau.

Le meurtre involontaire s'expiait quelquefois par des présents. Chez les Abénaquis la loi prononçait : on exposait le corps de l'homme assassiné sur une espèce de claie en l'air ; l'assassin, attaché à un poteau, était condamné à prendre sa nourriture, et à passer plusieurs jours à ce pilori de la mort.

ÉTAT ACTUEL DES SAUVAGES

DE L'AMÉRIQUE SEPTENTRIONALE.

Si je présentais au lecteur ce tableau de l'Amérique sauvage comme l'image fidèle de ce qui existe aujourd'hui, je tromperais le lecteur : j'ai peint ce qui fut beaucoup plus que ce qui est. On retrouve sans doute encore plusieurs traits du caractère indien dans les tribus errantes du Nouveau-Monde ; mais l'ensemble des mœurs, l'originalité des coutumes, la forme primitive des gouvernements, enfin le génie américain a disparu. Après avoir raconté le passé, il me reste à compléter mon travail en retraçant le présent.

Quand on aura retranché du récit des premiers navigateurs et des premiers colons qui reconnurent et défrichèrent la Louisiane, la Floride, la Géorgie, les deux Carolines, la Virginie, le Maryland, la Delaware, la Pensylvanie, le New-Jersey, le New-York, et tout ce qu'on appela la Nouvelle-Angleterre, l'Acadie et le Canada, on ne pourra guère évaluer la population sauvage comprise entre le Mississipi et le fleuve Saint-Laurent, au moment de la découverte de ces contrées, au-dessous de trois millions d'hommes.

Aujourd'hui la population indienne de toute l'Amérique septentrionale, en n'y comprenant ni les Mexicains ni les Esquimaux, s'élève à peine à quatre cent mille âmes. Le recensement des peuples indigènes de cette partie du Nouveau-Monde n'a pas été fait ; je vais le faire. Beaucoup d'hommes, beaucoup de tribus manqueront à l'appel : dernier historien de ces peuples, c'est leur registre mortuaire que je vais ouvrir.

En 1534, à l'arrivée de Jacques Cartier au Canada, et à l'époque de la fondation de Québec par Champlain, en 1608, les Algonquins, les Iroquois, les Hurons, avec leurs tribus alliées ou sujettes, savoir : les Etchemins, les Souriquois, les Bersiamites, les Papinaclets, les Montagnès, les Atikamègues, les Nipissings, les Temiscamins, les Amikouès, les Cristinaux, les Assiniboïls, les Pouteouatamis, les Nokais, les Otchagras, les Miamis, armaient à peu près cinquante mille guerriers ; ce qui suppose chez les Sauvages une population d'à peu près deux cent cinquante mille âmes. Au dire de Laboutan, chacun des cinq grands villages iroquois renfermait quatorze mille habitants. Aujourd'hui on ne rencontre, dans le bas Canada, que six hameaux de Sauvages devenus chrétiens : les Hurons de Corette, les Abénaquis de Saint François, les Algonquins, les Nipissings, les Iroquois du lac des Deux-Montagnes, et les Osouékatchies ; faibles échantillons de plusieurs races qui ne sont plus, et qui, recueillis par la religion, offrent la double preuve de sa puissance à conserver et de celle des hommes à détruire.

Le reste des cinq nations iroquoises est enclavé dans les possessions anglaises et américaines, et le nombre de tous les Sauvages que je viens de nommer est tout au plus de deux mille cinq cents à trois mille âmes.

Les Abénaquis, qui, en 1587, occupaient l'Acadie (aujourd'hui le Nouveau-Brunswick et la Nouvelle-Écosse) ; les Sauvages du Maine, qui détruisirent tous les établissements des blancs en 1675, et qui continuèrent leurs ravages jusqu'en 1748; les mêmes hordes qui firent subir le même sort au New-Hampshire, les Wampanoags, les Nipmucks, qui livrèrent des espèces de batailles rangées aux Anglais, assiégèrent Hadley, et donnèrent l'assaut à Brookfield, dans le Massachusetts; les Indiens qui, dans les mêmes années 1673 et 1675, combattirent les Européens; les Pequots du Connecticut; les Indiens, qui négocièrent la cession d'une partie de leurs terres avec les États de New-York, de New-Jersey, de la Pensylvanie, de la Delaware; les Pyscataways du Maryland; les tribus qui obéissaient à Powhatan, dans la Virginie; les Paraoustis, dans les Carolines, tous ces peuples ont disparu (1).

Des nations nombreuses que Ferdinand de Soto rencontra dans les Florides (et il faut comprendre sous ce nom tout ce qui forme aujourd'hui les États de la Géorgie, de l'Alabama, du Mississipi et du Tennessée), il ne reste plus que les Creeks, les Chéroquois et les Chicassais (2).

Les Creeks, dont j'ai peint les anciennes mœurs, ne pourraient mettre sur pied, dans ce moment, deux mille guerriers. Des vastes pays qui leur appartenaient, ils ne possèdent plus qu'environ huit mille milles carrés dans l'État de Géorgie, et un territoire à peu près égal dans l'Alabama. Les Chéroquois et les Chicassais, réduits à une poignée d'hommes, vivent dans un coin des États de Géorgie et de Tennessée; les derniers, sur les deux rives du fleuve Hiwassée.

Tout faibles qu'ils sont, les Creeks ont combattu vaillamment les Américains dans les années 1813 et 1814. Les généraux Jackson, White, Clayborne, Floyd, leur firent éprouver de grandes pertes à Talladéga, Hillabes, Autossée, Bacanachaca, et surtout à Entonopeka. Ces Sauvages avaient fait des progrès sensibles dans la civilisation et surtout dans l'art de la guerre, employant et dirigeant très-bien l'artillerie. Il y a quelques années qu'ils jugèrent et mirent à mort un de leurs Mico ou rois, pour avoir vendu des terres aux blancs sans la participation du conseil national.

Les Américains, qui convoitent le riche territoire où vivent encore les Muscogulges et les Siminoles, ont voulu les forcer à le leur céder pour une somme d'argent, leur proposant de les transporter ensuite à l'occident du Missouri. L'État de Géorgie a prétendu qu'il avait acheté ce territoire; le congrès américain a mis quelque obstacle à cette prétention; mais tôt ou tard les Creeks, les Chéroquois et les Chicassais, serrés entre la population blanche du Mississipi, du Tennessée, de l'Alabama et de la Géorgie, seront obligés de subir l'exil ou l'extermination.

En remontant le Mississipi, depuis son embouchure jusqu'au confluent de l'Ohio, tous les Sauvages qui habitaient ces deux bords, les Biloxis, les Tori-

---

(1) La plupart de ces peuples appartenaient à la grande nation des Lennilénaps, dont les branches principales étaient les Iroquois et les Hurons au nord, et les Indiens Delawares au midi.

(2) On peut consulter avec fruit, pour la Floride, un ouvrage intitulé : *Vue de la Floride occidentale, contenant sa géographie, sa topographie, etc., suivie d'un appendice sur ses antiquités, les titres de concession des terres et des canaux, et accompagnée d'une carte de la côte, des plans de Pensacola et de l'entrée du port.* Philadelphie, 1817.

mas, les Kappas, les Sotouïs, les Bayagoulas, les Colapissas, les Tansas, les Natchez et les Yazous ne sont plus.

Dans la vallée de l'Ohio, les nations qui erraient encore le long de cette rivière et de ses affluents se soulevèrent en 1810 contre les Américains. Elles mirent à leur tête un jongleur ou prophète qui annonçait la victoire, tandis que son frère, le fameux Thécumseh, combattait : trois mille Sauvages se trouvèrent réunis pour recouvrer leur indépendance. Le général américain Harrison marcha contre eux avec un corps de troupes ; il les rencontra, le 6 novembre 1811, au confluent du Tippacanoé et du Wabash. Les Indiens montrèrent le plus grand courage, et leur chef Thécumseh déploya une habileté extraordinaire : il fut pourtant vaincu.

La guerre de 1812, entre les Américains et les Anglais renouvela les hostilités sur les frontières du désert ; les Sauvages se rangèrent presque tous du parti des Anglais ; Thécumseh était passé à leur service : le colonel Proctor, Anglais, dirigeait les opérations. Des scènes de barbarie eurent lieu à Cikago et aux forts Meigs et Milden : le cœur du capitaine Wells fut dévoré dans un repas de chair humaine. Le général Harrison accourut encore et battit les Sauvages à l'affaire du Thames. Thécumseh y fut tué : le colonel Proctor dut son salut à la vitesse de son cheval.

La paix ayant été conclue entre les États-Unis et l'Angleterre en 1814, les limites des deux empires furent définitivement réglées. Les Américains ont assuré par une chaîne de postes militaires leur domination sur les Sauvages.

Depuis l'embouchure de l'Ohio, jusqu'au Saut de Saint-Antoine, sur le Mississipi, on trouve sur la rive occidentale de ce dernier fleuve les Saukis, dont la population s'élève à quatre mille huit cents âmes ; les Renards, à mille six cents âmes ; les Winebegos, à mille six cents, et les Ménomènes, à mille deux cents. Les Illinois sont la souche de ces tribus.

Viennent ensuite les Sioux, de race mexicaine, divisés en six nations : la première habite en partie le haut Mississipi ; la seconde, la troisième, la quatrième et la cinquième tiennent les rivages de la rivière Saint-Pierre ; la sixième s'étend vers le Missouri. On évalue ces six nations siouses à environ quarante-cinq mille âmes.

Derrière les Sioux, en s'approchant du Nouveau-Mexique, se trouvent quelques débris des Osages, des Cansas, des Octotatas, des Mactotatas, des Ajouès et des Panis.

Les Assiboins errent, sous divers noms, depuis les sources septentrionales du Missouri jusqu'à la grande rivière Rouge, qui se jette dans la baie d'Hudson : leur population est de vingt-cinq mille âmes.

Les Cypawais, de race algonquine, et ennemis des Sioux, chassent, au nombre de trois ou quatre mille guerriers, dans les déserts qui séparent les grands lacs du Canada du lac Winnepic.

Voilà tout ce que l'on sait de plus positif sur la population des Sauvages de l'Amérique septentrionale. Si l'on joint à ces tribus connues les tribus moins fréquentées qui vivent au delà des montagnes Rocheuses, on aura bien de la peine à trouver les quatre cent mille individus mentionnés au commencement de ce dénombrement. Il y a des voyageurs qui ne portent pas à plus de cent mille âmes la population indienne en deçà des montagnes Rocheuses, et à plus de cinquante mille au delà de ces montagnes, y compris les Sauvages de la Californie.

Poussées par les populations européennes vers le nord-ouest de l'Amérique septentrionale, les populations sauvages viennent, par une singulière destinée, expirer au rivage même sur lequel elles débarquèrent, dans des siècles inconnus, pour prendre possession de l'Amérique. Dans la langue iroquoise, les Indiens se donnaient le nom d'*hommes de toujours*, ONGUE-ONOUE. Ces *hommes de toujours* ont passé, et l'étranger ne laissera bientôt aux héritiers légitimes de tout un monde que la terre de leur tombeau.

Les raisons de cette dépopulation sont connues : l'usage des liqueurs fortes, les vices, les maladies, les guerres, que nous avons multipliés chez les Indiens, ont précipité la destruction de ces peuples ; mais il n'est pas tout à fait vrai que l'état social, en venant se placer dans les forêts, ait été une cause efficiente de cette destruction.

L'Indien n'était pas *sauvage;* la civilisation européenne n'a point agi sur *le pur état de nature;* elle a agi sur *la civilisation américaine commençante;* si elle n'eût rien rencontré, elle eût créé quelque chose ; mais elle a trouvé des mœurs et les a détruites, parce qu'elle était plus forte, et qu'elle n'a pas cru se devoir mêler à ces mœurs.

Demander ce que seraient devenus les habitants de l'Amérique, si l'Amérique eût échappé aux voiles de nos navigateurs, serait sans doute une question inutile, mais pourtant curieuse à examiner. Auraient-ils péri en silence, comme ces nations plus avancées dans les arts, qui, selon toutes les probabilités, fleurirent autrefois dans les contrées qu'arrosent l'Ohio, le Muskingum, le Tennessée, le Mississipi inférieur et le Tumbec-bee?

Écartant un moment les grands principes du christianisme, mettant à part les intérêts de l'Europe, un esprit philosophique aurait pu désirer que les peuples du Nouveau-Monde eussent eu le temps de se développer hors du cercle de nos institutions.

Nous en sommes réduits partout aux formes usées d'une civilisation vieillie (je ne parle pas des populations de l'Asie, arrêtées depuis quatre mille ans dans un despotisme qui tient de l'enfance). On a trouvé chez les Sauvages du Canada, de la Nouvelle-Angleterre et des Florides, des commencements de toutes les coutumes et de toutes les lois des Grecs, des Romains, et des Hébreux ; une civilisation d'une nature différente de la nôtre aurait pu reproduire les hommes de l'antiquité, ou faire jaillir des lumières inconnues d'une source encore ignorée. Qui sait si nous n'eussions pas vu aborder un jour à nos rivages quelque Colomb américain venant découvrir l'Ancien-Monde?

La dégradation des mœurs indiennes a marché de pair avec la dépopulation des tribus. Les traditions religieuses sont devenues beaucoup plus confuses ; l'instruction, répandue d'abord par les missionnaires du Canada, a mêlé des idées étrangères aux idées natives des indigènes. On aperçoit aujourd'hui, au travers des fables grossières, les croyances chrétiennes défigurées. La plupart des Sauvages portent des croix pour ornements, et les traiteurs protestants leur vendent ce que leur donnaient les missionnaires catholiques. Disons, à l'honneur de notre patrie, et à la gloire de notre religion, que les Indiens s'étaient fortement attachés aux Français, qu'ils ne cessent de les regretter, et qu'*une robe noire* (un missionnaire) est encore en vénération dans les forêts américaines. Si les Anglais, dans leurs guerres avec les États-Unis, ont vu presque tous les Sauvages s'enrôler sous la bannière britannique, c'est que les Anglais de Québec ont encore parmi eux des descendants des Français, et qu'ils occupent le pays qu'*Ononthio* (1) a gouverné. Le Sauvage continue de nous aimer dans le sol que nous avons foulé, dans la terre où nous fûmes ses premiers hôtes, et où nous avons laissé des tombeaux : en servant les nouveaux possesseurs du Canada, il reste fidèle à la France dans les ennemis des Français.

Voici ce qu'on lit dans un *Voyage* récent fait aux sources du Mississipi. L'autorité de ce passage est d'autant plus grande, que l'auteur, dans un autre endroit de son Voyage, s'arrête pour argumenter contre les jésuites de nos jours.

« Pour rendre justice à la vérité, les missionnaires français, en général, se
« sont toujours distingués partout par une vie exemplaire et conforme à leur
« état. Leur bonne foi religieuse, leur charité apostolique, leur douceur insi-
« nuante, leur patience héroïque, et leur éloignement du fanatisme et du ri-
« gorisme, fixent dans ces contrées des époques édifiantes dans les fastes du
« christianisme; et pendant que la mémoire des del Vilde, des Vodilla, etc.,
« sera toujours en exécration dans tous les cœurs vraiment chrétiens, celle des
« Daniel, des Brébeuf, etc., ne perdra jamais de la vénération que l'histoire
« des découvertes et des missions leur consacre à juste titre. De là cette prédi-
« lection que les Sauvages témoignent pour les Français, prédilection qu'ils
« trouvent naturellement dans le fond de leur âme, nourrie par les traditions
« que leurs pères ont laissées en faveur des premiers apôtres du Canada, alors
« la Nouvelle-France (2). »

Cela confirme ce que j'ai écrit autrefois sur les missions du Canada. Le caractère brillant de la valeur française, notre désintéressement, notre gaieté, notre esprit aventureux, sympathisaient avec le génie des Indiens ; mais il faut convenir aussi que la religion catholique est plus propre à l'éducation du Sauvage que le culte protestant.

Quand le christianisme commença au milieu d'un monde civilisé et des spectacles du paganisme, il fut simple dans son extérieur, sévère dans sa morale, métaphysique dans ses arguments, parce qu'il s'agissait d'arracher à l'erreur des peuples séduits par les sens, ou égarés par des systèmes de philosophie. Quand le christianisme passa des délices de Rome et des écoles d'Athènes aux forêts de la Germanie, il s'environna de pompes et d'images, afin d'enchanter la simplicité du Barbare. Les gouvernements protestants de l'Amérique se sont peu occupés de la civilisation des Sauvages ; ils n'ont songé qu'à trafiquer avec eux : or, le commerce qui accroît la civilisation parmi les peuples déjà civilisés, et chez lesquels l'intelligence a prévalu sur les mœurs, ne produit que la cor-

---

(1) *La grande Montagne*. Nom sauvage des gouverneurs français du Canada.
(2) *Voyage de Beltrami*. 1823.

ruption chez les peuples où les mœurs sont supérieures à l'intelligence. La religion est évidemment la loi primitive : les pères Jogues, Lallemant et Brébeuf étaient des législateurs d'une tout autre espèce que les traiteurs anglais et américains.

De même que les notions religieuses des Sauvages se sont brouillées, les institutions politiques de ces peuples ont été altérées par l'irruption des Européens. Les ressorts du gouvernement indien étaient subtils et délicats; le temps ne les avait point consolidés; la politique étrangère, en les touchant, les a facilement brisés. Ces divers conseils balançant leurs autorités respectives, ces contre-poids formés par les assistants, les sachems, les matrones, les jeunes guerriers, toute cette machine a été dérangée : nos présents, nos vices, nos armes, ont acheté, corrompu ou tué les personnages dont se composaient ces pouvoirs divers.

Aujourd'hui les tribus indiennes sont conduites tout simplement par un chef : celles qui se sont confédérées se réunissent quelquefois dans des diètes générales; mais aucune loi ne réglant ces assemblées, elles se séparent presque toujours sans avoir rien arrêté : elles ont le sentiment de leur nullité et le découragement qui accompagne la faiblesse.

Une autre cause a contribué à dégrader le gouvernement des Sauvages : l'établissement des postes militaires américains et anglais au milieu des bois. Là, un commandant se constitue le protecteur des Indiens dans le désert; à l'aide de quelques présents, il fait comparaître les tribus devant lui; il se déclare leur père et l'envoyé d'un des *trois mondes blancs;* les Sauvages désignent ainsi les Espagnols, les Français et les Anglais. Le commandant apprend à ses *enfants rouges* qu'il va fixer telles limites, défricher tel terrain, etc. Le Sauvage finit par croire qu'il n'est pas le véritable possesseur de la terre dont on dispose sans son aveu; il s'accoutume à se regarder comme d'une espèce inférieure au blanc; il consent à recevoir des ordres, à chasser, à combattre pour des maîtres. Qu'a-t-on besoin de se gouverner quand on n'a plus qu'à obéir?

Il est naturel que les mœurs et les coutumes se soient détériorées avec la religion et la politique, que tout ait été emporté à la fois.

Lorsque les Européens pénétrèrent en Amérique, les Sauvages vivaient et se vêtissaient du produit de leurs chasses, et n'en faisaient entre eux aucun négoce. Bientôt les étrangers leur apprirent à le troquer pour des armes, des liqueurs fortes, divers ustensiles de ménage, des draps grossiers et des parures. Quelques Français, qu'on appela *coureurs de bois*, accompagnèrent d'abord les Indiens dans leurs excursions. Peu à peu il se forma des compagnies de commerçants qui poussèrent des postes avancés et placèrent des factoreries au milieu des déserts. Poursuivis, par l'avidité européenne et par la corruption des peuples civilisés, jusqu'au fond de leurs bois, les Indiens échangent, dans ces magasins, de riches pelleteries contre des objets de peu de valeur, mais qui sont devenus pour eux des objets de première nécessité. Non-seulement ils trafiquent de la chasse faite, mais ils disposent de la chasse à venir, comme on vend une récolte sur pied.

Ces avances accordées par les traiteurs plongent les Indiens dans un abîme de dettes : ils ont alors toutes les calamités de l'homme du peuple de nos cités, et toutes les détresses du Sauvage. Leurs chasses, dont ils cherchent à exagérer les résultats, se transforment en une effroyable fatigue : ils y mènent leurs femmes ; ces malheureuses, employées à tous les services du camp, tirent les traîneaux, vont chercher les bêtes tuées, tannent les peaux, font dessécher les viandes. On les voit, chargées des fardeaux les plus lourds, porter encore leurs petits enfants à leurs mamelles ou sur leurs épaules. Sont-elles enceintes et près d'accoucher, pour hâter leur délivrance et retourner plus vite à l'ouvrage, elles s'appliquent le ventre sur une barre de bois élevée à quelques pieds de terre ; laissant pendre en bas leurs jambes et leur tête, elles donnent ainsi le jour à une misérable créature, dans toute la rigueur de la malédiction : *In dolore paries filios!*

Ainsi la civilisation, en entrant par le commerce chez les tribus américaines, au lieu de développer leur intelligence, les a abruties. L'Indien est devenu perfide, intéressé, menteur, dissolu : sa cabane est un réceptacle d'immondices et d'ordure. Quand il était nu ou couvert de peaux de bêtes, il avait quelque chose de fier et de grand ; aujourd'hui des haillons européens, sans couvrir sa nudité, attestent seulement sa misère ; c'est un mendiant à la porte d'un comptoir ; ce n'est plus un Sauvage dans ses forêts.

Enfin il s'est formé une espèce de peuple métis, né du commerce des aventuriers européens et des femmes sauvages. Ces hommes, que l'on appelle *Bois brûlés*, à cause de la couleur de leur peau, sont les gens d'affaires ou les courtiers de change entre les peuples dont ils tirent leur double origine : parlant à la fois la langue de leurs pères et de leurs mères, interprètes des traiteurs auprès des Indiens, et des Indiens auprès des traiteurs, ils ont les vices des deux races. Ces bâtards de la nature civilisée et de la nature sauvage, se vendent tantôt aux Américains, tantôt aux Anglais, pour leur livrer le monopole des pelleteries ; ils entretiennent les rivalités des compagnies anglaises de la baie d'Hudson, du Nord-Ouest, et des compagnies américaines ; *Fur Colombian American company*, *Missouri's fur company*, et autres : ils font eux-mêmes des chasses au compte des traiteurs et avec des chasseurs soldés par les compagnies.

Le spectacle est alors tout différent des chasses indiennes : les hommes sont à cheval ; il y a des fourgons qui transportent les viandes sèches et les fourrures ; les femmes et les enfants sont traînés sur des petits chariots par des chiens. Ces chiens, si utiles dans les contrées septentrionales, sont encore une charge pour leurs maîtres, car ceux-ci, ne pouvant les nourrir pendant l'été, les mettent en pension à crédit chez les gardiens, et contractent ainsi de nouvelles dettes. Les dogues affamés sortent quelquefois de leur chenil ; ne pouvant aller à la chasse, ils vont à la pêche ; on les voit se plonger dans les rivières et saisir le poisson jusqu'au fond de l'eau.

On ne connaît en Europe que cette grande guerre de l'Amérique qui a donné au monde un peuple libre. On ignore que le sang a coulé pour les chétifs intérêts de quelques marchands fourreurs. La compagnie de la baie d'Hudson vendit, en 1811, à lord Selkirk, un grand terrain sur le bord de la rivière Rouge ; l'établissement se fit en 1812. La compagnie du Nord-Ouest ou du Canada en prit ombrage : les deux compagnies, alliées à diverses tribus indiennes, et secondées des Bois brûlés, en vinrent aux mains. Cette petite guerre domestique, qui fut horrible, avait lieu dans les déserts glacés de la baie d'Hudson : la colonie de lord Selkirk fut détruite au mois de juin 1815, précisément au moment où se donnait la bataille de Waterloo. Sur ces deux théâtres, si différents par l'éclat et l'obscurité, les malheurs de l'espèce humaine étaient les mêmes. Les deux compagnies épuisées ont senti qu'il valait mieux s'unir que se déchirer : elles poussent aujourd'hui de concert leurs opérations à l'ouest, jusqu'à Colombia; au nord, jusque sur les fleuves qui se jettent dans la mer Polaire.

En résumé, les plus fières nations de l'Amérique septentrionale n'ont conservé de leur race que la langue et le vêtement; encore celui-ci est-il altéré : elles ont un peu appris à cultiver la terre et à élever des troupeaux. De guerrier fameux qu'il était, le Sauvage du Canada est devenu berger obscur; espèce de pâtre extraordinaire, conduisant ses cavales avec un casse-tête, et ses moutons avec des flèches. Philippe, successeur d'Alexandre, mourut greffier à Rome; un Iroquois chante et danse pour quelques pièces de monnaie à Paris : il ne faut pas voir le lendemain de la gloire.

En traçant ce tableau d'un monde sauvage, en parlant sans cesse du Canada et de la Louisiane, en regardant sur les vieilles cartes l'étendue des anciennes colonies françaises dans l'Amérique, j'étais poursuivi d'une idée pénible : je me demandais comment le gouvernement de mon pays avait pu laisser périr ces colonies, qui seraient aujourd'hui pour nous une source inépuisable de prospérité.

De l'Acadie et du Canada à la Louisiane, de l'embouchure du Saint-Laurent à celle du Mississipi, le territoire de la Nouvelle-France entourait ce qui forma, dans l'origine, la confédération des treize premiers États-Unis. Les onze autres États, le district de la Colombie, les territoires du Michigan, du Nord-Ouest, du Missouri, de l'Orégon et d'Arkansa, nous appartenaient ou nous appartiendraient comme ils appartiennent aujourd'hui aux États-Unis, par la cession des Anglais et des Espagnols, nos premiers héritiers dans le Canada et dans la Louisiane.

Prenez votre point de départ entre le 43ᵉ et le 44ᵉ degré de latitude nord, sur l'Atlantique, au cap Sable de la Nouvelle-Écosse, autrefois l'Acadie; de ce point, conduisez une ligne qui passe derrière les premiers États-Unis, le Maine, Vernon, New-York, la Pensylvanie, la Virginie, la Caroline et la Géorgie; que cette ligne vienne par le Tennessée chercher le Mississipi et la Nouvelle-Orléans; qu'elle remonte ensuite du 29ᵉ degré (latitude des bouches du Mississipi); qu'elle remonte par le territoire d'Arkansa à celui de l'Orégon; qu'elle traverse les montagnes Rocheuses, et se termine à la pointe Saint-Georges, sur la côte de l'océan Pacifique, vers le 42ᵉ degré de latitude nord : l'immense pays compris entre cette ligne, la mer Atlantique au nord-est, la mer Polaire au nord, l'océan Pacifique et les possessions russes au nord-ouest, le golfe Mexicain au midi, c'est-à-dire plus des deux tiers de l'Amérique septentrionale, reconnaîtraient les lois de la France.

Que serait-il arrivé si de telles colonies eussent été encore entre nos mains au moment de l'émancipation des États-Unis? Cette émancipation aurait-elle eu lieu? notre présence sur le sol américain l'aurait-elle hâtée ou retardée? La

Nouvelle-France elle-même serait-elle devenue libre? Pourquoi non? Quel malheur y aurait-il pour la mère-patrie à voir fleurir un immense empire sorti de son sein, un empire qui répandrait la gloire de notre nom et de notre langue dans une autre hémisphère?

Nous possédions au delà des mers de vastes contrées qui pouvaient offrir un asile à l'excédant de notre population, un marché considérable à notre commerce, un aliment à notre marine; aujourd'hui nous nous trouvons forcés d'ensevelir dans nos prisons des coupables condamnés par les tribunaux, faute d'un coin de terre pour y déposer ces malheureux. Nous sommes exclus du nouvel univers, où le genre humain recommence. Les langues anglaise et espagnole servent en Afrique, en Asie, dans les îles de la mer du Sud, sur le continent des deux Amériques à l'interprétation de la pensée de plusieurs millions d'hommes; et nous, déshérités des conquêtes de notre courage et de notre génie, à peine entendons-nous parler dans quelques bourgades de la Louisiane et du Canada, sous une domination étrangère, la langue de Racine, de Colbert et de Louis XIV; elle n'y reste que comme un témoin des revers de notre fortune et des fautes de notre politique.

Ainsi donc la France a disparu de l'Amérique septentrionale, comme ces tribus indiennes avec lesquelles elle sympathisait, et dont j'ai aperçu quelques débris. Qu'est-il arrivé dans cette Amérique du nord depuis l'époque où j'y voyageais? C'est maintenant ce qu'il faut dire. Pour consoler les lecteurs, je vais, dans la conclusion de cet ouvrage, arrêter leurs regards sur un tableau miraculeux : ils apprendront ce que peut la liberté pour le bonheur et la dignité de l'homme, lorsqu'elle ne se sépare point des idées religieuses, qu'elle est à la fois intelligente et sainte.

CONCLUSION.

ÉTATS-UNIS.

Si je revoyais aujourd'hui les États-Unis, je ne les reconnaîtrais plus : là où j'ai laissé des forêts, je trouverais des champs cultivés ; là où je me suis frayé un chemin à travers les halliers, je voyagerais sur de grandes routes. Le Mississipi, le Missouri, l'Ohio ne coulent plus dans la solitude ; de gros vaisseaux à trois mâts les remontent, plus de deux cents bateaux à vapeur en vivifient les rivages. Aux Natchez, au lieu de la hutte de Céluta, s'élève une ville charmante d'environ cinq mille habitants. Chactas pourrait être aujourd'hui député au congrès et se rendre chez Atala par deux routes, dont l'une mène à Saint-Étienne, sur le Tumbec-bee, et l'autre aux Natchitochès : un livre de poste lui indiquerait les relais au nombre de onze : Washington, Franklin, Homochitt, etc.

L'Alabama et le Tennessée sont divisés, le premier en trente-trois comtés, et il contient vingt et une villes; le second en cinquante et un comtés, et il renferme quarante-huit villes. Quelques-unes de ces villes, telles que Cahawba, capitale de l'Alabama, conservent leur dénomination sauvage, mais elles sont environnées d'autres villes différemment désignées : il y a chez les Muscogulges, les Siminoles, les Chéroquois et les Chicassais, une cité d'Athènes, une autre de Marathon, une autre de Carthage, une autre de Memphis, une autre de Sparte, une autre de Florence, une autre d'Hampden, des comtés de Colombie et de Marengo : la gloire de tous les pays a placé un nom dans ces mêmes déserts où j'ai rencontré le père Aubry et l'obscure Atala.

Le Kentucky montre un Versailles; un comté appelé *Bourbon* a pour capitale Paris. Tous les exilés, tous les opprimés qui se sont retirés en Amérique, y ont porté la mémoire de leur patrie.

> . . . . . Falsi Simoentis ad undam,
> Libabat cineri Andromache.

Les États-Unis offrent donc dans leur sein, sous la protection de la liberté, une image et un souvenir de la plupart des lieux célèbres de l'ancienne et de la moderne Europe, semblables à ce jardin de la campagne de Rome où Adrien avait fait répéter les divers monuments de son empire.

Remarquons qu'il n'y a presque point de comtés qui ne renferment une ville, un village, ou un hameau de Washington, touchante unanimité de la reconnaissance d'un peuple.

L'Ohio arrose maintenant quatre États : le Kentucky, l'Ohio, proprement dit, l'Indiana et l'Illinois. Trente députés et huit sénateurs sont envoyés au congrès par ces quatre États : la Virginie et le Tennessée touchent l'Ohio sur deux points; il compte sur ses bords cent quatre-vingt-onze comtés et deux cent huit villes. Un canal que l'on creuse au portage de ses rapides, et qui sera fini dans trois ans, rendra le fleuve navigable pour de gros vaisseaux, jusqu'à Pittsbourg.

Trente-trois grandes routes sortent de Washington, comme autrefois les voies romaines partaient de Rome, et aboutissent, en se partageant, à la circonférence des États-Unis. Ainsi on va de Washington à Dover, dans la Delaware; de Washington à la Providence, dans le Rhode-Island; de Washington à Robbinstown, dans le district du Maine, frontière des États britanniques au nord; de Washington à Concorde, de Washington à Montpellier, dans le Connecticut; de Washington à Albany, et de là à Montréal et à Québec; de Washington au Havre de Sackets, sur le lac Ontario; de Washington à la chute et au fort de Niagara; de Washington, par Pittsbourg, au détroit et à Michillinachinac, sur le lac Érié; de Washington, par Saint-Louis sur le Mississipi, à Councile-Bluffs du Missouri; de Washington à la Nouvelle-Orléans et à l'embouchure du Mississipi; de Washington aux Natchez; de Washington à Charlestown, à Savannah et à Saint-Augustin; le tout formant une circulation intérieure de routes de vingt-cinq mille sept cent quarante-sept milles.

On voit, par les points où se lient ces routes, qu'elles parcourent des lieux naguère sauvages, aujourd'hui cultivés et habités. Sur un grand nombre de ces routes, les postes sont montées : des voitures publiques vous conduisent d'un lieu à l'autre à des prix modérés. On prend la diligence pour l'Ohio ou pour la chute de Niagara, comme, de mon temps, on prenait un guide ou un interprète indien.

Des chemins de communication viennent s'embrancher aux voies principales, et sont également pourvus de moyens de transport. Ces moyens sont presque toujours doubles; car des lacs et des rivières se trouvant partout, on peut voyager en bateaux à rames et à voiles, ou sur des bateaux à vapeur.

Des embarcations de cette dernière espèce font des passages réguliers de Boston et de New-York à la Nouvelle-Orléans; elles sont pareillement établies sur les lacs du Canada, l'Ontario, l'Érié, le Michigan, le Champlain, sur ces lacs où l'on voyait à peine, il y a trente ans, quelques pirogues de Sauvages, et où des vaisseaux de ligne se livrent maintenant des combats.

Les bateaux à vapeur aux États-Unis servent non-seulement au besoin du commerce et des voyageurs, mais on les emploie encore à la défense du pays : quelques-uns d'entre eux, d'une immense dimension, placés à l'embouchure des fleuves, armés de canons et d'eau bouillante, ressemblent à la fois à des citadelles modernes et à des forteresses du moyen âge.

Aux vingt-cinq mille sept cent quarante-sept milles de routes générales, il faut ajouter l'étendue de quatre cent dix-neuf routes cantonales, et celle de cinquante-huit mille cent trente-sept milles de routes d'eau. Les canaux augmentent le nombre de ces dernières routes : le canal de Middlesex joint le port de Boston avec la rivière Merrimack; le canal Champlain fait communiquer ce lac avec les mers canadiennes; le fameux canal Érié ou de New-York, unit maintenant le lac Érié à l'Atlantique; les canaux Sautee, Chesapeake et Albemarle sont dus aux États de la Caroline et de la Virginie; et comme de larges rivières, coulant en diverses directions, se rapprochent par leurs sources, rien de plus facile que de les lier entre elles. Cinq chemins sont déjà connus pour aller à l'océan Pacifique ; un seul de ces chemins passe à travers le territoire espagnol.

Une loi du congrès de la session de 1824 à 1825 ordonne l'établissement d'un poste militaire à l'Orégon. Les Américains, qui ont un établissement sur la Colombia, pénètrent ainsi jusqu'au grand Océan, entre les Amériques anglaise, russe et espagnole, par une zone de terre d'à peu près six degrés de large.

Il y a cependant une borne naturelle à la colonisation. La frontière des bois s'arrête à l'ouest et au nord du Missouri, à des steppes immenses qui n'offrent pas un seul arbre, et qui semblent se refuser à la culture, bien que l'herbe y croisse abondamment. Cette Arabie verte sert de passage aux colons qui se rendent en caravanes aux montagnes Rocheuses et au Nouveau-Mexique; elle sépare les États-Unis de l'Atlantique des États-Unis de la mer du Sud, comme ces déserts qui, dans l'Ancien-Monde, disjoignent des régions fertiles. Un Américain a proposé d'ouvrir à ses frais un grand chemin ferré, depuis Saint-Louis sur le Mississipi jusqu'à l'embouchure de la Colombia, pour une concession de dix milles en profondeur qui lui serait faite par le congrès des deux côtés du chemin : ce gigantesque marché n'a pas été accepté.

Dans l'année 1789, il y avait seulement soixante-quinze bureaux de poste aux États-Unis : il y en a maintenant plus de cinq mille.

De 1790 à 1795, ces bureaux furent portés de soixante-quinze à quatre cent cinquante-trois; en 1800, ils étaient au nombre de neuf cent trois; en 1805, ils s'élevaient à quinze cent cinquante-huit; en 1810, à deux mille trois cents; en 1815, à trois mille; en 1817, à trois mille quatre cent cinquante-neuf; en 1820, à quatre mille trente; en 1825, à près de cinq mille cinq cents.

Les lettres et dépêches sont transportées par des malles-postes, qui font environ cent cinquante milles par jour, et par des courriers à cheval et à pied.

Une grande ligne de malles-postes s'étend depuis Anson, dans l'État du Maine, par Washington, à Nashville, dans l'État de Tennessée; distance, quatorze cent quarante-huit milles. Une autre ligne joint Highgate, dans l'État de Vermont, à Sainte-Marie en Géorgie; distance, treize cent soixante-neuf milles. Des relais de malles-postes sont montés depuis Washington à Pittsbourg; distance, deux cent vingt-six milles : ils seront bientôt établis jusqu'à Saint-Louis du Mississipi, par Vincennes; et jusqu'à Nashville, par Lexington, Kentucky. Les auberges sont bonnes et propres, et quelquefois excellentes.

Des bureaux pour la vente des terres publiques sont ouverts dans les États de l'Ohio et d'Indiana, dans le territoire du Michigan, du Missouri et des Arkansas, dans les États de la Louisiane, du Mississipi et de l'Alabama. On croit qu'il reste plus de cent cinquante millions d'acres de terre propre à la culture, sans compter le sol des grandes forêts. On évalue ces cent cinquante millions d'acres à un milliard cinq cent millions de dollars, estimant les acres l'une dans l'autre à 10 dollars, et n'évaluant le dollar qu'à 3 fr., calcul extrêmement faible sous tous les rapports.

On trouve dans les États du nord vingt-cinq postes militaires, et ving-deux dans les États du midi.

En 1790, la population des États-Unis était de trois millions neuf cent vingt-neuf mille trois cent vingt-six habitants; en 1800, elle était de cinq millions trois cent cinq mille six cent soixante-six; en 1810, de sept millions deux cent trente-neuf mille neuf cent trois; en 1820, de neuf millions six cent neuf mille huit cent vingt-sept. Sur cette population, il faut compter un million cinq cent trente et un mille esclaves.

En 1790, l'Ohio, l'Indiana, l'Illinois, l'Alabama, le Mississipi, le Missouri, n'avaient pas assez de colons pour qu'on les pût recenser. Le Kentucky seul, en 1800, en présentait soixante-treize mille six cent soixante-dix-sept, et le Tennessée, trente-cinq mille six cent quatre-vingt-onze. L'Ohio, sans habitants en 1790, en comptait quarante-cinq mille trois cent soixante-cinq en 1800; deux cent trente mille sept cent soixante en 1810; et cinq cent quatre-vingt-un mille quatre cent trente-quatre en 1820; l'Alabama, de 1810 à 1820, est monté de dix mille habitants à cent vingt-sept mille neuf cent un.

Ainsi la population des États-Unis s'est accrue de dix ans en dix ans, depuis 1790 jusqu'à 1820, dans la proportion de trente-cinq individus sur cent. Six années sont déjà écoulées des dix années qui se compléteront en 1830, époque à laquelle on présume que la population des États-Unis sera à peu près de douze millions huit cent soixante-quinze mille âmes; la part de l'Ohio sera de huit cent cinquante mille habitants, et celle du Kentucky, de sept cent cinquante mille.

Si la population continuait à doubler tous les vingt-cinq ans, en 1855, les

États-Unis auraient une population de vingt-cinq millions sept cent cinquante mille âmes; et vingt-cinq ans plus tard, c'est-à-dire en 1880, cette population s'élèverait au-dessus de cinquante millions.

En 1821, le produit des exportations des productions indigènes et étrangères des États-Unis a monté à la somme de 64,974,382 dollars; le revenu public, dans la même année, s'est élevé à 14,264,000 dollars; l'excédant de la recette sur la dépense a été de 3,334,826 dollars. Dans la même année encore, la dette nationale était réduite à 89,204,236 dollars.

L'armée a été quelquefois portée à cent mille hommes : onze vaisseaux de ligne, neuf frégates, cinquante bâtiments de guerre de différentes grandeurs, composent la marine des États-Unis.

Il est inutile de parler des constitutions des divers États; il suffit de savoir qu'elles sont toutes libres.

Il n'y a point de religion dominante; mais chaque citoyen est tenu de pratiquer un culte chrétien : la religion catholique fait des progrès considérables dans les États de l'ouest.

En supposant, ce que je crois la vérité, que les résumés statistiques publiés aux États-Unis soient exagérés par l'orgueil national, ce qui resterait de prospérité dans l'ensemble des choses serait encore digne de toute notre admiration.

Pour achever ce tableau surprenant, il faut se représenter les villes, comme Boston, New-York, Philadelphie, Baltimore, Savannah, la Nouvelle-Orléans, éclairées la nuit, remplies de chevaux et de voitures, offrant toutes les jouissances du luxe qu'introduisent dans leurs ports des milliers de vaisseaux ; il faut se représenter ces lacs du Canada, naguère si solitaires, maintenant couverts de frégates, de corvettes, de cutters, de barques, de bateaux à vapeur, qui se croisent avec les pirogues et les canots des Indiens, comme les gros navires et les galères avec les pinques, les chaloupes et les caïques dans les eaux du Bosphore. Des temples et des maisons embellis de colonnes d'architecture grecque s'élèvent au milieu de ces bois, sur le bord de ces fleuves, antiques ornements du désert. Ajoutez à cela de vastes colléges, des observatoires élevés pour la science dans le séjour de l'ignorance sauvage, toutes les religions, toutes les opinions vivant en paix, travaillant de concert à rendre meilleure l'espèce humaine et à développer son intelligence : tels sont les prodiges de la liberté.

L'abbé Raynal avait proposé un prix pour la solution de cette question :« Quelle « sera l'influence de la découverte du Nouveau-Monde sur l'Ancien-Monde? »

Les écrivains se perdirent dans des calculs relatifs à l'exportation et l'importation des métaux, à la dépopulation de l'Espagne, à l'accroissement du commerce, au perfectionnement de la marine : personne, que je sache, ne chercha l'influence de la découverte de l'Amérique sur l'Europe dans l'établissement des républiques américaines. On ne voyait toujours que les anciennes monarchies à peu près telles qu'elles étaient, la société stationnaire, l'esprit humain n'avançant ni ne reculant; on n'avait pas la moindre idée de la révolution qui dans l'espace de quarante années s'est opérée dans les esprits.

Le plus précieux des trésors que l'Amérique renfermait dans son sein c'était la liberté; chaque peuple est appelé à puiser dans cette mine inépuisable. La découverte de la république représentative aux États-Unis est un des plus grands événements politiques du monde. Cet événement a prouvé, comme je l'ai dit ailleurs, qu'il y a deux espèces de liberté praticables : l'une appartient à l'enfance des peuples ; elle est fille des mœurs et de la vertu : c'était celle des premiers Grecs et des premiers Romains, c'était celle des Sauvages de l'Amérique : l'autre naît de la vieillesse des peuples ; elle est fille des lumières et de la raison : c'est cette liberté des États-Unis qui remplace la liberté de l'Indien. Terre heureuse, qui, dans l'espace de moins de trois siècles, a passé de l'une à l'autre liberté presque sans effort, et par une lutte qui n'a pas duré plus de huit années !

L'Amérique conservera-t-elle sa dernière espèce de liberté? Les États-Unis ne se diviseront-ils pas? N'aperçoit-on pas déjà les germes de ces divisions? Un représentant de la Virginie n'a-t-il pas déjà soutenu la thèse de l'ancienne liberté grecque et romaine avec le système d'esclavage, contre un député du Massachusetts qui défendait la cause de la liberté moderne sans esclaves, telle que le christianisme l'a faite?

Les États de l'ouest, en s'étendant de plus en plus, trop éloignés des États de l'Atlantique, ne voudront-ils pas avoir un gouvernement à part?

Enfin, les Américains sont-ils des hommes parfaits? n'ont-ils pas leurs vices comme les autres hommes? sont-ils moralement supérieurs aux Anglais, dont ils tirent leur origine? Cette émigration étrangère qui coule sans cesse dans leur population de toutes les parties de l'Europe, ne détruira-t-elle pas à la longue l'homogénéité de leur race? L'esprit mercantile ne les dominera-t-il pas? L'intérêt ne commence-t-il pas à devenir chez eux le défaut national dominant?

Il faut encore le dire avec douleur : l'établissement des républiques du Mexique, de la Colombie, du Pérou, du Chili, de Buenos-Ayres, est un danger pour les États-Unis. Lorsque ceux-ci n'avaient auprès d'eux que les colonies d'un royaume transatlantique, aucune guerre n'était probable. Maintenant des rivalités ne naîtront-elles point entre les anciennes républiques de l'Amérique septentrionale et les nouvelles républiques de l'Amérique espagnole? Celles-ci ne s'interdiront-elles pas des alliances avec des puissances européennes? Si de part et d'autre on courait aux armes; si l'esprit militaire s'emparait des États-Unis, un grand capitaine pourrait s'élever : la gloire aime les couronnes; les soldats ne sont que de brillants fabricants de chaînes, et la liberté n'est pas sûre de conserver son patrimoine sous la tutelle de la victoire.

Quoi qu'il en soit de l'avenir, la liberté ne disparaîtra jamais tout entière de l'Amérique; et c'est ici qu'il faut signaler un des grands avantages de la liberté fille des lumières, sur la liberté fille des mœurs.

La liberté fille des mœurs périt quand son principe s'altère, et il est de la nature des mœurs de se détériorer avec le temps.

La liberté fille des mœurs commence avant le despotisme aux jours d'obscurité et de pauvreté ; elle vient se perdre dans le despotisme et dans les siècles d'éclat et de luxe.

La liberté fille des lumières brille après les âges d'oppression et de corruption ; elle marche avec le principe qui la conserve et la renouvelle ; les lumières dont elle est l'effet, loin de s'affaiblir avec le temps, comme les mœurs qui enfantent la première liberté, les lumières, dis-je, se fortifient au contraire avec le temps : ainsi elles n'abandonnent point la liberté qu'elles ont produite ; toujours auprès de cette liberté, elles en sont à la fois la vertu génératrice et la source intarissable.

Enfin les États-Unis ont une sauvegarde de plus : leur population n'occupe pas un dix-huitième de leur territoire. L'Amérique habite encore la solitude ; longtemps encore ses déserts seront ses mœurs, et ses lumières sa liberté.

Je voudrais pouvoir en dire autant des républiques espagnoles de l'Amérique. Elles jouissent de l'indépendance ; elles sont séparées de l'Europe : c'est un fait accompli, un fait immense sans doute dans ses résultats, mais d'où ne dérive pas immédiatement et nécessairement la liberté.

RÉPUBLIQUES ESPAGNOLES.

Lorsque l'Amérique anglaise se souleva contre la Grande-Bretagne, sa position était bien différente de la position où se trouve l'Amérique espagnole. Les colonies qui ont formé les États-Unis avaient été peuplées à différentes époques par des Anglais mécontents de leur pays natal, et qui s'en éloignaient afin de jouir de la liberté civile et religieuse. Ceux qui s'établirent principalement dans la Nouvelle-Angleterre appartenaient à cette secte républicaine fameuse sous le second des Stuarts.

La haine de la monarchie se conserva dans le climat rigoureux du Massachusetts, du New-Hampshire et du Maine. Quand la révolution éclata à Boston, on peut dire que ce n'était pas une révolution nouvelle, mais la révolution de 1649 qui reparaissait après un ajournement d'un peu plus d'un siècle, et qu'allaient exécuter les descendants des puritains de Cromwell. Si Cromwell lui-même, qui s'était embarqué pour la Nouvelle-Angleterre, et qu'un ordre de Charles Ier contraignit de débarquer ; si Cromwell avait passé en Amérique, il fût demeuré obscur ; mais ses fils auraient joui de cette liberté républicaine qu'il chercha dans un crime et qui ne lui donna qu'un trône.

Des soldats royalistes faits prisonniers sur le champ de bataille, vendus comme esclaves par la faction parlementaire, et que ne rappela point Charles II, laissèrent aussi dans l'Amérique septentrionale des enfants indifférents à la cause des rois.

Comme Anglais, les colons des États-Unis étaient déjà accoutumés à une discussion publique des intérêts du peuple, aux droits du citoyen, au langage et à la forme du gouvernement constitutionnel. Ils étaient instruits dans les arts, les lettres et les sciences ; ils partageaient toutes les lumières de leur mère-patrie. Ils jouissaient de l'institution du jury ; ils avaient de plus, dans chacun de leurs établissements, des chartes en vertu desquelles ils s'administraient et se gouvernaient. Ces chartes étaient fondées sur des principes si généreux, qu'elles servent encore aujourd'hui de constitutions particulières aux différents États-Unis. Il résulte de ces faits que les États-Unis ne changèrent, pour ainsi dire, pas d'existence au moment de leur révolution ; un congrès américain fut substitué à un parlement anglais ; un président à un roi ; la chaîne du feudataire fut remplacée par le lien du fédéraliste, et il se trouva par hasard un grand homme pour serrer ce lien.

Les héritiers de Pizarre et de Fernand Cortez ressemblent-ils aux enfants des *frères* de Penn et aux fils des *indépendants?* Ont-ils été, dans les vieilles Espagnes, élevés à l'école de la liberté? Ont-ils trouvé dans leur ancien pays les institutions, les enseignements, les exemples, les lumières qui forment un peuple au gouvernement constitutionnel? Avaient-ils des chartes dans ces colonies soumises à l'autorité militaire, où la misère en haillons était assise sur des mines d'or? L'Espagne n'a-t-elle pas porté dans le Nouveau-Monde sa religion, ses mœurs, ses coutumes, ses idées, ses principes, et jusqu'à ses préjugés? Une population catholique, soumise à un clergé nombreux, riche et puissant ; une population mêlée de deux millions neuf cent trente-sept mille blancs, de cinq millions cinq cent dix-huit mille nègres et mulâtres libres ou esclaves, de sept millions cinq cent trente mille Indiens; une population divisée en classe noble et roturière ; une population disséminée dans d'immenses forêts, dans une variété infinie de climats, sur deux Amériques et le long des côtes de deux océans; une population presque sans rapports nationaux, et sans intérêts communs, est-elle aussi propre aux institutions démocratiques que la population homogène, sans distinction de rang et aux trois quarts et demi protestante, des dix millions de citoyens des États-Unis? Aux États-Unis l'instruction est générale ; dans les républiques espagnoles la presque totalité de la population ne sait pas même lire ; le curé est le savant des villages ; ces villages sont rares, et, pour aller de telle ville à telle autre, on ne met pas moins de trois ou quatre mois. Villes et villages ont été dévastés par la guerre ; point de chemins, point de canaux ; les fleuves immenses qui porteront un jour la civilisation dans les parties les plus secrètes de ces contrées n'arrosent encore que des déserts.

De ces Nègres, de ces Indiens, de ces Européens, est sortie une population mixte, engourdie dans cet esclavage fort doux que les mœurs espagnoles établissent partout où elles règnent. Dans la Colombie il existe une race née de l'Africain et de l'Indien, qui n'a d'autre instinct que de vivre et de servir. On a proclamé le principe de la liberté des esclaves, et tous les esclaves ont voulu rester chez leurs maîtres.

Dans quelques-unes de ces colonies, oubliées même de l'Espagne, et qu'opprimaient de petits despotes appelés gouverneurs, une grande corruption de mœurs s'était introduite ; rien n'était plus commun que de rencontrer des ecclésiastiques entourés d'une famille dont ils ne cachaient pas l'origine. On a connu un habitant qui faisait une spéculation de son commerce avec des négresses, et qui s'enrichissait en vendant les enfants qu'il avait de ces esclaves.

Les formes démocratiques étaient si ignorées ; le nom même d'une république était si étranger dans ces pays, que, sans un volume de l'histoire de Rollin, on n'aurait pas su au Paraguay ce que c'était qu'un dictateur, des consuls et un sénat. A Guatimala, ce sont deux ou trois jeunes étrangers qui ont fait la constitution. Des nations chez lesquelles l'éducation politique est si peu avancée laissent toujours des craintes pour la liberté.

Les classes supérieures au Mexique sont instruites et distinguées; mais, comme le Mexique manque de ports, la population générale n'a pas été en contact avec les lumières de l'Europe.

La Colombie au contraire a, par l'excellente disposition de ses rivages, plus de communications avec l'étranger, et un homme remarquable s'est élevé dans son sein. Mais est-il certain qu'un soldat généreux puisse parvenir à imposer la liberté aussi facilement qu'il pourrait établir l'esclavage! La force ne remplace point le temps : quand la première éducation politique manque à un peuple, cette éducation ne peut être que l'ouvrage des années. Ainsi la liberté s'élèverait mal à l'abri de la dictature, et il serait toujours à craindre qu'une dictature prolongée ne donnât à celui qui en serait revêtu le goût de l'arbitraire perpétuel. On tourne dans un cercle vicieux. Une guerre civile existe dans la république de l'Amérique centrale.

La république Bolivienne et celle du Chili ont été tourmentées de révolutions: placées sur l'océan Pacifique, elles semblent exclues de la partie du monde la plus civilisée (1).

Buenos-Ayres a les inconvénients de sa latitude : il est trop vrai que la température de telle ou telle région peut être un obstacle au jeu et à la marche du gouvernement populaire. Un pays où les forces physiques de l'homme sont abattues par l'ardeur du soleil, où il faut se cacher pendant le jour, et rester étendu presque sans mouvement sur une natte; un pays de cette nature ne favorise pas les délibérations du forum. Il ne faut sans doute exagérer en rien l'influence des climats, on a vu tour à tour, au même lieu, dans les zones tempérées, des peuples libres et des peuples esclaves; mais sous le cercle polaire et sous la ligne, il y a des exigences de climat incontestables, et qui doivent produire des effets permanents. Les Nègres, par cette nécessité seule, seront toujours puissants, s'ils ne deviennent pas maîtres dans l'Amérique méridionale.

Les États-Unis se soulevèrent d'eux-mêmes, par lassitude du joug et amour de l'indépendance; quand ils eurent brisé leurs entraves, ils trouvèrent en eux les lumières suffisantes pour se conduire. Une civilisation très-avancée, une éducation politique de vieille date, une industrie développée, les portèrent à ce degré de prospérité où nous les voyons aujourd'hui, sans qu'ils fussent obligés de recourir à l'argent et à l'intelligence de l'étranger.

Dans les républiques espagnoles les faits sont d'une tout autre nature.

Quoique misérablement administrées par la mère-patrie, le premier mouvement de ces colonies fut plutôt l'effet d'une impulsion étrangère que l'instinct de la liberté. La guerre de la révolution française le produisit. Les Anglais, qui, depuis le règne de la reine Élisabeth, n'avaient cessé de tourner leurs re-

---

(1) Au moment où j'écris, les papiers publics de toutes les opinions annoncent les troubles, les divisions, les banqueroutes de ces diverses républiques.

gards vers les Amériques espagnoles, dirigèrent, en 1804, une expédition sur Buenos-Ayres; expédition que fit échouer la bravoure d'un seul Français, le capitaine Liniers.

La question, pour les colonies espagnoles, était alors de savoir si elles suivraient la politique du cabinet espagnol, alors allié à Buonaparte, ou si, regardant cette alliance comme forcée et contre nature, elles se détacheraient du *gouvernement espagnol*, pour se conserver au *roi d'Espagne*.

Dès l'année 1790, Miranda avait commencé à négocier avec l'Angleterre l'affaire de l'émancipation. Cette négociation fut reprise en 1797, 1801, 1804 et 1807, époque à laquelle une grande expédition se préparait à Corck pour la Terre-Ferme.

Enfin Miranda fut jeté, en 1809, dans les colonies espagnoles; l'expédition ne fut pas heureuse pour lui; mais l'insurrection de Venezuela prit de la consistance, Bolivar l'étendit.

La question avait changé pour les colonies et pour l'Angleterre; l'Espagne s'était soulevée contre Buonaparte; le régime constitutionnel avait commencé à Cadix, sous la direction des cortès; ces idées de liberté étaient nécessairement reportées en Amérique par l'autorité des cortès mêmes.

L'Angleterre, de son côté, ne pouvait plus attaquer ostensiblement les colonies espagnoles, puisque le roi d'Espagne, prisonnier en France, était devenu son allié : aussi publia-t-elle des bills, afin de défendre aux sujets de S. M. B. de porter des secours aux Américains; mais en même temps six ou sept mille hommes, enrôlés, malgré ces bills diplomatiques, allaient soutenir l'insurrection de la Colombie.

Revenu à l'ancien gouvernement, après la restauration de Ferdinand, l'Espagne fit de grandes fautes : le gouvernement constitutionnel, rétabli par l'insurrection des troupes de l'île de Léon, ne se montra pas plus habile; les cortès furent encore moins favorables à l'émancipation des colonies espagnoles que ne l'avait été le gouvernement absolu. Bolivar, par son activité et ses victoires, acheva de briser des liens qu'on n'avait pas cherché d'abord à rompre. Les Anglais, qui étaient partout, au Mexique, à la Colombie, au Pérou, au Chili avec lord Cochrane, finirent par reconnaître publiquement ce qui était en grande partie leur ouvrage secret.

On voit donc que les colonies espagnoles n'ont point été, comme les États-Unis, poussées à l'émancipation par un principe puissant de liberté; que ce principe n'a pas eu, à l'origine des troubles, cette vitalité, cette force qui annonce la ferme volonté des nations. Une impulsion venue du dehors, des intérêts politiques et des événements extrêmement compliqués, voilà ce qu'on aperçoit au premier coup d'œil. Les colonies se détachaient de l'Espagne, parce que l'Espagne était envahie; ensuite elles se donnaient des constitutions, comme les cortès en donnaient à la mère-patrie; enfin on ne leur proposait rien de raisonnable, et elles ne voulurent pas reprendre le joug. Ce n'est pas tout : l'argent et les spéculations de l'étranger tendaient encore à leur enlever ce qui pouvait rester de natif et de national à leur liberté.

De 1822 à 1826 dix emprunts ont été faits en Angleterre pour les colonies espagnoles, montant à la somme de 20,978,000 liv. sterl. Ces emprunts, l'un portant l'autre, ont été contractés à 75 c. Puis on a défalqué, sur ces emprunts, deux années d'intérêt à 6 pour 100; ensuite on a retenu pour 7,000,000 de liv. sterl. de fournitures. De compte fait, l'Angleterre a déboursé une somme réelle de 7,000,000 de liv. sterl., ou 175,000,000 de francs; mais les républiques espagnoles n'en restent pas moins grevées d'une dette de 20,978,000 liv. sterl.

A ces emprunts, déjà excessifs, vinrent se joindre cette multitude d'associations ou de compagnies destinées à exploiter les mines, pêcher des perles, creuser les canots, ouvrir les chemins, défricher les terres de ce nouveau monde qui semblait découvert pour la première fois. Ces compagnies s'élevèrent au nombre de vingt-neuf, et le capital nominal des sommes employées par elles fut de 14,767,500 liv. sterl. Les souscripteurs ne fournirent qu'environ un quart de cette somme; c'est donc 3,000,000 sterl. (ou 75,000,000 de fr.) qu'il faut ajouter aux 7,000,000 sterl. (ou 175,000,000 de fr.) des emprunts : en tout 250,000,000 de fr. avancés par l'Angleterre aux colonies espagnoles, et pour lesquelles elle répète une somme nominale de 35,745,500 liv. sterl., tant sur les gouvernements que sur les particuliers.

L'Angleterre a des vice-consuls dans les plus petites baies, des consuls dans les ports de quelque importance, des consuls généraux, des ministres plénipotentiaires à la Colombie et au Mexique. Tout le pays est couvert de maisons de commerce anglaises, de commis-voyageurs anglais, agents de compagnies anglaises pour l'exploitation des mines, de minéralogistes anglais, de militaires anglais, de fournisseurs anglais, de colons anglais à qui l'on a vendu 3 schellings l'acre de terre qui revenait à 12 sous et demi à l'actionnaire. Le pavillon anglais flotte sur toutes les côtes de l'Atlantique et de la mer du Sud; des barques remontent et descendent toutes les rivières navigables chargées des produits des manufactures anglaises ou de l'échange de ces produits; des paquebots, fournis par l'Amirauté, partent régulièrement chaque mois de la Grande-Bretagne pour les différents points des colonies espagnoles.

De nombreuses faillites ont été la suite de ces entreprises immodérées; le peuple, en plusieurs endroits, a brisé les machines pour l'exploitation des mines; les mines vendues ne se sont point trouvées; des procès ont commencé entre les négociants américains-espagnols et les négociants anglais; et des discussions se sont élevées entre les gouvernements relativement aux emprunts.

Il résulte de ces faits que les anciennes colonies de l'Espagne, au moment de leur émancipation, sont devenues des espèces de colonies anglaises. Les nouveaux maîtres ne sont point aimés, car on n'aime point les maîtres; en général l'orgueil britannique humilie ceux même qu'il protège; mais il n'en est pas moins vrai que cette espèce de suprématie étrangère comprime dans les républiques espagnoles l'élan du génie national.

L'indépendance des États-Unis ne se combina point avec tant d'intérêts divers: l'Angleterre n'avait point éprouvé, comme l'Espagne, une invasion et une révolution politique tandis que ses colonies se détachaient d'elle. Les États-Unis furent secourus militairement par la France, qui les traita en alliés; ils ne devinrent pas, par une foule d'emprunts, de spéculations et d'intrigues, les débiteurs et le marché de l'étranger.

Enfin l'indépendance des colonies espagnoles n'est pas encore reconnue par la mère-patrie. Cette résistance passive du cabinet de Madrid a beaucoup plus de force et d'inconvénient qu'on ne se l'imagine; le droit est une puissance qui balance longtemps le fait, alors même que les événements ne sont pas en faveur du droit : notre restauration l'a prouvé. Si l'Angleterre, sans faire la guerre aux États-Unis, s'était contentée de ne pas reconnaître leur indépendance, les États-Unis seraient-ils ce qu'ils sont aujourd'hui.

Plus les républiques espagnoles ont rencontré et rencontreront encore d'obstacles dans la nouvelle carrière où elles s'avancent, plus elles auront de mérite à les surmonter. Elles renferment dans leurs vastes limites tous les éléments de prospérité : variété de climat et de sol, forêts pour la marine, pour les vaisseaux, double océan qui leur ouvre le commerce du monde. La nature a tout prodigué à ces républiques; tout est riche en dehors et en dedans de la terre qui les porte; les fleuves fécondent la surface de cette terre et l'or en fertilise le sein. L'Amérique espagnole a donc devant elle un propice avenir; mais lui dire qu'elle peut y atteindre sans efforts, ce serait la décevoir, l'endormir dans une sécurité trompeuse : les flatteurs des peuples sont aussi dangereux que les flatteurs des rois. Quand on se crée une utopie, on ne tient compte ni du passé, ni de l'histoire, ni des faits, ni des mœurs, ni du caractère, ni des préjugés, ni des passions : enchanté de ses propres rêves, on ne se prémunit point contre les événements, et l'on gâte les plus belles destinées.

J'ai exposé avec franchise les difficultés qui peuvent entraver la liberté des républiques espagnoles; je dois indiquer également les garanties de leur indépendance.

D'abord l'influence du climat, le défaut de chemins et de culture rendraient infructueux les efforts que l'on tenterait pour conquérir ces républiques. On pourrait occuper un moment le littoral; mais il serait impossible de s'avancer dans l'intérieur.

La Colombie n'a plus sur son territoire d'Espagnols proprement dits; on les appelait *les Goths;* ils ont péri ou ils ont été expulsés. Au Mexique, on vient de prendre des mesures contre les natifs de l'ancienne mère-patrie.

Tout le clergé dans la Colombie est américain; beaucoup de prêtres, par une infraction coupable à la discipline de l'église, sont pères de famille comme les autres citoyens; ils ne portent même pas l'habit de leur ordre. Les mœurs souffrent sans doute de cet état de choses; mais il en résulte aussi que le clergé, tout catholique qu'il est, craignant des relations plus intimes avec la cour de Rome, est favorable à l'émancipation. Les moines ont été dans les troubles plutôt des soldats que des religieux. Vingt années de révolution ont créé des droits, des propriétés, des places qu'on ne détruirait pas facilement; et la génération nouvelle, née dans le cours de la révolution des colonies, est pleine d'ardeur pour l'indépendance. L'Espagne se vantait jadis que le soleil ne se couchait pas sur ses États : espérons que la liberté ne cessera plus d'éclairer les hommes.

Mais pouvait-on établir cette liberté dans l'Amérique espagnole par un moyen plus facile et plus sûr que celui dont on s'est servi : moyen qui, appliqué en temps utile lorsque les événements n'avaient encore rien décidé, aurait fait disparaître une foule d'obstacles? je le pense.

Selon moi, les colonies espagnoles auraient beaucoup gagné à se former en monarchies constitutionnelles. La monarchie représentative est, à mon avis, un gouvernement fort supérieur au gouvernement républicain, parce qu'il détruit les prétentions individuelles au pouvoir exécutif, et qu'il réunit l'ordre et la liberté.

Il me semble encore que la monarchie représentative eût été mieux appropriée au génie espagnol, à l'état des personnes et des choses, dans un pays où la grande propriété territoriale domine, où le nombre des Européens est petit, celui des Nègres et des Indiens, considérable; où l'esclavage est d'usage public, où la religion de l'État est la catholique, où l'instruction surtout manque totalement dans les classes populaires.

Les colonies espagnoles indépendantes de la mère-patrie, formées en grandes monarchies représentatives, auraient achevé leur éducation politique à l'abri des orages qui peuvent encore bouleverser les républiques naissantes. Un peuple qui sort tout à coup de l'esclavage, en se précipitant dans la liberté, peut tomber dans l'anarchie, et l'anarchie enfante presque toujours le despotisme.

Mais s'il existait un système propre à prévenir ces divisions, on me dira sans doute : « Vous avez passé au pouvoir : vous êtes-vous contenté de désirer la « paix, le bonheur, la liberté de l'Amérique espagnole? Vous êtes-vous borné à « de stériles vœux? »

Ici j'anticiperai sur mes *Mémoires*, et je ferai une confession.

Lorsque Ferdinand fut délivré à Cadix, et que Louis XVIII eut écrit au monarque espagnol pour l'engager à donner un gouvernement libre à ses peuples, ma mission me sembla finie. J'eus l'idée de remettre au roi le portefeuille des affaires étrangères, en suppliant Sa Majesté de le rendre au vertueux duc de Montmorency. Que de soucis je me serais épargnés! que de divisions j'aurais peut-être épargnées à l'opinion publique! l'amitié et le pouvoir n'auraient pas donné un triste exemple. Couronné de succès, je serais sorti de la manière la plus brillante du ministère, pour livrer au repos le reste de ma vie.

Ce sont les intérêts de ces colonies espagnoles, desquelles mon sujet m'a conduit à parler, qui ont produit le dernier bond de ma quinteuse fortune. Je puis dire que je me suis sacrifié à l'espoir d'assurer le repos et l'indépendance d'un grand peuple.

Quand je songeai à la retraite, des négociations importantes avaient été poussées très-loin; j'en avais établi et j'en tenais les fils, je m'étais formé un plan que je croyais utile aux deux Mondes; je me flattais d'avoir posé une base où trouveraient place à la fois et les droits des nations, l'intérêt de ma patrie et celui des autres pays. Je ne puis expliquer les détails de ce plan, on sent assez pourquoi.

En diplomatie, un projet conçu n'est pas un projet exécuté : les gouvernements ont leur routine et leur allure; il faut de la patience : on n'emporte pas d'assaut des cabinets étrangers comme M. le Dauphin prenait des villes; la politique ne marche pas aussi vite que la gloire à la tête de nos soldats. Résistant par malheur à ma première inspiration, je restai afin d'accomplir mon ouvrage. Je me figurai que l'ayant préparé je le connaîtrais mieux que mon successeur; je craignis aussi que le portefeuille ne fût pas rendu à M. de Montmorency, et qu'un autre ministre n'adoptât quelque système suranné pour les possessions espagnoles. Je me laissai séduire à l'idée d'attacher mon nom à la liberté de la seconde Amérique, sans compromettre cette liberté dans les colonies émancipées, et sans exposer le principe monarchique des États européens.

Assuré de la bienveillance des divers cabinets du continent, un seul excepté, je ne désespérais pas de vaincre la résistance que m'opposait en Angleterre l'homme d'État qui vient de mourir; résistance qui tenait moins à lui qu'à la mercantile fort mal entendue de sa nation. L'avenir connaîtra peut-être la correspondance particulière qui eut lieu sur ce grand sujet entre moi et mon illustre ami. Comme tout s'enchaîne dans les destinées d'un homme, il est possible que M. Canning, en s'associant à des projets d'ailleurs peu différents des siens, eût trouvé plus de repos, et qu'il eût évité les inquiétudes politiques qui ont fatigué ses derniers jours. Les talents se hâtent de disparaître; il s'arrange une toute petite Europe à la guise de la médiocrité; pour arriver aux générations nouvelles, il faudra traverser un désert.

Quoi qu'il en soit, je pensais que l'administration dont j'étais membre me laisserait achever un édifice qui ne pouvait que lui faire honneur; j'avais la naïveté de croire que les affaires de mon ministère, en me portant au dehors, ne me jetaient sur le chemin de personne; comme l'astrologue, je regardais le ciel, et je tombai dans un puits. L'Angleterre applaudit à ma chute : il est vrai que nous avions garnison dans Cadix sous le drapeau blanc, et que l'émancipation monarchique des colonies espagnoles, par la généreuse influence du fils aîné des Bourbons, aurait élevé la France au plus haut degré de prospérité et de gloire.

Tel a été le dernier songe de mon âge mûr : je me croyais en Amérique, et je me réveillai en Europe. Il me reste à dire comment je revins autrefois de cette même Amérique, après avoir vu s'évanouir également le premier songe de ma jeunesse.

FIN DU VOYAGE.

En errant de forêts en forêts, je m'étais rapproché des défrichements américains. Un soir j'avisai au bord d'un ruisseau une ferme bâtie de troncs d'arbres. Je demandai l'hospitalité; elle me fut accordée.

La nuit vint : l'habitation n'était éclairée que par la flamme du foyer : je m'assis dans un coin de la cheminée. Tandis que mon hôtesse préparait le souper, je m'amusai à lire à la lueur du feu, en baissant la tête, un journal anglais tombé à terre. J'aperçus, écrits en grosses lettres, ces mots : FLIGHT OF THE KING, *fuite du roi.* C'était le récit de l'évasion de Louis XVI, et de l'arrestation de l'infortuné monarque à Varennes. Le journal racontait aussi les progrès de l'émigration et la réunion de presque tous les officiers de l'armée sous le drapeau des princes français. Je crus entendre la voix de l'honneur, et j'abandonnai mes projets.

Revenu à Philadelphie, je m'y embarquai. Une tempête me poussa en dix-huit jours sur la côte de France, où je fis un demi-naufrage entre les îles de Guernesey et d'Origny. Je pris terre au Havre. Au mois de juillet 1792, j'émigrai avec mon frère. L'armée des princes était déjà en campagne, et sans l'intercession de mon malheureux cousin, Armand de Chateaubriand, je n'aurais pas été reçu. J'avais beau dire que j'arrivais tout exprès de la cataracte de Niagara, on ne voulait rien entendre, et je fus au moment de me battre pour obtenir l'honneur de porter un havresac. Mes camarades, les officiers du régiment de Navarre, formaient une compagnie au camp des princes ; mais j'entrai dans une des compagnies bretonnes. On peut voir ce que je devins, dans la nouvelle préface de mon *Essai historique.*

Ainsi ce qui me sembla un devoir renversa les premiers desseins que j'avais conçus, et amena la première de ces péripéties qui ont marqué ma carrière. Les Bourbons n'avaient pas besoin sans doute qu'un cadet de Bretagne revînt d'outre-mer pour leur offrir son obscur dévouement, pas plus qu'ils n'ont eu besoin de ses services lorsqu'il est sorti de son obscurité : si, continuant mon voyage, j'eusse allumé la lampe de mon hôtesse avec le journal qui a changé ma vie, personne ne se fût aperçu de mon absence, car personne ne savait que j'existais. Un simple démêlé entre moi et ma conscience me ramena sur le théâtre du monde : j'aurais pu faire ce que j'aurais voulu, puisque j'étais le seul témoin du débat ; mais, de tous les témoins, c'est celui aux yeux duquel je craindrais le plus de rougir.

Pourquoi les solitudes de l'Érié et de l'Ontario se présentent-elles aujourd'hui avec plus de charme à ma pensée que le brillant spectacle du Bosphore ?

C'est qu'à l'époque de mon voyage aux États-Unis j'étais plein d'illusions : les troubles de la France commençaient en même temps que commençait ma vie ; rien n'était achevé en moi ni dans mon pays. Ces jours me sont doux à rappeler, parce qu'ils ne reproduisent dans ma mémoire que l'innocence des sentiments inspirés par la famille, et par les plaisirs de la jeunesse.

Quinze ou seize ans plus tard, après mon second voyage, la révolution s'était déjà écoulée : je ne me berçais plus de chimères ; mes souvenirs, qui prenaient alors leur source dans la société, avaient perdu leur candeur. Trompé dans mes deux pèlerinages, je n'avais point découvert le passage du nord-ouest ; je n'avais point enlevé la gloire du milieu des bois où j'étais allé la chercher, et je l'avais laissée assise sur les ruines d'Athènes.

Parti pour être voyageur en Amérique, revenu pour être soldat en Europe, je ne fournis jusqu'au bout ni l'une ni l'autre de ces carrières : un mauvais génie m'arracha le bâton et l'épée, et me mit la plume à la main. A Sparte, en contemplant le ciel pendant la nuit, je me souvenais des pays qui avaient déjà vu mon sommeil paisible ou troublé : j'avais salué, sur les chemins de l'Allemagne, dans les bruyères de l'Angleterre, dans les champs de l'Italie, au milieu des mers, dans les forêts canadiennes, les mêmes étoiles que je voyais briller sur la patrie d'Hélène et de Ménélas. Mais que me servait de me plaindre aux astres, immobiles témoins de mes destinées vagabondes? Un jour leur regard ne se fatiguera plus à me poursuivre; il se fixera sur mon tombeau. Maintenant, indifférent moi-même à mon sort, je ne demanderai pas à ces astres malins de l'incliner par une plus douce influence, ni de me rendre ce que le voyageur laisse de sa vie dans les lieux où il passe.

FIN DU VOYAGE EN AMÉRIQUE.

TABLE DES MATIERES

CONTENUES DANS CE VOLUME.

	Pages.
REMARQUES SUR LES MARTYRS. — Sur le premier livre	4
Sur le deuxième livre	10
Sur le troisième livre	15
Sur le quatrième livre	21
Sur le cinquième livre	27
Sur le sixième livre	30
Sur le septième livre	38
Sur le huitième livre	44
Sur le neuvième livre	47
Sur le dixième livre	56
Sur le onzième livre	59
Sur le douzième livre	68
Sur le treizième livre	71
Sur le quatorzième livre	73
Sur le quinzième livre	76
Sur le seizième livre	78
Sur le dix-septième livre	81
Sur le dix-huitième livre	85
Sur le dix-neuvième livre	90
Sur le vingtième livre	94
Sur le vingt et unième livre	95
Sur le vingt-deuxième livre	97
Sur le vingt-troisième livre	98
Sur le vingt-quatrième livre	100

TABLE DES MATIÈRES.

Pages.

Voyage en Amérique. — Avertissement de l'édition de 1827.	105
Préface.	106
Introduction.	135
Les Onondagas.	148
Lacs du Canada.	156
Journal sans date.	159
Histoire naturelle.	179
Mœurs des Sauvages.	188
Moissons, fêtes, récolte de sucre d'érable, pêches, danses et jeux.	196
Année. Division et règlement du temps. Calendrier naturel.	206
Médecine.	208
Langues indiennes.	211
Chasse.	216
La guerre.	223
Religion.	237
Gouvernement.	240
État actuel des Sauvages de l'Amérique septentrionale.	255
Conclusion.	263
Républiques espagnoles.	269
Fin du voyage.	277

FIN DE LA TABLE.

LAGNY. — Imprimerie de VIALAT et Cie.

www.ingramcontent.com/pod-product-compliance
Lightning Source LLC
Chambersburg PA
CBHW060127190426
43200CB00038B/1067